रज़ा पुस्तक माला

बिन पानी सब सून

पर्यावरण-विचार

रज़ा फ़ाउण्डेशन | THE RAZA FOUNDATION

बिन पानी सब सून

अनुपम मिश्र

राजकमल प्रकाशन

रज़ा पुस्तक माला : **पर्यावरण** | **विचार**

प्रधान सम्पादक : अशोक वाजपेयी | सम्पादक : पीयूष दईया

राजकमल प्रकाशन प्रा.लि. और रज़ा फ़ाउण्डेशन का सह-प्रकाशन

ISBN-978-93-89577-70-9

मूल्य : ₹1195

पहला संस्करण : 2020

प्रकाशक : राजकमल प्रकाशन प्रा. लि.
1-बी, नेताजी सुभाष मार्ग, दरियागंज
नई दिल्ली-110 002

शाखाएँ : अशोक राजपथ, साइंस कॉलेज के सामने, पटना-800 006
पहली मंज़िल, दरबारी बिल्डिंग, महात्मा गांधी मार्ग, इलाहाबाद-211 001
36 ए, शेक्सपियर सरणी, कोलकाता-700 017

वेबसाइट : www.rajkamalprakashan.com
ई-मेल : info@rajkamalprakashan.com

मुद्रक : यश प्रिंटोग्राफिक्स
नोएडा-201 301 (उत्तर प्रदेश)

BIN PANI SAB SOON
by Anupam Mishra

आमुख

कलाओं में भारतीय आधुनिकता के एक मूर्धन्य सैयद हैदर रज़ा एक अथक और अनोखे चित्रकार तो थे ही उनकी अन्य कलाओं में भी गहरी दिलचस्पी थी। विशेषतः कविता और विचार में। वे हिन्दी को अपनी मातृभाषा मानते थे और हालाँकि उनका फ्रेंच और अँग्रेज़ी का ज्ञान और उन पर अधिकार गहरा था, वे, फ्रांस में साठ वर्ष बिताने के बाद भी, हिन्दी में रमे रहे। यह आकस्मिक नहीं है कि अपने कला-जीवन के उत्तरार्द्ध में उनके सभी चित्रों के शीर्षक हिन्दी में होते थे। वे संसार के श्रेष्ठ चित्रकारों में, २०-२१वीं सदियों में, शायद अकेले हैं जिन्होंने अपने सौ से अधिक चित्रों में देवनागरी में संस्कृत, हिन्दी और उर्दू कविता में पंक्तियाँ अंकित कीं। बरसों तक मैं जब उनके साथ कुछ समय पेरिस में बिताने जाता था तो उनके इसरार पर अपने साथ नवप्रकाशित हिन्दी कविता की पुस्तकें ले जाता था : उनके पुस्तक-संग्रह में, जो अब दिल्ली स्थित रज़ा अभिलेखागार का एक हिस्सा है, हिन्दी कविता का एक बड़ा संग्रह शामिल था।

रज़ा की एक चिन्ता यह भी थी कि हिन्दी में कई विषयों में अच्छी पुस्तकों की कमी है। विशेषतः कलाओं और विचार आदि को लेकर। वे चाहते थे कि हमें कुछ पहल करनी चाहिये। २०१६ में साढ़े चौरानवे वर्ष की आयु में उनकी मृत्यु के बाद रज़ा फ़ाउण्डेशन ने उनकी इच्छा का सम्मान करते हुए हिन्दी में कुछ नयी क़िस्म की पुस्तकें प्रकाशित करने की पहल *रज़ा पुस्तक माला* के रूप में की है, जिनमें कुछ अप्राप्य पूर्व प्रकाशित पुस्तकों का पुनर्प्रकाशन भी शामिल है। उनमें गाँधी, संस्कृति-

चिन्तन, संवाद, भारतीय भाषाओं से विशेषतः कला-चिन्तन के हिन्दी अनुवाद, कविता आदि की पुस्तकें शामिल की जा रही हैं।

अनुपम मिश्र हमारे समय के उन बिरले सोचने-समझनेवाले चौकन्ने लोगों में से थे जिन्होंने लगातार हमें पानी के संकट की याद दिलायी, चेतावनी दी, पानी के सामुदायिक संचयन की भारतीय प्रणालियों से हमारा परिचय कराया। उनका इसरार था कि हम लोकबुद्धि से भी सीखें। उनकी असमय मृत्यु के बाद जो सामग्री मिली है उसमें से यह संचयन किया गया है। वह हिन्दी में बची ज़मीनी सोच और लोकचिन्ताओं से एक बार फिर हमें अवगत कराता है। वह इसका साक्ष्य भी है कि साफ़-सुथरा गद्य साफ़-सुथरे माथे से ही लिखा जा सकता है।

अशोक वाजपेयी
नवम्बर २०१९, नयी दिल्ली

क्रम

भुरभुरी दिल्ली में सब रामभरोसे चल रहा है

भूकम्प के बारे में सोचते हुए हमें अपने कैलेण्डर, इतिहास और प्रकृति का कैलेण्डर और उसकी घटनाओं का इतिहास मन में दोहरा लेना चाहिये।

आज दिल्ली राजधानी है लेकिन इससे पहले भी यह अलग-अलग लोगों को राजधानी की तरह अपनी सेवायें दे चुकी है। हम लोगों की स्मृति में इस शहर का इतिहास तो कोई एक हज़ार साल का होना ही चाहिये। यह सम्भव है कि इतने समय के इतिहास में ऐसा कोई भूकम्प नहीं आया हो जो हमें कड़वा सबक सिखा गया हो। यह हमेशा याद रखना चाहिये कि यह शहर जिस जगह बसा है, वह भूकम्प के लिहाज से कोई सरल जगह नहीं कही जायेगी। जिस पैमाने पर भूकम्प की तीव्रता नापी जाती है, वह हमारा बनाया हुआ है। यह सही है कि पैमाना बहुत मेहनत से बनाया गया है लेकिन यह हमारा ही बनाया हुआ है। यह कोई ज़रूरी नहीं है कि प्रकृति ने वह पैमाना पढ़ रखा हो। प्रकृति को जिस दिन लगेगा वह उस दिन उससे कम या ज़्यादा का नमूना दिखा सकती है। इसलिए दिल्ली शहर को किसी भी चीज़ का विस्तार करते हुए इस बात को अपने मन से कभी भी हटने नहीं देना चाहिये।

दुर्भाग्य से हम लोग ऐसे समय से गुज़र रहे हैं जब आर्थिक नीतियों ने गाँव से उजाड़कर शहर की ओर धकेला है। बाँध, बिजलीघर, सड़कों का चौड़ीकरण आदि कई तरह की विकास की योजनायें हैं। इन सबके नीचे जो भी चीज़ें आती हैं सबको उठाकर फेंक दिया जाता है। इस काम में न कोई संवेदना है और न ही व्यवस्था देने की कोई योजना है। लोग तो अपने-अपने पेड़ों से गिर जाते हैं और जब पेड़ की पत्तियाँ थोड़ी भी

हिलती-डुलती हैं और थोड़ी भी हवा या आँधी चलती है तो वह सब उड़कर न जाने कहाँ चले जाते हैं। ऐसी सभी जगहों से उखड़े लोग अपने आसपास के शहरों की ओर ठेले जाते हैं। इन शहरों का आकर्षण कहिये या चुम्बक, जो लोगों को अपनी ओर खींचते हैं। इन शहरों में कुछ लोग चाहकर और कुछ बिना चाहत के अपनी मजबूरी में आकर बसते हैं। ऐसे लोगों की सेवायें बहुत महत्त्वपूर्ण हैं, इसे नहीं भूलना चाहिये। अपनी जगह छोड़कर जो लोग नयी जगह पहुँचते हैं, उनका कोई स्वागत करने वाला नहीं मिलता है। उसे अपने रहने के लिए कहीं-न-कहीं छप्पर डालना होता है। इसी तरह से एक बस्ती बस जाती है, जिसका ठीक-ठीक नाम भी मेरी भाषा आज तक नहीं खोज पायी है। इसे हम कभी झुग्गी-झोपड़ी, मलिन बस्ती, गन्दी बस्ती आदि कुछ कह देते हैं। इस तरह इन बस्तियों के कई नाम होते हैं। शहर को बहुत सारी अनिवार्य सेवा देने वाली आबादी को हम तरह-तरह के अपमानजनक नामों से पहचान पाते हैं।

इसमें एक वैध और अवैध शब्द भी जुड़ता है। प्राय: मुखर लोग जहाँ रहते हैं वो वैध इलाक़े कहलाते हैं और जहाँ अपनी जगह से उखड़े या उजड़े लोग रहते हैं, वे अवैध बस्तियाँ कहलाती हैं। चूँकि यह दौर संख्या का है इसलिए इनकी गिनती करने के लिए राजनेता या राजनीति करने वाले आगे आते हैं। इसके बाद राजनेता उनसे वादा भी करते हैं कि तुम अपना मत मुझे दे दो तो हम चुनाव जीतने के बाद आपके इलाक़े को वैध बना देंगे। जो राजनेता बस्ती को वैध बनाने की बात चुनाव के दौरान करते हैं, बाद में जब उनकी सरकार बन जाती है तब वे ही इन बस्तियों में बुलडोजर चलाने के लिए पहुँच जाते हैं। कभी शहर को सुन्दर बनाने, कभी अवैध निर्माण, कभी सड़क, सफ़ाई आदि के नाम पर बस्तियों पर बुलडोजर चलाये जाते हैं। कभी रात को मूसलाधार बारिश में, कभी एक-दो डिग्री की कड़क ठण्ड में तो कभी ४७-४८ डिग्री की आग बरसाती धूप में बस्तियों को निर्ममता से उजाड़कर फेंक दिया जाता था। यह शहर का एक मजबूरी वाला हिस्सा है, जिसे हम साधन-सम्पन्न कहते हैं जो पहले से वैध कही जाने वाली बस्तियों में रहता है। उसके सपने कुछ और बढ़कर हैं। इस आबादी के लोग दिल्ली के आसपास बसने वाली अटपटे नामों वाली कॉलोनियों में २०-३० लाख से लेकर अब तो २०-३० करोड़ वाली कॉलोनियों में अपनी जगह तलाशते हैं। जैसे हम ग़रीब लोगों की

बस्तियों का नाम अपनी भाषा में ढूँढ़ नहीं पाये, वैसे ही हम वैध बस्तियों के नाम अपनी भाषा में तलाश नहीं कर पाये हैं। हमें ऐसी बस्तियों के नाम इतालवी और दूसरी भाषा के मिलते हैं जिसका मतलब हम नहीं जानते हैं। नोएडा, गुड़गाँव और फरीदाबाद में कुछ कॉलोनियों में ऐसे नाम हमें मिल जाते हैं जिसके बारे में हम ऐं...ही कह सकते हैं। ऐं... कहने का मतलब यह कि भाई समझा नहीं ज़रा इसका मतलब बताना। इनमें रामपुर और रामनगर टाइप पते नहीं बसे हैं। जिस दौर में हिन्दुत्व का सबसे अधिक शोर है उसमें ऐसे नाम वाले पते शामिल नहीं हैं।

इन सब तरह की समस्याओं के बीच भूकम्प के लिहाज़ से शहर को देखना भी ज़रूरी है। भगवान न करे कि ऐसा कोई भी दिन हमारी दिल्ली पर आये। लेकिन आये तो हमारी कोई तैयारी नहीं है यह कह देना ज़्यादा सरल है। अवैध मानी जाने वाली बस्तियों में वैध तरीक़े से मकान खड़ा करने की कोई गुंजाइश नहीं रहती है। अपनी मेहनत-मज़दूरी से पैसे बचाकर एक-एक, दो-दो ईंट जोड़कर एक कमरा डाल लेते हैं, उसके ऊपर एक और कमरा ऐसा ही कुछ -कुछ करके डाल लेते हैं ताकि उसमें से कुछ किराया मिलने लगे। इस प्रयास में तीन-चार मंज़िल का निर्माण तो हो ही जाता है। इन बस्तियों में ऐसे मकानों में कमज़ोर सामग्री लगायी जाती है। एक तरफ़ तो यह है और दूसरी तरफ़ बड़े-बड़े बिल्डर हैं। उनके राजनीतिक सम्पर्क हैं। ज़मीनें भी उनमें से बहुतों ने अवैध तरीक़े से ली हैं लेकिन वे सब वैध बनती चली जाती हैं। उनके द्वारा बनायी गयी बिल्डिंगों में किस स्तर की सामग्री लगी है, यह ठीक-ठीक नहीं कहा जा सकता। हालाँकि जिस तरह से तुरन्त पैसा कमाने की प्रवृत्ति दिखती है, उसके चलते उनकी बसायी बस्तियों के बारे में भी बहुत भरोसा नहीं जमता है। भगवान न करे कि ऐसा दिन आये कि वैध बस्तियों को शक्ति परीक्षण के दौर से गुज़रना पड़े। सम्भव है कि हमारी दोनों ही बस्तियाँ प्रकृति के शक्ति परीक्षण में असफल हो जायें। इन दो बसावटों के बीच दिल्ली की एक तीसरी बसावट वो है जिसे सरकारी माध्यमों से बनाकर खड़ा किया गया है। सरकारी बस्तियाँ हैं, सरकारी इमारतें हैं। दिल्ली विकास प्राधिकरण (डीडीए) के १०-२० साल पुराने मकानों की गारण्टी लेने को कोई तैयार नहीं है। इन इमारतों में से कुछ की हालत तो इतनी बुरी है कि बिना भूकम्प आये ही कोई छू दे तो ये भरभरा कर गिर जायें। ये तो उन इमारतों में रहने

वालों ने किसी तरह बस उसे टिकाये रखा है। इस तरह देखा जाये तो पूरी दिल्ली पर ख़तरे के बादल मँडरा रहे हैं।

चाहे वे वैध बस्तियाँ हों या अवैध—दोनों जगहों पर नगरपालिका पानी की माँग पूरी करने लायक बची नहीं है। दोनों ही जगहों को अपने-अपने ढंग से पानी ज़मीन के नीचे से खींचना पड़ता है। हर जगह पम्प, बोरिंग और हैण्डपम्प लगे हैं। ये पानी पीने लायक है या नहीं, यह एक अलग विषय है लेकिन इन दोनों ही इलाक़ों में से पानी रोज़-रोज़ निकाला जाता है। भूजल स्तर के कम होने के साथ-साथ जो दबाव है, वह धीरे-धीरे कम होता जाता है। पानी के सोखे जाने से ज़मीन में एक खोखलेपन के वातावरण का भी निर्माण होता जाता है। इस साल से पहले इस बात का इतना ख़तरा नहीं था क्योंकि हर साल इतनी बरसात हो जाती थी कि एक तरफ़ ज़मीन से हम पानी निकालते हैं तो दूसरी ओर प्रकृति भरपूर पानी गिरा देती थी। हम कुछ बूँद ज़मीन से निकालते थे, प्रकृति कुछ बूँद ऊपर से गिरा देती थी। अब हमने प्रकृति के पानी डालने के रास्ते सड़कें बनाकर, मकान बनाकर, पार्क में टाइल्स लगाकर बन्द कर दिये। हमने अपनी सार्थक भूमिका तो निभायी नहीं लेकिन प्रकृति की सार्थक भूमिका को भी बाधित कर दिया। अब ऐसे में खोखली होती ज़मीन को लेकर प्रकृति अपनी छोटी-मोटी हलचल में कितना नुकसान करेगी, इसका कोई वैज्ञानिक अध्ययन अभी तक नहीं हुआ है। यहाँ सब कुछ रामभरोसे ही चल रहा है।

प्रस्तुति : स्वतन्त्र मिश्र, तहलका, ३१ जुलाई, २०१५

इस निबन्ध के बन्धन खोलिये

हमारी स्कूली शिक्षा में १५वीं कक्षा नहीं होती है, इसलिए हम १२वीं कक्षा से ही काम चला लेंगे।

यदि देश भर की १२वीं कक्षा के बच्चों को १५ अगस्त (स्वतन्त्रता दिवस) पर एक निबन्ध लिखने का काम सौंपा जाये तो उसके जो परिणाम आयेंगे, उससे थोड़ा बेहतर ही होता है १५ अगस्त पर हमारे प्रधानमन्त्रियों द्वारा दिया जाने वाला भाषण।

तिरंगा फहराया जाता है और उसके बाद लाल क़िले की प्राचीर से शुरू हो जाता है एक पचरंगा निबन्ध। अक्सर इस दिन बादल छा जाते हैं और पानी भी गिरने लगता है। इस पचरंगा भाषण को सड़ने से बचाने के लिए छाते भी ताने जाते हैं। विरोध का रंग काला माना जाता है इसलिए ध्यान रखा जाता है कि छाते काले रंग के न हों। इस भाषण में पाँच चीज़ें होना ज़रूरी होता है। विकास की बात तो सबसे पहले होनी ही चाहिये। इसके लिए सब अच्छी उपमायें पहले से ही खोज ली गयी हैं। लम्बा रास्ता है। कठिन चढ़ाई है। लेकिन हम सब क़दम-से-क़दम मिलाकर इस पर बढ़ते चलेंगे और इस देश को विकास के एक ऊँचे शिखर पर ले जायेंगे। इसी के साथ जीडीपी (सकल घरेलू उत्पाद दर) की चर्चा भी होना स्वाभाविक है। खेती को भला कैसे भूल सकते हैं और जब किसान की याद आयेगी तो फिर जय जवान को कैसे भूला जा सकता है। थोड़ी-सी चर्चा पड़ोसी देशों और बाहरी ताक़तों की भी होनी चाहिये।

इसके बिना वह अदृश्य बाहरी हाथ या बाहरी शक्ति कैसे समझ में आयेगी? इसके षड्यन्त्र के कारण हमारे घर में शान्ति स्थापित नहीं हो पाती और

महँगाई भी कम नहीं हो पाती। सरकार तो इन सब मोर्चों पर तेज़ी से दौड़ना चाहती है। सरकार निशाना लगाना चाहती है। वह गोल करना चाहती है, लेकिन पदकों की तालिका में न स्वर्ण पदक मिलता है, न रजत और न ही कांस्य।

इतना बड़ा देश है। इतने सारे लोग हैं, इसलिए अक्सर प्रधानमन्त्री अपने लिखित काग़ज़ों से आँख उठाये बिना ही देश के भाइयों एवं बहनों को बार-बार सम्बोधित करते चले जाते हैं। इन भाइयों एवं बहनों को बार-बार याद दिलाया जाता है कि विविधता में एकता है और यही हमारी सबसे बड़ी पूँजी है। बाक़ी पूँजियाँ हमें विश्व बैंक आदि से समय-समय पर मिलती रहती हैं। यदि भाषण से बाहर निकल कर आयें तो इस दिन कोई संन्यासी बाहर जमा काले धन की वापसी से देश का कितना उज्ज्वल विकास होगा उसकी भी याद दिला देता है।

एक के बाद एक उपलब्धियाँ गिनायी जाती हैं और फिर इस लम्बी सूची में कुछ कमियों की गिनती भी की जाती है लेकिन कमी गिनाते समय आवाज़ ज़रा भी लड़खड़ाती नहीं। अगले ही क्षण ग़रीबी हटाने का, भ्रष्टाचार मिटाने का संकल्प भी तुरन्त ले लिया जाता है। इसी के आस-पास वह महान् क्षण भी आता है जब सबको सब चीज़ें देने का वायदा फिर से दोहराया जाता है। हर हाथ को मिलेगा रोज़गार। हरेक को शिक्षा। हरेक को स्वास्थ्य सेवा। हरेक को न्याय। हरेक को सूचना का अधिकार यानी हरेक को हर चीज़। ये बातें इतनी गम्भीरता से कही जाती हैं कि किसी को भी यह नहीं लगता कि हरेक को हर चीज़ उधार पर टिकी सरकारें नहीं दे सकतीं। ये दुनिया के अमीर माने गये देशों में भी अब तक ऐसे सौ-पचास भाषणों के बाद भी नहीं दिया जा सकता है।

यहाँ तक आते-आते अक्सर ये सब बातें कह दी जाती हैं जिन्हें पहले के १५ अगस्त के भाषणों में अनेक प्रधानमन्त्री कह ही चुके हैं। यहाँ पुनरावृत्ति को कभी भी दोष नहीं माना जाता है। यह तो इस दिन के भाषण का सबसे मज़बूत अलंकार है। देशवासियों के सामने चल रहा यह सम्बोधन अब अपनी सबसे ऊँची पायदान पर पहुँच जाता है। अब जो कुछ अमूल्य क्षण बचे हैं उनमें भविष्य की आशा, सुनहरी किरणों का ज़िक्र और संकट से जूझ रही जनता की पीठ थपथपाने का मौक़ा है। आशा की ये किरणें दूरदर्शन, टेलीविज़न चैनल और आकाशवाणी के माध्यम से देश के

कोने-कोने में बिखर जाती हैं। अलबत्ता अख़बार वाले बेचारे इस पुण्य काम में साथ नहीं दे पाते हैं। कुछ अपवादों को छोड़ कर अगले दिन अख़बार बँट नहीं पाते क्योंकि उस दिन उनकी छुट्टी होती है। इसलिए अक्सर ऐसे बासी भाषण एक दिन और बासी होकर हिन्दी के पाठकों तक पहुँचते हैं। इस कमी को टीवी वाले पूरा कर देते हैं। वे सुबह लाइव से लेकर दिन भर इसको दोहराते रहते हैं।

हमारे देश के प्रधानमन्त्री के सामने ऐसे मौक़े साल भर में कम ही आते हैं जब उनको पूरे देश को सम्बोधित करने का मौक़ा मिलता हो। कितना अच्छा हो कि ऐसे मौक़ों का उपयोग और ज़्यादा आत्मीयता के साथ देश के लोगों की आँखों में आँखें डाल कर उनके मन को छू कर कुछ अच्छी बातें बतायी जायें। कुछ बुरी बातों की तरफ़ उनका ध्यान खींचा जाये। देश का पालक उनको भरोसे में लेकर एक दोस्त की तरह, एक पिता की तरह, एक भाई की तरह कुछ घरेलू बातें करे।

पन्द्रह अगस्त के इस शाश्वत निबन्ध को जिन बन्धनों में बाँध दिया गया है, उन बन्धनों से उसकी मुक्ति हो पाये तो हम सचमुच स्वतन्त्रता दिवस मना सकेंगे।

तहलका, ३१ अगस्त, २०१२

अकाल कभी अकेले नहीं आता

बादल गरजे पर कई जगह खेतों में बरसे नहीं। हमारे खेती मन्त्री भी गरजे लेकिन बिलकुल नहीं बरसे, उनका गरजना मन्त्रिमण्डल में अपने घटते असर को लेकर था। केन्द्र की सत्ता में उनका दल एक बटाईदार की हैसियत से शामिल है। इस हैसियत में कुछ कमी आते देख वे गरजे थे। उन्हें लगता है कि अनाज की फसल से ज़्यादा अपने वोटों की फसल का ध्यान रखना होगा। उसके ठीक होने के संकेत मिलते ही उनके बरसने की गुंजाइश ख़त्म हो गयी।

लेकिन देश के खेतों में बादलों का गरजना और बरसना दोनों ज़रूरी है। लेकिन इस बार ऐसा हो नहीं सका है। समय तेज़ी से बीत रहा है। मौसम विभाग ने अपनी ज़िम्मेदारी निभाते हुए गुणा-भाग करके अख़बारों और पीएमओ को बता दिया है कि इस बार पूरे देश के स्तर पर कम से कम २० प्रतिशत और कई जगह ६० प्रतिशत तक की कमी आँकी गयी है। कुल मिलाकर चित्र बहुत दर्दनाक है।

इधर भाखड़ा भी चीं बोल गया है। इस बड़े बाँध में जमा पानी अब इतना कम बचा है कि भाखड़ा ब्यास प्रबन्ध बोर्ड ने बाँध से होने वाली सिंचाई में फ़िलहाल १० प्रतिशत की कटौती कर दी है। इसका सीधा असर पंजाब और हरियाणा के किसानों पर पड़ेगा। खरीफ़ की बुवाई और फिर बोई गयी फसल की सिंचाई—दोनों पर इसका कैसा प्रभाव पड़ेगा, इसे अभी समझने में मन्त्रालयों की फ़ाइलों को और देर लग सकती है।

भाखड़ा के अलावा देश के कोई ८० बड़े बाँधों की हालत भी ऐसी ही है। इनको देखने वाले प्रबन्ध बोर्डों ने बताया है कि इनमें बरसात के मौसम में

जितना पानी आता है उसमें ८० फीसदी तक की कमी दर्ज हो चुकी है। इस तरह पंजाब और हरियाणा के अलावा महाराष्ट्र, गुजरात भी अकाल की चपेट में कभी आ सकते हैं। अकाल की पदचाप सुनायी दे रही है, लेकिन कहीं जातीय हिंसा तो कहीं आन्दोलनों की आवाज़ों में इसकी तरफ़ भला कैसे ध्यान दिया जायेगा?

अकाल कोई पहली बार नहीं आ रहा है। हमारे यहाँ एक पुरानी कहावत है—'आग लगने पर कुआँ खोदना'। कई बार आग लगी होगी और कई बार कुएँ खोदे गये होंगे तब जाकर अनुभवों की मथानी से मथकर ऐसी कहावतें मक्खन की तरह ऊपर आयी होंगी। लेकिन अब जब हम आग लगने पर कुआँ खोदते हैं तो उन कुओं में पानी मिल जाये इसकी कोई गारण्टी नहीं है। देश के अनेक हिस्सों में भूजल का स्तर देश की राजनीति के स्तर से भी बहुत नीचे गिर चुका है। हमारे योजनाकारों को इस बात का बहुत भरोसा था कि बड़े बाँध अकाल से निपटने का सबसे कारगर तरीक़ा हैं। कई बार हमने इस घमण्डी बयान को सुना है कि किसानों को हम मानसून के भरोसे नहीं छोड़ सकते। हमारे बाँधों में इतना पानी होगा कि उनसे अकाल से भी निपटा जा सकता है और बाढ़ से भी। लेकिन इतने सालों का अनुभव बताता है कि जब खेतों को पानी चाहिये तब इन बाँधों में पानी नहीं रहता और जब तेज़ बरसात होती है तब इन बाँधों को बचाने के लिए इनके सारे दरवाज़े खोल देने पड़ते हैं। आँकड़े बताते हैं कि सब आधुनिक उपायों के बाद भी हमारे कई बड़े शहर और अनगिनत गाँव बाँधों से अचानक पानी छोड़े जाने के कारण देखते-देखते डूब जाते हैं।

इससे पहले चलन यह था कि लोग बिना सरकार की तरफ़ देखे अपने गाँव और शहरों में जहाँ ठीक जगह मिलती थी, वहाँ छोटे-बड़े तालाब बना लिया करते थे। अच्छी वर्षा हो तो इनमें ख़ूब पानी भर जाता जो उन्हें अगले मानसून तक ले जाता था। इस दौरान भूजल स्तर भी उन छोटे बड़े तालाबों से इतना ऊँचा उठ जाता था कि ज़रूरत पड़ने पर यदि वे कहावत का कुआँ खोदें तो उसमें पानी भी मिल जाये।

सिर्फ़ हमारे यहाँ ही नहीं, दुनिया भर के कई देशों में विकास की नयी योजनाओं ने समयसिद्ध और स्वयंसिद्ध तरीक़ों को ताक पर रख कर नयी-नयी योजनाओं को अपनाया है। नतीजे चारों तरफ़ एक से दिख रहे हैं। रूस जैसे सम्पन्न देश में बाढ़ आयी और दो सौ लोग अपनी जान से

हाथ धो चुके हैं। पड़ोसी देश चीन में भी ऐसा ही हो रहा है। असम में, बंगाल में पहले पानी न गिरने की शिकायत थी और अब पानी गिरते ही ऐसी बाढ़ आयी है कि आदमी तो आदमी काजीरंगा के जानवर भी बह गये। वहाँ परिस्थिति अभी भी उतनी ही ख़राब है लेकिन पहले छेड़छाड़ और फिर हिंसा की दुखद घटनाओं ने बाढ़ की ख़बरों को बहा दिया है।

कई बातें बार-बार कहनी पड़ती हैं और इन्हीं में से एक बात है कि अकाल कभी भी अकेले नहीं आता। उससे बहुत पहले विचारों का अकाल पड़ने लगता है। अच्छे विचारों का मतलब है—अच्छी योजनायें और अच्छे काम। ऐसी अच्छी योजनाओं का अकाल पड़ने लगता है और बुरे कामों की भी बाढ़-सी आ जाती है। देश को स्वर्ग बना देने की तमन्ना में तमाम नेताओं ने स्पेशल इकानॉमिक जोन, सिंगूर, नन्दीग्राम और न जाने इतनी बड़ी-बड़ी योजनाओं का पूरा ध्यान रखा। बीच में यह भी सुना गया था कि इतने सारे लोगों को खेती नहीं करनी चाहिये। एक ज़िम्मेदार नेता ने यह भी कहा था कि भारत को कब तक गाँवों का देश कहते रहेंगे। गाँव में रहने वाले लोग शहरों में आकर रहने लगें तो हम उन्हें आसानी से बेहतर चिकित्सा, बेहतर शिक्षा और एक बेहतर जीवन की तमाम सुविधायें दे सकेंगे। इन्हें लगता होगा कि शहरों में रहने वाले सभी लोगों को ये सभी सुविधायें मिल ही चुकी हैं। इसका उत्तर तो शहर वाले ही दे सकेंगे। इसलिए अच्छा तो यह हो कि बादल फिर से गरजें और ख़ूब बरसें। लेकिन यदि दुर्भाग्य से ऐसा न हो पाये, अकाल आने लगे तो हम सब एक बार इस बात को याद रखें कि अकाल अकेले नहीं आता। अगली बार हम इसकी पूरी तैयारी करें।

तहलका, १५ अगस्त, २०१२

कमाल की आत्मकथा

पहले चलन था, लोग नेकी करके उसे कुएँ में डाल देते थे। कुएँ में न सही, कहावत में तो डालते ही थे। अब चलन बदल गया है। लोग, ख़ासकर बड़े लोग नेकी करते हैं और उसे कभी बाद में लिखी जाने वाली आत्मकथा में डालने के लिए सुरक्षित रखते हैं। जब उनका जीवन एकदम सार्वजनिक होता है, उन पर सौ क़ैमरे, सौ अख़बार, पत्रकार निगाह रखते हैं तब तो उनकी इन नेकियों का किसी को पता नहीं चल पाता है। जब वे रिटायर हो जाते हैं, देश सेवा का वह पद उनसे दूर हो जाता है तब उन्हें अपनी नेकियों को बताने के लिए आत्मकथा लिखनी पड़ती है।

ये आत्मकथायें कमाल की होती हैं। नेकी तक तो ठीक, जो नेकियाँ वे करना तो चाहते थे पर बम्बई की फ़िल्मों में चर्चित ज़ालिम ज़माने ने जिन्हें करने नहीं दिया था, अब उन्हें भी वे आत्मकथा में डालते हैं।

हमको या आपको गुजरात जाना हो तब दो-चार बार सोचना पड़ता है। तत्काल तक में आजकल टिकिट मिलना कठिन हो जाता है। एक सरकारी और एक ग़ैर-सरकारी हवाई कम्पनियों में हड़ताल की होड़ लगी है क्योंकि उनके मालिक घटिया प्रबन्ध की होड़ में एक-दूसरे को पीछे छोड़ रहे हैं, लेकिन यह सब दिक़्क़त तो हमारी और आपकी है। कमाल तो तब होता है जब ऐसे लोग गुजरात नहीं जा पाये जिनके लिए घर के आँगन में हेलिकॉप्टर खड़ा हो या हवाई अड्डे से वायुसेना का विशेष विमान उन्हें पलक झपकते ही गुजरात पहुँचा सकता हो।

देश को दस साल बाद पता चला है कि वे तो गुजरात जाने के लिए तड़प रहे थे, पर जा नहीं पाये। जिस कुर्सी पर वे बैठे थे, शायद वह कुर्सी कुल-

मिलाकर गुजरात जाने वाले जहाज़ की कुर्सी से थोड़ी ज़्यादा अच्छी, थोड़ी सुविधाजनक और आरामदायक रही होगी। तभी तो ऐसी नेकी वे चाहकर भी नहीं कर पाये। यह भी सम्भव है कि वह कुर्सी उन्हें गुजरात से भी ज़्यादा दूर किसी और बड़ी यात्रा पर ले जा सकती थी।

एक गुंजाइश यह भी थी कि उस कुर्सी से थोड़ी देर के लिए उतर जाने के बाद फिर से उसी कुर्सी पर बैठ जाने का एक और मौक़ा मिल जाता। वह मौक़ा नहीं मिला तो चलो आत्मकथा।

यह कथा बहुत लम्बी है। हमारे बड़े लोग जब देश की सेवा नहीं कर पाते या जब उन्हें देश की सेवा नहीं करने दी जाती तो वे कथा लिख कर अपनी व्यथा बताना चाहते हैं।

भाषायें अलग-अलग हो सकती हैं पर इन आत्मकथाओं की भावनायें बिल्कुल एक-सी होती हैं। नाम और काम बदल जाते हैं पर सन्दर्भ कभी बदलता नहीं। अक्सर ऐसी आत्मकथायें अँग्रेज़ी में लिखी जाती हैं। अँग्रेज़ी की बड़ी दुकानों पर बिकती हैं। हवाई अड्डों पर मिलती हैं और अँग्रेज़ी के अख़बारों में ही इनको लेकर वैसे तूफ़ान उठते हैं जिन्हें चाय की प्याली से जोड़कर देखा जाता है।

थोड़ी भी बिकने लायक कोई गुंजाइश हो तो ऐसी आत्मकथाओं का हिन्दी अनुवाद भी बाज़ार में आ जाता है। लेकिन न तो मूल अँग्रेज़ी में कोई सुगन्ध रहती है, न ही हिन्दी अनुवाद में। ऐसी आत्मकथायें ज़्यादातर भूतपूर्व हो चुके अभूतपूर्व लोग ही लिखते हैं, इसलिए इसी तुकबन्दी में यह भी जोड़ा जा सकता है कि इनके लेखक भी भूत ही होते हैं—अँग्रेज़ी में जिन्हें 'घोस्ट राइटर' कहते हैं।

आत्मकथायें पहले भी लिखी जाती रही हैं पर तब अक्सर अपने जीवन के चढ़ाव से पहले मिले फुर्सत के कुछ क्षणों में ये लिख ली जाती थीं। इसका सबसे अच्छा उदाहरण है—राजेन्द्र प्रसाद जी की आत्मकथा। इस पूरी मोटी पुस्तक में आख़िरी की पंक्ति तक में पाठकों को यह पता नहीं चलेगा कि वे देश के पहले राष्ट्रपति थे। आत्मकथा के अन्तिम पन्नों में वे बता रहे हैं कि अन्तरिम सरकार में उनके पास कृषि मन्त्रालय था। अन्तिम पन्नों में राजेन्द्र बाबू यह बता रहे हैं कि देश में उस समय अकाल जैसी परिस्थितियाँ थीं और उन्होंने किस तरह भागदौड़ करके अभावग्रस्त इलाक़ों में अनाज

पहुँचवाया था। यह बात अलग है कि जिस प्रकाशक ने बाद में यह आत्मकथा छापी उसने इसके मुखपृष्ठ पर राष्ट्रपति भवन का फ़ोटो भी चिपका दिया था।

उस दौर की बहुत-सी आत्मकथायें जेल में भी लिखी गयी थीं। तब हमारे नेता किन्हीं और कारणों से जेल में रखे जाते। आज जैसे कारणों से नहीं। तब वे लोग जेल से छूटकर जल्दी बाहर आने की कोशिश भी नहीं करते थे। इसलिए उनको वहाँ ख़ूब लिखने का मौक़ा मिलता था। जेल में आज के नेताओं का बहुत-सा वक़्त अपने वकीलों, गवाहों और अपने अवैध व्यापारों को बचाने में खप जाता है। इसलिए उनसे जेल में आत्मकथा लिखने की उम्मीद भी नहीं की जा सकती है।

तो यदि आप बड़े आदमी हैं और मानी गयी उस दुनिया से बाहर फेंक दिये गये हैं तो अपनी आत्मकथा ज़रूर लिख डालें। पर इतना ध्यान रहे कि वह केवल आपकी न हो, उसमें दूसरों की कुछ चिन्ता हो, हमारा भी कुछ बखान हो। ऊँचे माने गये जीवन में जिस क्षण जो ठीक फ़ैसले लिए जाने चाहिये थे यदि उस क्षण आप उनको नहीं ले पाये तो फिर घड़ी छिन जाने के बाद उनको जग के सामने रखना जग हँसाई से ज़्यादा कुछ नहीं होगा।

तहलका, ३१ जुलाई, २०१२

आने वाला पल जाने वाला है

बॉलीवुड में 'अण्डरवर्ल्ड' की स्थानीय रेल से ज़्यादा पटरियाँ मिल जायेंगी। लेकिन गुण देखने चलेंगे तो गुणों की एक सुन्दर अविरल बहती नदी भी मिलेगी।

सौ साल की कोई भी यात्रा शुरू तो शून्य से ही होती है। तब बम्बई था पर बॉलीवुड नहीं। अरब सागर के तट पर बसी इस बस्ती में कुछ हज़ार क़िलोमीटर दूर से आने वाली लहरें टकरा रही थीं। ये बरबादी की सुनामी नहीं, हॉलीवुड जैसी नामी जगह से आ रही थीं। रचना का, प्यार का, सर्जना का एक बेहद रंगीन, मगर बस दो रंग में रँगा—काले-सफ़ेद में रँगा एक सुन्दर सपना लेकर। यह सपना ख़ूब मुखर था पर मौन। ये लहरें बड़े हौले-हौले, आहिस्ता-आहिस्ता कोई छह बरस में हॉलीवुड से बम्बई आयी थीं।

हॉलीवुड की इन नामी लहरों के कोमल स्पर्श से बम्बई का अनाम घराना एक नया नाम पाने जा रहा था। उसे एक नया काम मिलने वाला था—काम नये नित गीत बनाना, गीत बनाकर जहाँ को हँसाना।

हॉलीवुड से लहरें चलीं सन् १९०६ में। सन् १९१२ में वे बम्बई के किनारे लगीं। क़ैमरे का आविष्कार कुछ पहले हो ही गया था। पर वह निश्चल ठहरे हुए चित्र खींचता था। चलती-फिरती ज़िन्दगी के चित्रों को यह क़ैमरा निश्चल रूप में क़ैद कर लेता था। और फिर उन चित्रों को स्मृतियों के विशाल संसार में आज़ाद छोड़ देता था। अब यही क़ैमरा हॉलीवुड में जीवन की गति को और आगे दौड़ाने लगा था।

यह धरती एक बड़ा रंगमंच है। इस पर अवतरित होने वाला विविधता भरा

जीवन ख़ुद एक विशाल नाटक है। इस नाटक में शास्त्रों की गिनती के नौ रसों से ज़्यादा रस हैं, रंग हैं, भदरंग भी हैं। नायक-नायिका, खलनायक-नायिका जैसे पात्र-कुपात्र, खरे से लेकर खोटे, गोटे सब कुछ हैं। कोई चार-पाँच हज़ार बरसों से लोगों ने इस जीवन नामक लम्बे धारावाहिक की न जाने कितनी कड़ियाँ देखी होंगी। उन्हें अपनी कुशलता से छोटे-छोटे नाटकों में बदला होगा। इन नाटकों को देखते, पढ़ते, सुनते हुए समाज ने अपने वास्तविक जीवन के नाटक की कथा को थोड़ा-बहुत ठीक-ठाक भी किया ही होगा।

देववाणी के नाटक ज़्यादा नहीं होंगे। लिखे भी कम गये, खेले भी कम ही गये, पर एक अच्छे बीज की तरह देववाणी के इन नाटकों ने लोकवाणी के नाटकों की एक अच्छी फसल खड़ी कर दी। नाटकों में जैसे पंख लग गये। वे नौटंकी, जात्रा, यशोगान, भवई, कथककली, रासलीला, रामलीला बन कर जगह-जगह उड़ने लगे, जाने लगे। नाटकों का यह रूप लोकरंजन, मनोरंजन के देवता का अंशावतार ही था।

इस देवता का पूर्णावतार हुआ १९७२ में—जब हॉलीवुड की लहरों ने बम्बई को बॉलीवुड में बदल दिया। लोक के मनोरंजन को ऐसी पाँख लगी कि देखने वालों की आँखें खुली की खुली रह गयीं। फिर इन पंखों से क़िस्से-कहानी की कल्पना ने ऐसी गति, ऐसी ऊँचाई पकड़ी कि उसने फिर कभी पीछे मुड़ कर नहीं देखा।

तब तक साहित्य को समाज का आईना कहा जाता था। बॉलीवुड ने इस आईने के आगे एक और आईना रख दिया। इन दो आईनों के बीच खड़े समाज की अब सचमुच अनगिनत छवियाँ सामने थीं। इसने समाज को पूरी दुनिया दिखा दी और फिर यह ख़ुद पूरी दुनिया घूम आया। देश के दक्षिण से लेकर सात समन्दर पार पश्चिम में, उत्तर में, पूरब में और तो और तरह-तरह की खटपट में लगे पड़ोसी पाकिस्तान तक में इस बॉलीवुड ने झटपट अपनी धाक जमा ली।

आप चाहें तो चोरी-चोरी, चुपके-चुपके इस बॉलीवुड के दोष देखने निकलेंगे तो न जाने कितने दोष मिलते जायेंगे। सामने दोषों का पहाड़ खड़ा हो जायेगा। बम्बई में ज़मीन के ऊपर लोकल रेल की जितनी पटरियाँ दौड़ती हैं, उससे ज़्यादा पटरियाँ बॉलीवुड के भीतर 'अण्डरवर्ल्ड'

की मिल जायेंगी। लेकिन गुण देखने चलेंगे तो गुणों की एक सुन्दर नदी भी दोषों के इस पहाड़ में अविरल बहती मिल जायेगी।

साहित्य, संगीत, कला, छाया, विज्ञापन के सबसे सधे हाथों ने इस बॉलीवुड को न भूल सकने वाली सेवायें दी हैं। यह बॉलीवुड का अचूक व्याकरण ही तो है, जो हमारे देश के प्यारे बच्चों को हिन्दुस्तान की झाँकी दिखाते हुए उन्हें 'प्यारे बच्चो' कहता है, ऐ मेरे वतन के 'लोगो' कहता है। उसे पता है कि हिन्दी में सम्बोधन के बहुवचन में अनुस्वार या बिन्दी नहीं लगती। व्याकरण के इस छोटे-से सबक में हमारे आज के कई बड़े पत्रकार, सम्पादक, साहित्यकार और सरकारी अधिकारी भी चूक कर जाते हैं।

किसी भी कैनवास पर एक करोड़ रुपये का क़ीमती दस्तख़त कर देने वाले मक़बूल फ़िदा हुसेन जैसे बड़े कलाकार भी बॉलीवुड के छोटे-छोटे पोस्टर पोतने से ही ऊपर उठे थे। यहीं के संगीत में पीछे बजने वाले दस-बीस सेकेंड के सरोद और सितार बम्बई की इस छोटी-सी गुड़िया की इतनी लम्बी कहानी कह जाते हैं कि आज 'सैमसंग गैलेक्सी' जैसे महँगे गैजट, यन्त्रों में रिकॉर्ड हो सकने वाले डेढ़ लाख गाने दो कौड़ी के साबित हो सकते हैं। गाने तो गाने यहाँ की पटकथाओं में लिखे गये संवाद तक गली-मोहल्लों में लाउडस्पीकर से शोलों की तरह बरसते रहे हैं।

इस बॉलीवुड में अंगों का प्रदर्शन मिलेगा तो आत्मा का दर्शन भी। वह जानता है कि 'आने वाला पल जाने वाला है'। उसने इन सौ बरसों में वह सब देखा-समझा है जो उसे बनाता है, बिगाड़ता है। उसने ख़ुद चोरी भी की है, अँग्रेज़ी हॉलीवुड की फ़िल्मों से तो उसकी ख़ुद की क़ीमती धरोहर भी चोरी गयी है। वीडियो और फिर डीवीडी ने उसे तरह-तरह के झटके दिये हैं। इन सबको उसने गा-बजा कर ही सहा है।

इसे सबके साथ मिल कर काम करना आता है और इसे आता है सबसे काम भी लेना। निर्देशक तरह-तरह के नखरे वाले नायक-नायिका, कलाकार, गुमनाम एक्स्ट्रा, हाथी, घोड़े, कुत्ते अपनी डफली अलग न बजाने वाले संगीतकार, परदे के पीछे से, बिना देखे अपनी सुनहरी आवाज़ देने वाले प्लेबैक सिंगर, परदे पर ओंठ चलाने वाले मुँह—वहाँ सब लोग एक बेहतर गठबन्धन में काम करना जानते हैं। उनके लिए यह गठबन्धन मजबूरी नहीं है। इस मनमोहक मनमोहन बॉलीवुड का गठबन्धन राजनीति के गठबन्धन

से ज़्यादा गोरा नहीं तो ज़्यादा काला भी नहीं है। हमारे नेता, सामाजिक नेता भी आने वाले पल को तो क्या आने वाले कल को भी नहीं समझ पाते। वे तो आज को कल में बदलता नहीं देख पाते और जब वह बदल ही जाता है तो वे इस बदलाव को समझ नहीं पाते।

सौ साल का बॉलीवुड एक क्षण तक को पहचानता है। वह जानता है कि आने वाला पल (कल) जाने वाला है।

तहलका, १५ मई, २०१२

ताम्र पत्र पर नोटों वाले गाँधी की हसरत

क़िस्सा यूँ इतना पुराना नहीं है, पर थोड़ी बास तो इससे आ ही सकती है।

कोई चार बरस पहले की बात है। केन्द्र में यही सरकार थी, पर तब किसी राजा, किसी रानी या किसी लोकपाल के संग्राम नहीं चल रहे थे। रामलीला ग्राउण्ड में बस राम की ही लीला होती थी। ऐसे शान्त वातावरण में सरकार को अचानक स्वतन्त्रता संग्राम सेनानियों की याद आ गयी। सरकार भावुक हो गयी थी। अचानक उसे कर्त्तव्य ने पुकारा कि बिना वक़्त गँवाये स्वतन्त्रता संग्राम सेनानियों का सम्मान कर डालना चाहिये।

सरकार ने इतना शानदार सपना देखा था पर उसके सपने इतनी आसानी से पूरे नहीं हो सकते। उन्हें पूरा करने के लिए एक समिति बनानी पड़ती है। लोकतन्त्र का तकाजा है—सबसे पूछकर, राय लेकर काम करो।

स्वतन्त्रता संग्राम सेनानी भी शायद नहीं जानते होंगे कि इस देश को आज़ाद करने के लिए उन्होंने जो अपनी जवानी, अपनी जान झोंकी थी, तो आज़ादी के बाद उनकी ये सारी सेवायें कहाँ दर्ज होने वाली हैं। पुलिस के पास! आज़ादी के दीवानों की सारी जानकारी आज पुलिस के दीवान के पास ही दर्ज है। पहले फाइल में उनका नाम एक अपराधी की तरह दर्ज था। आज़ादी के बाद उस पर स्वतन्त्रता संग्राम सेनानी की पर्ची चिपका दी गयी।

सब कुछ बहुत जल्दी ही कर देना था। ६०-६२ बरस पहले जो संग्राम लड़ा गया था उसमें कोई क्रान्तिकारी यदि दस बरस की उम्र में भी शामिल हुआ होगा तो अभी उसकी उम्र ८० के पार होनी चाहिये। ऐसे सेनानियों

के सामने सिर झुका कर अपना आभार प्रकट करने के लिए उत्सुक खड़ी सरकार को यह भी पता था कि एक-एक दिन कितना क़ीमती है। देश के लिए अपना सब कुछ न्यौछावर करने वालों को भगवान लम्बी उम्र दे, पर सरकार को यह आशंका भी थी कि उस संग्राम को जीतने वाले ये सेनानी अब किसी भी दिन जीवन-संग्राम हार सकते हैं।

इसलिए सारे फ़ैसले आनन-फानन लिए गये। इस समिति में कौन-कौन, किस-किस कारण से होगा—इसका बड़ी बारीक़ी से ध्यान रखा गया। गठजोड़ सरकार की मजबूरी आड़े नहीं आने दी गयी और न भाड़े के लोग। बड़े भत्तों पर आने वाले विशेषज्ञ रखे गये। फ़ोन पर ही सदस्यों को इस पुनीत काम की जानकारी दी गयी। तभी उनके योगदानों की चर्चा की गयी और सदस्य बनने की हामी ले ली गयी। सरकारी मुहर वाले पत्र बहुत बाद में भेजे गये। इन सदस्यों के नाम ? ये ज़्यादा नामी लोग नहीं थे। एकाध ऐसे नाम थे भी तो वे शुरू की तैयारी में अपनी व्यस्तता के कारण आ ही नहीं पाये। समिति के अध्यक्ष स्वयं गृहमन्त्री और सदस्य सचिव गृह मन्त्रालय के सचिव थे। समिति में शेष लोग ऐसे ही रखे गये थे जो बिना वक़्त गँवाये सरकार को बता सकें कि यह सम्मान का सपना कैसे पूरा होगा।

एक बार फिर दोहरा लें कि समय बहुत कम था। गृहमन्त्री बहुत ज़्यादा व्यस्त थे। इसलिए उत्साही ग़ैर-सरकारी सदस्यों ने गृह-सचिव को सुझाव दिया कि प्रारम्भिक बैठकें बिना अध्यक्ष के हो जायें तो कोई हर्ज नहीं। एक साफ़-सुथरी रूपरेखा या ढाँचा बन जाये तो फिर उस पर गृहमन्त्री की मुहर लगती रहेगी।

सबसे ज़रूरी बातें शुरू की दो बैठकों में तय हुईं जो गृह मन्त्रालय के बदले ग़ैर-सरकारी सदस्यों के छोटे-मोटे दफ़्तरों में दो-चार कुर्सियाँ यहाँ-वहाँ से खींचकर सम्पन्न की गयी थीं। तय हुआ कि सम्मान में स्वतन्त्रता सेनानी को एक सुन्दर ताम्रपत्र देना चाहिये। उसका नाप, तौल, वज़न, लम्बाई, चौड़ाई सब दर्ज हो गया। पाँच पंक्तियों के पचास सुन्दर शब्दों में इबारत लिख ली गयी। एक तरफ़ शासन का प्रतीक तीन शेर थे तो दूसरी तरफ़ गाँधी जी का 'एकला चलो' वाला नन्दलाल बोस का गरिमा भरा रेखाचित्र।

सारे निर्णय फटाफट होते रहे। अचानक तीन बातों पर जाकर सारी बातचीत अटक गयी। ताम्रपत्र पर दस्तख़त किसके होंगे, कुल कितने ताम्रपत्र छपेंगे और शासन की तरफ़ से किस जगह पर सेनानियों का सम्मान किया जायेगा? मिली-जुली सरकार पर संकट के कई मिले-जुले बादल आ गये। दस्तख़त प्रधानमन्त्री के होंगे या गृहमन्त्री के। ताम्रपत्र पर एक बार दस्तख़त हो गये तो वे फिर न ही मिटाये जा सकते और न ही बदले जा सकते हैं।

तय हो गया था कि तीन शेर राज्य का प्रतिनिधित्व करेंगे और दाण्डी वाले गाँधी समाज का। इसलिए समिति की राय थी कि शासन की तरफ़ से किसी का दस्तख़त न भी हो तो काम चलना चाहिये। इतनी सारी चीज़ें तैयार करने के बाद तीसरी बैठक में पहली बार गृहमन्त्री आये। उनके सामने रखी फ़ाइल खोली सचिव महोदय ने। मन्त्री जी ने इबारत पढ़ी। शेर और गाँधी के चित्र देखे। मुँह बिचकाया। कहा कि ये तो गाँधी जी जैसे नहीं लगते।

बैठक में सन्नाटा छाया रहा थोड़ी देर। एक ग़ैर-सरकारी सदस्य ने पटाने की कोशिश की कि ये गाँधी जी शान्ति निकेतन से निकले महान् कलाकार नन्दलाल बोस के बनाये हुए हैं। बेदाग, कड़क सफारी पहने मन्त्री जी पर इस कलाकार के नामी ब्रश का कोई धब्बा भी नहीं पड़ सका। बिना प्रभावित हुए उन्होंने कहा, 'नोटों पर गाँधी जी जैसे साफ़-साफ़ दिखते हैं वैसा बनाइये।' इबारत, दस्तख़त आदि की बारीक़ियों में गये बिना बैठक ख़त्म हो गयी। चार मिनट चली यह बैठक।

अगली बैठक में मन्त्रालय के सचिव बदल गये। नये जो आये उन्हें सदस्यों ने फिर पूरी कहानी बतायी। यह भी कि नोट वाले गाँधी काग़ज़ पर छपते हैं, ताम्र पत्र पर वैसे बारीक़ गाँधी छप नहीं सकते। नन्दलाल जी वाले गाँधी सबसे सुन्दर और व्यावहारिक दिखेंगे। सचिव को बात नहीं जमी। मन्त्री जी की राय से उनकी राय भला कैसे अलग होती।

इसी बीच मुम्बई में आतंकवादियों ने जगह-जगह हमले किये। गृहमन्त्री भी वहाँ गये और कीचड़ में उतरे या नहीं, इसे लेकर बड़ा विवाद उठा। गृहमन्त्री जी भी बदल दिये गये। नये जो आये उन पर और भी कई ज़िम्मेदारियाँ थीं। सो, इस पुरानी समिति की फ़ाइल नये गृहमन्त्री की मेज़

पर कभी दुबारा नहीं रखी गयी।

ताम्रपत्र, राष्ट्र की तरफ़ से कृतज्ञता भरी छोटी-सी प्यार भरी इबारत और नन्दलाल बोस के गाँधी जी अकेले ही चलते रहे। और नोट पर छपे गाँधी!

इस बीच कुछ लाखों-करोड़ों के हुए घोटाले की बास इतनी तेज़ी से उठी है कि इस छोटे-से क़िस्से की बास भला किसे आने वाली।

तहलका, ३० अप्रैल, २०१२

टनाटन पर्यटन

बोरिया-बिस्तरा बाँधना एक पुराना मुहावरा है। लेकिन इसका अर्थ हमेशा एक-सा नहीं रहा। एक जगह से ऊब गये तो बोरिया-बिस्तरा बाँधा और चल पड़े देशाटन को। जी हाँ, तब पर्यटन शब्द चलन में नहीं था पर देशाटन के लिए निकलने वालों की कोई कमी नहीं थी। अपने आस-पास या दूर को जानना-पहचानना, दो-चार दस दिन के लिए नहीं, लम्बे निकल जाना और लौट कर बिना बुद्धू बने घर वापस आना ख़ूब चलता था। इस देशाटन में दिशायें, पड़ाव या मंज़िल, कुछ भी तय नहीं रहता था।

तीर्थाटन इससे बिल्कुल अलग था। दिशा, जगह, पड़ाव, मंज़िल, मौसम सब कुछ तय रहता था। तीर्थ सब दिशाओं में थे। सचमुच उत्तर, दक्खिन, पूरब और पश्चिम। तीर्थ भी सब धर्मों के—केवल हिन्दुओं के नहीं। फिर कुछ तीर्थ ऐसे भी जिनमें अन्य धर्मों के लोग भी आते-जाते थे। हर पीढ़ी की ऐसी इच्छा होती कि अपनी अगली पीढ़ी के हाथों घर-गिरस्ती सौंपने से पहले एक बार इनमें से कुछ तीर्थों के दर्शन कर ही लें। शरीर में सामर्थ्य हो तो अपने दम पर नहीं तो श्रवण या सरवण कुमारों की भी कोई कमी नहीं थी जो अपने बूढ़े माता-पिता को बहँगी में उठा कर सब दिखा लाते थे, घुमा लाते थे।

ये तीर्थ भी दो तरह के माने गये थे। एक स्थावर यानी किसी विशेष स्थान पर बने थे। इन तक लोगों को ख़ुद ही जाना पड़ता था, पुण्य कमाने। लेकिन कुछ ऐसे भी तीर्थ बन जाते थे, जिन तक जाना नहीं पड़ता था—वे तो आपके शहर, गाँव, घर-दरवाज़े पर स्वयं आकर दस्तक देते थे। ऐसे तीर्थ जंगम-तीर्थ कहलाते थे—यानी चलते-फिरते तीर्थ। समाज में बिना

स्वार्थ साधे सबके लिए कुछ न कुछ अच्छा करते-करते कुछ विशेष लोग सन्त, विभूति जंगम तीर्थ बन जाते थे। उनका घर आ जाना या उनको कहीं मिल जाना तीर्थ जैसा पुण्य, आनन्द दे जाता था। आज भी हमारे-आपके जीवन में सारी भागदौड़ के बाद ऐसे कुछ लोग मिल ही जाते हैं जिनसे मिलकर सब तनाव दूर हो जाते हैं।

समय के साथ बहुत-सी चीज़ें, व्यवस्थायें बदलती हैं। सब कुछ रोका नहीं जा सकता। लेकिन हमें पता तो रहे, होश तो रहे कि हमारे आस-पास धीरे-धीरे या ख़ूब तेज़ी से क्या-कुछ बदलता जा रहा है।

आज के पर्यटन से पहले देशाटन और तीर्थाटन था और सब जगह इसके साथ एक पूरी अर्थ-व्यवस्था थी। उससे तीर्थों के आसपास के अनगिनत गाँव, शहर भी जुड़े रहते थे। वह आज के पर्यटन उद्योग की तरह नहीं था। एक तरह का ग्रामोद्योग या कुटीर उद्योग था।

उदाहरण के लिए, बदरीनाथ या हिमालय की चार धाम यात्रा को ही लें। यह तीर्थ यात्रा साल में तब भी आज की तरह ही कोई छह महीने चलती थी। पूरे देश से लोग यहाँ आते थे। हिमालय में तब सड़कें नहीं थीं। मैदान में बसे हरिद्वार या ऋषिकेश से सारी यात्रा पैदल ही पूरी की जाती थी। प्रारम्भिक मैदानी पड़ाव में, हरिद्वार आदि में धर्मशालायें, बड़े-बड़े भवन थे। पर फिर उसके बाद सारे पैदल रास्ते में ठहरने, रुकने, खाने-पीने का सारा इन्तज़ाम रास्ते में दोनों तरफ़ पड़ने वाले छोटे-बड़े गाँवों के हाथों में ही रहता था। पूरा देश स्वर्ग जाने वाली इन छोटी-छोटी पगडण्डियों से पैदल ही चढ़ता-उतरता था। हाँ, कुछ लोग तब भी सामर्थ्य, मजबूरी आदि के कारण पालकी, डोली या खच्चर का प्रयोग कर लेते थे। इन्दौर रियासत की रानी अहल्या बाई पालकी से ही बदरीनाथ गयी थीं और आज के चमोली ज़िले के पास गोचर नामक एक छोटे-से क़स्बे में अपनी उदारता, जीव दया और किसानों की ज़मीन के अधिग्रहण के कुछ सुन्दर नमूने आज के नये राजा-रानियों के लिए भी छोड़ गयी थीं।

यह सारा रास्ता मील में नहीं बाँटा गया था। कहाँ पगडण्डी सीधी चढ़ाई चढ़ती है, कहाँ थोड़ी समतल भूमि है, कितनी थकान किस हिस्से में आयेगी, उस हिसाब से इसके पड़ाव बाँटे गये थे, इतनी चढ़ाई चढ़ गये, थक गये तो सामने दिखती थीं सुन्दर चट्टियाँ। चट्टी यानी मिट्टी-गोबर से

लिपी-पुती सुन्दर बड़ी-बड़ी, लम्बी-चौड़ी सीढ़ियाँ।

रेल के पहले दर्जे की शायिकाओं जैसी अनगिनत सीढ़ियाँ। इन पर प्रायः साफ़-सुथरे बोरे स्वागत में बिछे रहते थे। लोग अपने साथ कुछ हल्का-फुल्का बिछौना लाये हैं तो उसे इन चट्टियों पर बोरे के ऊपर बिछाकर आराम करेंगे। नहीं तो गाँव के कई घरों से चट्टी पर जमा किये गये गद्दे-तकिये, रजाई, कम्बल, मोटी ऊन की बनी दरियाँ नाम-मात्र की राशि पर प्रेम से उपलब्ध हो जाती थीं। इन दरियों को 'दन' कहा जाता था और गलीचे, कालीननुमा ये दन इतने आकर्षक होते थे कि यात्रा से लौटते समय इनमें से कुछ के सौदे भी हो जाते थे। हाथ के काम का उचित दाम बुनकर को मिल जाता था। इन सेवाओं का शुल्क भी बाद में ही आया। शुरू में तो एक-सी सुविधा का दाम अलग-अलग लोग अपनी हैसियत और इच्छा, श्रद्धा से चुकाते थे।

इन्हीं चट्टियों के किनारे के गाँव अपने-अपने घरों से अपनी बचत का सामान, फल, सब्ज़ी, दूध-घी, आटा, दाल, चावल, गरम पानी—सारा इन्तज़ाम किया करते थे। पूरे देश के कोने-कोने से आये तीर्थ यात्रियों का पैसा इन गाँवों में बरस जाता था। छह महीने की यह मौसमी अर्थ-व्यवस्था पहाड़ों की सर्दी को थोड़ा गरम बनाये रखती थी।

आज़ादी के बाद इन पैदल रास्तों के किनारे-किनारे धीरे-धीरे मोटरगाड़ी जाने लायक सड़कें बनने लगीं। पर इन सड़कों का विस्तार बहुत ही धीमी गति से हो रहा था। अचानक सन् १९६२ में चीन की सीमा पर हुई हलचल ने इस काम में तेज़ी ला दी। सेना को अपना भारी साजो-सामान सीमा चौकियों तक पहुँचाना था। इस तरह ये पगडण्डियाँ उजड़ने लगीं। इस शानदार व्यवस्था की कुछ पुरानी स्मृति लम्बे बदरीनाथ मार्ग पर बदरीनाथ मन्दिर से थोड़ा नीचे बनी हनुमान चट्टी नाम की सुन्दर जगह पर अभी भी छिपी है।

इन चट्टियों की इस तरह बिदाई से इतने बड़े तीर्थ क्षेत्र के पैदल रास्ते के दोनों ओर बसे गाँवों में कैसी उदासी छायी होगी—इस बारे में उत्तराखण्ड के विश्वविद्यालयों ने, सामाजिक संस्थाओं तक ने शायद ही कभी ध्यान दिया हो। साथ ही मोटर सड़क के आ जाने से कैसे कुछ इने-गिने होटल मालिकों, पाँच-सात बस कम्पनियों पर कितनी नयी भगवत् कृपा बरसी

होगी—इसका भी लेखा-जोखा नहीं रखा जा सका है।

आज यह तीर्थाटन पर्यटन में बदल गया है। सैर-सपाटे पर जाने का, या कहें आकर्षक विज्ञापन छापकर जबरन सैर करवाने का पूरा एक नया उद्योग खड़ा हो चुका है। अब तो यह देश की सीमायें तोड़कर लन्दन, पेरिस, हांगकांग, मकाऊ, सिंगापुर, दुबई न जाने कहाँ-कहाँ की चाट लगा रहा है। तीर्थ यात्रायें अभी भी हो रही हैं पर वे भी इसी पर्यटन का हिस्सा बन गयी हैं। उन्हें भी बाज़ार की टनाटन पैसा कमाने वाली व्यवस्था ने निगल लिया है। उत्तर से दक्षिण तक के बड़े-बड़े मन्दिर, तीर्थ-स्थान अब कम्प्यूटर से जुड़ गये हैं। ई-आरती, ई-बुकिंग, ई-दर्शन, ई-यात्रा—भगवान का सब कुछ बाज़ार ने अपनी लालची तिज़ोरी में डाल लिया है। शायद भगवान भी आने वाले दिनों में ई-कृपा बाँटने लगें।

ऐसा नहीं है कि सड़कें आनन्द के स्वर्ग तक नहीं ले जातीं। लेकिन पर्यटन और तीर्थ के स्थानों तक आनन-फानन पहुँचाने की यह व्यवस्था अपने साथ एक विचित्र भीड़-भाड़, भागमभाग, कुछ कम या ज़्यादा गन्दगी, थोड़ी-बहुत छीना-झपटी, चोरी-चपाटी सब कुछ लाती है। ऐसे में नरक बनती जा रही इन सड़कों से आनन्द के स्वर्ग की यात्रा कठिन भी बनती जा रही है और पर्यटकों, तीर्थयात्रियों के मन में उस जगह दुबारा न आने का फ़ैसला छोड़ जाती है।

चट्टी वाले दौर में देश के आम माने गये लोगों को हिमालय का अद्‌भुत सौन्दर्य देखने को मिलता था। सड़क आने से यह दर्शन तो और भी सुलभ होना चाहिये था। पर सड़क से सिर्फ़ पर्यटक या तीर्थयात्री ही नहीं आते। पूरा व्यापार आता है। उस व्यापार ने यहाँ के जंगलों का सौदा भी बड़ी फुर्ती से कर दिखाया है। अब हरिद्वार से बस में बैठा पर्यटक पूरा हिमालय पार कर ले—उसे कहने लायक सुन्दर दृश्य, सुन्दर जंगल कम ही दिखेंगे।

फिर तुरत-फुरत पैसा कमाने की होड़ ने, दौड़ ने कई रास्ते बदल दिये हैं। पहले की यात्रा में तुंगनाथ और रुद्रनाथ शामिल थे। इनमें तुंगनाथ तो पूरे चार धाम के अनुभव में विशेष स्थान रखता था। उसके रास्ते में चोबता नाम की एक जगह के पास बनी चट्टियों में सचमुच 'अनुपम सौन्दर्य आपकी प्रतीक्षा में खड़ा मिलता था।' इस पैदल सड़क को बनाने वाले पीडब्ल्यूडी विभाग ने एक बोर्ड यहाँ ऐसा ही टाँग दिया था। बताया जाता

है कि सन् १९७५ में आपात्काल को लगाने, दिन-रात राजनीतिक उठापटक से बिलकुल थक गयीं श्रीमती इन्दिरा गाँधी ने दो-चार दिन आराम करने के लिए चोबता को ही चुना था। घने जंगलों से ढकी इस अद्‌भुत देवभूमि में बने एक छोटे-से डाक बँगले में श्रीमती गाँधी के इस पर्यटन की भनक शायद देवताओं के अलावा किसी को भी नहीं लग पायी थी।

पर्यटन ने इस शान्ति को, आनन्द को थोड़ा हटाकर टनाटन पैसा कमाने की एक नयी व्यवस्था कायम कर ली है। यह नया ढाँचा विज्ञापन और स्वामित्व के तरह-तरह के दावों से पटा पड़ा है। पर्यटन की किसी भी जगह पर उतरते ही कौन-सा पर्यटक मेरा है, कौन-सा तेरा—इसका खुला बँटवारा, झगड़ा होने लगता है।

ऐसी छीना-झपटी के कड़वे अनुभवों से बिलकुल अलग थीं राजस्थान की भर्तृहरि और चाकसू तीर्थ क्षेत्रों की व्यवस्थायें, अलवर और जयपुर ज़िलों में बने इन स्थानों में आज भी कोई ५० हज़ार यात्री पहुँचते हैं। यहाँ की पूरी बसावट कुछ अलग ढंग की है। यहाँ प्रवेश करते ही आपको अनेक धर्मशालायें चारों तरफ़ दिखने लगेंगी। पर आपकी आँखों में कुछ खटकने लगेगा। इनमें से किसी भी धर्मशाला में न दरवाज़े हैं, न खिड़कियाँ। भवन छोटा हो या बड़ा, प्रवेशद्वार तक नहीं मिलेगा यहाँ। सब कुछ पूरा खुला खेल। किसी भी धर्मशाला में बोर्ड नहीं, नाम नहीं, चौकीदार नहीं, दफ़्तर या प्रबन्धक नहीं। जहाँ मन करे, जगह मिल जाये, उसी कमरे में रुक जायें।

ऐसी व्यवस्था बहुत सोच-समझकर बनायी गयी थी। तीर्थक्षेत्र में अपना नाम, अपना महत्त्व, अपना पैसा, अपना ख़ानदान, स्वामित्व की भावना सब कुछ भुला दो। तीर्थयात्री के रहने का प्रबन्ध करो और श्रेय प्रभु अर्पण कर दो। स्वामित्व विसर्जन—यानी यह तेरे लिए है ज़रूर, पर है तो मेरा—इसे भूल जाओ। कहो यह तेरा ही है। तेरे लिए ही है।

एक पुराना क़िस्सा बताता है कि यहाँ किसी सेठ ने तीन मंज़िल की एक सुन्दर धर्मशाला बनायी थी। उनके मुंशी की किसी ग़लती में उस नवनिर्मित भवन में बस पहले ही दिन कुछ क्षणों के लिए 'यह मेरा है' की गन्ध आयी थी। तीर्थ क्षेत्र में यह दुर्गन्ध तेजी से फैली। तीर्थ क्षेत्र ने तुरन्त सेठ को आदेश दिया कि यह पूरी धर्मशाला, तीन मंज़िला भवन तुम अपने हाथ से

हथौड़ा मार-मारकर गिरा दोगे। सेठ ने ख़ूब समझाया कि मिल्कियत का निशान तो अब मिटा दिया है। इतनी सुन्दर बनी हुई इमारत भला क्यों तुड़वा रहे हो। न जाने कितने सालों तक कितने ही तीर्थयात्रियों के काम आयेगी यह। पर निर्णय हो चुका था। पूरी धर्मशाला तोड़ दी गयी।

यह क़िस्सा शायद ५०० बरस से यहाँ आने वाले हर तीर्थ यात्री को याद है—एक आदर्श की तरह। ऐसी सख़्ती तब नहीं दिखायी गयी होती तो वह धर्मशाला भी मुम्बई की आदर्श सोसायटी की तरह सीना तानकर खड़ी रहती और यहाँ आने-जाने वालों को क़ानून तोड़ने का सुन्दर रास्ता, सुन्दर तर्क सुझाते रहती।

भाग-दौड़ भरी इस नयी ज़िन्दगी में यदि कुछ समय बचा लिया है, कुछ पैसा जमा कर लिया है तो फिर 'बिस्तरा बाँध' पर्यटन के लिए निकल पड़ें। इसमें कोई आगा-पीछा न करें। हाँ, इतना ज़रूर करें कि जहाँ भी जायें वहाँ यदि देशाटन और तीर्थाटन की पुरानी यादें खोज सकें तो इस टनाटन पर्यटन में भी कुछ नया आनन्द जुड़ सकेगा।

तहलका, १५ जून, २०११

समाज की रामबुहारू

अपने कामकाज के अन्तिम दौर में हमारे पिछले राष्ट्रपति ने एक नयी योजना बनायी थी। नाम था पुरा। योजना तो पुरा यानी गाँवों के लिए ही थी पर यह नाम अँग्रेज़ी में था, पीयूआरए—पुरा यानी प्रोवाइडिंग अर्बन फैसिलिटीज इन रूरल एरिया। राष्ट्रपति का सपना था कि इस योजना में गाँवों को साफ़-सुथरी रिंग रोड से घेरकर इनमें प्रदूषण रहित बसें दौड़ायी जायेंगी। गाँवों में आधुनिकतम चिकित्सा सुविधा वाले अस्पताल होंगे और इनमें रहने वाले ५० प्रतिशत लोगों को रोज़गार भी दिया जायेगा।

सपना अभी शुरू भी नहीं हुआ था कि नींद टूट गयी।

योजना केन्द्र की नहीं राष्ट्रपति महोदय की थी। इसलिए योजना आयोग के बटुए में इसके लिए कोई राशि नहीं थी। जिन सौभाग्यशाली गाँवों को इसके लिए चुना गया था, वे सभी विभिन्न राज्यों में थे। राज्य सरकारों के पास भी सबसे ऊपर से आयी इस योजना के लिए नीचे कोई पैसा नहीं था। योजना अभूतपूर्व बतायी गयी, पर राष्ट्रपति स्वयं भूतपूर्व हो गये।

हम सबको बचपन में ही यह पढ़ा-रटा दिया जाता है कि सारे जहाँ से अच्छे हमारे इस देश में कोई पाँच लाख से ज़्यादा गाँव हैं। पर ये शानदार योजना केवल ७००० गाँवों का उद्धार करने वाली थी। और वह भी उधार में बदल गया। आख़िर राष्ट्रपति पूरे राष्ट्र का मुखिया होता है कोई ज़िला या सम्भाग अधिकारी नहीं। और फिर इतने बड़े हाथों से बनी इतनी छोटी-सी योजना भी खटपट में पड़ गयी।

हमारे राष्ट्रीय चिह्न में तीन बड़े भव्य शेर हैं। कहीं से भी देखो ये तीन ही दिखते हैं। हमारी आँखों के आगे ये इतनी बार आते हैं कि हम ये भूल ही बैठे हैं कि एक चौथा शेर भी है। पिछले साठ वर्षों में हर विचार, रंग और आकार-विकार की सरकारें आयीं और इन्हीं गुणों-अवगुणों के मज़बूत या कमज़ोर विपक्ष भी। पर किसी ने भी इस चौथे शेर को नहीं देखा। इस सूची में हम जैसे सामाजिक कामों में लगे लोग भी शामिल हैं।

देश के पाँच लाख गाँव के लोग इस चौथे शेर से चलते रहे हैं। कोई अदृश्य हाथ, इन्हें वहीं के साधनों से, वहीं पर की गयी साधना से सँवारता था। अँग्रेज़ों के आने से पहले हमारे देश में कश्मीर से कन्याकुमारी तक पानी का सुन्दर काम इस अदृश्य शेर ने, संगठन ने कर रखा था। जब अँग्रेज़ों ने इन सुन्दर कामों को अपने गजेटियरों में गिनने का काम किया तो पता चला कि चेरापूँजी जैसे भारी बरसात से लेकर जैसलमेर जैसे ज़रा-सी बरसात वाले इलाक़ों तक लोगों ने पानी की सुन्दर व्यावहारिक व्यवस्था खड़ी कर ली थी। वह भी खेल-खेल में। इस लोक-निर्माण के लिए कोई भारी-भरकम केन्द्रीय लोक-निर्माण विभाग नहीं खुला। कोई बजट नहीं रखा गया था। और इन पाँच लाख गाँवों ने अपने से बहुत दूर दिल्ली में नहीं, बिल्कुल अपने-अपने गाँवों में ही अपने सक्षम योजना आयोग खोल रखे थे। पर अँग्रेज़ों को और बाद में आये राजनेताओं को भी यह आयोग, यह चौथा शेर दिखा ही नहीं।

चौथा शेर आज भी अपना काम चुपचाप कर रहा है। उसकी प्रतिष्ठा का हरण हो चुका है, उसके साधन छीने जा चुके हैं फिर भी उस समाज की स्मृति में जो काम, जो कचरा साफ़ करने के कर्त्तव्य एक बार दर्ज हो गये थे, वह उन्हें आज भी निभा रहा है।

इसीलिए भले ही सरकारों, अख़बारों को ख़बर न हो, इस साल जैसलमेर के रामगढ़ क्षेत्र में मात्र नौ सेंटीमीटर पानी गिरने पर भी विप्रासर और उसके आसपास के कई गाँवों ने अगले पूरे वर्ष के लिए पीने का पानी जमा कर लिया है। नौ सेंटीमीटर जितना ज़रा-सा पानी बरसाने वाले बादलों का विप्रासर जैसे गाँव कैसा स्वागत करते हैं, यह तो आप अब अगली बरसात में वहीं जाकर देख पायेंगे। सूखे तालाब में भेड़-बकरी की

मेंगनी, ऊँटों, गायों का गोबर—सब पूरे गाँव ने अपने दम पर झाड़ू लगाकर साफ़ किया था। जिन जगहों से पानी तालाब में आयेगा, उस पूरे आगौर में भी सबने मिलकर झाड़ू लगायी थी।

यह रामबुहारू चलती रहे।

तहलका, ३१ अक्टूबर, २००८

यदि गाँधी जी होते

यह सवाल नया नहीं है। शायद गाँधी जी के जाते ही अगले दिन से पूछा जाने लगा होगा। सवाल नया नहीं क्योंकि हमारा स्वभाव पुराना ही है। स्वभाव न बदला हो तो परिस्थितियाँ कितनी भी बदल जायें, हम बदलते नहीं। इसलिए कहीं भी संकट में हम फँसे नहीं कि एकदम यही सवाल सामने आता है : यदि गाँधी जी होते तो क्या करते।

कभी किसी ने सोचा होगा कि सन् १८६९ के अक्टूबर से पहले लोगों के सामने यह प्रश्न था क्या? तब तो गाँधी जी का जन्म भी नहीं हुआ था। फिर अक्टूबर के दिन उस साल गाँधी जी ने जन्म लिया। धीरे-धीरे पले-बढ़े, सब सामान्य बच्चों की तरह। फिर स्कूल-कॉलेज में कुछ पढ़े-लिखे, सब सामान्य युवकों की तरह। न जाने कब सब कुछ सामान्य-सा दिखने वाला एकदम असामान्य, असाधारण बन गया। फिर तो पूरे जीवन भर इस देश में ही नहीं, पूरी दुनिया में उनकी उपस्थिति इस क़दर बनी रही, ऐसी ऊँची बनी रही कि बाक़ी सब बौने से हो गये थे। यह ऊँचाई उनके व्यक्तित्व में थी, उनके कामों में थी, उनके विचारों में थी।

उनके जाने के बाद अँधेरा-सा छा गया। सूरज के जाने के बाद भी अँधेरा आता है। लेकिन सूरज अगले दिन फिर उग जाता है। थोड़े-बहुत बादल हों, कोहरा हो, रेतीली या धूल भरी आँधी हो तब भी सूरज आ गया है ऐसा भरोसा मन में रहता है। पर गाँधी जी गये तो ऐसा नहीं हुआ। उन्हें अगली सुबह नहीं आना था।

आते भी भला क्यों। हमें उनकी ज़रूरत थी सिर्फ़ इसलिए क्या। ये 'हम' भी कौन। कहाँ-कहाँ नहीं होंगे हम जैसे हम! हमारे निकम्मेपन की ढाल

यह सर्वनाम 'हम'। यह सब जगह कम-ज़्यादा मिलता है। मिलता ही चला जाता है। बढ़ता ही चला जाता है और इसलिए कोई संकट आया नहीं कि हमें लगता है कि अच्छा होता आज गाँधी जी हमारे बीच होते। वे होते तो हमारे बदले हम उनको इस संकट में झोंक देते। यह भी अटूट भरोसा हमें है कि यदि वे होते तो हम क्या उन्हें झोंकते, वे ख़ुद ही अपने को न्यौछावर करने हाथ के काम छोड़ उस संकट की घड़ी के सामने होते।

ऐसा निकम्मापन हमें कहीं का नहीं छोड़ेगा। हम कभी भी अपनी समस्याओं से निपट नहीं पायेंगे। समस्यायें कब नहीं होतीं? दस-पाँच बरस का इतिहास खँगाल लें। खगोल-भूगोल सब देख डालें। बिलकुल निरापद कोई भी समय नहीं रहा है। प्राकृतिक आपदायें, राजनैतिक आपदायें, सामाजिक आपदायें, और तो और घर-घर की आपदायें—भगवान राम के राजतिलक के पुण्य क्षण में भी कैकेयी कोप भवन में चली गयी हैं। समस्यायें बराबर आयेंगी। अच्छे कामों को, अच्छे विचारों को राजाज्ञा से, भले ही मजबूरी में, पर बनवास मिलता रह सकता है।

और ऐसे में ही धीरज, संयम, दृढ़ता और मर्यादा को ध्यान में रख जितना बने उतना तो करें हम। जो हमसे अभी नहीं बन सकता, उसकी कोशिश अभी नहीं भी करें तो ज़्यादा अच्छा। आज का एक ठीक क़दम पर्याप्त है, कल की शक्ति वही देगा—ऐसी प्रार्थना मन में तो करें।

आज गाँधी जी होते तो क्या करते? वे जब थे—और वे काफ़ी लम्बे समय तक रहे हैं—तब उन्होंने हर तरफ़ की परिस्थिति में हमेशा ही कुछ न कुछ करके दिखाया था। वे सब उदाहरण हमारे-आपके सामने हैं। फिर वे संघर्ष से लेकर रचना तक के, निर्माण के, नवनिर्माण के कामों में, हर असम्भव-सी दिखने वाली परिस्थिति में अपार सम्भावनायें तलाश लेते थे। कभी चुटकी भर नमक से वे ब्रितानी राज को हिला देते थे, तो कभी मुट्ठी भर कपास से अँग्रेजों की सूती मिलों को ठप्प कर देते थे। नील के गट्ठर से अन्याय से रंगे यूरोप के बाज़ार को सफ़ेद झक्क, उज्ज्वल बना देते थे।

जब तक वे रहे, उन्होंने यहाँ इतना कुछ किया जितना एक व्यक्ति कभी नहीं कर सकता। दायें हाथ से किया, दायाँ हाथ थका तो बायें हाथ से किया। तन से किया, मन से किया और अन्त में अपने प्राण तक से किया।

वे तो इस धरती के लिए इतना कुछ कर गये। अमर हो गये। अब हम मर-मर कर जियें और अपने हर संकट में उन्हें याद करें, सोचें कि आज यदि वे होते तो क्या करते—यह बिलकुल ठीक नहीं है। आज वे नहीं हैं। हम और आप हैं। हमसे जितना बने, उतना तो करें। गुरुदेव की एक छोटी-सी कविता न भूलें :

सांध्य रवि ने कहा,
मेरा काम लेगा कौन,
रह गया सुनकर जगत्,
सारा निरुत्तर मौन।

एक माटी के दिए ने,
नम्रता के साथ,
कहा जितना बन सकेगा,
मैं करूँगा नाथ।

तहलका

नये बसायेंगे तो पुराने शहरों का क्या करेंगे?

नये बसायेंगे तो पुराने शहरों का क्या करेंगे?

आसमान में तरह-तरह के आरोपों की धूल ख़ूब उड़ायी जा रही है। दूसरी ओर सभी का भला करने के दावों-वायदों को उनसे भी ऊपर उठाया जा चुका है। धूल को जिस ऊँचाई तक पहुँचाया गया है, उससे यह कुर्सी कहीं बहुत नीचे ही रहेगी। अब इन सबके बाद जो कोई भी एक छोटी-सी, नीची-सी कुर्सी पर बैठने वाला है, उसे समस्त शुभकामनाएँ।

हमारे संस्कृत साहित्य में कोई एक हज़ार साल पहले 'शुकनासोपदेश' नाम का एक साहित्य रचा गया था। राजा हर्षवर्धन के समय में बाणभट्ट रचित 'कादंबरी' में युवराज चन्द्रापीड को सिंहासन पर बैठने से पूर्व उनके महामन्त्री शुकनास ने कुछ उपदेश दिये थे, जिसे देश में एक सप्ताह बाद गद्दी पर बैठने वाले बहुत लोकतान्त्रिक समझे जाने वाले नेता को ज़रूर पढ़ना चाहिये। शुकनास कहते हैं—'युवराज आपने सारी जानने योग्य चीज़ें पढ़ ली हैं। अब कोई भी चीज़ आपको पढ़नी बाक़ी नहीं रह गयी लेकिन फिर कुछ बातें ज़रूर कहना चाहूँगा।' उन्होंने चन्द्रापीड के सामने सत्ता और लक्ष्मी (पैसा) के मिलन से क्या-क्या गुल खिलते हैं, का विस्तार से वर्णन किया है और उनसे बचने के उपायों के बारे में भी बातें की हैं। इसके अलावा उन्होंने चापलूसों से होने वाले नुकसान के बारे में भी उपदेश दिया है। वे कहते हैं—'राजा अपनी प्रशंसा सुनकर ख़ुद को देवता का अवतार समझने लग जाते हैं। दर्शन देने मात्र को बड़ी कृपा मानते हैं। किसी पर दृष्टिपात को भी उपकार समझ बैठते हैं। किसी से बात कर ली तो यह समझने लग जाते हैं कि मानो उसे कोई बड़ा पुरस्कार दे दिया। जिसे छू दिया मानो उसे पवित्र कर दिया। ऐसे शासक हमेशा

विद्वानों का उपहास उड़ाते हैं। वे मित्रों की सलाह को बुढ़ापे का प्रलाप मानते हैं। वे उन्हें सम्मान देते हैं, अपने पास बिठाते हैं, उनकी ही सलाह मानते हैं, जो सारे कामों को भुलाकर दिन भर स्तुति में लगे रहते हैं।'

चुनाव आयोग ने जब चुनाव की तारीख़ें तय की थीं तब यह ख़बर नहीं थी कि प्रशान्त महासागर के कुछ हिस्सों में जलवायु परिवर्तन की घटना के रूप में 'अल नीनो' नाम का शैतान प्रकट हुआ है। वैसे प्रशान्त महासागर का यह इलाक़ा हमसे बहुत ज़्यादा दूरी पर है लेकिन मौसम विज्ञानी बता रहे हैं कि इसका असर हमारे देश की जलवायु पर भी पड़ेगा। नया राज चाहे जिसका भी आये, उसे राजनीतिक-सामाजिक सभी पहलुओं के अलावा मौसम के इस बहुत कठिन पहलू को भी ध्यान में रखना होगा।

चुनाव में उतरी पार्टियों ने पिछले दिनों जो वायदे जनता से किये हैं, उन्हें व्यावहारिक रूप में कैसे निभाया जा सकेगा, यह देखने वाली बात होगी। इसमें वादा टूटने या जुड़ने की बात नहीं है। हो सकता है कि वादे पूरे हो जायें लेकिन इसकी कोई क़ीमत हमें चुकानी पड़ सकती है। मिसाल के तौर पर दोनों ही प्रमुख पार्टियों ने नये शहर बसाने और बुलेट ट्रेन चलाने की बात की है। इस बात के लिए उन्हें धन्यवाद दिया जाना चाहिये लेकिन उनसे यह बात भी पूछी जानी चाहिये कि इससे पहले बने हुए शहरों का वे क्या करने वाले हैं? क्या उन पुराने शहरों को और भी अँधेरे में धकेल दिया जायेगा? पुराने क़स्बों, शहरों और यहाँ तक कि महानगरों में भी बुनियादी सुविधायें और गुणवत्ता मुहैया नहीं है। यहाँ रहने वाली बड़ी आबादी को ठीक समय पर और पीने योग्य पानी नहीं मिलता है। किसी को दस घण्टे, किसी को दो दिन पानी हासिल करने के लिए इन्तज़ार करना पड़ता है। कुछ लोगों को तो प्यास बुझाने के लिए पानी की बोतलें बाज़ार से ख़रीदनी पड़ती हैं। हमारे बड़े शहरों की परिभाषा यह हो गयी है कि उनका पानी कितने किलोमीटर दूर से आता है। जिन शहरों को जितनी दूरी से पानी मिल रहा है, उन्हें उतना ही स्वावलम्बी माना जा रहा है। यानी वैसे शहर जिनके पास अपना पानी है, उसे पानी के मामले में आत्मनिर्भर नहीं मानेंगे। दिल्ली, मुम्बई आदि महानगरों का पानी २००-३०० किलोमीटर से आता है और यह किसी का हक़ चुराकर ही आता है।

नये शहर बसाने से पूर्व हमें गुजरात के सूरत में आयी कुछ साल पहले की बाढ़ को नहीं भूलना चाहिये। सूरत को इसलिए भी नहीं भूलना चाहिये

क्योंकि वह गुजरात का हिस्सा है। वहाँ उकाई बाँध की वजह से बाढ़ आयी थी। यह बाँध कुछ ही मीटर ऊँचा है। इस बाढ़ के बाद वहाँ चार महीने एक मंज़िल तक पानी टिका रहा था। सौ शहर बनाने की जो बात हो रही है, कहीं वे सूरत को तो आदर्श शहर नहीं बना लेंगे ? उन नये शहरों में बाढ़ आयेगी तो उसका हल क्या होगा ? गर्मियों में पीने का पानी कहाँ से आयेगा ?

बस्ती के बारे में यह परिभाषा दी गयी है—'बसते, बसते बसती है बस्ती।' हम यदि शहर नियोजन के फॉर्मूले से किसी नगर या महानगर को अचानक बसा दें तो उसमें कृत्रिमता आ जाती है। चण्डीगढ़ और गुड़गाँव ऐसे ही कृत्रिम शहर हैं। चण्डीगढ़ बनाने में जहाँ बहुत पैसा ख़र्च हुआ है, तो वहीं दूसरी ओर गुड़गाँव को किसी भी तरीक़े से सफल शहर नहीं माना जा सकता है। इसके बरक्स जो भी पार्टी १०० नये शहर बनायेगी, वहाँ जीवन जीने की बुनियादी सुविधायें होंगी या नहीं, अभी से कुछ नहीं कहा जा सकता है।

रफ़्तार एक बड़ी चीज़ है। इन प्रमुख पार्टियों के घोषणा-पत्रों में बहुत तेज़ गति से चलने वाली बुलेट ट्रेन की भी बात की गयी है। इसके तहत देश की दो राजधानियों को बुलेट या ऐसी ही तेज़ गति से चलने वाली ट्रेन से जोड़ने की बात की गयी है। हमारे यहाँ पहले से राजधानी, शताब्दी और दुरन्तो जैसी कुछ तेज़ चलने वाली ट्रेनें हैं। बुलेट शब्द पहली बार इस पटरी पर दौड़ने वाला है। यह पटरी ऐसी ट्रेनों के लायक नहीं है, क्योंकि ये ट्रेनें २५०-३५० किलोमीटर प्रति घण्टे की रफ़्तार से दौड़ती हैं। इन ट्रेनों को दौड़ाने के लिए बिल्कुल सीधी पटरी की ज़रूरत होगी, ताकि वह गति को बर्दाश्त कर सके। यदि ऐसा किया जाता है तो पर्यावरण का नुकसान बड़े पैमाने पर होगा। इसकी वजह से बड़े पैमाने पर विस्थापन भी होगा। अभी तक बिजली उत्पादन, कारख़ानों और बाँधों की वजह से विस्थापन होता रहा है। उन विस्थापितों को आज तक सम्मान के साथ नहीं बसाया जा सका है। सम्भव है कि यह वादा पूरे करने वालों के लिए भविष्य में सिरदर्द ही बढ़ायेगा।

शुक्रवार, १६ मई, २०१४

हिमालय का मन तोड़ेंगे तो वह हमारा मन भी तोड़ेगा

कभी ना, कभी हाँ। लगता है कि देश की सबसे बड़ी अदालत भी अनिश्चय के इस माहौल में उसी तरह बर्ताव कर रही है जैसी हमारी सरकारें करती आयी हैं। अभी कुछ महीने पहले हमने देखा कि इसी अदालत ने व्यापक तौर पर विवादित परमाणु ऊर्जा से बिजली पैदा करने की एक योजना को सारी बातों को ताक पर रखकर हरी झण्डी दे दी थी। अब उसी अदालत का एक आदेश यह आया है कि उत्तराखण्ड में अब किसी भी पनबिजली या बाँध वाली परियोजनायें न बनायी जायें। अँग्रेज़ी में इस तरह के प्रतिबन्ध को 'ब्लैंकेट बैन' कहा जाता है, देश में यह पहली बार सामने आया है।

कुछ वर्ष पूर्व इसी बड़ी अदालत ने नदियों को जोड़ने की परियोजना को स्वीकृति दी थी। कुछ लोग तो यह भी मानते हैं कि बड़ी अदालत ने नदी जोड़ो का आदेश दिया था। अदालत ने केन्द्र सरकार को यह निर्देश दिया था कि वह अकाल से निपटने के लिए नदियों को आपस में क्यों नहीं जोड़ती है? उस समय जिस पार्टी का राज था, जो विपक्ष में बैठे थे, वे सब एक सुर में नदी जोड़ो के पक्ष में आ गये थे। किसी कारण से यह योजना आज तक लागू नहीं हो सकी है, इसे देश का सौभाग्य ही मानना चाहिये।

विगत १५-१६ जून को उत्तराखण्ड में आयी तबाही से बड़ी अदालत भी घबरा गयी है। हमें लगता है कि ऐसी अदालतों का स्वभाव देश के भूत,

वर्तमान और भविष्य का अनुमान लगाकर स्थायी निर्णय लेने वाला होना चाहिये, न कि अचानक भगदड़ में लिये गये फ़ैसलों का इतिहास बनना चाहिये। अभी तक वह उसी तरह की भावना में बहती हुई दिखती है जिस तरह बाक़ी लोग बहने लगते हैं। आपत्ति आयी तो घबरा गये और नहीं आयी तो कहा कि आपत्ति लाने वाली योजनाओं को लागू करो। इस तरह की चीज़ें ठीक तरह की न्याय प्रणाली को आगे नहीं बढ़ा पायेंगी। बड़ी अदालत ने अभी यह कहा है कि हिमालय के भूगोल और भूगर्भ का अध्ययन करने वाली संस्था वाडिया इंस्टीट्यूट की राय ली जानी चाहिये क्योंकि उस संस्थान ने यह जानकारी दी थी कि विगत १५-१६ जून को ३५ सेंटीमीटर वर्षा होगी। दो दिन ३५ सेंटीमीटर वर्षा होना बहुत ज़्यादा होता है।

अदालत ने यह निर्देश केदारनाथ मन्दिर वाले इलाक़े में बर्फ़ गिरने और बादल फटने की घटना आदि बातों के मद्देनज़र भी दिया था। बड़ी अदालत को हिमालय क्षेत्र के बारे में वैज्ञानिक की तरह ठीक-ठीक जानकारी न हो लेकिन आम नागरिक की तरह तो ज़रूर होनी ही चाहिये। अदालत को आम नागरिक की जानकारी से उठकर इस बात की जानकारी भी होनी चाहिये कि यह इलाक़ा देश का 'मानसून की दीवार' है। यहाँ बंगाल की खाड़ी और अरब सागर से उठने वाली हवाओं से न जाने कितने किलोमीटर लम्बे और कितने किलोमीटर गहरे बादलों के झुण्ड का निर्माण होता है। बादलों का झुण्ड हिमालय से टकराता है और बारिश होती है। इस इलाक़े में बादल का फटना कोई बड़ी बात नहीं है। ५०००-६००० फीट तक जिस तरह बारिश और बर्फ़बारी होती है, वैसे ही यहाँ बादल फटने की घटना होती रहती है। आमतौर पर अदालतों में पिछले फ़ैसलों का इतिहास देखने का रिवाज सन्दर्भ के तौर पर होता रहा है। इसी तरह हमें मौसम के इतिहास का भी १००-१२५ साल पुराना पन्ना पलट कर देखना चाहिये। सन् १८४३ में इस इलाक़े में बहने वाली अलकनन्दा की एक सहायक नदी के ऊपर बादल फटने की घटना हुई थी और एक कृत्रिम झील का निर्माण हो गया था। बादल फटने की घटना फिर सन् १८८३ में हुई। इस घटना में झील का पानी बह गया। एक साल बाद फिर झील का निर्माण हुआ। सन् १९७० में ऐसी ही घटना हुई और गौनाताल का निर्माण हुआ। नैनीताल हम सब जानते हैं। गौनाताल सड़क से हटकर चूँकि जंगल के

अन्दर है इसलिए पर्यटक वहाँ कम जा पाते हैं। यही वजह है कि वह कभी ख़बरों में नहीं रहा है। सन् १८८३ या सन् १९७० में भी बरबादी कम नहीं हुई होगी, लेकिन तब शायद २४ घण्टे वाले चैनल और रंग-बिरंगे संस्करणों वाले अख़बार नहीं थे। वहाँ तक पहुँचने के लिए इतनी सड़कें नहीं थीं इसलिए उस ज़माने में वहाँ गिने-चुने हुए श्रद्धा से भरे तीर्थयात्री पहुँचते थे। अभी तीर्थयात्रियों में से एक बड़ा हिस्सा पर्यटकों का जुड़ा है। पर्यटन कोई दोष नहीं है। अपने देश को घूमना, प्राकृतिक छटाओं का आनन्द लेना, उसे जानना और समझना देशभक्ति का एक रूप भी हो सकता है, लेकिन इस समझ ने कि जेब में थोड़ा पैसा आया और गाड़ी उठायी कहीं भी निकल लिए, १५-१६ जून की तबाही को और विकराल बना दिया है। क़ीमती जानें गयी हैं। ऐसे में अदालत का घबरा जाना बहुत स्वाभाविक है, लेकिन हमें यह उम्मीद करनी चाहिये कि उसे हिमालय में हो सकने वाले विकास की सम्भावना का ठीक तरह से अध्ययन करना चाहिये।

गाँवों को सड़क से ज़रूर जोड़ा जाना चाहिये। दो-तीन बार या जितनी बार टूटे, उसकी मरम्मत ज़रूर की जानी चाहिये। गाँव तक बिजली, स्कूल और अस्पताल सभी पहुँचाए जाने चाहिये। अगर यही विकास है तो कोई हाथ नहीं पकड़ने वाला। वहाँ के किसानों द्वारा पैदा की जाने वाली फसलों को बाज़ारों तक भी पहुँचाया जाना चाहिये। अगर वे फल पैदा कर रहे हैं तो इसकी व्यवस्था ज़रूर की जानी चाहिये कि वे गाँव में ही सड़ न जायें। उसे उपभोक्ताओं तक पहुँचाये जाने की व्यवस्था की जानी चाहिये। सारे काम कीजिये, लेकिन ध्यान रखा जाना चाहिये कि गाँव की ऊँचाई ७००० फीट से ज़्यादा की नहीं हो। एकाध गाँव अगर ८००० फीट पर मिलते भी हैं तो वहाँ साल के दो-चार महीने ही बसावट होती है। वहाँ के लोग गर्मियों में नीचे आ जाते हैं। कहते हैं कि उनके दो चौके और दो घर होते हैं। ये चार धाम मन्दिर दस हज़ार फीट से ज़्यादा ऊपर बने हुए हैं। इन तक ज़बरदस्ती सड़कें न ले जायें। हिमालय का मन तोड़कर हम सड़कें ले जायेंगे तो वह हमारा मन तोड़ेगा, हमारी सड़कें तोड़ेगा। अदालत को इन सभी बातों को ध्यान में रखकर 'ब्लैंकेट बैन' लगाने की बजाय, क्या इस क्षेत्र में हो और क्या नहीं हो, इस बारे में राय देनी चाहिये। भले ही अभी इस बारे में कुछ समय तक आदेश न भी दे।

शुक्रवार, २९ अगस्त, २०१३

क्या युवा पीढ़ी, पुरानी पीढ़ी से नहीं निकली है

अक्सर यह मान लिया जाता है कि युवा पीढ़ी को पुराना कुछ याद नहीं रहता। पुरानी बातों में, पुराने मूल्यों में और पुरानी भावनाओं में उनकी कोई दिलचस्पी नहीं है। हमें लगता है कि इस नयी पीढ़ी को १५ अगस्त से क्या लेना-देना होगा? वह तो बस इसे एक छुट्टी का दिन मानती होगी। बहुत ज़्यादा हुआ तो आज़ादी की छुट्टी का एक दिन। हम इन बातों के आधार पर यह भी अनुमान लगा लेते हैं कि नयी पीढ़ी अपने मन में आज़ादी के विचार की भी छुट्टी कर चुकी होगी।

यदि इसमें कुछ सच्चाई भी है तो हमें यह सोचना होगा कि यह नयी पीढ़ी आयी कहाँ से है? क्या यह पीढ़ी, पुरानी पीढ़ी से नहीं निकली है? क्या इसका अवतरण सीधे स्वर्ग से हो गया है? यह पीढ़ी पुरानी पड़ गयी या पुरानी पड़ती जा रही पीढ़ी से ही बाहर निकली है। नयी पीढ़ी को दोष देने से पहले पूर्व की दोनों पीढ़ियों को अपने बारे में भी विचार करना होगा। १५ अगस्त से जुड़ी भावना, उससे जुड़े प्रसंग को इस नयी पीढ़ी की दो पूर्व की पीढ़ियों ने उसे कितना आत्मसात् किया और अपने जीवन में दोहराने लायक कितना माना? इस मूल्यांकन के बाद पता लगाया जा सकेगा कि नयी पीढ़ी ने अपने से पूर्व की पीढ़ियों से कितना लिया? इस कसौटी पर जब दो पूर्व की पीढ़ियों को रखते हैं तब हमें नतीजे कुछ और ही निकलते दिखते हैं। पिछली दो पीढ़ियों में से एक ने तो ग़ुलामी देखी है, भोगी है और उससे मुक्त होने के लिए आज़ादी की लड़ाई भी लड़ी है। उनमें से बहुत सारे लोगों ने घर की ग़ुलाम दीवारों में रहने के बजाय जेल

में आज़ाद पंछी की तरह रहना स्वीकार किया था। कुछ ने अपने हाथों में हथियार भी उठाये थे। उन्होंने हिंसक संघर्ष किया था या अहिंसक—दोनों ही बहादुरी से भरा था। इस पीढ़ी के बाद वाली पीढ़ी ने लगभग आज़ादी मिलने के आसपास जन्म लिया होगा। यहीं से हम देखते हैं कि आज़ादी के समय जन्मी उस पीढ़ी ने आज़ादी की बातों को अपने जीवन में फिसलते देखा। अपने आसपास के जीवन में फिसलते देखा। सरकार के कामकाज और व्यवहार में फिसलते देखा। कुछ अपवादों को छोड़ दें तो इन पीढ़ी के लोगों ने आज़ादी के उन मूल्यों को फिसलने से रोकने के लिए कुछ किया हो, उसका विरोध किया हो, ऐसे उदाहरण हमारे सामने बहुत कम आते हैं। इस दौर में कई तरह के नारे चले। समाजवाद, राष्ट्रीयकरण और निजीकरण के नारे ख़ूब लम्बे समय तक उछाले गये। पिछले दौर में राष्ट्रीयकरण से बात आगे बढ़ कर अब निजीकरण तक आ पहुँची है। हमने इन सभी नारों में ताली पीटने का काम किया है। फिर सवाल यह उठता है कि हमारी नयी पीढ़ी ने हमें क्या करते हुए देखा?

अपने देश में हिन्दी में एक कहावत चलती है कि खेती तो भगवान (मौसम) के भरोसे और बच्चे माता-पिता के। अगर कोई सन्तान भटकी हुई दिखती है तो हमारा समाज उसके माता-पिता को भी संस्कार न देने का दोषी मानता है। इस नयी पीढ़ी ने अपने से ठीक पहले वाली पीढ़ी को उन कामों में लिप्त देखा होगा जिनसे उन्हें कोई प्रेरणा नहीं मिली होगी। कहने को हमारी पीढ़ी यह कह सकती है कि हमने अपने बच्चों को सुख देने के लिए ऐसा किया। सीधे-सादे दिखने वाले माता-पिता ने भी अपनी सन्तानों को ख़ुद से आगे बढ़ता हुआ देखने की इच्छा में वह सब किया जो अगली पीढ़ी को प्रेरित नहीं करता। उन्होंने अपने बच्चों को ऐसी पढ़ाई करवाई जो हमारे जीवन से अलग है। उसे ऐसे धन्धे (इंजीनियरिंग, डाक्टरी) में डालने के लिए दो-चार लाख रुपये भी लगे तो किसी को कोई गुरेज नहीं। आज तो यह भी देखने-सुनने को मिल रहा है कि चिकित्सा के क्षेत्र में उच्च शिक्षा एम.डी. की डिग्री की सीटें एक-एक करोड़ रुपये में नीलाम हो रही हैं। इसमें अदालत और सरकार के निर्णय-अनिर्णय शामिल हैं। माता-पिता के मन में जो भी बातें रहती हैं, अगली पीढ़ी में वे बातें छाया की तरह साथ-साथ चलती रहती हैं। वह छाया अँधेरा भी हो सकता है। नयी पीढ़ी ने यह देखा होगा कि आज़ादी और उसे

पाने की लड़ाई की बात तो महज़ नारा भर है इसलिए वह इसे छुट्टी कहने-सुनने में बुरा लगे तो इसे उत्सव की तरह मना लेगी।

हमने रक्षा-बन्धन जैसे सीधे-सादे त्योहार को भी बाज़ार में झोंक दिया। बहुत सारे त्योहार का तो लोगों को पता तक नहीं था। अब करवाचौथ को ही देखिये, जो एक क्षेत्र विशेष का बहुत अच्छा त्योहार रहा होगा, अच्छी भावना से शुरू किया गया होगा लेकिन अब उसकी क्या दुर्गति बाज़ार ने कर दी। टीवी, धारावाहिक, सिनेमा और बाज़ार के कारण इसे अँग्रेज़ी पढ़े-लिखे समाज ने भी अपना लिया जो कुछ साल पहले तक इसे घटिया मानता था। एक समय गुदने (टेंटू) को बहुत पिछड़े समाज की चीज़ माना जाता था लेकिन एक-दो पीढ़ी के बाद उसे सभ्य समाज ने ख़ासकर अमेरिका ने अपना लिया। इसे टैक्सास इंक और मियामी इंक नाम देकर फ़ैशन की चीज़ बता दिया। ऐसे ही १५ अगस्त का त्योहार एक फीका त्योहार है। सादगी से मनाने का त्योहार है, लेकिन बाज़ार ने इसे अपनाकर उत्सव में बदल डाला।

अन्त में, इस नयी पीढ़ी को दोष देने के बजाय पिछली दोनों पीढ़ियों को ख़ुद के मन में झाँक कर यह पूछना चाहिये कि उन्होंने आज़ादी की भावना और उसके मूल्यों के साथ क्या किया ?

ऐसा नहीं कहा जा सकता है कि आज़ादी की भावना ग़ुलाम हुए बग़ैर नहीं समझी जा सकती है। यह ठीक है कि ग़ुलाम होने पर आप इसकी गहराइयों को ज़्यादा अच्छी तरह से समझ सकते हैं, लेकिन हम यह अत्याचार तो कर नहीं सकते हैं कि आज़ादी का महत्त्व समझाने के लिए नयी पीढ़ी को ग़ुलाम बना दें। हम आज़ादी का महत्त्व समझाने के लिए उनके सामने कुछ सरस उदाहरण रख सकते हैं। उन्हें आपात्काल के उदाहरण के ज़रिये समझाया जा सकता है। १९७४ में कुछ गिने-चुने महीने के लिए आपात्काल लागू हुआ था। जिस पीढ़ी ने ग़ुलामी नहीं देखी थी उसको आपात्काल एक झलक दिखा गयी। उन दिनों आचार्य कृपलानी जैसे चिन्तक ने दिल्ली के रामलीला ग्राउण्ड में एक महत्त्वपूर्ण वक्तव्य दिया था। रामलीला ग्राउण्ड में वैसी भीड़ मैंने आज तक नहीं देखी है। उन्होंने कहा था—'ग़ुलामी क्या है, अगर तुम नौजवानों को समझने में कठिनाई हो रही है तो सोने के पिंजरे में बन्द तोते को देखो। उसे ख़ूब मालपुआ, मलाई खिलायी जाती हो लेकिन जैसे ही पिंजरा धोखे से भी

उसे थोड़ा खुला मिल जाये तो वह फुर्र से उड़ जाता है।' ग़ुलामी को समझने के लिए ग़ुलामी का जीवन ज़रूरी नहीं है। आज हम नये तरीक़े की चमकीली आज़ादी के ग़ुलाम हो रहे हैं। हम आज़ाद तो दिखते हैं लेकिन हम नयी आर्थिक नीतियों के ग़ुलाम बन रहे हैं। यह ग़ुलामी ख़ूब पैसा कमाने, बड़ा घर ख़रीदने, बड़ी गाड़ियाँ लेने की है। यह विज्ञापन की ग़ुलामी है। नयी पीढ़ी से ज़्यादा और कोई इसका ग़ुलाम नहीं हो रहा है। नयी पीढ़ी को इसमें आज़ादी का आनन्द आता तब वह आत्महत्या पर उतारू नहीं होती। वह गुरुओं, बाबाओं के चक्कर नहीं लगाती। बाबाओं के आश्रम की दीवार फाँदकर अगर उन्हें आज़ादी मिलती है तो वे वहाँ ज़रूर जायें, लेकिन ऐसा नहीं हो रहा है। इसमें उनका मन ग़ुलाम हो रहा है। परिवार में झगड़े बढ़ रहे हैं। नये-नये रोग इस आधुनिक और चमकीली ज़िन्दगी जीने की वजह से पैदा हो रहे हैं। उनकी ज़िन्दगी को नये क़िस्म की ग़ुलामी में झोंका जा रहा है। उन्हें जिस दिन यह समझ में आ जायेगा तब उन्हें १५ अगस्त का महत्त्व समझ में आ जायेगा, वह १६ या १४ अगस्त का भी दिन हो सकता है।

शुक्रवार, १५ अगस्त, २०१३

भविष्यबद्री की तरह भविष्यकेदार भी ढूँढ़ लें

पिछले दिनों उत्तराखण्ड को हमने खण्ड–खण्ड होते देखा है। यह बहुत ही दुखदायी अनुभव है। उत्तराखण्ड में ऐसी घटना कोई पहली बार नहीं घटी है। लेकिन इस बार का पैमाना थोड़ा बड़ा था और उसे देखने वाले लोगों की संख्या भी ज़्यादा थी। हम शिवजी के ताण्डव को अक्सर मूर्तियों में ही पाते रहे हैं। ज़मीन, पहाड़ और हिमालय पर ताण्डव नृत्य कैसा होता होगा, उसमें कैसे–कैसे आनन्द जुड़ते होंगे, उसका अनुभव हम कुछ हद तक इस घटना से जोड़कर कर सकते हैं। इस त्रासदी के आँकड़ों पर बात करने की कोई ज़रूरत नहीं लगती है। इस आपदा के लिए किसी व्यक्ति या पार्टी पर दोष मढ़ने की ज़रूरत भी महसूस नहीं हो रही है।

बाहर से आये लोगों में से कुछ अपने माल–असबाब और कुछ अपने प्रियजनों को खोने के बाद अपने गाँव–घरों में इस भयानक त्रासदी के क़िस्से सुनाने के लिए बच जायेंगे। उत्तराखण्ड के सैकड़ों गाँव पूरी तरह बर्बाद हुए हैं। कई गाँव पूरी तरह बाढ़ में बह गये हैं। बहुत बड़ी आबादी की आजीविका त्रासदी की भेंट चढ़ चुकी है। वहाँ पीने के पानी के स्रोत नष्ट हो चुके हैं। फ़िलहाल चल रहे राहत कार्य के मुक़ाबले आगामी छह महीने या साल भर वहाँ की आबादी के लिए खाना–पीना जुटाने की चुनौती बहुत बड़ी होगी। इस चुनौती से निबटने के बारे में अभी से सरकारी–ग़ैरसरकारी और मीडियाकर्मियों को सोचना शुरू कर देना चाहिये अन्यथा ऐसी घटना कुछ ही दिनों तक सुर्ख़ियों में रह पाती है।

बद्रीनाथ धाम कई बार नष्ट हुआ है। मन्दिर सौभाग्य से हर बार बचा रहा है। साफ़ है कि मन्दिर के निर्माण में अच्छी योजना का सहारा लिया गया

है। केदारनाथ मन्दिर में भी इस योजना की झलक दिखती है। उत्तराखण्ड की लोक परम्परा में यह क़िस्सा आम है कि जिस तरह हमारे शरीर में आँख के बचाव के लिए माथा, पलकें और भौहें मौजूद होती हैं ठीक उसी तरह बद्रीनाथ और केदारनाथ भी उत्तराखण्ड की आँखें हैं। मन्दिरों के अलावा दूसरे ढाँचे ऐसे नहीं बनाये गये हैं जो आपदाओं को झेल सकें।

पहले केदारनाथ में यात्री रात को रुकते नहीं थे। सुबह यात्रा शुरू करके दोपहर तक केदारनाथ पहुँचते थे और दर्शन करके लौट जाते थे। लेकिन धीरे-धीरे हम जिसे 'विकास' कहते हैं, उसकी वजह से यहाँ सड़कें बनायी गयीं। धर्मशाला और होटल भी बनाये गये। धर्म भी एक अच्छा-ख़ासा व्यापार हो गया है। देवभूमि को पर्यटन भूमि में बदल दिया गया है। इसके नतीजे ठीक लगे और इसलिए यह सिलसिला कहीं थमा नहीं।

सूबे की सत्ता में आने वाली अलग-अलग झण्डों वाली सभी सरकारों ने पूरी 'उदारता' के साथ इस विकास को आगे बढ़ाया। उन सबकी चिन्ता यही रही कि सड़कें बन जायें, बिजली बिक जाये, होटल बन जायें और कुल मिलाकर पर्यटन का विकास हो जाये। इसके लिए पहाड़ों में सुरंगें खोदी जा रही हैं। नदियों पर बेतरतीब तरीक़े से बिजली पैदा करने के लिए बाँध बनाये जा रहे हैं। इसके नतीजे सबके सामने हैं। कुछ हिस्से ऐसे बरबाद हुए हैं जहाँ शायद तीन साल बाद भी पहुँचना मुश्किल होगा।

धार्मिक या पर्यटन की वजह से वहाँ पहुँचने वाले यात्रियों को शायद 'भविष्यबद्री' नाम की जगह के बारे में पता हो। यह जोशीमठ से दाहिनी दिशा में है। इसका सांकेतिक अर्थ यह है कि भविष्य में बद्रीनाथ पहुँचने के सारे रास्ते बन्द हो जायेंगे। भविष्यबद्री की स्थापना भी बद्रीनाथ के साथ ही ८००-१००० साल पहले ही हो गयी थी। बद्रीनाथ के रास्ते में एक जगह ऐसी है जहाँ से गाड़ियाँ माचिस की डब्बियों-सी दिखती हैं और बहुत ऊँची दो पर्वत शृंखलायें हैं। ये ९० डिग्री पर खड़ी हैं। दोनों के बीच बहुत छोटी-सी सड़क है। उस स्थान को पट्टमिला के नाम से लोग जानते हैं। बद्रीनाथ जाने वाले सभी तीर्थयात्रियों को उसी जगह से गुज़रना पड़ता है। सचमुच इस जगह पर प्रकृति के बहुत अद्‌भुत सौन्दर्य और विकराल दोनों ही रूपों के दर्शन होते हैं। इन दो शृंखलाओं को देखकर मन में यह बात तो आती है कि ये अगर मिल जायें, तब क्या होगा? अगर ऐसा हुआ तो फिर हमारे हाथ से बद्रीनाथ निकल जायेगा। पुराने समाज के लोगों ने

इसकी आशंका से भरकर ही भविष्यबद्री नाम की जगह बनायी होगी ताकि लोगों को नाथ के दर्शन होते रहें। पर उत्तराखण्ड में हुई घटना को देखकर लग रहा है कि अगर विकास की योजनायें ऐसे ही चलायी गयीं तब लोगों को भविष्यबद्री की तरह भविष्यकेदार भी ढूँढ़ लेना होगा।

इस घटना के बाद लोगों का ध्यान टिहरी बाँध की ओर खींचने का मन करता है। बिजली और पानी चाहिये, लेकिन हिमालय से कितना निचोड़ा जाये इसकी सीमा राजनेताओं को ज़रूर बना लेनी चाहिये। इस काम के लिए जनचेतना से ज़्यादा राजचेतना की ज़रूरत है क्योंकि हम देखते हैं कि सभी पार्टियाँ एक ही विकास योजना को लेकर चल रही हैं। राष्ट्रीय जनतान्त्रिक गठबन्धन (एनडीए) के शासनकाल के दौरान कुछ हिन्दू संगठन टिहरी बाँध की ऊँचाई को लेकर विरोध की तैयारी में थे। तब रूस के विशेषज्ञों से टिहरी बाँध की जाँच करवायी गयी थी और उन्होंने कहा था कि १० रिक्टर स्केल की तीव्रता वाले भूकम्प को इसमें बर्दाश्त कर सकने की क्षमता है। उन्होंने यह भी कहा था कि इस इलाक़े में आठ रिक्टर स्केल की तीव्रता से ज़्यादा भूकम्प अब तक आये भी नहीं हैं इसलिए यह बाँध पूरी तरह सुरक्षित है। विशेषज्ञों को रामायण में वर्णित शिव के धनुष के प्रसंग की ओर ज़रूर देखना चाहिये। शिव के धनुष के बारे में यह प्रसिद्ध था कि उसे कोई हिला नहीं पायेगा, लेकिन रामायण के दो छोरों (राम और लक्ष्मण) में से एक (राम) के उठाते ही धनुष टूट गया। हिमालय का धर्म, उसकी नदियों के स्वभाव को देखकर अगर नीतियाँ नहीं बनायी जायेंगी तब केदारनाथ जैसी घटना बार-बार घटती रहेगी।

हिमालय का कैलेण्डर कोई दो करोड़ तीस लाख साल पुराना है। हमारा २०१३ साल का कैलेण्डर सागर की एक बूँद की तरह है। बूँद का भी एक अस्तित्व होता है, लेकिन हिमालय के सामने हमारा अस्तित्व एक बूँद भर भी नहीं है। हिमालय ताण्डव खेल सकता है। यही सोच करके समाज के लोगों ने अपने धर्म और भगवान के रूप इस तरह रचे होंगे। ईश्वर हमेशा आशीर्वाद नहीं देता है, वह कभी ताण्डव भी कर सकता है। मैं इस सन्दर्भ में इसी इलाक़े में आयी सन् १८९३ की एक बाढ़ का ज़िक्र करना चाहूँगा। हम नैनीताल के बारे में जानते हैं, वैसे ही बद्री-केदार के रास्ते से थोड़ा हटकर चमोली क्षेत्र में एक जगह 'गौनाताल' है। यहाँ सन् १८९३ से पहले कोई ताल नहीं था, एक नदी ज़रूर बहती थी। दो चट्टानें टकरायीं और

पीछे की ओर मलबा पसर गया और प्रकृति ने बाँध का निर्माण ख़ुद ही कर लिया। बाँध में नदी का पानी भर गया और ताल का निर्माण हो गया। उस ज़माने में हरिद्वार से आगे कोई सड़क नहीं थी तब अँग्रेजों ने वहाँ एक जगह पर तारघर स्थापित करवाया था, जहाँ से समय-समय पर नीचे की जगह पर जल स्तर की सूचनाएँ भिजवायी जाती थीं। आज एसएमएस और इण्टरनेट के आने से तार का ज़माना लद गया। वहाँ से जब यह सूचना नीचे आयी कि बाँध ख़तरे के स्तर को पार कर फलां तारीख़ के आसपास टूट जायेगा तब अँग्रेज़ों ने उसके रास्ते में पड़ने वाले सारे गाँव तीन सप्ताह पहले ही ख़ाली करा लिए थे। किसी क़िस्म का नुकसान नहीं उठाना पड़ा था। बाँध तोड़कर गाद हरिद्वार तक चला आया था। यहाँ अँग्रेज़ों की तारीफ़ के लिए इस प्रसंग का ज़िक्र नहीं किया जा रहा है। इसका ज़िक्र प्रशासन की कुशलता को बताने के लिए है। प्रशासन कुशल हो तो बड़ी से बड़ी आपदा का प्रबन्धन, उससे बचाव आदि के रास्ते निकाले जा सकते हैं। प्रशासन आपदा से बचाव की तैयारी नहीं करता है तब यह हमेशा मानवनिर्मित आपदा ही महसूस होगी।

शुक्रवार, ४ जुलाई, २०१३

गाँधी जी का ख़ून 'क़ीमती', विचार नहीं!

ये ज़माना चीज़ों का है। चीज़ें बिकती हैं और उन्हें ख़रीदने वाले लोग तैयार रहते हैं। जिस प्रवृत्ति को अभी हम लोग बाज़ारवाद, उपभोक्तावाद जैसे शब्दों से जान रहे हैं। सस्ती से सस्ती चीज़ें और महँगी से महँगी चीज़ें कैसे बाज़ार में आयें और उनको ख़रीदने की ललक कैसे बने, इसे आगे बढ़ाने वाली एक दुनिया है और चीज़ों को ख़रीदने वाली भी एक दुनिया है और बेचने वालों की तो एक दुनिया है ही। हाल ही में अख़बार में प्रकाशित एक ख़बर के अनुसार लन्दन में महात्मा गाँधी की ५० चीज़ों की बोली लगायी जायेगी। इस बोली में उनके अपेंडिक्स के ऑपरेशन के दौरान लिए गये ख़ून के नमूने के बतौर एक बूँद को भी शामिल किया गया है। उम्मीद की जा रही है कि इस एक बूँद ख़ून की बोली १५ हज़ार पौंड के आसपास लगेगी। आज हमारे देश में सड़कों पर हज़ारों लोगों का ख़ून बह जाता है, मगर उसकी हमारे मन में कोई क़ीमत नहीं है। हम उसको महज़ एक ख़बर मान कर अख़बार का पहला पन्ना पलट देते हैं। इलेक्ट्रॉनिक मीडिया वाले उसको ब्रेकिंग न्यूज और २० सेकेंड की एक ख़बर मान कर आगे बढ़ जाते हैं और फिर अगले दिन खेल-कूद, मनोरंजन वग़ैरह के कार्यक्रम आने लगते हैं। इस विचित्र दौर में हमें महात्मा गाँधी की एक बूँद ख़ून की असली क़ीमत रुपयों में, डॉलर में, यूरो में नहीं है, वो है कि कैसे हम दो बिल्कुल उलटे बिठा दिये गये सम्प्रदायों को एक कर सकें, अलग-अलग धर्मों में जो दरारें पड़ रही हैं उनको ठीक कर सकें। महात्मा गाँधी का ख़ून तो एक सीमेंट की तरह था। तीन गोलियाँ लगने के बाद उनकी छाती से जो ख़ून निकला वो भी शायद कल किसी को मिल जायेगा। उसकी भी कोई बोली लगाने आगे आ जायेगा। अभी

यह भी पता चला है कि महात्मा गाँधी के साथ हिटलर की भी कुछ चीज़ें बिकेंगी। इसलिए इसमें गाँधी और हिटलर दोनों में से किसी के नाम पर न ख़ुश या नाख़ुश होने की ज़रूरत है और न ग़ुस्सा करने की। कोई यह भी कह सकता है कि दोनों चीज़ें एक टेबिल से कैसे बिक रही हैं? दरअसल, इसमें गाँधी और हिटलर का महत्त्व नहीं है। उनसे जुड़ी चीज़ों का है, उनके ख़रीदारों का महत्त्व है और उनके पैसों का महत्त्व है इसलिए दोनों चीज़ें एक टेबिल से बिकती हैं, यही इस बोली की मूल्यहीनता को भी दर्शाता है।

गाँधी जी की चीज़ें पहली बार नहीं बिक रही हैं, इससे पहले भी कई ऐसे मौक़े आये हैं लेकिन फिर भी ये अपेक्षाकृत नयी प्रबुद्धि तो है ही। आज से ३०-४० साल पहले महात्मा गाँधी का कोई पत्र, कोई एकाध छोटा-सा चम्मच या चश्मा इधर-उधर मिल जाता था तो लोग उसको श्रद्धा से राष्ट्रीय धरोहर मान कर गाँधी संग्रहालय या राष्ट्रीय संग्रहालय पहुँचा दिया करते थे। गाँधी जी का एक लिखित संसार भी था। 'सम्पूर्ण गाँधी 'वाङ्मय' प्रकाशित करने की एक योजना बनायी गयी कि गाँधी जी का लिखा-बोला एक जगह इकट्ठा किया जाये। १०० खण्ड में अलग-अलग पाँच-पाँच सौ पन्नों की इतनी बड़ी धरोहर पर मेरी जानकारी में सरकार को कुछ भी ख़रीदना नहीं पड़ा था। दुर्लभ से दुर्लभ सामग्री लोगों ने स्वयं श्रद्धा से भेंट की थी कि ये हमारी राष्ट्रीय धरोहर है, यह हो सकता है कि किसी ने मूल न दिया हो प्रतिलिपि दी हो लेकिन फिर भी इतना बड़ा संग्रह तैयार हो गया।

एक नयी प्रवृत्ति है और वो भी उस आदमी को लेकर जिसके सामने चीज़ों का महत्त्व था ही नहीं। आज उसकी चीज़ों का महत्त्व बढ़ता जा रहा है। दक्षिण अफ्रीका में एक समय में उन्होंने इतना पैसा कमाया था, जो आज के समय के सम्पन्न लोगों या वकीलों की तनख़्वाह के बराबर ही होगा। सूट-बूट, थ्री पीस, हैट आदि सब कुछ का अपने लिए इन्तज़ाम किया था क्योंकि उनके मन में शायद तब रहा होगा कि अँग्रेज़ों से अगर लड़ना है तो उनकी पोशाक पहन कर या उनकी चीज़ों की लालसा पाल कर ही लड़ा जा सकता है। बाद में जब उन्होंने वह रास्ता छोड़ा तो एक के बाद एक सारी चीज़ें छूटती चली गयीं।

बाद के दिनों में हमने देखा कि उन्होंने दो-तीन जोड़ी कपड़े, एकाध जोड़ी

चप्पल, खाने का एक कटोरा, चम्मच, चश्मा, दुनिया भर से आने वाले पत्रों को रखने की एकाध छोटी-मोटी टिन की डब्बी का ही संग्रह किया था। इससे ऊपर संग्रह उन्होंने कभी किया ही नहीं। वर्णन मिलता है कि पैर घिसने का छोटा-सा पत्थर भी नोआखाली में कहीं छूट गया तो उन्होंने अपने साथ रहने वाली मनु को कहा, 'वह पत्थर ले आओ'। उन्होंने समझाया भी कि ऐसा पत्थर तो कहीं भी मिल जायेगा। गाँधी जी ने कहा कि असावधानी नहीं होनी चाहिये। ऐसा पत्थर तो और भी कई जगह मिल जायेगा लेकिन वही पत्थर लाओ। छोटी-सी एक अंगुल की पेंसिल कहीं छूट गयी थी। उस पेंसिल को ढुँढ़वाने में पता नहीं कितने लोगों को उन्होंने परेशान किया होगा लेकिन ये एक सावधान आदमी की जीवनशैली थी कि हम कैसे कम-से-कम चीज़ों में ही अपना काम चलायें।

आज वो शैली तो हमने भुला दी है। उनके विचारों की क़ीमत बाज़ार के दौर में लोगों ने मानी नहीं है और उनकी चीज़ों की क़ीमत करोड़ों में जा रही है जबकि उनके विचार का कोई मोल नहीं है। हम कह सकते हैं कि अनमोल विचार जिसके थे उसकी चीज़ों की क़ीमतें लगाने का दौर अब आ चुका है। कई बार यह बयान आता है कि गाँधी जी की ये चीज़ें राष्ट्र की धरोहर हैं तो भारत सरकार उन्हें ले आये। भारत सरकार भी कभी-कभी ऐसी माँगों के आगे झुक जाती है। उसे लगता है कि कुछ लाख रुपये लगाने से कुछ वोट मिलते हों तो क्या हर्ज है। मुझे लगता है कि ये कोई बहुत अच्छी प्रवृत्ति नहीं है। अगर धोखे से उनकी चीज़ें किसी के पास हैं और वो प्रामाणिक हैं तो उसे बेचने वाला भी दोषी है, उसे ख़रीदने या सिर्फ़ नीलाम करने वाला ही दोषी नहीं है। 'मेरे पास वो चीज़ थी इसलिए मैं बेच रहा हूँ', यह एक घटिया विचार है। यह भी एक घटिया विचार है कि मेरे पास पैसे हैं और मैं इसमें से कुछ ख़रीद सकता हूँ। इसको ख़रीदने वाले भी यथासम्भव वही लोग होंगे जिनके पास उनके विचार की कोई क़ीमत नहीं, बस चीज़ों की क़ीमत है। एक उदाहरण हम लोग बिना नाम के भी देख सकते हैं कि टीपू सुल्तान की तलवार कहीं छूट गयी थी और भारत सरकार उसकी बोली नहीं लगा पायी तो हमारे किसी एक पैसे वाले नागरिक ने वहाँ जाकर बड़ी तलवारें घुमा कर उसे ख़रीद लिया। वह तलवार वे भारत भी ले आये और अन्तत: भारत सरकार के सुपुर्द कर दी। बाद में दो-चार साल बाद पता चला कि उस उद्योगपति ने देश के कई

बैंकों से सात हज़ार करोड़ रुपये उधार लिए और एक बड़ी जहाज़ की कम्पनी चलायी और उसको डुबो दिया। तो ऐसे लोग ही अगर तलवारें ख़रीदेंगे, गाँधी जी का चश्मा ख़रीदेंगे तो अच्छा तो ये है कि ये चीज़ें इन्हीं के घरों में रहें, ये चीज़ें उन्हीं के घर के लायक हैं। जिनके मन में चीज़ों का मोह है, उनके ही पास ये रहें।

हमें इस समय और ध्यान से ये देखना चाहिये कि जो उनके अनमोल विचार हैं वो हमारे किस काम के हैं? उसको अगर हम आज सीमित अर्थों में भी बचा कर रखते हैं तो ये एक बीज की तरह होगा जो बाद में किसी दिन बड़ी फसल उगाने के काम आयेगा। कुछ समय पहले अरब देशों में जो क्रान्ति हुई, कई लोगों ने उसमें गाँधी विचार को ही अपना प्रेरणास्त्रोत बताया। ऐसा नहीं है कि हमारे आँगन में आज अगर उस विचार की कोई क़ीमत नहीं दिखती तो किसी और जगह भी नहीं है। हवा से भी बीज फैलता है। विचार की सबसे सुन्दर बात यह है कि उसको लेकर कहीं ख़ुद जाना नहीं पड़ता, उसको ठीक नमी, ठीक खाद, ठीक पानी, ठीक वातावरण मिल जाये। बड़े से बड़े अन्याय की जगह से भी अच्छा विचार निकल कर आया है। हिंसा की जगह से अहिंसा का विचार निकला है, युद्ध के क्षेत्र से शान्ति का विचार निकला है। ऐसी नीलामी से विचलित नहीं होना चाहिये। मैं फिर कहूँगा कि चीज़ों का ज़माना है, चीज़ें बिकेंगी, अच्छी चीज़ें भी बिकेंगी, बुरी चीज़ें भी बिकेंगी।

शुक्रवार, १६ मई, २०१३

पिता का निर्देश था मेरी याद में कुछ न करना

पिता का निर्देश था मेरी याद में कुछ न करना

मेरे पिता भवानीप्रसाद मिश्र औरों के लिए 'गीतफरोश' थे, कवि थे लेकिन हमारे लिए वे सिर्फ़ पिता थे, मन्ना थे। इस शब्द का एक आत्मीय इतिहास है। पिताजी भरे-पूरे परिवार में मँझले भाई थे इसलिए उन्हें दादा, बुआ, चाचा सभी सिर्फ़ मँझले नाम से पुकारते थे। मुझसे बड़ी बहन जब बोलने के लायक हुईं तब उन्हें यह समझ में नहीं आया होगा कि पिताजी के लिए क्या सम्बोधन करूँ तब उन्होंने मँझले को मन्ने भैया कहना शुरू किया। बाद में उसमें से घिस कर, कट-पिट कर सिर्फ़ मन्ना बच गया। दरअसल, वे न तो बाहर प्रसिद्ध होना चाहते थे और न ही उस प्रसिद्धि का बोझा घर में लाना चाहते थे।

उन्होंने हमें मज़े-मज़े में कभी बताया कि कवियों, लेखकों के मरने के बाद परिवार के लोग उनके 'अविस्मरणीय योगदान' को बनाये रखने के लिए ट्रस्ट आदि बनाते हैं, उनका जन्म और मरण दिवस मनाते हैं लेकिन तुम्हें ऐसा करने की कोई ज़रूरत नहीं है। २० फ़रवरी, १९८५ में जब उन्होंने शरीर छोड़ा तब सचमुच में हमने उनकी याद में ऐसा कुछ भी नहीं बनाया-मनाया। उनके शुभचिन्तकों को भी ऐसा कुछ बनाने-मनाने के लिए जितना सम्भव हो सका, मना ही किया। मृत्यु के कई वर्षों के बाद उनकी रचनावली का प्रकाशन हुआ।

समय किसी के लिए नहीं ठहरता और २०१२ में उनका जन्म-शताब्दी वर्ष आ गया। मार्च के तीसरे सप्ताह में फ़ोन पर किसी मित्र से बातचीत में यह बात निकल आयी थी कि दो-तीन दिन बाद शताब्दी वर्ष शुरू होने वाला है। अशोक वाजपेयी को भी यह जानकारी मिली और उन्होंने अपने

नियमित कॉलम में इस बारे में लिखा। उसके बाद तो देश के अलग-अलग हिस्सों में उनके प्रशंसकों ने इस काम को बहुत बड़े पैमाने पर अपने माथे पर उठाया।

देश में उनके नाम पर हुए कार्यक्रमों की जानकारी इकट्ठी करें तो दिल्ली में प्रसार भारती और आकाशवाणी, पश्चिम बंगाल, भोपाल, हैदराबाद जैसे अहिन्दी भाषी क्षेत्रों में भी लोगों ने उन्हें याद किया। पिताजी को पढ़ने वाली उनकी तीसरी पीढ़ी के पाठकों ने उन्हें अपने-अपने तरीक़े से याद किया। कोई २५-३० पत्र-पत्रिकाओं ने उन पर विशेषांक निकाले। कुछ पत्रिकाओं ने उन पर विशेष सामग्री दी और कुछ पत्रिकाओं ने दो-तीन कविताएँ छापकर उन्हें याद किया। उदार प्रशंसकों ने जो जगह-जगह आयोजन किये, उनमें होशंगाबाद ज़िले के ४०-५० घरों के एक छोटे-से गाँव 'निटाया' का नाम याद करने लायक है। इसमें २५० लोगों ने भाग लिया और सुबह से शाम तक उनको तरह-तरह से याद किया। दक्षिण में एक बिटिया ने उन पर एक वेबसाइट तैयार की है। शायद किसी एक कवि पर वेबसाइट बनाने का यह पहला काम हो। शताब्दी वर्ष के दौरान बिल्कुल चालू माने गये एफएम चैनल भी अपनी कार चलाने वाले श्रोताओं को यह बताना नहीं भूला कि हमारे देश में एक कवि ऐसा भी हुआ है जो तरह-तरह के गीत 'बेचता' था। यह भी एक बार नहीं बल्कि दो-तीन बार अलग-अलग एफएम चैनलों पर प्रसारित हुआ। कवि को उनके काम से कितनी लोकप्रियता मिलती है, इसका अन्दाज़ा भी हमें इस बीच लग गया।

आलोचकों ने इस बात पर बहुत ज़ोर दिया कि वे कैसे कवि थे। बड़े थे, छोटे थे, छायावादी थे, प्रगतिशील थे। आलोचकों ने इस प्रवृत्ति के तहत यह तय करने की कोशिश की कि उन्हें किस जगह रखना है और किस जगह नहीं रखना है। उनके परिवार के सदस्य और बेटे होने के नाते यह कहना चाहूँगा कि आप लोग यह तय करें कि वे क्या थे। हमारे लिए तो वे एक बड़े पिता थे। मेरी ओर से इतना आग्रह है कि किसी कवि को परखने के लिए थोड़े समय तक चुप्पी बनाये रखना चाहिये। इसका निर्णय एक व्यक्ति के ज़िम्मे न देकर, पूरे समाज पर छोड़ देना चाहिये। समाज को भी दो-तीन महीने में किसी कवि के बारे में निर्णय नहीं लेना चाहिये। ऐसा नहीं होगा कि एक ख़ास अवधि में फ़ैसला नहीं देंगे तो कोई आरटीआई

डाल कर हमसे इस बारे में पूछ लेगा। कवि की मृत्यु के बाद उनकी रचनाओं को दस-बीस, पच्चीस-पचास साल तक समाज को सौंप देनी चाहिये। इसके बाद देखना चाहिये कि फिर वो रचनायें टिकती है या नहीं, फिर वो लेखक टिकता है या नहीं। अन्यथा यह बहुत छोटी बात हो जाती है कि आज हम अपने आत्मीय को बड़ा बतायें और कल उनका कोई नामलेवा न रह जाये। इससे अच्छा तो यह होता कि आज हम धीरज रखें और नतीजा देने का काम समाज पर छोड़ दें। दूसरा यह कि परिवार के लोगों और पाठकों को भी यह आग्रह मन से निकाल देना चाहिये कि जिसे वो पसन्द करते हैं, वही सबसे बड़ा रचनाकार है। किसी समाज को एक हज़ार रचनाकारों को अपनी स्मृति में बसाने की आदत नहीं होती है। वह दो-चार या दस-बीस को ही अपनी याद में बनाये रखता है और बाक़ी को भूल जाता है। पिछले दो सौ सालों में समाज ने कबीर, तुलसी, मीराबाई जैसे ही कुछ नाम अपनी स्मृति में रखे। पता नहीं इस अवधि में हिन्दी, उर्दू, ब्रज, अवधी में कितने लोगों ने कितनी रचनाएँ कीं लेकिन आज वे कहाँ चले गये। दो सौ साल बाद दो नाम बचते हैं या दो सौ नाम बचते हैं, यह काम भी हमें समाज पर छोड़ देना चाहिये।

समाज जिनके नाम स्मृति से मिटा देता है, उन्हें कचरे में डालकर भूल नहीं जाता है। प्रकृति जिस तरह पेड़ों के पत्ते गिरा कर उसे सड़ा कर खाद बना डालती है, वैसे ही समाज कुछ कवियों को भुलाकर कुछ की स्मृति और गाढ़ी करता है। हमें यह सोचना चाहिये कि यदि मेरा नाम समाज ने खाद में डाला है तो कोई और अच्छे नाम को याद करने के लिए ऐसा किया है।

मेरे पिताजी की एक कविता की पंक्ति कुछ इस तरह से है—'निरापद कोई नहीं, ठीक आदमक़द कोई नहीं है...कोई है, कोई है, कोई है! किसकी ज़िन्दगी दूध की धोई है, दूध किसी का धोबी नहीं है।' उनकी बतायी गयी ये बातें हम कभी भूल नहीं पाये। कवि वे बड़े या छोटे थे, इसका निर्धारण आलोचक और समाज करे। हमारे लिए वे बहुत बढ़िया पिता थे, बिल्कुल आदमक़द पिता थे। वे हमारे लिए कोई ज़मीन-जायदाद नहीं छोड़ गये, लेकिन वे हमको बहुत बढ़िया संसार में छोड़ गये। उनके जाने के इतने सालों बाद भी हमें कभी यह नहीं लगा कि हम इतने बड़े संसार में अकेले हैं। हमें कभी निराशा नहीं महसूस हुई।

हम बुन्देलखण्ड से आते हैं। वहाँ एक कहावत चलती है—'चुटकी भर

जीरे में ब्रह्मभोज।' आधा किलो या पाव भर भी नहीं कहा। बस चुटकी भर कहा। तेल नहीं है। कड़ाही नहीं है। आग नहीं है। चूल्हा नहीं है। लकड़ी नहीं है। फुँकनी नहीं है। चिमटा नहीं है। सब्ज़ी नहीं है। आटा नहीं है। घी नहीं है। लेकिन ब्रह्मभोज है। पिताजी हमें ऐसे संसार में छोड़ गये थे जब हमारे पास चुटकी भर जीरा भी नहीं था। हमने कुछ नहीं किया लेकिन उनका शताब्दी वर्ष बहुत अच्छे ढंग से मनाया गया। अन्तिम कार्यक्रम छत्तीसगढ़ में हुआ और इस कार्यक्रम का शीर्षक रखा गया था— 'भवानीप्रसाद मिश्र, शताब्दी वर्ष, अनन्त।' अन्त नहीं कहकर अनन्त कहा। आयोजकों का इस कवि के प्रति विशेष प्रेम था, इसलिए अनन्त कहा। लेकिन मैं तो यह कहूँगा कि हर कवि के शताब्दी वर्ष का अन्त न हो, वह अनन्त तक मनाया जाये। इतना उदार समाज हो और इतना अच्छा कवि हो और ऐसा लिखकर दुनिया से विदाई ले कि उसे भूलने की हिम्मत समाज कभी जुटा ही न सके।

शुक्रवार, १८ अप्रैल, २०१३, प्रस्तुति : स्वतन्त्र मिश्र

बीहड़ पर नोट

मध्य प्रदेश, उत्तर प्रदेश और कुछ भाग राजस्थान का सचमुच सदियों से उपजाऊ मिट्टी के क्षरण का शिकार बनता जा रहा है।

देश के अन्य हिस्सों में भी उपजाऊ मिट्टी के बह जाने से यह समस्या सामने आयी है लेकिन चम्बल के बीहड़ों जैसा इसका भयानक रूप और कहीं नहीं मिलता।

दुखद बात यह है कि आज इन तीनों राज्यों की सरकारें विकास के नये नारों में इस समस्या को बिलकुल भुला चुकी हैं। और हमें इस बात का पता भी नहीं चल पा रहा कि हमारे पैर के नीचे से ज़मीन किस तेज़ी से फिसल रही है।

लगभग पिछले तीस सालों से बीहड़ के बारे में एक भयानक चुप्पी छायी हुई है। शायद 'अन्तिम बार सेंटर फॉर साइंस एण्ड एन्वायर्नमेंट' और 'गाँधी शान्ति प्रतिष्ठान' से छपी पुस्तक 'हमारा पर्यावरण' में इस समस्या के बारे में कुछ जानकारी दी गयी थी। इसके बाद से ठीक कहा नहीं जा सकता कि इस विराट भौगोलिक, सामाजिक समस्या की तरफ़ किसी भी संस्था, शिक्षण संस्थान, भू-वैज्ञानिकों का कोई ध्यान गया हो।

बीहड़ से जुड़े तीनों राज्यों के बीच आज आधुनिक अध्ययन संस्थाओं, विश्वविद्यालयों और सामाजिक संस्थाओं की एक अच्छी उपस्थिति है। कोई कुशल संयोजक यदि हिम्मत के साथ आगे आता है तो इन सब संस्थाओं की सामूहिक शक्ति पहले समस्या को समझने में और फिर उसके विस्तार को रोकने में जुटायी जा सकती है। हल तो अभी दूर की

बात है। कुछ हज़ार साल का इतिहास है बीहड़ों के बनने का और उन्हें किसी तरह सुधारने का काम भी कुछ सैकड़ों बरस से कम नहीं लेगा, लेकिन कहीं तो किसी को शुरुआत करनी पड़ेगी।

आज़ादी से पहले ग्वालियर रियासत ने बीहड़ का अध्ययन करने के लिए एक आयोग बनाया था। आयोग ने बीहड़ रोकने के लिए वन संवर्धन और भू-संरक्षण की अनेक सिफ़ारिशें की थीं। पुराने बन्दोबस्त बताते हैं कि सन् १९१२ और सन् १९४० के बीच मात्र २८ साल में बीहड़ का इलाक़ा दुगना हो गया था और मुरैना तहसील का लगभग बीस प्रतिशत इसकी चपेट में था। इसी तरह भिन्न क्षेत्र के बन्दोबस्त के आँकड़े बताते हैं कि सन् १९०० और १९१५ के बीच लगभग पचास प्रतिशत बीहड़ बढ़ा था।

इस आयोग की सिफ़ारिशों के आधार पर मुरैना और भिण्ड में पानी के कारण ज़मीन के कटाव को रोकने के लिए लगभग हज़ार छोटे-छोटे बन्धे बनाये गये और कोई चार हज़ार एकड़ में बीहड़ सुधारा गया। इसी दौरान एक स्वतन्त्र बीहड़ विभाग भी बनाया गया लेकिन पैसे और कुशल नेतृत्व के अभाव में यह काम आगे नहीं बढ़ पाया।

सन् १९४५ में एक अमेरिकी विशेषज्ञ को भी बुलाये जाने का उल्लेख मिलता है। उनके सुझाव में खेतों की मेड़बन्दी पर बहुत ज़ोर दिया गया था। ग्वालियर रियासत का मध्य भारत में विलय होने के बाद फिर एक विशेषज्ञ दल बनाया गया था। शायद इसी की सिफ़ारिशों के बाद मध्य भारत सरकार ने सन् १९५४ में बीहड़ों के सर्वेक्षण और उनके सुधार की एक बड़ी योजना मंज़ूर की।

सुझावों का अम्बार लग गया, लेकिन काम की गति रेंगने से ज़्यादा नहीं हो पायी। आने वाले पच्चीस साल में लगभग १८ बड़ी परियोजनाओं ने मिलकर कोई ३,१०० हेक्टेयर को सुधारा जो उस अवधि में नये बने बीहड़ों के मुक़ाबले नगण्य ही था।

सन् '७१ में राज्य सरकार की योजनाओं के अलावा केन्द्र सरकार ने भी एक बड़ी योजना बनायी। लेकिन हम सबको जानकर अचरज होगा कि यह योजना भू-संरक्षण विभाग या कृषि मन्त्रालय की नहीं थी, इसे तो गृह मन्त्रालय ने आगे बढ़ाया था। गृह मन्त्रालय की नज़र में बीहड़ पर्यावरण की नहीं डाकुओं की समस्या है और इसमें तीनों राज्यों की पुलिस को

धता बताकर यहाँ छिपे अनेक डाकुओं के दल लगभग समानान्तर सरकार चला रहे थे।

सम्भवत: यह पच्चीस वर्षीय योजना थी और इस पर कोई बारह सौ करोड़ रुपये ख़र्च होने वाले थे, लेकिन यह जानकर एक बार फिर अचरज हो सकता है कि यह योजना लागू ही नहीं हो पायी। क्यों?

सन् १९७२ में श्री जयप्रकाश नारायण के संवेदनशील हस्तक्षेप और कुशल नेतृत्व के कारण बीहड़ के क़रीब पाँच सौ डाकुओं ने जौरा नामक गाँव में गाँधी जी के एक बड़े चित्र के नीचे अपने हथियार रखकर ऐतिहासिक आत्म-समर्पण किया था। गृह मन्त्रालय ने सोचा होगा कि डाकुओं से मुक्ति मिली, अब बीहड़ को सुधारने की क्या ज़रूरत।

कोई दस साल बाद इस इलाक़े में हवाई जहाज़ों से बीज छिड़क कर जंगल उगाने की एक हवाई योजना भी सामने आयी थी। इस तरह हर साल कोई बारह हज़ार हेक्टेयर सुधारने की बात थी। बीहड़ों के ऊपर छोटे जहाज़ ज़रूर उड़े लेकिन भूमि कटाव को रोकने के लिए जंगल पनपे या नहीं इसकी कोई पुष्टि नहीं हो पायी। इसके बाद के एक दौर में विश्व बैंक ने भी भारी मात्रा में अनेक भीमकाय मशीनों को बीहड़ में उतारा था लेकिन वे वहाँ से बाहर भी नहीं निकल पायीं। लोग बताते हैं कि अभी भी कई जगह जंग लगी बड़ी-बड़ी मशीनें बीहड़ के पीले रंग में मिल-जुल गयी हैं।

गाँधी शान्ति प्रतिष्ठान, नयी दिल्ली, २६ अगस्त, २०१६

बकरी : बलि का बकरा

१९८६ के अन्त में सरकार ने पर्यावरण के नाज़ुक क्षेत्रों में बकरी और भेड़ पालने को बढ़ावा देने वाली अपनी सभी योजनाओं को 'एकदम' बन्द करने के आदेश जारी किये थे। तत्काल लागू होने वाले इस आदेश को दिल्ली से राज्यों की राजधानियों और वहाँ से ज़िलों में पहुँचते-पहुँचते कुछ महीने लगे। बीस सूत्री से लेकर कमज़ोर वर्ग और ग्राम विकास की तमाम योजनाओं में बकरी और भेड़ पालने में मदद देने वाले काम बन्द होने लगे, तब कहीं जाकर जून १९८७ में लोगों को पता लगा कि उन पर यह चोट उनके पर्यावरण को बचाने के लिए की गयी है।

जब से पर्यावरण का हल्ला मचा है तब से पर्यावरण के दुश्मनों की सूचियाँ बन रही हैं और ऐसी ज़्यादातर सूचियों में गाय, भेड़ और बकरी ऊपर की जगह पाती हैं। इन पर ढेरों शोध हुए हैं कि 'अति चराई' हिमालय की किस तरह से जुगाली कर रही है और कमबख़्त भेड़ व बकरियाँ कहाँ-कहाँ मुँह मारे चली जा रही हैं।

हमारी अपनी लालच और विकास के पश्चिमी ढंग से ढल जाने की लालसा ने पर्यावरण को जिस तरह रौंदा है उसकी बात न कर 'बलि के बकरे' ढूँढ़े जा रहे हैं। इस साल के आरम्भ में कृषि मन्त्रालय ने 'पर्यावरण पर भेड़-बकरी पालन के प्रभाव का मूल्यांकन' करने के लिए एक टास्क फोर्स भी बना दी। जब बड़े लोग, बड़ी सड़कें, बड़े शहर, बड़े उद्योग जंगलों और चरागाहों को हड़प लें तब थोड़े-से में भी गुज़ारा करने वाली बकरी और उसे पालने वाले पर सारी उँगलियाँ उठ रही हैं।

ऐसे में चण्डीप्रसाद भट्ट ने मूक भेड़, बकरियों की तरफ़ से आवाज़

लगाकर पूछा है कि इन दलीलों के पीछे कोई आधार भी है या बस सुनी-सुनाई बातें हैं? कम से कम पर पल कर अपने मालिक को टिकाये रखने, दुर्गम क्षेत्रों में भार ढोने, ऊन देने और मरकर भी आदमी की भूख मिटाने वाली भेड़-बकरियों का पक्ष लेते हुए उन्होंने पिछले दिनों रेगिस्तान में बकरियों के झुण्ड के पीछे-पीछे घूमकर यह भी बताया कि इन मूक पशुओं के कारण किस तरह झाड़ियों के बीज इस कोने से उस कोने तक फैलते हैं और इनकी मेंगनी में बंजर से बंजर ज़मीन को सुधारने वाली खाद मिलती है।

अच्छा हो सरकार इस मामले में सुनी-कही पर चलने के बदले ज़रा ठीक से जानकारी बटोर ले। बिना जाँच-पड़ताल के जारी किये गये ऐसे आदेशों का सबसे बुरा असर पहाड़ और रेगिस्तान के ग़रीबों पर पड़ेगा। यों भी पर्यावरण की हानि का सारा जिम्मा भेड़-बकरी की पीठ पर लाद देना ग़ैर-ज़िम्मेदारी का निर्णय तो है ही, इससे असली कारणों पर भी परदा पड़ा रहेगा।

हमारा पर्यावरण, पर्यावरण कक्ष, गाँधी शान्ति प्रतिष्ठान, मार्च, १९८८

मिट्टी बचाओ अभियान

सूखी खेती में सिंचाई ले आओ, बस किसानों का भाग्य पलट जायेगा—अब तक यही मानकर धड़ाधड़ बड़ी-बड़ी सिंचाई योजनायें बनती रही हैं। लेकिन पिछले कुछ सालों से यह साबित हो चला है कि अक्सर ऐसी बड़ी योजनाओं से मिट्टी का उपजाऊपन घटता है, खेतों में पानी का जमाव बढ़ता है, अच्छी ज़मीन खारी हो चलती है और कहीं-कहीं तो फसल का उत्पादन भी घटने लगता है। कुल-मिलाकर, किसान स्वर्ग में नहीं, नरक में उतर जाता है।

मध्य प्रदेश के होशंगाबाद ज़िले के हज़ारों किसान कुछ ऐसे ही कड़वे अनुभव से गुज़र रहे हैं। यहाँ नर्मदा की सहायक नदी—तवा पर ३ अरब रुपये की लागत से बने बाँध और नहरों के लम्बे-चौड़े जाल से इन्हें कई तरह के लाभ के बदले अब कई तरह के नुक़सान भोगने पड़ रहे हैं।

इस ख़तरे को भाँप कर यहाँ अगस्त '७७ में कुछ सामाजिक कार्यकर्त्ताओं और पीड़ित किसानों ने ग्राम सेवा समिति नाम की एक छोटी-सी ग़ैर-सरकारी संस्था की प्रेरणा से 'मिट्टी बचाओ अभियान' शुरू किया है। नहरों के पानी को हर खेत तक पहुँचाने के लिए किये गये भूमि समरूपण और चकबन्दी से ही उन पर तरह-तरह की मुसीबतें आने लगी थीं। सरकार ने भरोसा दिलाया था कि भूमि समरूपण की क़ीमत ८०० रुपये प्रति एकड़ से ज़्यादा नहीं आयेगी लेकिन बाद में कई किसानों से इस काम के लिए २००० रुपये प्रति एकड़ भी वसूल किये जाने लगे। स्वर्ग की क़ीमत थोड़ी ज़्यादा भी चुकायी जा सकती थी लेकिन सिंचाई आने के दो वर्ष बाद ही खेतों में पानी ठहरने लगा। यहाँ की गहरी काली मिट्टी में नहरों

से पानी के रिसन की समस्या भी बहुत भयानक हो गयी है। बाँध बनाने वालों ने माना था कि ऐसी ज़मीन में कोई ३० प्रतिशत रिसन होगा। लेकिन डॉ. भूमला जैसे कृषि विशेषज्ञ ने यहाँ का दौरा करने के बाद इस रिसन को ६० प्रतिशत से ऊपर माना है। बाँध के कमाण्ड एरिया के निचले हिस्से में बसे ३० गाँवों की हालत तो बहुत ख़राब हो चुकी है। अभी कुछ ही पहले तक जो गाँव असिंचित परिस्थितियों में शानदार गेहूँ, दलहन और तिलहन की फसलें ले रहे थे, अब कीचड़ में डूबे पड़े हैं।

लेकिन नहरों के बाद परम्परागत फसलों का चक्र टूटा है। दलहन को यहाँ से बिदा लेनी पड़ी है और उसके बदले सोयाबीन ने अपनी जड़ें जमा ली हैं। किसान इसे घर में नहीं रख सकते—यह उन्हें ज़िले के पास बनी फ़ैक्टरी को बेचना पड़ता है। पुराने देसी बीजों के भी दिन लद गये हैं। नये नाज़ुक बीजों को रासायनिक खाद चाहिये और साथ ही कीटनाशक दवायें भी। कुल-मिलाकर, खेती की लागत बढ़ चली है और उससे होने वाला लाभ गिरता जा रहा है। किसान का स्वावलम्बन टूटा है और बाज़ार का सम्बन्ध उससे जुड़ता जा रहा है। सरकार सिंचाई के बाद हो रहे एक करोड़ रुपये के सोयाबीन-उत्पादन का प्रचार ज़रूर करती है, लेकिन हाथ से जा चुकी ९ करोड़ रुपये की दलहन को किसान भुला नहीं पा रहे हैं।

भारत सरकार के महालेखाकार ने भी सन् '७९-८० में इस सिंचाई योजना पर ख़राब टिप्पणी देते हुए ज़िले के भूमि राजस्व आयुक्त से मिले आँकड़ों को सामने रखा है, जिनसे साफ़ समझ में आता है कि सिंचाई के बाद हर तरह की फसल का उत्पादन बढ़ने के बदले घट ही चला है। महालेखाकार की टिप्पणी थी, ''पूरी योजना बिना ठीक से सोचे-समझे बनायी गयी थी। उससे जिन फायदों की उम्मीद रखी गयी थी वे पूरे नहीं हो पाये हैं।'' उन्होंने पूरी योजना पर पुनर्विचार करने पर ज़ोर दिया था। सन् १९८३ में सार्वजनिक लेखा समिति ने भी तवा परियोजना पर उँगली उठायी है।

सन् १९८३ में स्थिति कुछ बदली है और समस्याओं के लम्बे सात साल बीतने के बाद पहली बार प्रदेश के सिंचाई मन्त्री, संसद सदस्य और विधायकों ने सिंचाई की चपेट में आये गाँव का दौरा किया है। सिंचाई मन्त्री ने इस बाँध के कारण हुए पर्यावरण के नुक़सान का लेखा-जोखा करने के लिए एक विशेषज्ञ समिति का भी गठन किया है।

बहरहाल 'मिट्टी बचाओ अभियान' जारी है और अब वह सबसे ज़्यादा समस्याओं में फँसे ३१ गाँवों के सर्वे में लगा हुआ है। एक अन्य रिपोर्ट के अनुसार तवा कमाण्ड में आने वाले ७८५ गाँवों में से लगभग १५० गाँव रिसन और पानी के जमाव की चपेट में आ गये हैं और लगभग ५००० एकड़ उपजाऊ भूमि हाथ से बाहर जा रही है। कई गाँवों में बढ़ते जल स्तर के कारण कुओं की मुण्डेर से पानी बहने लगा है और गाँवों के घरों में भी सीलन आ गयी है। निमसाड़िया गाँव में तो कुछ घर गिरने तक लगे हैं। इन गाँवों में आने-जाने के रास्ते भी कीचड़ से पट गये हैं। ऐसे गाँवों का वर्णन करते हुए 'मिट्टी बचाओ अभियान' के एक कार्यकर्त्ता ने इन्हें 'पानी की जेल में बन्द गाँव' कहा है। सड़कों से कटे ऐसे गाँवों में 'मिट्टी बचाओ अभियान' पदयात्राओं के ज़रिये सम्पर्क बढ़ा रहा है।

इधर मई १९८३ में एक भूगर्भ विशेषज्ञ ने मध्य प्रदेश सरकार को चेतावनी दी है कि यदि नर्मदा घाटी में बड़े बाँध बनाये गये तो तवा जैसी हालत होगी और अच्छे उपजाऊ खेत दलदल में बदल जायेंगे। विशेषज्ञ के अनुसार पूरी नर्मदा घाटी में काफ़ी मात्रा में भूमिगत जल है और इसे नलकूपों आदि के ज़रिये सिंचाई के काम में लाया जा सकता है। विशेषज्ञ की राय में नर्मदा घाटी विकास परियोजना के प्रस्तावित बड़े बाँधों पर करोड़ों रुपया ख़र्च किया जायेगा, समय भी बर्बाद होगा लेकिन इस सबको नलकूप अपनाकर बचाया जा सकता है। बलवीर वोहरा भी एक अरसे से भूमिगत पानी के उपयोग की तरफ़ ध्यान खींच रहे हैं। उनकी राय में यदि इस पानी का उपयोग किया गया तो २ करोड़ हेक्टेयर को सींचा जा सकेगा। लेकिन हमारे सिंचाई विभाग तो बड़ी-बड़ी योजनाओं के अलावा कुछ और सोच ही नहीं पाते। जब तक सिंचाई विभागों का दिमाग़ नहीं बदलेगा तब तक किसानों को तवा जैसी ठोकरें खाते रहना पड़ेगा।

'देश का पर्यावरण', पर्यावरण कक्ष, गाँधी शान्ति प्रतिष्ठान, १९८५

आठवाँ दशक : प्रदूषण के मामले में स्वावलम्बन!

दो वर्ष पहले तत्कालीन पेट्रोलियम व रसायन मन्त्री हेमवतीनन्दन बहुगुणा ने एक पत्रकार सम्मेलन में ताजमहल के प्रदूषण पर उठे सवालों का जवाब देते हुए आश्वासन दिया था कि सरकार इस सारे मामले को बहुत बारीक़ी के साथ देखने जा रही है, पर हमें ज़रा साँस तो लेने दीजिये।

ऐसा नहीं था कि तब ताज का मामला बहुत ताज़ा था और सरकार को उस पर ठीक से सोचने के लिए सचमुच साँस लेने का वक़्त चाहिये था। ताज, फतेहपुर सीकरी और घना केवलदेव अभयारण्य क्षेत्रों पर मथुरा तेल शोधक कारखाने के विपरीत असर की आवाज़ तो सन् १९७४ में ही उठने लगी थी। यह विषय तब से लगातार अख़बारों में उठता-गिरता रहा। जब भी हल्ला ज़्यादा मचा, सरकार एक समिति बनाकर उसे चुप कर देती। उधर तेल शोधक कारखाने का काम भी चलता रहा।

सन् '७० से '८० तक देश के पर्यावरण के महत्त्वपूर्ण मुद्दों पर इस दौर में आयी तीनों सरकारों ने जिस तदर्थ शैली से काम लिया—ताजमहल उसका सिर्फ़ एक उदाहरण है। पिछले दस वर्षों में हरित क्रान्ति और औद्योगिक मोर्चे पर काफ़ी उपलब्धियाँ हुईं, लेकिन देश को इस विकास की काफ़ी क़ीमत चुकानी पड़ रही है। एक राष्ट्रीय पर्यावरण नीति के अभाव में विकास की हर कोशिश ने कहीं विनाश की नींव खोदी है तो कहीं उसके साफ़-साफ़ चिह्न छोड़े हैं। इस दौर में देश के सभी बड़े

शहरों—कलकत्ता, बम्बई, मद्रास में रहने, खाने-पीने यहाँ तक कि साँस लेने के मामले में भी प्रदूषण ने अपनी जगह बना ली है। औद्योगिक क्षेत्रों की हालत तो और भी बिगड़ी है। दुर्गापुर, आसनसोल, कानपुर, विशाखापट्टनम आदि में हर तरह के प्रदूषण की ख़बरें सन् '७० से ही मिलनी शुरू हो गयी थीं और सन् '८० के आते-आते इनका आकार भी बढ़ता गया।

एक तरफ़ औद्योगिक क्षेत्रों की संख्या और आकार बढ़ा और दूसरी तरफ़ बड़े शहरों की आबादी का घनत्व। कुल-मिलाकर इन क्षेत्रों ने देश की १४ प्रमुख नदियों को लगभग गिरवी-सा रख लिया। इन १४ नदियों के किनारों पर देश की ८० प्रतिशत आबादी बसी है—इस तथ्य को हमें बराबर याद रखना चाहिये।

जंगल बराबर कट रहे हैं। सन् १९५२ में घोषित राष्ट्रीय वन नीति एक अधूरा सपना होकर रह गयी। वन क्षेत्र बजाय बढ़ने के लगातार घटता गया है फिर भी इसे थामने के लिए कोई नीति तय नहीं हो पायी है। पिछले दस वर्षों में केरल का वन क्षेत्र ३३ प्रतिशत से घटकर १८ प्रतिशत हो गया, फिर भी वहाँ साइलैंट वैली जैसी परियोजना बने या न बने—यह तय करने में ही सारा समय बर्बाद हो रहा है।

जंगलों के कटान और बड़ी-बड़ी सिंचाई योजनाओं ने देश की धरती पर भी हमला किया है। अब तक मोटे तौर पर प्रदूषण को शहरी या औद्योगिक समस्या की तरह ही लिया गया था, पर सन् '७० से '८० के दौर में पंजाब के ग्रामीण क्षेत्रों में भी रासायनिक खाद और सिंचाई के भारी इस्तेमाल ने धरती और भूमिगत पानी के गुणों पर भी विपरीत असर डाला है। और इस तरह दूरस्थ गाँवों में भी प्रदूषण ने अपना रास्ता बना लिया है। मणिपुर के गाँवों में धान की खेती रासायनिक खाद के कारण बढ़ी हुई दिखती तो है पर उसके कारण मछली उत्पादन में आ गयी गिरावट की तरफ़ किसी का ध्यान नहीं जाता।

हवा, पानी, धरती के प्रदूषण के बीच इन दस वर्षों में शोर भी एक नयी बीमारी के रूप में हमारे दरवाज़ों को भड़भड़ा रहा है। सन् '७० से '८० के बीच औसत शहरी शोर के आँकड़ों में १० डेसीबल की वृद्धि हुई है।

कुल-मिलाकर हम प्रदूषण के हर मामले में 'स्वावलम्बी' बनते जा रहे हैं!

अपना पर्यावरण बिगाड़ने के लिए अब हम किसी के 'मोहताज़' नहीं हैं।

यों सन् '७० से '८० के बीच पर्यावरण की निगरानी के लिए कई स्तरों पर पहली बार काम भी शुरू हुआ। सन् '७२ में स्टाकहोम सम्मेलन के बाद हमारे यहाँ पर्यावरण विषय को राष्ट्रीय स्तर पर सामने लाने में स्वर्गीय पीताम्बरदत्त पन्त ने पहल की। उन्हीं के प्रयासों से 'राष्ट्रीय पर्यावरण नियोजन और समन्वय समिति' का जन्म हुआ। राष्ट्रीय स्तर की इस एकमात्र समिति से प्रारम्भ में बहुत-सी उम्मीदें थीं पर वे प्राय: पूरी तरह से उभर नहीं सकीं। कुल-मिलाकर इस समिति का चरित्र एक सलाहकार मण्डल से अधिक ऊपर नहीं जा पाया। समिति के बाद सन् १९७४ में जल प्रदूषण निवारण और नियन्त्रण क़ानून बना। इसके तहत पहले केन्द्रीय जल प्रदूषण मण्डल बना और फिर धीरे-धीरे अन्य राज्यों में राज्य स्तरीय मण्डल गठित किये गये। यहाँ भी एक तो अधिकारों की कमी और तिस पर पूरे समय काम करने वाले कुशल लोगों का अभाव मण्डलों की क्षमता को बराबर पीछे खींचता रहा।

लेकिन जल प्रदूषण मण्डलों के गठन के बाद एक बड़ा फायदा यह हुआ कि देश की प्रमुख नदियों की हालत के बारे में समय-समय पर जानकारी तो सामने आने लगी। राज्यों की हद तक महाराष्ट्र और उड़ीसा ने अपनी नदियों की निगरानी का काम सन् '७४ के क़ानून से काफ़ी पहले शुरू कर दिया था। भारतीय मानक संस्थान और बनारस हिन्दू विश्वविद्यालय जैसी एकाध शिक्षण संस्था ने क़ानून बनने से पहले ही इस विषय को लोगों के सामने रखने का प्रयास किया था। केन्द्रीय जल प्रदूषण बोर्ड ने यमुना नदी के प्रदूषण पर तथा देश के १४२ बड़े शहरों में पीने के पानी की सप्लाई और गन्दे पानी की निकासी की खस्ता हालत पर बहुत अच्छी रिपोर्ट तैयार कर योजनाकारों के सामने रखी। बोर्ड ने ख़तरे की घण्टी तो बजायी पर यहाँ भी सवाल अमल का बना रहा।

इन दस वर्षों में नीरी (राष्ट्रीय पर्यावरण इंजीनियरिंग शोध संस्थान, नागपुर) ने देश के सभी प्रमुख शहरों और औद्योगिक क्षेत्रों में वायु-प्रदूषण पर निगरानी रखी और समय-समय पर बम्बई के चैंबूर, कलकत्ता, दिल्ली, आसनसोल, दुर्गापुर, आगरा, कानपुर की चिन्ताजनक हालत को सामने रखा। नीरी की तरह ही लखनऊ के इंडस्ट्रियल टाक्सोक्लाजी रिसर्च सेंटर ने औद्योगिक क्षेत्र के भीतर और बाहर प्रदूषित हो रहे वातावरण के प्रति

चेतावनी दी। इन प्रमुख शोध संस्थानों के अलावा पिछले दस वर्षों में देश के कई मेडिकल कॉलेजों और विश्वविद्यालय के बॉटनी विभागों ने क्षेत्रीय और स्थानीय स्तर पर प्रदूषण के मामलों को उठाया—पर यहाँ भी मुख्य सवाल अमल का रहा।

अमल का एक पक्ष नीति का है और दूसरा पक्ष उसे ज़मीन पर उतारने लायक पर्याप्त क़ानून का है। और यह हम सबका दुर्भाग्य है कि ये दोनों पक्ष काफ़ी ढुलमुल रहे हैं अब तक। हवा-प्रदूषण इसका सटीक उदाहरण है। भारतीय मानक संस्थान ने सन् १९६२ से हवा प्रदूषण के मानक बनाने का काम शुरू किया था। पर सरकार ने पहली बार सन् १९७६ में घोषणा की कि वह शीघ्र ही हवा-प्रदूषण पर एक विधेयक लाने जा रही है। पर आज चार साल हो गये—हवा का क़ानून हवा में ही है।

पर्यावरण से सम्बन्धित कुछ इनी-गिनी सरकारी संस्थाओं, स्वायत्त शोध संस्थानों के अलावा पिछले दस वर्षों में देश के छोटे-बड़े शहरों से लेकर दूरस्थ गाँवों में आम लोगों के छोटे-छोटे संगठन भी खड़े हुए हैं। ये प्रायः उन लोगों के हैं जिनके लिए पर्यावरण एक विषय नहीं है, फ़ैशन नहीं बल्कि जीवन-मरण का सवाल है। और इसीलिए बिगड़ते पर्यावरण ने जहाँ-जहाँ लोगों की ज़िन्दगी पर हमला किया है वहाँ-वहाँ लोगों ने इस परिस्थिति को जन्म देने वाले कारणों से, उससे जुड़े विभागों या प्रतीकों से लड़ाई छेड़ी है। और ये संगठन ही वास्तव में आशा की किरणें हैं। सन् '७३ में उत्तर प्रदेश के चमोली ज़िले में ठेठ देहाती औरतों, आदमियों ने वन सुरक्षा के लिए चिपको आन्दोलन शुरू किया। आज यह कई हिस्सों में अलग-अलग रूपों में फैलता जा रहा है। कहीं-कहीं तो चिपको शब्द में इतनी ताक़त रही कि आन्दोलनकारियों ने पेड़ों से चिपके बिना ही जंगल को बचा लिया। रचना, संघर्ष और समन्वय को साथ लेकर चले इस आन्दोलन का व्यापक असर हुआ है और यह अपने क्षेत्र और प्रदेश की सीमायें भी लाँघ चुका है। केरल में साइलेंट वैली के विरुद्ध जो आवाज़ उठी उसमें स्थानीय स्तर से लेकर देश के प्रसिद्ध वैज्ञानिकों ने साथ दिया। 'केरल शास्त्र साहित्य परिषद्' जैसे वैज्ञानिक संगठन इस मामले में आगे आये। इन वैज्ञानिक संगठनों ने साधारण लोगों के साथ अपने को जोड़ा और उन्हें प्रकृति की परस्पर एक-दूसरे से जुड़ी असाधारण व्यवस्था की जानकारी दी। ज़फ़र फतहअली और माधव गाडगिल जैसे

देश के प्रसिद्ध वैज्ञानिकों ने सरकार द्वारा गठित साइलैंट वैली निगरानी समिति की सदस्यता ठुकरायी क्योंकि वे मानते हैं कि वहाँ इस परियोजना से विनाश के दरवाज़े खोलने के बाद निगरानी की गुंजाइश ही कहाँ बचेगी।

होशंगाबाद (मध्य प्रदेश) में साधारण किसानों ने अनियोजित आधुनिक सिंचाई के ख़िलाफ़ 'मिट्टी बचाओ अभियान' शुरू किया। उनकी आवाज़ के बाद कृषि वैज्ञानिकों को भी यह स्वीकार करना पड़ा कि इस इलाक़े में ४०० करोड़ की लागत से तैयार 'तवा आयाकट प्रोजेक्ट' वरदान नहीं, अभिशाप ही बनेगा। उधर उत्तर प्रदेश में टिहरी बाँध के ख़िलाफ़ भी स्थानीय स्तर पर आन्दोलन चल रहा है। मध्य प्रदेश के इन्दौर में ईको सोसायटी जैसी छोटी-सी संस्था अपने सीमित साधनों से शहर के पर्यावरण पर लगातार नज़र रख रही है तो बम्बई में बम्बई सिविक ट्रस्ट, सोसायटी फॉर क्लीन एनवायरॉनमेंट, फ्रेंड्स ऑफ़ दि ट्रीज जैसे कई शानदार संगठन सक्रिय हैं।

पर्यावरण के मोर्चे पर अगले दशक में हम क्या नया पा सकेंगे, यह दरअसल लोगों के ऐसे ही संगठनों की ताक़त पर निर्भर करेगा। क़ानून बनें या अटके रहें। लोग चेत गये तो चीज़ें सुधरेंगी ही। प्रदूषण की चाबी इन्हीं ग़ैर-सरकारी छोटे-छोटे संगठनों के हाथ में रहेगी। इसी वजह से गाँधी शान्ति प्रतिष्ठान का पर्यावरण कक्ष जगह-जगह उभर रहे ऐसे संगठनों से सम्पर्क बनाने और उनकी आवाज़ को अन्य लोगों तक पहुँचाने की कोशिश करना चाहता है।

लग सकता है कि पर्यावरण के मामले में शान्ति प्रतिष्ठान बहुत नया है। बहुत-से लोगों को आश्चर्य भी हुआ है कि गाँधी शान्ति प्रतिष्ठान को पर्यावरण से क्या लेना-देना है। गाँधी ने प्रकृति के साथ पूरी तरह से एकात्म जीवन शैली की वकालत की थी। आज जो समस्यायें सामने आ रही हैं, वे प्रकृति के विरुद्ध जाने की, सहज क्षमता से अधिक उसे दुहने का नतीजा नहीं तो और क्या है? इस प्रवृत्ति के पीछे ज़रूरत से ज़्यादा उत्पादन और ज़रूरत से ज़्यादा खपत पर आधारित एक नक़ली जीवन शैली है। गाँधी ने कहा था कि धरती हरेक की ज़रूरत तो पूरी कर सकती है पर हरेक की लालच नहीं। उत्पादकों और उपभोक्ताओं के रोज़ लम्बे होते जा रहे हाथों ने प्रकृति के असीमित माने जाने वाले भण्डारों तक को

ख़ाली करना शुरू कर दिया है—और इसी कारण पर्यावरण की दुविधा सामने आयी है। लोगों ने, योजनाकारों ने, वैज्ञानिकों ने, राजनेताओं ने इसे विकास या पर्यावरण विकास या पिछड़ेपन में से एक को चुनना माना है। पर वास्तव में विकास या विनाश में से एक को चुनना है—यह बहुत कम लोग समझ पाये हैं। इसलिए ज़्यादातर यही माना जा रहा है कि विकास करो, उससे पर्यावरण बिगड़े तो और भी महँगे यन्त्रों से उस पर कुछ चिथड़े-थिगड़े लगाते रहो। पहले प्राकृतिक जंगल काट लो, फिर उससे हुए नुक़सान को भारी क़ीमत पर सँभालने की असफल कोशिश करो, पहले नदी को गन्दा कर लो फिर उसे गन्दा न होने देने के लिए ख़र्चीली अव्यावहारिक योजनायें पेश करो। जब तक विकास और पर्यावरण को हम अलग-अलग रखेंगे—हम इस दुश्चक्र से बाहर नहीं हो पायेंगे। संयुक्त राष्ट्र संघ पर्यावरण कार्यक्रम ने सन् '७८ में 'विनाश के बिना विकास' का नारा लगाकर इस दुश्चक्र से बाहर निकलने का संकेत दिया है।

पर्यावरण कक्ष के माध्यम से गाँधी शान्ति प्रतिष्ठान इन सब मुद्दों पर स्वस्थ बहस चलाना चाहता है। यह आपकी मदद मिले बिना सम्भव नहीं। आप जो भी काम कर रहे हैं, ऐसा काम करने वाले जिस भी संगठन या व्यक्ति को आप जानते हैं—उन सब तक हमें भी पहुँचने देने में मदद करें। 'पर्यावरण कक्ष' का यह छोटा-सा समाचार संकलन आपकी गतिविधियों को आप जैसे अन्य लोगों तक पहुँचाने का माध्यम बन सके ऐसी हमारी कोशिश है। पर्यावरण के मोर्चे पर हम-आप अकेले नहीं, एक बड़े समूह का अंश हैं—इस भावना को, विश्वास को फैलाने में हम आपके सहयोग की कामना कर रहे हैं। तभी हम सन् '७० से '८० की ठोकरों से नये सबक सीखेंगे और अगली सदी के मोड़ पर खड़े होकर कह सकेंगे कि आने वाली पीढ़ियों को स्वतन्त्र रूप से नयी ठोकरें खाने की ज़रूरत नहीं पड़ेगी।

गाँधी शान्ति प्रतिष्ठान के पर्यावरण कक्ष से प्रकाशित, पर्यावरण समाचार संकलन,
दिसम्बर-फ़रवरी, १९८०

जल

दो अक्षरों का छोटा-सा शीर्षक—जल—और कोई ३० पन्नों की छोटी-सी पुस्तिका। लेकिन यह अपने में पूरा संसार समेट लेती है। जल की तरलता और सरलता की तरह ही पंकज शुक्ला इन ३० पन्नों में बिलकुल सहज ढंग से हमें पानी की गहरी से गहरी बातों में उतारते जाते हैं, उसमें डुबाते नहीं, तैराते ले जाते हैं।

इसमें पानी का ज्ञान है, पानी का विज्ञान भी है। वे हमें बताते हैं कि किस तरह पानी दो छोर जोड़ सकता है, तो यह भी कि किस तरह इसी पानी का उपयोग हम दो छोर तोड़ने में भी करने लगे हैं। कोई बतायेगा कि तीसरा महायुद्ध पानी को लेकर होगा तो पंकज बता रहे हैं कि अरे, यह लड़ाई तो हर मुहल्ले में, हर प्रदेश में प्रदेशों के बीच, देशों के बीच चल ही रही है।

पानी को लेकर चल रहे संघर्षों के बीच यह पुस्तिका एक ऐतिहासिक युद्ध के बीच भाई कन्हैया की प्रेरणादायी कहानी भी पाठक के सामने रख देती है। घायलों को अपनी भिशती से पानी पिलाने वाले भाई कन्हैया अपने और पराये का भेद मिटा देते हैं। शिकायत होने पर जब उन्हें गुरु के सामने पेश किया जाता है तो वे बस इतना ही उत्तर देते हैं कि मुझे तो केवल प्यासा भर दिखता है।

यह पुस्तिका कौवे और मटके की कहानी नहीं दुहराती। एक छोटे-से चित्र के माध्यम से बस हमें उसकी सार्थकता की याद दिला जाती है। बिना कंकड़ डाले आप पन्ने भर पलटते जायें, पानी ऊपर उठने लगता है—अपनी प्यास बुझा सकते हैं आप।

एक तरफ़ पंकज शुक्ला डरावने तथ्यों से परिचित कराते जाते हैं तो साथ ही ऐसी लुभाने वाली जानकारियाँ भी देते जाते हैं कि यदि आप चाहें तो अपने घर, अपने मुहल्ले या गाँव-शहर में पानी के संकट का एक छोटा-सा हल भी खोज सकते हैं और फिर हिम्मत बँधा सकें दूसरों की तो एक समर्थ आन्दोलन का रास्ता भी पकड़ सकते हैं। हल बताते समय पुस्तिका पूरी सावधानी भी बरतती है। वह नहीं चाहती कि भूजल के रूप में एकत्र वर्षों की धरोहर को हम अपने उत्साह में प्रदूषित कर बैठें।

यों पानी पर पुस्तक, पुस्तिकाओं की कोई कमी नहीं है। फिर भी 'जल' की इस नयी बूँद का अलग ही स्वाद है।

नदियों को बचाने का अर्थ है समाज को बचाना

नदियों को बचाने का अर्थ है समाज को बचाना

सबसे पहले तो आप सबसे माफ़ी माँगता हूँ कि मैं इतने सरस और तरल आयोजन में उपस्थित नहीं हो पा रहा हूँ। देश भर की छोटी-बड़ी नदियों की चिन्ता में आप सब यहाँ हैं—इसलिए मेरी कोई कमी नहीं खलेगी।

मुझे पिछली फ़रवरी में डॉक्टर मित्रों ने बताया कि कैंसर हुआ है। ये बड़ा सरल है जल्दी ठीक हो जायेगा। डॉक्टरों की बात सही नहीं निकली, कठिन कैंसर ही था और उसको वे अभी तक ठीक नहीं कर पाये हैं। अभी कुछ समय और लगेगा। समय का मतलब तीन महीना, चार महीना, जो भी है वह तो उनके हाथ में है।

अपनी नदियों के साथ भी कैंसर काम कर रहा है। वो है डेवलपमेंट वाला, इरीगेशन वाला। कई तरह के ये कैंसर हमारे बीच में, प्रकृति के ऊपर आये हैं। सबसे पहले तो मैं आपसे यह निवेदन करना चाहूँगा कि नदी हर भाषा में बहती है। कावेरी नदी कन्नड़ में भी बहती है और तमिल में भी बहती है। लेकिन वहाँ रहने वाला समाज जो कन्नड़ बोलता है, जो तमिल बोलता है वह आपस में झगड़ता है कि ये नदी हमारी है। नदी की कोई भाषा नहीं होती ये हमको नहीं भूलना चाहिये।

नदियों पर सरकारों का ध्यान गये अब कोई चालीस बरस पूरे हो रहे हैं। इन चालीस वर्षों में इस काम पर ख़र्च होने वाली राशि भी लगातार बढ़ती गयी है। अपने समय में तीन करोड़, पाँच करोड़ में भी हम लोग घबरा

जाते थे। अब तो २०-२५ हज़ार करोड़ से कम की कोई बात नहीं होती। तरह-तरह के क़ानून भी बने हैं, सख़्त भी हुए हैं। और अब यह भी कहा जा सकता है कि राशि के साथ-साथ सरकार का उत्साह भी बढ़ा है पानी के मामले में। चाहे उसको चाबुक लगा होगा, कुछ भी लगा होगा। पिछले दौर में शायद श्रद्धा की कमी थी शोध ज़्यादा था। अब ये नमामि वग़ैरह भी आ गया है। शोध और श्रद्धा दोनों जुड़े हैं। नतीजा कितना निकलेगा किसी को नहीं मालूम अभी।

क्योंकि जो ढाँचा है नदियों की देखरेख का वो जो तब था आज भी वही है। उसमें कोई परिवर्तन नहीं है। तन्त्र यानी ढाँचा। तन्त्र में अब मन्त्र भी जुड़े हैं, धर्म भी जुड़ गया है। कोई दूध भी डालता है नदी में। दूध डालने से, दो मन दूध डालने से ठीक हो जायेगा तो ज़रूर डालो। यह सब पहले से अच्छे परिणाम लायेगा क्या?

नदी का भी अपना एक धर्म होता है। एक स्वभाव होता है। नदी का धर्म है बहना। बहते रहना।

पिछले एक दौर में हमने विकास के नाम पर, तकनीक की सहायता से नदी के इस धर्म को पूरी तरह बदल दिया है। उसे हम कहीं भी रोक सकते हैं, कहीं भी मोड़ सकते हैं और कहीं भी उसको सुखा भी सकते हैं और बहा भी सकते हैं। नये-नये इलाक़ों में नदियाँ बहेंगी। शायद उनके नाम भी नये रखे जायेंगे। कौन-से नाम रखे जायेंगे अभी तो मुझे पता नहीं। आजकल तो नाम रखने का तरीक़ा भी ऐसा है कि अचानक 'कमाल' हो जाता है। 'कमाल' से आप समझ सकते हैं।

खेती, उद्योग और शहर इन तीन चीज़ों के लिए पानी जुटाने हमने अपनी सब नदियों को बर्बाद किया है। हरेक से पानी खींचा है। साफ़ पानी लिया है और बदले में उसको गन्दा पानी दिया है।

अब इस परिस्थिति के रहते हुए भला कौन-सा मन्त्र, कौन-सी आरती, कौन-सी तकनीक, कौन-से फ्लोटिंग यन्त्र काम करेंगे। आजकल टीवी में भी देखते हैं कि कुछ यन्त्र तैराये जा रहे हैं, वो कचरा खींच लेंगे। बड़ी अच्छी बात है। उन यन्त्रों की पूजा करनी चाहिये जो नदियों से कचरा खींच लें।

तो ये सब है तो कौन साफ़ करेगा! नदियों को जो शुद्ध साफ़ पानी मिलता

है वर्षा से। केवल ऊपर से गिरने वाली वर्षा नहीं। दोनों किनारों पर, नदी के पनढाल (कैचमेंट) क्षेत्र में बनाये जा रहे असंख्य तालाबों से रिसकर आया जल भी वर्षा का मौसम बीत जाने पर नदी में शेष महीनों में पानी देता रहता था। जो साफ़ पानी आज बाढ़ में बदल जाता है उसको रोककर रखें। तालाबों वग़ैरह के ज़रिये।

ये तालाब बहुत बड़े आकार के भी होते थे और बहुत छोटे आकार के भी। ताल शब्द हम सबने सुना है, जैसे : नैनीताल। पर इस ताल शब्द से ही मिलते-जुलते दो शब्द और थे—चाल और खाल। ये हिमालय के तीख़े ढलानों पर भी आसानी से बनाये जाते थे, गाँव के ही लोगों द्वारा।

इन तालों, खालों और चालों से वहाँ की पानी की सारी ज़रूरतें पूरी हो जाती थीं और शेष जलराशि रिसकर भूजल का संवर्धन कर दूर बह रही नदी में मिलती थी। तो साफ़ पानी नदी में तालाबों से ही जायेगा।

आज तो देश के कुछ हिस्सों के तालाबों को भी नदियों के, नहरों के पानी से भरा जा रहा है। यह पद्धति कुछ समय के लिए लोकप्रिय हो सकती है पर पर्यावरण के लिहाज़ से बिलकुल अच्छी नहीं है।

इसी तरह मैदानों में गाँव-गाँव, शहर-शहर में बने असंख्य तालाबों से खेती-बाड़ी, उद्योग और पेयजल की आपूर्ति होती थी। नदी से इन कामों के लिए जलहरण नहीं होता था। शहर, उद्योग और खेती से भी इतना ज़हर नहीं निकलता था।

हमारी विकास की नयी शैली ने गंगा की जलराशि का ऊपर बताये तीन कामों से हरण किया है और उसमें तीनों से निकलने वाला ज़हर मिलाया है।

कुछ पानी तो निकलना स्वाभाविक है, समाज की ज़रूरत है पर कुछ पानी, कुछ साफ़ पानी नदी में भी डालना होगा। गंगा समेत हर बड़ी नदी इसी कारण गन्दी हुई है।

तो मुझे लगता है कि हम लोगों का ध्यान अगले तीन दिनों में नदियों को, छोटी नदियों को बचाने पर भी जाना चाहिये। छोटी से छोटी नदी उसकी एक-एक बूँद मिलकर धारा बनती है। मुख्य बड़ी नदी के साथ उसकी सहायक नदियों को भी चिन्ता और योजना के दायरे में लाना होगा। आज यह नहीं है इसलिए गंगा की सभी सहायक नदियाँ उत्तराखण्ड में बरसात

में उफनती हैं और गर्मी में सूख जाती हैं। तो ये सब स्थिति कई जगह है। बड़ी नदियों को हम मार नहीं सके इसका हमें दुख है। छोटी नदियों को तो हमने मार दिया है। इस वर्ष बंगाल में बाढ़ का एक बड़ा कारण तो वहाँ की छोटी-छोटी नदियों की घोर उपेक्षा थी।

सब बड़ी नदियों में, गंगा में भी कई लुप्त हो चुकी छोटी गंगायें मिलाना होगा। छोटी गंगाओं को बचाये बिना बड़ी गंगा नहीं बच पायेगी। विकास के नाम पर जो एक कैंसर आया है उसमें चुराया गया पानी किसी काम का नहीं होगा, ये पक्का मानिये। चुराया गया पानी, चुराया गया पैसा विकास नहीं करता—किसी शहर के लिए, किसी उद्योग के लिए, किसी खेती के लिए। पंजाब ने बहुत पानी लिया है, जो उसके हिस्से का नहीं होगा। हरियाणा ने भी लिया है। दोनों में कोई अन्तर नहीं है। लेकिन यही कि यह मेरी नदी है। तू-तू, मैं-मैं हो रही है नदियों को लेकर। हरियाणा-पंजाब और कर्नाटक-तमिलनाडु के बीच में ये झगड़े कितने साफ़ ढंग से आ रहे हैं।

ज़मीन की क़ीमतें तो आसमान छू रही हैं, इसलिए तालाब न गाँवों में बच पा रहे हैं न शहरों में। आपको देखना पड़ेगा कि इसके पीछे कौन-सा प्राइस टैग डाला जाये कि वो बच सकें।

अँग्रेज़ जब यहाँ आये थे तो ऐसा लोग बताते हैं कि कोई तीस लाख बड़े तालाब थे हमारे देश में। यह भी ध्यान रखिये बिना सिविल इंजीनियरिंग कॉलेज के। कोई हमारे यहाँ सिविल इंजीनियर नहीं था। और हमारी आँख एक्स-रे जैसी होनी चाहिये इस बात का हमें ध्यान रखना चाहिये। इंजीनियरिंग के आगे सिविल क्यों लगा? अनसिविल क्या था उसमें कि सिविल लगाना पड़ा? इसका मतलब ये है कि अँग्रेज़ अपने साथ ईस्ट इण्डिया कम्पनी में केवल मिलिट्री इंजीनियर लाये थे। उनको पब्लिक वर्क्स का कोई काम नहीं था। सी.पी.डब्ल्यू.डी. जैसा कोई विभाग नहीं था।

कौन करता था ये काम? जहाँ औसत ३ सेंटीमीटर पानी गिरता है वहाँ एक बूँद पानी की कमी नहीं है। लातूर में रेल से पानी जाता है तो ये लोग हँसते हैं कि रेल से पानी जा रहा है! हमारे यहाँ तो रेल लाइन ही नहीं है तो कैसे भेजोगे पानी? तो हमने अपना इंतज़ाम ख़ुद किया है।

नदियों की इस चर्चा में शहर चेन्नई का स्मरण अटपटा लगेगा। पर चेन्नई

जैसा आधुनिक शहर तालाबों के नष्ट हो जाने से ही डूबा था। वहाँ आज से पचास बरस पहले तक जितने तालाब थे, उनके कारण नदी से पानी का हरण नहीं होता था।

इसलिए गंगा और देश की सभी नदियों को बचाने से भी बड़ा प्रश्न है अपने को बचाना। ख़ुद को बचाना। इसलिए नदियों की चिन्ता का अर्थ है अपना पुनरुद्धार।

अगले तीन दिनों में देश की नदियों को लेकर जो भी काम आपके सामने आयेगा, उसके पीछे इस आयोजन समिति के सदस्यों—मनोज मिश्र, सुरेश बाबू, हिमांशु ठक्कर, रवि अग्रवाल, मनु भटनागर, जयेश भाटिया और रवि सिंह जी ने सचमुच पूरे एक साल काम किया। पिछला सम्मेलन ख़त्म होते ही आज के इस आयोजन की तैयारी शुरू हो गयी थी।

मुझे तो आज हाजिरी लगाना इसलिए ज़रूरी था कि अगर मैं यहाँ नहीं आता तो बहुत बुरा लगता।

मोटी–मोटी ये ही सब बातें हैं। अगर इसमें, इस दौर में जिस तरह से सरकार का ध्यान नदियों पर जा रहा है और नदियाँ साफ़ भी हो गयीं तो कैसे साफ़ होंगी संक्षेप में आपका ध्यान खींच देता हूँ। सब घाटों की सफ़ाई तो हो जायेगी, तटों पर नये पत्थर लग जायेंगे, नये बिजली के खम्बे लग जायेंगे। लाउडस्पीकर पर सुबह–साँझ सुरीली कहीं बेसुरी आरती वग़ैरह भी बजेगी। सुरीली हो जाये तो वह आपकी क़िस्मत की बात है। पर गंगा और यमुना का पानी कितना साफ़ होगा इसकी कोई गारंटी नहीं है। इसमें और कुछ ज़्यादा कहने की ज़रूरत नहीं है।

आप देखेंगे कि इस बार के आयोजन में देश के विभिन्न प्रदेश में बहने वाली नदियों के ड्रेनेज मैप पर विशेष तौर पर काम किया है, जो पहली बार इस तरह से आया है। ये नक़्शे बताते हैं कि इन नदियों को प्रकृति ने कितनी मेहनत से कितने लाखों वर्षों में एक रूप दिया है। इसे कुछ बाँधों से तोड़ने, मोड़ने की योजनाएँ कितना कहर ढायेंगी, उसकी झलक भी प्रकृति हर साल देती है।

तो अपने जो ये मित्र हैं और जो आप सब इससे जुड़े हैं—ये नदी से संवाद कर रहे हैं, बातचीत कर रहे हैं। नदी की कोई भाषा नहीं है ये जानते हुए आप उससे बात कर रहे हैं। तो ये भाषा, ये संवाद हर साल हो सके, इतने

साधन आप सबकी मदद से जुट सकें, बहुत बड़ा काम हो सकेगा।

सबसे अन्त में हम नमन करते हैं, स्मरण करते हैं इस काम के जनक और मार्गदर्शक श्री रामास्वामी जी को। आज भी वे अदृश्य रूप से हमारे साथ खड़े हैं।

भारतीय नदी सप्ताह, २८-३० नवम्बर, २०१६

विकास का रावण एक दिन अपनी कहानी सुनायेगा

विकास का रावण एक दिन अपनी कहानी सुनायेगा

नदी के विज्ञान को लेकर अवैज्ञानिक मान्यतायें चल पड़ी हैं। पिछले कुछ सालों से भ्रष्टाचार की तरह नदियाँ साफ़ हो रही हैं। फिर भी नदियाँ साफ़ नहीं दिखतीं। योजनाओं में बहुत पैसा ख़र्च हो रहा है। इनको चलाने वाले लोग देश के बड़े बुद्धिजीवी हैं, उनके पास पैसा भी पर्याप्त है। इस देश के सबसे अच्छे लोगों को चुनकर ही सरकार ने एक समन्वय समिति बनायी है। आई.आई.टी. के प्रोफ़ेसर उसके समन्वयक हैं। तो क्या नदियाँ हमारी ज़िद्दी हैं जो साफ़ नहीं होना चाहतीं या उसका विज्ञान है जो हम समझ नहीं पा रहे हैं। सबसे पहले हमें नदी का धर्म समझना होगा। उनका धर्म है बहना। हम उसको बहने नहीं दें, उसका स्वभाव बदल दें और फिर सोचें कि वह साफ़ हो जायेगी। यह सम्भव नहीं है। नदियाँ पहले स्वतः बहती थीं। मगर आज उनका मार्ग अवरुद्ध किया जा रहा है।

नदियाँ अपने उद्‌गम से लेकर अन्त तक अनगिनत तरह से हमारा जीवन सहज बनाती थीं। नदियों के नाम देवियों के नाम पर रखे हुए मिलेंगे जिनमें आशा, उत्साह और सम्मान का भाव मिलेगा। जिन नदियों का स्वभाव उजियाला फैलाने का था, वे गन्दी कैसे हो गयीं? हमने अपना स्वभाव बदल दिया, हम विकसित हो गये। हमें अपने शहर, उद्योग और खेतों के लिए पानी चाहिये। पानी की ज़रूरत पहले भी पड़ती थी। मगर अब हमारी प्यास बढ़ गयी है। हम तकनीक और विज्ञान का ग़लत उपयोग करना सीख गये हैं। पानी का स्वभाव है कि वह ऊपर से नीचे गिरता है।

हमने पानी के स्वभाव के विपरीत काम किया है। पानी का स्वभाव एंटी ग्रेविटी वाला बना दिया है। लाखों ट्यूबवेल खोद दिये।

दिल्ली की बात की जाये तो एक समय यहाँ ८००-९०० के क़रीब छोटे-बड़े तालाब हुआ करते थे। शहर में ज़मीन की क़ीमतें बढ़ीं तो ये सभी तालाब हमने पाट दिये, जिससे कुछ करोड़ हासिल हो जायें। पानी दूर से आ जायेगा यह सोचने लगे। दिल्ली में कई जगहों का नाम तालाब के नाम पर पड़ा है, जैसे—हौजखास, तालकटोरा आदि। ये तालाब अपने शहर में बरसने वाले पानी को बड़े प्यार से अपने में समा लेते थे और पानी की एक-एक बूँद छनकर नीचे पहुँचती थी जिसे अच्छे कुओं के ज़रिये हम ऊपर निकाल लेते थे। धौलाकुआँ नाम से ही जाहिर होता है स्वच्छ पानी का स्रोत। यह संगमरमर का बना हुआ सफ़ेद कुआँ था, आज ढूँढ़ने पर भी नहीं मिलेगा। इन सब तालाबों और कुओं का मतलब था, वह दिल्ली को बाढ़ से बचाते थे और उसका भूजल संवर्धन करते थे। इसी कारण शहर के किनारे से एक साफ़-सुथरी नदी बहती थी।

सन् १९७० में यमुना के ३२ घाट हुआ करते थे। इनमें जल-उत्सव होते थे। हिन्दू और मुसलमान पहलवानों के अखाड़े थे। इनका एक सामाजिक काम था। शहर के बच्चों को तैरना सिखाते थे। बच्चे एक नारियल, फूल, अगरबत्ती और गण्डा बाँधकर शिष्य बनते थे। ये बच्चे नदी के किनारे जितने मेले लगते थे उसमें लोगों को डूबने से बचाने का काम करते थे। पूरे शहर में उत्सव के पोस्टर लगते थे। बरसात में तैराकी प्रतियोगितायें आयोजित की जाती थीं। दिल्ली में उन दिनों शादी-ब्याह में एक ही गाना चलता था—'फिरंगी नल मत लगवाइ दियो।' लोग नल के पानी को पीने योग्य नहीं समझते थे, मगर आज सभी जगह नल का पानी पहुँच गया है। हमें अब आसपास के पानी की कोई ज़रूरत नहीं रही। मगर सौ साल की इस गतिविधि से हमारे शहर का स्वभाव बदला है।

इन दिनों अँग्रेज़ी और हिन्दी के अख़बारों में मानसून के आने की ख़बरें लगातार छपती हैं। जिस दिन मानसून आता है, पूरे शहर और गली-मुहल्लों में पानी भर जाता है। उदाहरण के लिए, हाल ही में चेन्नई की स्थिति देख लीजिये, जहाँ पहली बार पानी ने पहली मंज़िल की सीढ़ियाँ चढ़ीं। जब शहर के सभी ९०० तालाब पाट दिये गये हों तो बरसात का पानी कहाँ जायेगा। चूँकि हमने नदी के विज्ञान को नहीं समझा और

अविज्ञान के कारण ऐसी स्थिति पैदा हुई। कहीं बाढ़ और कहीं सूखा पड़ रहा है। पिछले दिनों सितम्बर में महाराष्ट्र के नागपुर में मानसून की विदायी भी नहीं हुई कि वहाँ पहले ही अकाल घोषित हो गया। जिस राज्य में सबसे ज़्यादा बाँध हैं और वह कुछ नहीं कर पाता। देश में राजनीति का लेवल भी बहुत नीचे गिर रहा है और वाटर लेवल भी नीचे गिर रहा है। इसे ऊपर लाने के लिए अच्छी राजनीति करनी होगी। हम, तुम, आप कई तरह की पार्टियाँ हैं, मगर नदी साफ़ नहीं हो पा रही है। इनमें से किसी का भी षड्यन्त्र नहीं है, कोई भी नदी को गन्दा नहीं करना चाहता। हमें यह ध्यान रखना है कि हमें इसी राजनीति में से बेहतर विकल्प तलाशना होगा। हर युग का अपना एक विचार होता है। इस युग का विचार है 'विकास'। विकास का यह झण्डा ऐसा है कि इसके आगे बाक़ी सब झण्डों का रंग फ़ीका पड़ गया है। सब विकास के झण्डे के आगे नतमस्तक हैं!

इसमें कभी-कभी यह भी सुनने को मिलता है कि नदियाँ व्यर्थ समुद्र में पानी बहा रही हैं। उनका काम ही बहना है। जितने अच्छे लोग हैं चाहे वे सहिष्णु हों या असहिष्णु, वे नदी के मामले में विकास से सौ प्रतिशत सहमति रखते हैं कि यही विकास है। हमें ऐसे ही लोगों के ज़रिये नदी जोड़ो जैसी योजनायें मिल जाती हैं। मराठी में कहावत है : 'रावणा तोंडी रामायण' रावण रामायण गाकर सुना रहा। यह विकास का रावण है जो एक दिन अपनी कहानी ज़रूर सुनायेगा और हम उसका हिस्सा न बनें इसके लिए कुछ संस्थायें प्रयासरत हैं, ऐसी गोष्ठियाँ आयोजित होती रहें जिसमें सभी लोग मिलें और नदी के बारे में जानें और समझें। इस प्रकार नदी को बचाने के बदले हम अपने को बचा सकेंगे।

भारतीय नदी सप्ताह, २८ नवम्बर, २०१५

भगीरथ सम्मान : सीधी गंगा बहाने का प्रयास

आप सबको नमस्कार। इतनी अच्छी बैठक की बातचीत कहाँ से शुरू करें। शायद जहाँ आप बैठे हैं वहीं से शुरू करना चाहिये। आपके दायें हाथ पर इस हॉल में तीनों जगह कुछ न कुछ दीवार है, एक ही तरफ़ खिड़की है। कभी आपने सोचा कि किसने बनाया इसको। वहीं यह खिड़की क्यों बनायी? शायद इसके जो आर्किटेक्ट रहे होंगे उनको मालूम होगा कि आज २६ नवम्बर को कुछ होने वाला है। इसलिए यहाँ पर खिड़की से झाँककर कुछ देख सकें। इतनी दूर की सोचकर जिस आर्किटेक्ट ने यह काम किया उसको भी सलाम।

यहाँ से आप नीचे उतरकर कुछ दूरी पर जायेंगे तो लोदी गार्डन नाम का एक बग़ीचा है। उसमें एक सुन्दर पुल है—पत्थर का बना हुआ। बहुत सारे लोगों ने देखा होगा। कुछ लोग नहीं देख पाये तो आज और कल आपके पास मौक़ा है। इस इलाक़े में, ऐसा कहते हैं कि अकबर के दौर में इसको किसी नवाब बहादुर ने बनाया था। अँग्रेज़ी में जहाँ भी इस पुल के बारे में लिटरेचर मिलता है—वह 'वन नवाब बहादुर' लिखा ही मिलता है उनके बारे में। उनको कुछ ठीक पता नहीं। पुल बहुत सुन्दर है। साढ़े पाँच सौ साल पहले का बनाया हुआ। आपसे दस क़दम की दूरी पर है। देश में जो राज करने वाले लोग हैं वे यहाँ जॉगिंग के लिए भी आते हैं। सुबह-सुबह आप जायेंगे तो उस पुल के ऊपर घूमते हुए मिलेंगे। अपनी सेहत का ध्यान रखकर वे यहाँ आते हैं। उनके ध्यान में शायद आया होगा। मैं तो उनसे मिला नहीं। कभी मिलूँगा तो पूछूँगा कि जिस पुल पर आप दौड़ते हैं वह पुल क्यों बना होगा? पाँच सौ पचास साल पहले और इतना मज़बूत, इतना सुन्दर।

क्षमा करें ऐसा कहने के लिए कि सी.पी.डब्ल्यू.डी. का एस्थेटिक सेंस उसमें नहीं है। वह एक सुन्दर नमूना है पत्थर का। और मज़बूत इतना कि आज तक हमसे टूट नहीं पाया। नहीं तो हम तो शायद उसे अब तक तोड़ भी देते। कई पुल तोड़े लोगों ने। लेकिन कभी ये ध्यान में नहीं आया कि ये पुल क्यों बना होगा? पुल क्यों बनाते हैं हम लोग? नदी पार करने के लिए। उसके नीचे से एक सुन्दर नदी बहती थी। बहुत दिनों तक बही। अभी कुछ ही दिन पहले हमने उसे मारा है।

जिस चिन्ता में हम यहाँ एक सप्ताह बैठे हैं, अभी एक दिन बाक़ी है। तो ऐसी गुमनाम नदी की मृत्यु पर भी हमें थोड़ा-सा शोक प्रकट करना चाहिये। और इस नदी का नाम भी ठीक नहीं मालूम। शायद 'सुनेहरी' रहा हो तो पक्का नहीं कह सकते। मनु जी यहाँ बैठे हैं पिछले साल इनकी संस्था 'इंटैक' ने एक बहुत सुन्दर प्रदर्शनी लगायी थी। मेरा दुर्भाग्य है कि मैं उसको देख नहीं पाया। आख़िरी दिन आया तो वह उस दिन बन्द हो गयी थी। उसमें एक नक़्शा है। जो शायद पहली बार इस नदी को दिखाता है। सन् १९२६ तक यह नदी यहाँ से बही है, जहाँ हम बैठे हैं। यानी इतनी अभी की घटना है और हम एक नदी को बचा नहीं पाये।

इसके पीछे क्या कारण होगा? मुझे लगता है कि आप इस तरफ़ जायें। जो खिड़की इशारा कर रही है उसमें लोदी गार्डन की तरफ़ पीठ करके खड़े हों। आपके सामने खान मार्केट की तरफ़ जाने वाली सड़क होगी। उस सड़क पर से आप देखेंगे तो आपको नदी दिख जायेगी। आज सड़क है। उसमें गाड़ियाँ दौड़ रही होंगी लेकिन तब उसमें शायद नावें दौड़ती होंगी। और फिर ये सीधे जाकर—पहले मुझे बताया गया था कि पुराने क़िले की मोठ में मिलती थी। उसकी सुरक्षा, रखवाली करती थी। फिर यह बताया कि कुछ नक़्शे ऐसा बताते हैं कि वह मोठ तक नहीं जाती थोड़ा दायीं तरफ़ बल खाकर बारापुला के नीचे से निकलती थी। ऐसी सुन्दर चीज़ें हमारे आसपास थीं। हमने उनको न जाने किस कारण से मारा।

पुल का नाम है अठपुला। इसके आसपास दिल्ली में और भी पुल हैं—इस तरह के नाम के। इसी वज़न के। एक का नाम सतपुला है। सतपुला आपको साकेत की तरफ़ जायेंगे तो मिलेगा। फिर एक बारापुला है। बहुत कम लोगों को अन्दाज़ होगा कि बारापुला एक हिजड़े का बनाया हुआ है। आज तो हिजड़े कहीं-कहीं चुनाव भी लड़े हैं। हारे भी हैं, जीते भी हैं।

कोर्ट ने उनको बहुत सम्मान के साथ एक आदेश देकर समाज का एक हिस्सा भी बनाया है। कुछ अच्छे आन्दोलन भी हैं जो हिजड़ों को अपनी सदस्यता की तरह स्वीकार करते हैं। आज हमारी बैठकों में कोई हिजड़ा नहीं होगा लेकिन उन आन्दोलनों की बैठकों में उनकी उपस्थिति भी मिलती है—साधारण सदस्य की तरह समाज के। तो इतना बड़ा काम एक हिजड़े ने किया।

ये नदी १९१४,१५,१८ या २६ में कब नष्ट हुई मालूम नहीं। आज २०१४ है। यानी सौ साल पहले यह नदी थी। इन सबके बारे में हम लोग कुछ सोच नहीं पाते। दिल्ली राजधानी बनी तो ये चीज़ें गयीं। सड़क की ज़रूरत है राजधानी को। लेकिन नदी की नहीं है क्या? सड़क को नदी भरकर बनाया हम लोगों ने। कैसे निर्णय लिया होगा? उस समय कोई आर.टी.आई. था कि नहीं, कोई बड़ी अदालत नहीं थी। क्या नहीं था? क्यों नहीं इस बात को रोक पाये तब?

अब हमारी राजधानी का विस्तार हो रहा है। एन.सी.आर. कहलाता है। तो इसके आसपास की नदियों की भी शामत है, ऐसा मानकर चलिये। जिसे कहते हैं न कि बकरे की माँ कब तक खैर मनायेगी। यह हालत हमारे आसपास की नदियों की है। दो दिन से चर्चा हो रही है कि हिंडन में ज़हर बह रहा है, ऐसा कहते हैं। यह हिंडन भी एनसीआर के कारण। ये नदियाँ अगर साँस लेने लगें, उनका दम घुटने लगे तो क्या हमारे शहर बचेंगे? हमारी राजधानी, हम बचा पायेंगे? ऐसी छोटी-छोटी चीज़ों को आप देखें तो पूरा देश दिल्ली की फ़ोटोकॉपी कर रहा है। बार-बार ऐसा लगता है कि जहाँ-जहाँ विकास हो रहा है हम सब जगह अपनी नदियों को मिटाने की कोशिश कर रहे हैं। हमारा देश हिन्दुस्तान। उसके बारे में हम लोग ये गाना गाते हैं—'सारे जहाँ से अच्छा'। उसकी एक पंक्ति, लाइन है—'गोदी में खेलती, जिसकी हज़ारों नदियाँ'। आज यह लाइन गाते नहीं बनेगी आपसे। गोदी में सूखती हैं जिसकी हज़ारों नदियाँ। ऐसी स्थिति में ये जो अमरगीत है वह ठीक लागू नहीं हो पाता।

छोटी नदियों को हमने सुखा दिया, बड़ी नदियों के साथ हम ऐसा कर नहीं पाये। क्योंकि उनमें मानसून में इतना ज़्यादा पानी आता है कि वह हमारे सुखाये सूखने वाली नहीं । हमारी मजबूरी है, नहीं तो हम उनको भी ख़त्म करके सड़क बना देते—खान मार्केट के आगे गंगा के ऊपर। फिर हमारा

क्या होता बाढ़ में? बहुत भयानक चित्र सामने आता। बड़ी नदियों को हम मार नहीं पा रहे, उन पर बाँध बना रहे हैं। उनका पानी इधर से छीन रहे, उधर से छीन रहे और वह चिल्लाकर शायद कहती भी होगी लेकिन हम उसकी बात को सुन नहीं पा रहे हैं।

इन सारी चीज़ों के बाद ऐसा लगता है कि कभी-कभी जो नदियाँ गन्दी हो गयीं, जिन्हें हम मार नहीं पाये हम उनकी गन्दगी का भी वोट लेने लगे हैं। और हम घोषित करते हैं कि हम गंगा को साफ़ करेंगे। दो बार ऐसा हुआ है। एक सरकार ने आने के बाद गंगा की सफ़ाई घोषित की। एक सरकार ने आने के लिए गंगा-सफ़ाई योजना घोषित की। एक सरकार चली गयी दूसरी सरकार न जाये तो अच्छा है। गंगा साफ़ करके जाये। नहीं तो हो सकता है कि वह भी उसी में चली जाये।

पर आज हम लोगों को ये दुखद बातें ज़्यादा दुहराने की ज़रूरत नहीं है। मुझे लगता है कि ये अवसर है भगीरथ प्रयास के सम्मान का। आज हमें प्रेरणा वाली चीज़ों की ही आपस में बात करना चाहिये। वैसे तो ज़्यादा बोलने का मौक़ा नहीं है। सजल जी ने बहुत अच्छे से कहा कि यह प्रयास है। हमें यह भी देखना चाहिये कि यह प्रयास मूलत: जिसके नाम पर हमने याद किया—भगीरथ। उनका भी प्रयास था। अगर प्रयास नहीं होता तो क्या होता? उससे पहले थोड़ा-सा पौराणिक क़िस्सा—रिपीट करने वाली बात नहीं है—जो चीज़ें हमारे ध्यान में आयीं उन्हें मैं बताता हूँ।

सगर राजा सब लोग जानते हैं दो पत्नियाँ थीं। एक से उनके दो बेटे हुए और एक से साठ हज़ार। फिर जैसा हमेशा होता है। आज भी पार्टियों को लगता है कि चुनाव आ रहे हैं तो हमारी पार्टी का विस्तार होना चाहिये। तब चुनाव नहीं होते थे। लेकिन राजा राज्य के विस्तार करने का कोई न कोई बहाना खोज लेता था। तो उसने अश्वमेध यज्ञ का घोड़ा छोड़ दिया कि तुम झारखण्ड जाओ, तुम महाराष्ट्र जाओ, तुम जम्मू-कश्मीर जाओ और सब जगह हमारा राज्य होगा।

राज बढ़ाना भी एक रोग है। जो राज पर बैठा उसको ऐसा लगता है कि मेरा सिंहासन हिल जायेगा। तो इन्द्र का आसन हिल गया। उन्होंने बदमाशी की। चुनाव लड़ने के बदले उन्होंने घोड़ा ही ग़ायब कर दिया। जैसे बूथ कैप्चर करते हैं न हम लोग आजकल? घोड़े को उन्होंने कहाँ रखा?

कपिल मुनि के आश्रम में बग़ैर उन्हें बताये।

अब ये साठ हज़ार बच्चे किसी के हों! आज तो पार्टी की मेम्बरशिप कितनी होती है, मालूम नहीं? लेकिन साठ हज़ार तो उनके परिवार की मेंबरशिप थी। लोग तो एक ही बच्चे का रोना रोते रहते हैं कि वह तो पार्टी में सब कुछ कर रहा है। यहाँ तो साठ हज़ार! तो उन्होंने सारा हिन्दुस्तान खोज मारा पूरा का पूरा। जब उन्हें कपिल मुनि के आश्रम में घोड़ा मिला तो कुछ गाली-गलौच की। उनको क्रोध आ गया, मुनि हैं। मुनि ने क्रोध से उनकी तरफ़ देखा और भस्म कर दिया। सब के सब ठण्डे हो गये।

अब ज़िम्मेदारी आयी सगर की कि इनका उद्धार कैसे करें। इतने लोगों का। कोई बचा ही नहीं उद्धार करने वाला। साठ हज़ार तो ख़ुद ही शहीद हो गये। दूसरी पत्नी के जो दो बच्चे थे, उनमें से अंशुमान को यह ज़िम्मेदारी दी गयी। तुम जाओ पता करो कि इनको कैसे ठिकाने लगायेंगे—इनकी राख को। इनका उद्धार कैसे होगा? उन्होंने भी बहुत सारे कंसल्टेंट देखे होंगे, घूमे होंगे। उनको कोई गरुड़ भगवान मिले। उन्होंने कहा तुम्हें गंगा का पानी लाना होगा। गंगा कहाँ बहती है? ऊपर बहती है। उसको कैसे लायेंगे। उन्होंने कोशिश की गंगा को लाने की पर वे ला नहीं पाये।

फिर उनके बेटे आये—दिलीप। दिलीप बहुत अच्छे राजाओं में थे। अच्छे राजाओं में रघुवंश की जो पूरी सूची है उनमें सर्वोत्तम राजाओं में इनकी गिनती है। इसके बाद दिलीप के बेटे आये—भगीरथ। उनकी ज़िम्मेदारी आयी। देखिये, आप चार पीढ़ी राजा की बदली तब तक गंगा नहीं आयी हैं। भगीरथ ने कहा कि मैं प्रयास करूँगा। गंगा लाओ योजना नहीं बनायी उन्होंने। गंगा लाओ मन्त्रालय नहीं बनाया और संस्कृत में कहना हो तो गंगा अवतरण मन्त्रालय नहीं बनाया उन्होंने। अभी संस्कृत का भी दौर है थोड़ा। केन्द्रीय बजट नहीं रखा उसके लिए पचास हज़ार, पचास क्या छप्पन हज़ार करोड़ वग़ैरह। उन्होंने तपस्या की। सजल जी ने भी तपस्या का ज़िक्र किया। दूसरा, तपस्या में श्रद्धा भी रखी, विज्ञान भी रखा। गंगा को ऊपर से नीचे लाना है, नीचे से ऊपर नहीं ले जाना। अभी हमारे नये भगीरथ और नये राजा ज़्यादातर नदियों को नीचे से ऊपर ले जाना चाहते हैं।

नदी जोड़ो की हम आज ज़्यादा विस्तार से बात नहीं करेंगे। पाताल की कोई गंगा। हमारे यहाँ पाताल गंगा भी कोई शब्द है, आकाश गंगा भी।

पाताल गंगा को लिफ्ट योजना बनाकर ऊपर नहीं लाना था उन्हें। ऊपर से नीचे लाना था। जो नदी का स्वाभाविक स्वभाव है। इस पर कल एक पूरा सत्र बैठा इस बड़े सदन का। नदी का स्वभाव है ऊपर से नीचे बहना। आज हमारे लोग तपस्या नहीं करते—नदी को बचाने। वे योजना बनाते हैं और जहाँ हम बैठे हैं इसी के बग़ल में वर्ल्ड बैंक है। उससे लोन लेने जाते हैं। कहते हैं पैसा दे दो हम नदी जोड़ देंगे। कुछ न कुछ करते हैं आप हम पर भरोसा रखो। तपस्या नहीं आती हमें। हिन्दी में जिसे उलटी गंगा बहाना कहते हैं वह है ये। इसमें फिर पाँच साल की योजनायें बनती हैं, बड़ी-बड़ी बातें होती हैं और भी कुछ चीज़ें इस समय हो रही हैं पर मुझे उस पर ज़्यादा जाने की ज़रूरत नहीं लगती। मैं सिर्फ़ एक चीज़ कहकर ख़त्म करूँगा—नदी जोड़ो के बारे में। प्रकृति के पास समय की कोई कमी नहीं थी। पाँच-सात करोड़ का इतिहास है। जिसको आज हम अपना देश कहते हैं उसको बनने में और भी समय लगा होगा तो पंचवर्षीय योजना के बदले वह पाँच करोड़ साल की योजना में इतनी नदियाँ बनायी हैं। एक नदी कश्मीर से कन्याकुमारी तक सीधी दौड़ा देती दुरन्तो की तरह। या एक माला पहना देती भारतमाता को। उसका नाम मुद्रिका नदी रख देते। जैसे दिल्ली में मुद्रिका वग़ैरह चलती है, परिक्रमा नदी रख देते कि तुम इसकी परिक्रमा करो तुम्हारा यह नाम है। लेकिन उसने जो भूगोल बनाया वह आड़े आता है। कहीं विन्ध्य है, कहीं सतपुड़ा है, कहीं हिमालय है, कहीं अरावली है। ये सब नदियों को रोककर उन्हें अनुशासन में किसी न किसी और तरफ़ बहने का संकेत देते हैं। हमारा भूगोल इसकी इज़ाज़त नहीं देता, उसके साथ ज़्यादा खिलवाड़ करने की इज़ाज़त नहीं देता।

मुझे लगता है कि आज इतना सुन्दर जो आयोजन हो रहा है इसमें हमें उलटी गंगा बहाने वाली चीज़ों को भी देखना चाहिये और जो लोग सीधी गंगा बहाने के प्रयास में हैं, छोटे-छोटे काम कर रहे हैं, गुमनाम काम कर रहे हैं। उन लोगों को विनम्रता से प्रणाम करना चाहिये। धन्यवाद।

भारतीय नदी सप्ताह, २६ नवम्बर, २०१४

कोहनी का पाठ

क्या बिना पढ़े, बिना स्कूल गये कोई इंजीनियर बन सकता है? आज तो यही जवाब मिलेगा कि ऐसा नहीं हो सकता।

इंजीनियर बनना हो तो स्कूल जाना होगा। वहाँ भी सिर्फ़ अपनी मेहनत, अपनी योग्यता काम नहीं आयेगी। ट्यूशन तो पुराना पड़ गया शब्द है, उससे काम नहीं चलेगा। सब तो यही बतायेंगे कि इंजीनियर बनना है तो कोचिंग का इन्तज़ाम भी करना पड़ेगा। इस सबमें जो ख़र्च आयेगा, वह भी हर घर तो जुटा नहीं पाता। तो कुछ चाह कर भी, योग्य होते हुए भी इस दौड़ में पीछे रह जाते हैं।

जो इस मोड़ से आगे बढ़ गये, उन्हें अभी पाँच साल और बिताने हैं तब वे इंजीनियर बन पायेंगे। तो ज़रा जोड़कर तो देखो भला कितने साल हो गये? तीन-चार बरस की उमर में पहले किसी स्कूल में एकाध साल फिर किसी या उसी स्कूल में पहली से बारहवीं—यानी और बारह साल। चौदह-पन्द्रह साल तो हो गये। अब उसमें पाँच और। कुल-मिलाकर उन्नीस-बीस साल लग जाते हैं। बचपन में पहने, नहीं पहने निक्कर-कमीज, जूते-चप्पल सब पीछे छूट जाते हैं।

पर इस चित्र को तो ज़रा देखो ध्यान से। कुछ भी पीछे नहीं छूटा। ज़्यादा कुछ है भी नहीं इसके पास। पर यह इंजीनियर बन रहा है। आज नहीं तो कल यह पूरा इंजीनियर बन जायेगा।

बहुत-से लोग बतायेंगे कि इसकी उमर तो अभी स्कूल जाने लायक है। पर कई जगह स्कूल ही नहीं हैं। स्कूल हैं तो पढ़ने वाले नहीं हैं। कहीं

स्कूल है पर छत नहीं है, दीवार नहीं है। रेगिस्तान में एक जगह कैसा स्कूल है यह टिन का नीला फाटक बता ही रहा है।

वापस अपने इंजीनियर पर लौटें। यह अपने माँ-पिता के साथ इसी उमर से तालाब बनाने के काम में जुट गया है। अभी यह तालाब सूखा दिख रहा है। एक आड़ी-तिरछी पाल पर खड़ा हमारा यह इंजीनियर हमें क्या बता रहा है। वह हमें अपने बायें हाथ की कोहनी दिखा रहा है। क्यों? मैंने उससे पूछा था कि तुम्हारे माँ-पिता ने यह पाल सीधी क्यों नहीं बनायी है? माँ-पिता तब वहाँ थे नहीं। इसने उनकी तरफ़ से नहीं, अपनी तरफ़ से पूरे भरोसे के साथ उत्तर दिया था कि अरे आपको पता होना चाहिये कि पाल के दाहिनी तरफ़ एक बड़ा नाला है। वह सामने वाली पहाड़ी से उतरता है। अभी सूखा दिखता है पर बरसात में यह नाला इतना बौखला जाता है कि पूछो मत। वह पानी लेकर हमारे इस तालाब में आयेगा। अगर यह पाल हमने सीधी बना दी होती तो वह इसे तोड़ कर अपने साथ ले जाता। इसलिए नाले के पानी की ताक़त को तोड़ने के लिए हमारे पिताजी ने पाल में कोहनी दी है।

भरने के बाद में इस तालाब पर दुबारा तो नहीं जा पाया पर वहाँ से ख़बर लगती रही। हर साल वह तालाब पूरा भरता रहा। कभी टूटा नहीं। यानी हमारे छोटे इंजीनियर की कोहनी काम आती रही है।

अँग्रेज़ जब यहाँ आये हैं तब हमारे यहाँ सिविल इंजीनियरिंग की पढ़ाई सिखाने वाला कोई भी कॉलेज नहीं था। (दूसरे तरह के विषय सिखाने वाले कॉलेज भी नहीं थे।) लेकिन इंजीनियरिंग का काम सब जगह होता था। पहला ऐसा कॉलेज हरिद्वार के पास रुड़की नाम के एक छोटे-से गाँव में खुला था सन् १८४७ में। वह भी इसलिए कि इस गाँव के लोगों ने तब ईस्ट इण्डिया कम्पनी के लिए अकाल से निपटने के लिए कोई २०० क़िलोमीटर लम्बी एक शानदार नहर बनायी थी। उस ज़माने में कहीं भी बिजली नहीं थी। इसलिए चूना पत्थर को बारीक़ पीस कर बनायी जाने वाली सीमेंट भी नहीं थी। यह नहर बहुत लम्बी-चौड़ी तो थी ही, इसे एक बड़ी नदी को भी पार कराना था। तब अँग्रेज़ अधिकारियों को लगा था कि बस इसी बात पर नहर बनाने का काम ठप्प हो जायेगा। पर रुड़की के गाँव वालों ने, अनपढ़ माने गये इंजीनियरों ने इसे न सिर्फ़ पूरा कर दिखाया, बल्कि ऐसा किया कि आज कोई २०० साल बाद भी सोनाली नदी के

ऊपर से निकली यह नहर टूट कर गिरी नहीं है। आज भी यह ठाट से बहती है और अनगिनत खेतों की सिंचाई करती है।

इस नहर को जिन अनेक गुमनाम और अनपढ़ माने गये लोगों ने बनाया था, उन्हीं के कारण फिर हमारे देश का पहला इंजीनियरिंग कॉलेज सन् १८४७ में इसी छोटे-से गाँव रुड़की में खोला गया था। तब यह हमारे देश का ही नहीं, एशिया का भी पहला ऐसा कॉलेज था। अफ्रीका में भी कोई नहीं था ऐसा कॉलेज। चीन, जापान, आज के कोरिया आदि देशों में भी नहीं। ख़ुद इंग्लैण्ड में इस दर्जे का कोई कॉलेज नहीं था। इस बीच तो एक बार इंग्लैण्ड से भी छात्रों का एक दल रुड़की के इस कॉलेज में पढ़ने के लिए आया था।

तो कोहनी का यह पाठ हमें क्या बताता है? पढ़ना-लिखना अच्छी बात है पर सीखना हो तो ज़रूरी नहीं कि स्कूल ही जाना होगा। एक कदम्ब का पेड़ यदि यमुना तीरे मिल जाये तो उस पर बैठ कर दो पैसे वाली बाँसुरी बजाते-बजाते कन्हैया तक बना जा सकता है। इंजीनियर तो मामूली-सी बात है न?

चकमक, दिसम्बर २०१४

कहाँ से आते हैं जूते

कह सकते हो यह भी कोई सवाल हुआ? दुकान से आते हैं जूते। पर सवाल यह है कि दुकान में कहाँ से आते हैं?

ख़ैर, अमरीका की एक संस्था नॉर्थवेस्ट वॉच को यह सवाल बहुत भाया। इसलिए उसने जानना चाहा कि सामान्य अमरीकी परिवारों में इस्तेमाल होने वाले जूते कहाँ से आते हैं। इस छोटी-सी जिज्ञासा ने उस संस्था को लगभग पूरी दुनिया का चक्कर लगवा दिया। कैसे...

चलो, शुरू करते हैं जूते की यात्रा...

मान लो किसी जूते पर अमरीका की सबसे प्रसिद्ध जूता कम्पनी का ठप्पा लगा है पर यह जूता इसने बनाया नहीं है। इस कम्पनी ने एक बिलकुल अनजानी कम्पनी से करार किया हुआ है। इस अप्रसिद्ध कम्पनी को खोज निकालने में थोड़ा समय लगा। मेहनत बहुत करनी पड़ी क्योंकि दूरी बहुत थी—वे दक्षिण कोरिया जा पहुँचे। इस लम्बी, थकान भरी यात्रा से भी वे ख़ुश ही थे कि चलो अब जूते की कहानी पूरी हुई। पर नहीं।

यह तो शुरुआत थी। दक्षिण कोरिया की यह कम्पनी भी इस जूते को ख़ुद नहीं बनाती है। वह इसे इण्डोनेशिया के जकार्ता शहर की एक गुमनाम कम्पनी से बनवाती है। यह कम्पनी वहाँ के एक औद्योगिक हिस्से में है। इस जगह का नाम है—तांगेरैंग।

मज़ेदार बात यह है कि सारा काम यहाँ भी नहीं होता है। यहाँ की कम्पनी जूते के उच्च तकनीकी डिज़ाइन को अपने कम्प्यूटरों से ताइवान देश की एक और गुमनाम कम्पनी को भेजती है।

इस डिज़ाइन के तीन भाग हैं। पहला है, ऊपरी हिस्सा जो पैर के पंजे को ढँकता है। दूसरा भाग है, पैर के तलुए से चिपक कर रहने वाला जूते का सुफतला। तीसरा है, सड़क या पगडण्डी पर चलने वाला निचला तला। अब ये सब कोई मामूली जूते के अंग थोड़े ही हैं। इसलिए इन तीन प्रमुख अंगों के बीस हिस्से और हैं।

इस जूते का मुख्य हिस्सा है—चमड़ा। यह गाय का चमड़ा है। इन गायों को इसी काम के लिए विशेष रूप से अमरीका के टेक्सास में पाला जाता है। यहीं इन्हें आधुनिक तकनीक से बने क़त्लख़ानों में मशीनों से मारा जाता है। फिर बड़ी बारीक़ी से इनका चमड़ा निकाला जाता है। काटे जाते समय की नरमी खाल में बनाये रखने के लिए उसे न जाने कितनी रासायनिक क्रियाओं से निकाला जाता है। फिर उसे नमक के पानी में उपचारित किया जाता है। इस पूरी प्रक्रिया में चमड़े का एक टुकड़ा कोई ७५० क़िस्म के रसायनों से गुज़रता है।

इस तरह यह चमड़ा बड़ी-बड़ी मालगाड़ियों से लदकर अमरीका के लॉस एंजलिस भेजा जाता है। इस शोधित चमड़े की आगे की यात्रा जल-मार्ग से होती है। पानी के जहाज़ों से चमड़े के ये भीमकाय गट्ठर दक्षिण कोरिया देश के पुसान नाम की जगह तक पहुँचते हैं। यहाँ इनकी और बेहतर सफ़ाई होती है।

अमरीका में पर्यावरण को लेकर बड़े सख़्त नियम हैं। प्रदूषित पानी को साफ़ किये बग़ैर नदी, नालों में नहीं छोड़ा जा सकता है। वहाँ हवा-पानी को साफ़ बनाये रखने के पर्यावरण मानक तगड़े हैं। कोई चूक हो जाये तो भारी मुआवज़ा चुकाना पड़ता है। यह काम करने वालों को भारी मेहनताना भी देना पड़ता है। और फिर चमड़े से जुड़े होने के कारण सभी समाजों में इन्हें थोड़ी टेढ़ी और नीची निगाह से देखा जाता है। इन सब परेशानियों से बचने का अमरीकियों को एक तरीक़ा नज़र आया। और वह यह कि अपनी सारी मुसीबतें, गन्दगी एशिया के किसी देश के आँगन में फेंक दो। पानी के जहाज़ का भाड़ा चुकाने के बाद भी यह सब अमरीका में ही करने से सस्ता बैठता है। जूते पर मुनाफ़ा बढ़ गया सो अलग।

चमड़े की कमाई-रँगाई पुसान की फ़ैक्टरियों में होती है। इसके लिए हरेक टुकड़ा २० चरणों की बेहद ख़तरनाक रासायनिक क्रियाओं से गुज़ारा

जाता है। इस दौरान चमड़े की सारी गन्दगी, कचरा, बाल, ऊपरी परत—सब अन्तिम रूप में अलग हो जाते हैं। यह सब गन्दगी फ़ैक्टरी के पड़ोस में बह रही नाकटोंग नदी में छोड़ दी जाती है। अब हल्का, बेहद क़ीमती, शुद्ध चमड़ा हवाई जहाज़ में लदकर जकार्ता पहुँचता है।

चमड़े को यहीं छोड़कर पहले जूते में लगने वाले तले को देखते हैं। बीच के तले में फोम का उपयोग होता है। यह ख़ूब हल्का, ख़ूब मज़बूत फोम गर्मी-सर्दी से बचाता है। इसे बनाने में जो पदार्थ लगते हैं उनमें से एक सऊदी अरब से निकलने वाले पेट्रोल से बनता है।

अब बारी है बाहरी तले की। इसे स्टाइरीन ब्यूटाडाइन रबर से बनाया जाता है। इसका कुछ भाग सऊदी अरब से निकले पेट्रोल से बनता है तो कुछ ताइवान की कोयला खदानों से निकली बेंजीन से। बेंजीन निकालने का कारख़ाना ताइवान के परमाणु बिजलीघर से मिलने वाली ऊर्जा से चलता है।

जूते का बाहरी तला भी बन गया। अब इसे अलग-अलग आकार-प्रकार के जूतों के हिसाब से डाई से काट-काट कर जूता-जोड़ी बनाना बाक़ी है। इन्हें बेहद दबाव और गर्मी देने वाले साँचों में ढालकर, काटकर अब तक बन चुके आधे जूते में चिपका दिया जाता है। कुल मिलाकर, पता यह चला कि सभी प्रसिद्ध जूता कम्पनियों के जूते इन्हीं सब जगहों से बनते हैं। सब जूतों में कोई भी अन्तर नहीं रहता। अन्तर है तो बस नामों की चिप्पी का—ब्राण्ड नेम का। इन लगभग एक-से जूतों पर बड़ी-बड़ी कम्पनियाँ अपने-अपने क़ीमती ठप्पे लगा देती हैं।

जूते की यह यात्रा अपने पहले क़दम से आख़िर तक पशुओं को क्रूरता से मारती है, पर्यावरण नष्ट करती है, बनाने वालों का स्वास्थ्य ख़राब करती है, तो कहीं आसपास की भारी ऊर्जा खा जाती है। जूते के तैयार हो जाने के बाद भी यह यात्रा ख़त्म नहीं होती।

तैयार जूते को बहुत ही हल्के टिशू पेपर में लपेटना बाक़ी है। इस विशेष काग़ज़ को सुमात्रा के वर्षा वनों में उगने वाले कुछ ख़ास पेड़ों को काटकर बनाया जाता है। पहले तो जूते का डब्बा भी ताज़े गत्ते से बनता था। अब कई जूता कम्पनियों को पर्यावरण बचाने की सुध आ गयी है! ये डब्बे पुराने काग़ज़ों को रिसाइकिल कर बनाये जाते हैं।

एक जूते की इस विचित्र यात्रा में कुल तीन सप्ताह का समय लगता है। अब कोई यह न पूछे कि ऐसे विचित्र ढंग से तैयार होने वाले, पूरी दुनिया का चक्कर काटकर बनने वाले जूतों को पहनकर लोग कितना पैदल चलते हैं?

जूतों का यह क़िस्सा किसी देश विशेष का नहीं है। जो हाल अमरीका का है, वही कनाडा, इंग्लैण्ड, ऑस्ट्रेलिया और यूरोप—सब जगह का है।

यदि हम नहीं सँभले तो हमारा हाल भी ऐसा ही होने जा रहा है। हमें भी जूते इसी भाव पड़ेंगे।

चकमक, जनवरी २०१०

पर्यावरण किस चिड़िया का नाम

जो हमें पढ़ाते-लिखाते हैं, उनको याद करने के लिए साल में एक दिन तय है न? शिक्षक दिवस। ऐसे और भी कई दिन याद आ जायेंगे। चाहो तो उनकी एक सूची ही बना डालो। इसमें एकाध दिवस ऐसा भी होगा, जिसे मनाना चाहिये या नहीं, इसी को लेकर विवाद मचता है, तोड़-फोड़ भी हो जाती है।

एक दिवस बस आने ही वाला है—५ जून, पर्यावरण दिवस। यह पर्यावरण किस चिड़िया का नाम है। चलो इसे फिर समझेंगे—अभी तो बस इतना ही कि यह दिवस अपने घर की चिन्ता करने का दिन है। अपना घर? हाँ, अपने घर में जितने भी लोग रहते हैं, उनका ठीक प्रबन्ध है या नहीं। सबको खाना, पीना, साफ़ हवा, साफ़ पानी, काम के लिए ठीक उजाला, आराम के लिए छाया, हल्ला-गुल्ला नहीं—सब बुनियादी ज़रूरतें पूरी हो रही हैं या नहीं—इसे देखना पड़ता है न? माँ ने जितना खाना बनाया, वह सब सदस्यों में ठीक से बँट जायेगा, ऐसा तो नहीं कि कोई लाड़ला बेटा-बेटी औरों का हिस्सा भी हड़प जाये।

इसी तरह ज़रा अपने स्कूल के बारे में भी सोचो। जिस कक्षा में हम आज बैठते हैं, उसमें हमसे पहले भी कई छात्र-छात्रायें बैठे होंगे। इसी तरह हमारे बाद भी हमारी इस कक्षा में नीचे की कक्षा से बैठने नये मित्र जायेंगे। उन सबको ठीक बैठने की जगह मिले, रोशनी, हवा, ब्लैक बोर्ड, चॉक, कॉपी-किताब, बिजली-पानी सब उसी तरह मिले, जैसे हमें मिला है। ऐसा न हो कि हम जाते-जाते अपनी कक्षा को इतना बिगाड़ दें कि आने वाली कक्षा उसमें बैठ ही न पाये।

बस समझो यही है—घर यानी धरती का पर्यावरण। इससे पहले भी कई पीढ़ियाँ यहाँ आयी हैं और हमारे बाद भी कई पीढ़ियाँ आयेंगी। तब उन सबके लिए, साफ़ हवा, पानी, खाना-पीना, कपड़ा, उजाला, बिजली, घर, पेड़, जंगल, नदी, पहाड़, खेत-खलियान, नीला आसमान और न जाने क्या-क्या—सब कुछ हमेशा ठीक रहना चाहिये। मान लो हमारी पीढ़ी ने इस धरती की, अपने इस देश की, अपने शहर की, गाँव की हवा को कारख़ानों के ज़हरीले धुएँ से, ज़हरीली गैस से ख़राब कर दिया, सारा पानी प्रदूषित कर दिया तो आने वाले क्या करेंगे, कैसे जीयेंगे? जगह-जगह बड़े-बड़े बाँध बना दिये, जंगल ख़ूब काट डाले, खेतों का उपजाऊपन नष्ट कर दिया तो आने वाली पीढ़ियाँ क्या करेंगी? कैसे ज़िन्दा रहेंगी?

इसलिए इस बार जब ५ जून, पर्यावरण दिवस, आये तो हमारे जीवन को चलाने वाली इन सब बातों को आपस में बैठकर समझो, समझाओ। इस घर की, इस धरती की सुन्दर सार-सँभाल कैसे होगी यह सीखना होगा हमें। हाँ, जो इस धरती को बिगाड़ रहे हैं, पर्यावरण बिगाड़ रहे हैं, उन्हें भी पहचानना होगा, उन्हें भी सिखाना होगा और ज़रूरत पड़े तो उन्हें सबक भी सिखाना होगा।

चकमक

नदियाँ नहीं, अपने को बचाने का अभियान चलाया जाये

नदियाँ बचाने का 'अभियान' मुझे ज़्यादा समझ में नहीं आता है। मेरा मानना है कि हम इनसानों को 'अपने को बचाने' का अभियान चलाना चाहिये। नदियाँ करोड़ों वर्ष लम्बी उम्र की हैं। तब भी थीं जब हम नहीं थे और हमारे बाद भी बनी रहेंगी। हम कुछ दिनों और कुछ क्षणों के लिए उसे गन्दा कर रहे हैं। दरअसल, हमें स्वयं को ही बचाना है। श्रद्धा और भक्ति में भले गंगा-यमुना को पूजते रहें। घी के दिये से आरती कर लें। लेकिन गन्दे नाले की पूजा और आरती से क्या होगा? अच्छे संवेदनशील समाज को कहना चाहिये कि आज से गंगा-यमुना की आरती बन्द। हम छह महीने में इसे स्वच्छ कर लेंगे। फिर आरती करेंगे। झूठी श्रद्धा दिखाने की किसी को कोई ज़रूरत नहीं है।

नदियों की साफ़-सफ़ाई पर ध्यान गया है, यह अच्छी बात है। गंगा, यमुना और देश की तमाम नदियों को स्वच्छ करना है। लेकिन ऐसा पहली बार नहीं हो रहा है। पहले भी नदियों की सफ़ाई को लेकर सरकारों ने चिन्ता व्यक्त की है। योजनायें बनायी गयीं कि जल्दी से जल्दी नदी को स्वच्छ कर लिया जाये। यह कहते हुए अच्छा नहीं लगता है कि आज तक ऐसी कोई भी योजना सफल नहीं हुई है। उसके क्या कारण थे? उसे बिना जाने-समझे यदि एक बार फिर उत्साह से नदी को स्वच्छ करने की योजना बना रहे हैं तो ऐसा न हो कि हमारे हाथ फिर से वही चिर-परिचित असफलता लगे।

नदियाँ जब अपने उद्‌गम से निकल कर सागर की तरफ़ दौड़ती हैं, तो कौन से हिस्से में प्रदूषण होता है, कहाँ-कहाँ उनको ख़राबी झेलनी पड़ती है, उसे समझना चाहिये। मोटे तौर पर देखने से बड़े शहर और बड़े उद्योगों के ये हिस्से लगते हैं। लेकिन हाल के दौर में इनमें खेती के बड़े-बड़े इलाक़े भी जुड़ गये हैं। बड़े उद्योग और शहर तो आँख को एकदम से दिख जाते हैं। लेकिन दूर-दूर तक हरे रंग के लहराते खेत भी उस नदी को काला और बर्बाद कर रहे होंगे इस पर हमारा ध्यान अभी नहीं गया है। पंजाब-हरियाणा से निकलने वाली नदियों को देखें तो समझ में आ जायेगा।

दिल्ली की यमुना में भी खेती का ज़हर मिल रहा है। एक साल में ऐसे तीन-चार मौक़े आते हैं, जब दिल्ली जल बोर्ड अपने जल शोधन संयन्त्र को बन्द कर देता है। इसके पीछे तर्क यह दिया जाता है कि पानी में अमोनिया बहुत अधिक मात्रा में आ गया है और अब हम उसे साफ़ नहीं कर पायेंगे। अब जो अमोनिया पानी में आता है, वह नयी क़िस्म की खेती की गन्दगी का बचा हुआ हिस्सा है। विडम्बना यह है कि जिससे हमें प्राण मिल रहे हैं, उसी अन्न और पानी के प्रति भी हम संवेदनशील नहीं हैं। इन्हें हमने ज़हर पैदा करने वाली गतिविधियाँ बना दिया है। आश्चर्य की बात यह होनी चाहिये कि यमुना गन्दी क्यों नहीं हुई। हमने इसे गन्दा करने में तो कोई कसर नहीं छोड़ी है।

नदियों को स्वच्छ करने के लिए सरकारों ने अब तक क्या किया? बहुत हुआ तो यमुना की सफ़ाई के लिए समिति बना दी। करोड़ों रुपये का आवंटन कर दिया। उत्सव मनाने से, समिति बनाने से अब तक क्या फ़ायदा हुआ है? योजनाओं पर सैकड़ों, करोड़ों रुपये ख़र्च हो चुके हैं। तीन-तीन सौ करोड़ की तीन-चार बार योजनायें बनीं। परन्तु, कहीं से भी चुल्लू भर यमुना का पानी ले लीजिये। उसका परीक्षण करने या नापने के लिए किसी यन्त्र की ज़रूरत नहीं पड़ेगी। हाथ डालने लायक नहीं बची है—यमुना। तो इतना सारा रुपया कहाँ गया? अभी सरकार के मन में फिर से आया है कि नदियों को स्वच्छ करना है। इसका मतलब कि कुछ और पैसा इस गन्दे पानी में डालना चाहते हैं। इसको निराशा मत मानिये। जब तक हम इसके कारण नहीं समझेंगे और केवल उत्साह और धार्मिक भावना से सोचेंगे तो उससे लाभ नहीं मिलने वाला। नदी की गन्दगी को

लेकर इस तरह की कई चिन्ताएँ लोगों के मन में हो सकती हैं। उस चिन्ता के कारण गंगा-यमुना को स्वच्छ करना चाहेंगे तो ज़्यादा से ज़्यादा क्या होगा ? बहुत होगा तो घाट अच्छे बना लेंगे। पहले से बने घाटों को तोड़कर संगमरमर लगा लेंगे। घाट के किनारे सुन्दर बिजली के खम्भे लगा देंगे। और अधिक करेंगे तो विदेशों से खम्भे और बल्ब मँगवाकर उनकी सुन्दरता बढ़ा देंगे। मेरा अपना मत है कि हम ऐसी योजनाओं से नदी को स्वच्छ नहीं कर पायेंगे।

अपनी शहरी आबादी को पीने के लिए पानी उपलब्ध कराना ज़रूरी ही है। हमें बिजली भी चाहिये ही। ऐसे में नदी कहती है कि फिर साफ़ पानी वाली नदी क्यों ज़रूरी है? इसलिए हमें तय करना होगा कि हमारी वास्तविक ज़रूरत क्या है ? दिल्ली १९११ में राजधानी बनी थी। तब यहाँ अनेक तालाब थे। कोई कहता है छह सौ थे, तो कोई कहता है आठ सौ। संख्या का मतभेद छोड़ दीजिये। वे तालाब दिल्ली के ऊपर गिरने वाली वर्षा को रोकते थे। ये सभी तरह की धाराओं को समेट कर अपने निचले हिस्से में संचित कर लेते थे। उससे कई फायदे थे। शहर में बाढ़ नहीं आती थी। भूजल का भी संवर्धन होता रहता था। फिर शहर बसने लगा। शहर बसते-बसते ज़मीन की क़ीमत बढ़ने लगती है। ज़मीन की क़ीमत बढ़ती गयी और सारे तालाब नष्ट होते गये। पुराने नक़्शे उठा कर देखें तो दिल्ली के चप्पे-चप्पे में तालाब दिख जायेंगे।

नदियों की सफ़ाई का व्यावहारिक समाधान थोड़ा कठिन है। हम अपने को वैसा करने से मना कर रहे हैं। एक बड़े शहर की पानी की ज़रूरत को पूरा करने के लिए नदी का साफ़ पानी निकाल कर गन्दा पानी डाला जाये या उस शहर में साफ़ पानी को रोका जाये। उसके भू-जल का स्तर उठाया जाये और उसके संवर्धन की कोशिश की जाये। शहर को साफ़ पानी मिले, इसकी व्यवस्था हो। लेकिन, नदी का दोहन नहीं किया जाये। नदी की क्षमता के अनुसार उसमें साफ़ पानी बहने दें। यदि उसमें हम पानी मिलायें भी तो ध्यान रखें कि वह पानी बिल्कुल गन्दा न हो। घरों और कारखानों से निकलने वाले गन्दे पानी की सफ़ाई के छोटे-छोटे विकेन्द्रित तरीक़े खोजें। यदि एक बड़ा तरीक़ा खोजेंगे तो बिजली बहुत लगेगी। दिल्ली में यमुना के किनारे बहुत सारे ऐसे संयन्त्र लगाये गये हैं, जिनका उद्देश्य गन्दे पानी को साफ़ करने के बाद यमुना में छोड़ना है। लेकिन उस

बड़े संयन्त्र को दिन भर चलाने का साधन हमारे पास नहीं है। इससे कभी वह संयन्त्र चलता है तो कभी बन्द हो जाता है।

वहीं दूसरी ओर हमारी प्रमुख गतिविधियों के तीनों केन्द्र शहर, उद्योग और खेती पर भी हमारा कोई नियन्त्रण नहीं है। न तो हम बढ़ते शहरों को रोक सकते हैं। न उद्योगों पर ही कोई अंकुश लगा सकते हैं। अपनी खेती में ज़हरीली खाद और पेस्टीसाइड का प्रयोग भी नहीं रोकेंगे। इसलिए मैं कहता हूँ कि यह ऐसा दौर है, जिससे हमें जो सीखना चाहिये, उससे हम सीखना नहीं चाहते। रह गयी कर्त्तव्य निभाने की बात, तो कह लो कि नदी बहुत ख़राब हो गयी है। उसे स्वच्छ करना है।

सुबह सबेरे, भोपाल, १७ अक्तूबर, २०१५

ये बारिश कह रही है—आगे ऐसा मत करना

हर तरफ़ ज़ोरदार बारिश हो रही है। जो लोग कल तक सूखे की आशंका में घबराये हुए थे, फसलों के बिगड़ जाने के सन्ताप में थे, जिन्हें भयावह सूखा डरा रहा था, वे ही लोग आज प्रलय की सिहरन से काँप रहे हैं। हर तरफ़ पानी ही पानी है। जीवन देने वाला पानी आज जान पर ख़तरा बन कर खड़ा है। हम कैलेण्डर के हिसाब से मौसमों को गिन रहे हैं लेकिन यह भूल जाते हैं कि हमारे कैलेण्डर में और प्रकृति के कैलेण्डर में बहुत अन्तर होता है। इस अन्तर को न समझ पाने के कारण किसी साल बरसात में हम ख़ुश होते हैं, तो किसी साल बहुत उदास हो जाते हैं। लेकिन प्रकृति ऐसा नहीं सोचती। उसके लिए चार महीने की बरसात एक वर्ष के शेष आठ महीनों की हज़ारों-लाखों छोटी-छोटी बातों पर निर्भर करती है। प्रकृति को इन सब बातों का गुणा-भाग करके अपना फ़ैसला लेना होता है। प्रकृति को ऐसा नहीं लगता, लेकिन हमें ज़रूर लगता है कि अरे, इस साल पानी कम गिरा या फिर, लो इस साल तो हद से ज़्यादा पानी बरस गया।

मौसम को जानने वाले हमें बतायेंगे कि १५-२० वर्षों में एक बार पानी का ज़्यादा होना या ज़्यादा बरसना प्रकृति के कैलेण्डर का सहज अंग है। थोड़ी-सी नयी पढ़ाई कर चुके, पढ़-लिख गये हम लोग अपने कम्प्यूटर, अपने उपग्रह और संवेदनशील मौसम प्रणाली पर इतना ज़्यादा भरोसा रखने लगते हैं कि हमें बाक़ी बातें सूझती ही नहीं हैं। हमारे पुरखे बतायेंगे कि समाज ने ऐसे बहुत-से बड़े-बड़े काम किये हैं पानी रोकने के लिए, ऐसे बड़े तालाब बनाये हैं, जो सामान्य बारिश में भरते नहीं हैं, उन पर हर साल वर्षा के मौसम में पानी की चादर नहीं चल पाती है। ऐसे बड़े तालाबों

के इर्द-गिर्द बसे गाँवों में रहने वाले बुज़ुर्गों से पूछिये, तो वे सहज ही यह बतायेंगे कि १५-२० सालों में कभी ज़्यादा पानी गिर जाये तो उसको रोककर सहेजकर रखने के लिए ही तालाबों को इतना बड़ा बनाया गया था।

इसलिए इस साल यदि पानी पिछले १५ सालों से ज़्यादा गिरा है, तो यह प्रगति की सोची-समझी प्रणाली का एक सुन्दर नमूना है। जहाँ तक समाज इस प्रणाली को समझता था, उसकी पर्याप्त इज़्ज़त करता था, वहाँ तक उसको इसका भरपूर लाभ भी मिला है। अब अगर दो-तीन साल कोई तालाब भरता नहीं है, तो लोगों को लगता है, तालाब का कोई मतलब नहीं है, तालाब को भर देना चाहिये। लेकिन इसमें कोई दो राय नहीं कि तालाब या जल भण्डार की प्रणाली हमारे जीवन के लिए बहुत ज़रूरी है।

जब हमने इस प्रणाली की इज़्ज़त करना छोड़ दिया, तो हम पाते हैं कि कुछ घण्टों की थोड़ी-सी भी ज़्यादा बरसात में हमारे सभी चमक-दमक वाले शहर दिल्ली, मुम्बई, जयपुर, अहमदाबाद, बेंगलुरु, भोपाल सब डूबने लगते हैं। सड़कों पर पानी जमा होने का हल्ला हो जाता है। हमारे इन सभी आधुनिक बन गये शहरों में आज से ३०-४० साल पहले तक सुन्दर-सुन्दर बड़े-बड़े तालाब हुआ करते थे और ये शहर में होने वाली वर्षा के अतिरिक्त जल को अपने में रोक कर पहले उसको बाढ़ से बचाते थे और फिर छह महीने बाद आ सकने वाले जल संकट को भी थामते थे, लेकिन ज़मीन के प्रति हमारे लगातार बढ़ते लालच और हमारी नयी राजनीति ने इन सब जगहों पर क़ब्ज़ा किया है और उन पर सुन्दर जगमगाते मॉल, बाज़ार, हाउसिंग सोसायटी आदि बना दिये हैं। इसलिए दो घण्टे की तेज़ बरसात भी इन इलाक़ों को डुबोकर हमें याद दिलाती है कि हम उसके रास्ते में खड़े हो रहे हैं।

इस साल ख़ूब अच्छा पानी गिरा है। समाज के जिन हिस्सों में, ज़िलों में लोगों ने अपने इलाक़ों में पानी के काम को ठीक से बनाकर-सजाकर रखा है, वे लोग वरुण देवता के इस प्रसाद को अपनी अँजुली में ख़ूब अच्छे-से भर सकेंगे और उन्हें इसका भरपूर आशीर्वाद या लाभ आने वाले महीनों में मिलने ही वाला है। जैसलमेर का उदाहरण बार-बार दिया जा सकता है। इसमें पुनरुक्ति दोष नहीं है, ऐसा मानकर एक बार फिर याद करना चाहिये कि जहाँ देश की सबसे कम वर्षा होती है, कुल १६

सेंटीमीटर, वहाँ भी इस बार वरुण देवता ने थोड़ा ज़्यादा ख़ुश होकर ३२ सेंटीमीटर के क़रीब पानी गिराया है। यहाँ पर कुछ जगह लोगों ने अपने चार सौ–पाँच सौ साल पुराने कामों की समझदारी को फिर से इज़्ज़त दी है और लोगों के साथ एकजुट होकर, कहीं–कहीं तो सचमुच 'ल्हास खेलकर' जल संग्रहण के इन्तज़ाम किये हैं। ल्हास खेलने का मतलब है स्वेच्छा से उत्सवपूर्वक सामूहिक श्रमदान करना।

रामगढ़ के विप्रासर जैसे पुराने तालाबों को, ईसावल मैती, गिरदुवाला जैसे इलाक़ों में निस्वार्थ भाव से अपना पसीना बहाकर इस साल बरसे पानी को रोका गया है। आज ये इलाक़े पानी का काम करने वाले सभी लोगों के लिए एक सुन्दर उदाहरण की तरह लबालब भरे खड़े हैं। इसी के साथ नागौर, अलवर, जयपुर, साम्भर झील सभी जगह अनेक लोगों ने प्रचार से दूर रहकर जल संरक्षण का काम चुपचाप किया है। लोगों के मिले–जुले प्रयासों का ही नतीजा है, आज उनके तालाब नीले पानी से भरे लबालब दिखते हैं। लगता है जैसे नीला आसमान तालाबों में अपना पानी लेकर उतर आया हो और अब वो यहाँ लम्बे समय तक आराम करना चाहेगा। हमें उसे आराम करने देना चाहिये।

दूसरी तरफ़ हममें से जो लोग वर्षा जल के संचयन के काम में इस बार पिछड़ गये हैं, उन्हें भी प्रकृति याद तो दिला ही रही है कि अगली बार ऐसा मत होने देना। जब आप कहीं उद्योग लगाते हैं तो आपको रेनवॉटर हार्वेस्टिंग सिस्टम लगाना पड़ता है। यह नया नियम है। ज़्यादातर लोग इस नियम को नज़रअन्दाज़ करते हैं। कई लोग तो झूठ बोल देते हैं कि उन्होंने रेन वॉटर हार्वेस्टिंग सिस्टम लगा लिया है, जबकि असल में वे इसका कोई प्रबन्ध नहीं करते हैं। लेकिन रेगिस्तान के गाँव वालों के लिए किसी ने क़ानून नहीं बनाया। इन्होंने अपने लिए ख़ुद नियम बनाया है। यहाँ हर घर में आपको एक रेन वॉटर हार्वेसटिंग सिस्टम मिलेगा। परम्परागत ढंग से बने इस सिस्टम को टाँका या कुण्ड कहते हैं। वे छत और आँगन के ज़रिये बारिश का पानी संचय करते हैं। ख़ास बात यह है कि वे जल संचय प्रक्रिया के दौरान सफ़ाई का पूरा ध्यान रखते हैं। यह पानी पूरी तरह से मीठा, साफ़ और पीने योग्य है। इनके पानी को किसी फिल्टर की ज़रूरत नहीं होती।

सुबह सबेरे, २५ जुलाई, २०१५

बाढ़, सूखा और नदी

अकाल और बाढ़ आने से बहुत पहले अच्छे विचारों का भी अकाल पड़ने लगता है। इसी तरह बाढ़ से पहले बुरे विचारों की बाढ़ आ जाती है। ये केवल विचार तक सीमित नहीं रहते, ये काम में भी बदल जाते हैं। बुरे काम होने लगते हैं और बुरे काम अकाल और बाढ़ दोनों की तैयारी को बढ़ावा देने लगते हैं।

ऐसा नहीं है कि अकाल और बाढ़ पहले कभी नहीं आते थे, लेकिन यदि हम अपने देश का इतिहास देखें तो बहुत सारी ऐसी चीज़ें होती रही हैं जिनके साथ समाज ने जीना सीख लिया था। अकाल के साथ भी जीना सीखना पड़ा और बाढ़ के साथ भी जीना सीखना पड़ा। कुछ जगह तो लोगों ने इसको एक अनुशासन की तरह ले लिया था। ऐसे तरीक़े बना लिए थे कि अकाल में हम अकेले न पड़ें और बाढ़ में हम बह न जायें। समाज का संगठन कुछ इस तरह से बनाया गया होगा उस समय, कि ये दोनों आते तो थे, पर इनकी मारक क्षमता कम हो जाती थी। कुल मिलाकर १५वीं, १६वीं, १७वीं शताब्दी तक चीज़ें अपनी गति से चलती रही होंगी। हालाँकि आज़ाद देश को लम्बी ग़ुलामी झेलनी पड़ी, पर उसकी सारी कड़वाहट के बाद भी बहुत भीतर तक उसका प्रवेश नहीं हुआ था। ग़ुलामी में मोटे तौर पर राजस्व में पैसा लूटना वग़ैरह ज़रूर शामिल रहा होगा, लेकिन नीतियाँ बहुत नीचे तक नहीं बदल पायी थीं।

लेकिन, अँग्रेज़ों के आने के बाद से कई मिले-जुले कारणों के चलते (एक उनकी भूख भी रही होगी) राजस्व के साथ बहुत बड़े पैमाने पर छेड़खानी की गयी। असल में उन्हें बहुत सारा पैसा कमाकर ले जाना था

अपने देश। अब अगर हम एक मोटा उदाहरण देखें जैसा कि मैंने शुरू में कहा है कि अच्छे कामों का और अच्छे विचारों का अकाल पड़ता है और बुरे काम और बुरे विचार बाढ़ की तरह आते हैं तो उड़ीसा की महानदी का इलाक़ा आज हम याद कर सकते हैं। वहाँ एक-एक किसान की प्रायः तीन तरह की ज़मीनें होती थीं। इसे हम चक के रूप में भी मोटे तौर पर जान सकते हैं। किस कारण चकबन्दी हुई, इसके बारे में हमारे अच्छे से अच्छे किसान नेता भी ठीक से सोच नहीं पाते। सामाजिक कार्यकर्ता भी इस प्रश्न पर ध्यान नहीं देते। किसान क्यों तीन तरह के खेत रखता था, बिना इसे समझे हम अचानक कैसे निर्णय लेकर कह सकते हैं कि हम चकबन्दी शुरू कर देंगे। आज़ादी के बाद जो भी चकबन्दी शुरू हुई उसके मुक़दमे, उसके असन्तोष अभी तक ज़िन्दा हैं। हर परिवार की यह कहानी है। इस छोटी-सी घटना को उड़ीसा की बाढ़ से और अकाल से जोड़कर देख सकते हैं।

महानदी के किनारे हर परिवार के दो-तीन तरह के खेत होते थे। एक खेत थोड़ा नदी के किनारे होता था, एक थोड़ा उससे ऊपर होता था। एक ही परिवार के खेत तीन जगह होते थे। यानी कि एक ऊपर है, एक बीच में है और एक नीचे है। ये तीन तरह के खेत बनाये जाते थे नदी के स्वभाव को और बाढ़ व अकाल को देखकर। मतलब यह कि बाढ़ आयी तो नीचे का खेत डूब गया, पर ऊपर के खेत में मध्यम ऊँचाई पर लगी हुई फसल बच गयी। और भी बाढ़ आयी तो कम से कम तीसरे की तो बचेगी। इस तरह से एक परिवार को टिकने का सहारा मिलता था। अकाल में भी यही होता था। बस क्रम बदल जाता था। ऊपर पानी नहीं मिला, बीच वाले को नहीं मिला तो कम से कम नीचे वाले को तो मिल ही जायेगा। इस तरह से समाज अपनी व्यवस्था तब चलाया करता था, जबकि तब न तो फसलों के लिए बीमा योजना हुआ करती थी और न ही इतना केन्द्रीयकरण था। आज जिस तरह से अकाल और बाढ़ के आते ही समाज को दयनीय हालत में खड़ा कर दिया जाता है, मुआवज़ा बँटने लगता है, वैसी हालत तब नहीं थी। आज झगड़ा इस बात का होता है कि कम क्यों दिया, ज़्यादा मिलना चाहिये था। अभी हाल जिस दौर से हम निकले हैं उस पर ध्यान दें तो अचानक आयी हुई बरसात की वजह से भी देश के बहुत बड़े हिस्से में किसान और सरकार के बीच में यह एक नया प्रश्न आ खड़ा हुआ है।

इन सब चीज़ों को देखें तो उड़ीसा में लम्बे दौर तक पुराने इन सब नियमों का पालन हुआ। भले ही किसी ने भी वहाँ के राज को बदला और ख़ुद शासन पर बैठा, लेकिन नीतियाँ उसने नहीं बदलीं, उन्हें जारी रखा। तब के शासकों ने कहा कि मोटे तौर पर नदियों के किनारे जो ये परम्परा है खेती करने की, उसे जारी रखना है।

इन नदियों में बड़े बाँध नहीं बनाये जाते थे। बाँध तकनीक के कारण बाद में आये, ऐसा भी कह सकते हैं और ये भी कह सकते हैं कि हमारी समझ में भी कुछ कमी आयी होगी और समझ में आयी गिरावट के कारण हमने तकनीक को प्रकृति को बरबाद करने का मौक़ा दिया होगा। जितने भी बाँध बने हैं आज़ादी के पहले और बाद में, सबके बनाने वालों ने कहा कि, ''बाँध, अकाल और बाढ़ को नियन्त्रित करेगा।'' लेकिन अगर कोई स्वतन्त्र मूल्यांकन हो इन सब चीज़ों का, तो पता चलेगा कि ऐसे बाँधों से ये जो दोनों तरह के दावे और वादे किये जाते रहे हैं, वे कभी पूरे नहीं हो पाये हैं। अभी हर साल, कम से कम उड़ीसा में तो बहुत बड़े पैमाने पर महानदी में बाढ़ आती है, तो उसके पीछे उस पर बना हुआ एक बाँध ही ज़िम्मेदार माना जाता है। इस पर बहुत से लोगों ने बहुत मेहनत से काम किया है। जानकारियों का बिलकुल अभाव नहीं है। उड़ीसा में राजनीति की कृपा से लगभग हर विचारधारा का शासन रह चुका है, लेकिन उनमें से किसी के भी मन में इतनी समझदारी, इतनी उदारता नहीं आ पायी कि वह इन बाँधों के नफ़े-नुक़सान पर सोचता। बहरहाल, बाँध एक घड़े की तरह भर जाता है और उसे पटककर फोड़ दिया जाता है। सारे गेट खोलने पड़ते हैं बाढ़ रोकने के लिए।

थोड़ा पहले लौटें सात-आठ साल पहले, सूरत में बाढ़ आयी थी। यह हीरों का शहर है और उसकी हीरे जैसी मज़बूती मानी जाती है, सम्पन्नता मानी जाती है। लेकिन जिस तापी नदी के किनारे वह बसा है, उस पर आज़ादी के तुरन्त बाद कभी उकाई नाम का एक बाँध बना था। नर्मदा, भाखड़ा जैसे नाम तो हम नयी-पुरानी दो-चार पीढ़ी के लोग अख़बार वग़ैरह के माध्यम से पढ़-सुन रहे हैं, लेकिन उकाई के बाँध के बारे में किसी को शायद याद भी नहीं है। उस समय बहुत सारे लोगों को डुबोकर वह बना था। आज़ादी के बाद का दौर था तो लोगों ने तो सहर्ष डूबना स्वीकार किया, यह सोचकर कि देश का विकास होता है तो चलो हम कहीं भी चले जायेंगे

मुआवज़ा दो या न दो। तमाम सामाजिक संगठनों ने, यहाँ तक कि 'सर्वोदय' तक ने, जाकर गाँव से कहा कि, 'रुकावट मत बनो, ख़ाली करो,' क्योंकि इससे राज्य का विकास होगा। ख़ैर, उससे जो कुछ विकास होना था वह तो हुआ नहीं, पर जो बाढ़ नियन्त्रण उसकी एक बड़ी ज़िम्मेदारी मानी गयी थी, उसका भी नतीजा बेमानी रहा। पिछले सात-आठ साल पहले पूरा सूरत डूबा। बाढ़ ने पहली बार न सिर्फ़ पहली मंज़िल को पार किया, बल्कि दूसरी मंज़िल को भी छुआ। सामान्यतः बाढ़ पहले घुटने तक आती है, फिर गले तक आती है। लोग पहली मंज़िल की छत पर खड़े हो जाते हैं। लेकिन यहाँ तो उसने पहली मंज़िल को भी नहीं छोड़ा।

ये सारे दौर जो कुछ बतलाते हैं, उसमें धीरे-धीरे नयी-नयी चीज़ें जुड़ती गयी हैं। अँग्रेज़ों के समय में पहली बार इस देश में रेल आयी। सड़क तो फिर भी ज़मीन से कुछ ऊपर न भी हो या ज़मीन के बराबर भी हो तो चल सकता है, लेकिन रेल की पटरी बनाने के लिए प्रायः एक अच्छी ऊँचाई माँगी जाती है। जितनी बड़ी-बड़ी पटरियाँ मैदान में बनायी गयीं, वे अच्छी ऊँचाई पर बनीं। उस समय शुरू में बिहार, कलकत्ता, बंगाल के हिस्से में बनीं। कुछ मुम्बई वग़ैरह में बनीं, लेकिन इन सबको पन्द्रह-बीस फ़ुट ऊँचा उठाया जाता था, इसलिए कि कहीं ये पटरियाँ डूब न जायें, क्योंकि ये सब पानी के इलाक़े हैं, बाढ़ के इलाक़े हैं। तो, इस तरह से ये अदृश्य बन्ध से बन गये। तटबन्ध बन गये। इन्होंने आसपास आसानी से बहने वाले पानी को छेंक लिया। ऐसे भी उदाहरण मिलते हैं कि बाढ़ के दौरान गाँव के लोगों ने कुदाल-फावड़ा लेकर रेलवे लाइन तोड़कर गाँव बचाने के लिए कमर कसी। उनको पुलिस ने अँग्रेज़ों के समय में गोलियाँ भी मारीं। हाईवे, बड़ी सड़कें और रेल की पटरियाँ—इन्हें जिस ऊँचाई पर पिछले डेढ़-दो सौ सालों में डाला गया, उसने भी पूरे देश के ड्रेनेज को बदला है। यानी पानी के बहने के जो स्वाभाविक रास्ते हैं, वे बदले और बिगड़े हैं।

पाँच-सात साल पीछे पलटकर देखें तो हमें अचरज होगा कि देश में बाढ़ की घटनायें बढ़ती जा रही हैं। पहले बम्बई डूबा, फिर दिल्ली में भी भयानक बाढ़ आयी। चेन्नई, बेंगलुरु, विशाखापट्टनम—जैसे शहरों के अलावा रेगिस्तान के बाड़मेर—जैसे हिस्सों में भी भयानक बाढ़ आयी। जयपुर तो इस बीच में दो-चार बार डूबा है।

इन सब नये और पुराने शहरों में आ रहे बाढ़ के कारणों में एक बड़ा कारण नया विकास और उसी के साथ-साथ पुराने तालाबों को नष्ट करना भी जुड़ा है। जो वर्षा का पानी बड़े शहरों में उपलब्ध कई बड़े तालाबों में जमा होता था, वहाँ के भूजल का संवर्धन करता था, दरअसल अब तालाबों के नष्ट हो जाने के कारण वह इन्हीं तालाबों को तोड़कर बनाये गये मुहल्लों में घूमता-फिरता है। सन् २०१० में बहुप्रचारित और बहुविवादित कॉमनवेल्थ खेलों के समय दिल्ली में टी-३ नाम का हवाई अड्डा बनाया गया था। उसको बने अभी पाँच साल ही हुए हैं, लेकिन अब तक वह तीन बार बाढ़ में डूब चुका है। इसका एक ही कारण है कि इस इलाक़े में दस बड़े तालाब हुआ करते थे, उनको ही समतल करके यह हवाई अड्डा बना है। इसलिए इस जगह पर गिरने वाला पानी कहीं और जाना पसन्द नहीं करता है।

थोड़ा और पीछे लौटें तो गोवर्धन का क़िस्सा भी याद आ जायेगा। इन्द्र के वर्षा रूपी वज्र से उस इलाक़े को बचाने के लिए भगवान कृष्ण जैसे बड़े आदमी को खड़ा होना पड़ा था। अभी हमारे इन शहरों में कोई बड़ा आदमी नहीं बचा है, इसलिए ये शहर इन्द्र के कोप से डूबते रहेंगे।

अभी पचास-साठ सालों में इन सब चीज़ों के साथ एक और नया विचार आया है कि बाढ़ और अकाल से बचने के लिए नदियों को जोड़ा जाना चाहिये। यह नेहरू जी के समय में भी सोचा गया, उसके बाद भी विचार हुआ, लेकिन पता नहीं क्या कारण है कि अब तक नहीं हुआ। फिर एनडीए के समय में विरोधी दल की नेता कांग्रेस की सोनिया गाँधी, कवि हृदय प्रधानमन्त्री अटलबिहारी वाजपेयी, कलाम साहब-जैसे वैज्ञानिक राष्ट्रपति और देश की सबसे बड़ी अदालत—इन सबकी मिली-जुली मन की एक इच्छा थी कि नदियाँ जुड़ जायें तो बाढ़ और अकाल से देश को मुक्ति मिल जायेगी। कुछ फुसफुसाहटों के तौर पर हल्का-फुल्का विरोध भले हुआ हो, पर पक्ष-विपक्ष, अदालत सब साथ थे तो सवाल ज़रूर उठता है कि फिर इन सबका हाथ किसने पकड़ा था, जो 'नदी जोड़ो अभियान' अभी तक परवान नहीं चढ़ सका। और फिर, उसके बाद कांग्रेस आयी तो उसने भी इसको ठण्डे बस्ते में तो डाला, पर इसका विरोध नहीं किया। यूपीए-एक और यूपीए-दो में ऐसा ही रहा। इसके बाद फिर एनडीए की सरकार बनी। अटल जी ने तो एक मन्त्री को विशेष तौर पर इसका काम सौंप दिया था, जिन्होंने अपने अनुभव से इसे निखारने की

बहुत कोशिश की थी। अध्ययन वग़ैरह भी शुरू करवा दिये थे। लेकिन आज वे मन्त्री रेलें चलवा रहे हैं, नदी नहीं जोड़ रहे हैं। इसका ये मतलब है कि इस योजना में कुछ बुनियादी कमियाँ उनको भी दिखीं जो इसको करना चाहते थे। असल में कुछ यों हुआ कि जब नारा लगा दिया तो पीछे कैसे हटें ? फिर यह तो वही बात हुई कि इसे चलने दो जितना चल रहा है। सब कुछ है, लेकिन मसला वहीं का वहीं है।

आप एक के बाद एक राज्य गिन लीजिये। दक्षिण में कर्नाटक, तमिलनाडु। हमारे दिल्ली और हरियाणा पीने के पानी की एक-एक बूँद के लिए लड़ते हैं। दोनों जगह यदि एक ही पार्टी की सरकार हो तो भी यह मसला हल नहीं होता। एक समय में हरियाणा में भी कांग्रेस थी, दिल्ली में भी कांग्रेस थी और केन्द्र में भी कांग्रेस थी, लेकिन एक नदी का विवाद, यमुना और उसकी नहर का, हल नहीं हो सका। पंजाब और हरियाणा के बीच पानी को लेकर झगड़ा है। किस जगह झगड़ा नहीं है! दो ज़िलों तक में पानी को लेकर झगड़ा है। एक ही घर में मकान मालिक और किरायेदार के बीच में नल को और मशीन को लेकर झगड़ा है। कहने का मतलब यह कि पानी का मसला इतना सरल नहीं है कि हम उसको यहाँ से वहाँ आसानी से भेज देंगे।

वास्तव में इस पर एक बार फिर से सोचने का अब समय आ गया है। अक्सर यह कहा जाता है कि पानी तो हमारे यहाँ चार महीने गिरता है, बाक़ी तो लम्बा दौर बिना पानी का है। सच यह है कि यह तो कृपा है मानसून की हमारे ऊपर। अगर वह पूरे बारह महीने पानी गिराता तो किसी फसल का हो पाना सम्भव ही न होता। जब अनाज पैदा होता है तो उसको थोड़ी-सी सिंचाई चाहिये। कुछ पानी अंकुर के बाद बढ़ने के लिए चाहिये। फिर उसको थोड़ी धूप चाहिये, थोड़ी गर्मी चाहिये, थोड़ी मेहनत, थोड़ा पसीना चाहिये और फिर एक बार और थोड़ा पानी चाहिये। याद रखिए कि गर्मी में जाकर अनाज में दाना पड़ता है। बादल के समय और ठण्डे दिनों में नहीं पड़ता। इसलिए ठण्ड की लगायी फसल गर्मी में जाकर पकती है। यह सब सोच-समझकर प्रकृति ने कोई हज़ारों साल में खेल रचा है। हमको उसके मंच पर सज-धजकर अपना जीवन चलाना है। इसमें इस तरह की शिकायतें कोई मतलब नहीं रखतीं कि चार महीने की बरसात आती है और फिर कुछ नहीं होता। उन चार महीनों में पानी को

रोकने के लिए देश भर में छोटे-बड़े तालाब बनते थे। उनसे भूजल संवर्धित होता था। आज वे तालाब ज़मीन के लालच में नष्ट कर दिये गये हैं। ज़मीन का दाम आसमान छू रहा है, लेकिन जिस दिन पानी कम होगा उस दिन वह ज़मीन की क़ीमत मिट्टी मोल बता देगा। आज तो राजनीति नीचे गिरी है कि जलस्तर नीचे गिरा है, इसमें होड़ लगी है। इस होड़ को हम नागरिक, हम सामाजिक लोग, हम राजनीतिक लोग, हम अख़बारवाले, साधारण किसान और गृहस्थ कितने दिन देखेंगे, यह बड़ा अचरज का विषय है।

कादम्बिनी, मई, २०१५

बदली है चाल मेघों की

अक्सर यह कहा जाता है कि अब मेघों ने अपनी चाल बदल दी है। असल में मेघों की चाल बदली या नहीं बदली, यह पक्के तौर पर कहना कठिन है। उससे ज़्यादा भरोसे के साथ यह कहा जा सकता है कि हमारी चाल ज़रूर बदल गयी है। पिछले सौ-सवा सौ साल में मौसम विभाग जैसा कोई विभाग हमारे समाज में, हमारे देश में और दुनिया के विभिन्न देशों में अस्तित्व में आया है। दो-पाँच वर्ष का अन्तर होगा, लेकिन ऐसी चीज़ें बहुत पुरानी नहीं हैं। वर्षा, मेघ, पानी का गिरना, आषाढ़ का आना, सावन-भादों—ये सब हज़ारों साल के अनुभव हैं समाज के, उसके सदस्यों के, विशेषकर किसानों के—जिनका पूरा जीवन इस पर टिका रहता है। उन्होंने कभी अपनी चाल नहीं बदली, बल्कि मेघों की चाल देखकर अपना व्यवहार तय किया था। लेकिन बाद में, विशेषकर पिछले पचास-साठ वर्षों में, विकास नाम का एक शब्द मानव समाज के हाथ में लगा। इस विकास की दौड़ में कोई भी समाज हो—चाहे आधुनिक कहलाता हो, अति आधुनिक अमेरिका हो, वो चाहे डॉलरवाला हो, रुपयों वाला हो—उसके मन में कहीं-न-कहीं यह घमण्ड आ गया कि वह प्रकृति पर, मेघों पर, वर्षा पर नियन्त्रण कर सकता है।

बहुत से नेता आपको यह कहते हुए मिलेंगे कि हमारी खेती भगवान भरोसे है, इसलिए हम पिट जाते हैं। वे कहते हैं कि यह हमारे भरोसे होनी चाहिये और हम विज्ञान से उसको करके दिखा सकते हैं। इसीलिए बड़े-बड़े बाँध बनते हैं, फिर उनकी सैकड़ों किलोमीटर की नहरें बनती हैं। वे यह मानते हैं कि मेघ अपनी चाल बदल देंगे, तो हमारे पास उनको अँगूठा दिखाने का

एक तरीक़ा है कि हमने भी अपनी चाल इतनी आधुनिक कर ली है कि हम तुम को याद भी नहीं करने वाले और हमारे खेतों में पानी पहुँच जायेगा। लेकिन हमें यह नहीं भूलना चाहिये कि प्रकृति हमारा घमण्ड बीच-बीच में तोड़ती रहती है। वह अपने रिमांइडर्स भेजती है, स्मरण-पत्र भेजती रहती है कि भाई! ज़रा सँभल के चल, इतना मत लड़खड़ा, इतना मत घमण्ड कर, इतना माथा ऊपर मत कर, थोड़ा झुक कर रह, थोड़ी विनम्रता दिखा। ये बदलता नहीं है। तो, मतलब यह कि हमारा स्वभाव नहीं बदलता तो हम ऐसी बातें करते हैं कि ये मेघ जो पानी गिराते हैं वह नदियों में बह जाता है, समुद्र में व्यर्थ चला जाता है। लेकिन सच तो यह है कि समुद्र में पानी कभी व्यर्थ नहीं जाता है, नहीं तो प्रकृति इसका ऐसा चक्र बदल देती कि आधा पानी समुद्र में जाये और आधा कहीं और जाये।

पूरी नदी को एक बार ऊपर से नीचे तक देखिये। हम कुछ भी उस पर बनायें, वह समुद्र तक जाने की हर सम्भव कोशिश करती चली जाती है। जिन नदियों पर अभी आधुनिक क़िस्म के बाँध हमने बनाये हैं, उनमें समुद्र और नदी के मिलने के बिन्दु पर बहुत तेज़ी से परिवर्तन हो रहे हैं। हमें यह कभी नहीं भूलना चाहिये कि मिट्टी बहुत कम है इस पृथ्वी पर। पानी ज़्यादा बड़े हिस्से में है, तो जहाँ नदी मिलती है वहाँ मुहाने पर, डेल्टा पर प्रकृति उसे सैकड़ों धाराओं में तोड़ देती है। धीरे-धीरे करके उसे समुद्र में मिलाती है, क्योंकि तब कोण उसका कम हो जाता है और उसमें ढाल भी नहीं रह जाता। वह बिल्कुल ही समुद्र के स्तर पर पहुँच जाता है। एक फ़ुट, छह इंच, पाँच इंच, तीन इंच ऐसे करके मिलता है पानी उसमें। समुद्र का जो वेग है, ज्वार-भाटा है, वह तीस-चालीस किलोमीटर तक नदी में दिन में दो बार प्रवेश करता है और दो बार नदी उसको फिर वापस ठेल देती है। जिन इलाक़ों में हमने बड़े बाँध बनाये हैं, उनमें नर्मदा भी शामिल है, उन्हें देखिये। आज लोग इस बात को स्वीकार करने में थोड़ा सकुचायेंगे, क्योंकि उनके विकास के तरीक़े पर थोड़ा असर पड़ेगा। वे तो कहेंगे कि हमने पानी रोक लिया है और समुद्र में नहीं जाने दिया, यह बड़ा अच्छा हुआ। लेकिन सच यह है कि वहाँ से समुद्र अपना हिस्सा माँगना शुरू करता है और नतीजतन बहुत दूर-दूर के हिस्से में खारा पानी आने लगता है। यह नर्मदा में भी आ रहा है, दूसरी जगहों में भी आ रहा है। ख़ासकर सिन्ध के मुहाने पर, तटीय इलाक़ों में, कराची के तरफ़ पाकिस्तान में

इतना ज़्यादा खारा पानी बढ़ रहा है कि हालत गम्भीर है। जहाँ कभी मीठे पानी के कुएँ होते थे, वहाँ अब एक बूँद मीठा पानी नहीं है। इतने पर भी सरकारों को लगता है कि इससे हमारा कुछ नहीं बिगड़ेगा, हम कहीं टैंकर से पानी ले आयेंगे, कहीं पाइप लाइन डाल देंगे, फलाँ बाँध से ले आयेंगे—वग़ैरह-वग़ैरह।

ये सब हमारे तर्क हैं, इसलिए वापस मेघों की चाल पर लौटें। मेघों की चाल हमारी अपनी चाल के मुक़ाबले स्थिर रही है और उसका इतिहास लाखों साल का है। उसमें अगर उसने दायें-बायें एकाध क़दम इधर-उधर कर दिया हो, तो हम उसको जो सवा सौ साल से औसत मानते हैं, उस तराजू पर तौलने पर एकबारगी लगेगा कि मेघों की चाल बदली है। बहुत से गाँवों में, रेगिस्तान में भी, जहाँ बहुत कम पानी गिरता है, महज़ दो-दो सेंटीमीटर, यानी २० मिलीमीटर तक की बारिश के इलाक़े हैं। उसमें कई बार लोगों को अचानक बड़ा तालाब दिख जाता है और वह सूखा पड़ा होता है। नये लोग तो देखकर कहेंगे कि, ''अरे, यहाँ तो बेकार में इतना बड़ा तालाब बनाया, जबकि पानी तो गिरता ही नहीं है।''

बीस इंच बरसात वाले इलाक़ों पर भी अब ज़रा ध्यान दीजिये। लापोड़िया, अजमेर, पुष्कर आदि ये सब ऐसे इलाक़े हैं जहाँ बीस इंच पानी गिरता है। इनमें बड़े तालाबों को देखकर हमारे विशेषज्ञ कहते हैं—'ऐसे तालाबों की यहाँ क्या ज़रूरत, ये तो चालीस इंच वाले इलाक़ों में होना चाहिये। यह भी कि लोगों ने यह तो ओवर डिज़ाइन किया (जिसे हम परम्परागत ज्ञान कहते हैं)। ये फालतू का काम किया, संसाधन बर्बाद कर दिया, इसमें तो इतना पानी भरेगा ही नहीं।' असल में उन्हें इसका अन्दाज़ा नहीं है कि यहाँ के लोगों का नौ-दस साल के अन्तराल का अनुभव था कि एक बार ऐसा भी वक़्त आयेगा जबकि बीस इंच के बदले अट्ठाइस, उनतीस, तीस या इकत्तीस इंच पानी भी गिर जायेगा। दरअसल, उस पानी को रोकने के लिए ही है वह। और फिर, उनके जब कभी बुरे दिन आयेंगे, तो वह काम आयेगा। सतह का पानी प्रयोग किया जायेगा, भूजल रिचार्ज होगा। तालाब तो फिर सूख जायेगा, लेकिन वह इतना कुछ नीचे जमा करके जायेगा गुल्लक में कि आने वाले समय में फिर वैसे किसी ऊँचाई वाले दिन तक उनको खींचकर ले जायेगा। असल में मेघों की यह चाल देखकर ही हमारा समाज चलता था।

आजकल हमारा तरीक़ा होता है कि हम एक फसल के इलाक़े को दो फसल वाला बनाते हैं, दो फसल को तीन फसल वाला बनाते हैं, लेकिन कई बार पता चलता है कि दुनिया के तमाम इलाक़ों में जहाँ तीन फसल थीं वहाँ वापस दो हुईं और फिर दो से एक हो गयी। कहीं दलदल हो गया, कहीं कुछ सेम आ गया, यानी ज़मीन के ऊपर नमक उभर आया। वास्तव में यह सब देखकर लगता है कि चाल हमारी बदली है, मेघों की नहीं बदली है। इस बात के लिए तो उन्हें धन्यवाद देना चाहिये और नतमस्तक होना चाहिये।

यह सवा सौ साल का अनुभव है और करोड़ों साल की बरसात है। हो सकता है उसमें हर सौ साल बाद पाँच-छह-आठ साल का ऐसा उतार-चढ़ाव आता रहता होगा, जिसको अपन अब कह रहे हैं कि यह तो बदल गया। इसके लिए तो प्रकृति भी हँसती होगी कि—'यार! यह तो वही है जो मैं पिछले कुछ साल से कर रही हूँ। आख़िर इसमें क्या दिक़्क़त है?' समझदार, विवेकवान समाज ऐसी स्थितियों की तैयारी करता है कि आज ज़्यादा पानी गिरे तो हम उसको तो रोक ही सकें, पर कल कम पानी गिरे तो उसको भी रोक सकें। विद्वानों की एक शाखा है, जो कह रही है कि लगातार परिवर्तन हो रहा है। अगर उनसे तर्क कीजिये कि भई हिन्दुस्तान में जितने इंच या सेंटीमीटर पानी गिरता था, उसमें तो आज भी कोई अन्तर नहीं है, तो उसको तो वे स्वीकार कर जायेंगे, लेकिन फिर वे कहेंगे कि इतना पहले छत्तीस दिन में गिरता था अब छब्बीस दिन में गिर जाता है। इसमें क्या आश्चर्य कि प्रकृति के कैलेण्डर में सौ-सवा सौ साल बाद छत्तीस दिन के बदले छब्बीस दिन भी आ गया होगा कभी।

अलनीनो नाम का एक शब्द अब फिर से आ रहा है अपने सामने। इस शब्द को शायद कोई उलट-पुलटकर देखने की ज़रूरत ही नहीं समझता कि यह क्या है? इसका अर्थ क्या है? यह हमसे कितनी दूर है? यह भी कि विज्ञान क्या कहता है और अलनीनो क्या कहता है? अलनीनो शब्द है बाइबिल के समय का। ईसाई धर्म से लिया गया है। इसका मतलब है—नटखट बच्चा। अपन बिल्कुल हिन्दुस्तानी में कहेंगे तो होगा—बाल-गोपाल, लड्डू गोपाल। अब वे किसकी गोद में पेशाब कर दें, किसका मक्खन चुरा लें, किसी को कुछ नहीं पता। भगवान मानो, प्रणाम करो और

चलते बनो। तो, अलनीनो प्रशान्त सागर में हमसे हज़ारों-हज़ार किलोमीटर दूर है। वहाँ अगर एक छोटी-सी घटना ने कोई परिवर्तन किया, तो उससे अमेरिका, ऑस्ट्रेलिया, एशिया, अफ्रीका—इन सबका मौसम बदल जाता है। ऐसे में यह सोचना चाहिये कि वास्तव में हमारी चाल क्या है और उसकी चाल क्या है?

कादम्बिनी, जुलाई, २०१४

कोपेनहेगन के कोपभाजन का शिकार कौन होगा?

कोपेनहेगन के कोपभाजन का शिकार कौन होगा?

कोपेनहेगन में दुनियाभर के लगभग सभी देश इकट्ठा हो रहे हैं। हमारे अख़बार हमें बता रहे हैं कि कोपेनहेगन में कुछ देशों को कोपभाजन का शिकार होना पड़ सकता है। अख़बारों की सदिच्छा और इच्छा अपनी जगह लेकिन कोपेनहेगन में वे देश शेष देशों के कोपभाजन बनेंगे जिन्हें सचमुच बनना चाहिये ऐसा लगता नहीं है। दुनिया में पर्यावरण के पहले के सम्मेलनों में अगर कभी कुछ ऐसा हुआ होता तो हमें उम्मीद भी बँधती कि दादा देश कोपभाजन का शिकार होंगे और दुनिया का दर्शन बदल जायेगा।

लेकिन ऐसा है नहीं। दुनिया के दादा देशों का स्वभाव ऐसा है कि वे अपने कोपभाजन का शिकार शेष विश्व को बनाते हैं। बिना किसी शक के आज हम इस तरह की कार्यशैली के लिए अमेरिका को अगुआ मान सकते हैं। चीन नया-नया इस जमात में शामिल हो रहा है और भारत भी दरवाज़े पर दस्तक देने के लिए आतुर है। ये सारे देश मिल-जुलकर पर्यावरण की चिन्ता करने के लिए कोपेनहेगन में इकट्ठा हो रहे हैं। लेकिन इस इकट्ठा होने का क्या वास्तव में कोई अर्थ है?

इस अर्थ को समझने के लिए दुनिया में पर्यावरण पर चल रही बहस के विषय-बिन्दु देखना होगा। आज दुनिया में तीन तरह से पर्यावरण पर बात हो रही है। सबसे पहले पर्यावरण के नाम पर विज्ञान पर बहस हो रही है।

दुनिया में जहाँ कहीं भी पर्यावरण की समस्या है वहाँ विज्ञान पर व्यापक बहस भी साथ में ही मौजूद है। आज जिसे क्लाइमेट चेंज कहा जा रहा है उस क्लाइमेट चेंज की बहस में भी सर्वाधिक बहस विज्ञान पर ही है। विज्ञान ने औद्योगीकरण को जो टेक्नालाजी दी है उसने विकासवादी व्यक्ति को औंधे मुंह गिरा दिया है। इसलिए चर्चा का सबसे अहम बिन्दु यही है कि इस टेक्नालाजी को कैसे पटखनी दी जाये। जिन्होंने इस तकनीक को आकार दिया वे कह रहे हैं इसे ग्रीन कर दिया जाये। ग्रीन टेक्नालाजी से औद्योगीकरण का शैतान देवदूत में परिवर्तित हो जायेगा और इक्कीसवीं सदी में पर्यावरण की समस्त समस्याओं का निदान हो जायेगा।

निदान के लिए जिस समाधान को सुझाया जा रहा है उसे दुनिया के कुछ विकसित देश उस पर चलने का वादा करें इसके लिए दूसरे क्रम में राजनीतिक सक्रियता है। पर्यावरण की राजनीति में यह तय किया जा रहा है कि कौन-सा प्लेयर क्या करेगा। इस राजनीति में कार्बनरूपी ब्रह्मास्त्र चलाया जा रहा है। अभी चीन और उसके बाद भारत ने कहा है कि वह कार्बन उत्सर्जन को कम करेंगे। इसे चीन और भारत की सदिच्छा मानना चाहिये कि वे भी दुनिया के पर्यावरण को लेकर उतने ही चिन्तित नज़र आ रहे हैं जितने अमेरिका या यूरोप के देश। लेकिन इस सदिच्छा के सन्दर्भ उतने व्यापक और गहरे नहीं हैं जितने कि होने चाहिये। कार्बन उत्सर्जन की बहस के बीच विकास को बलिदान करने की तथाकथित तैयारी एक तरह से दुनिया के दादा देशों पर किया जा रहा अहसान नज़र आता है जो दुर्भाग्य से उनसे सरोकार नहीं रखता है जिनसे रखना चाहिये। पर्यावरण के नाम पर जो राजनीति हो रही है उसका भी आदि अन्त विज्ञान के इर्द-गिर्द सिमटा हुआ है। इसलिए इस तरह की राजनीति से पर्यावरण बचाने में कोई मदद मिलेगी, निर्णय कर पाना मुश्किल है।

पर्यावरण की बात करते समय जिस एक विषय पर बिल्कुल ही बात नहीं हो रही है वह है—पर्यावरण का दर्शन। पर्यावरण का दर्शन अर्थात् मनुष्य के जीवन का दर्शन। विज्ञान के प्रभाव में धीरे-धीरे मनुष्य ने पर्यावरण के दर्शन से अपना जीवन-दर्शन अलग कर लिया है और विज्ञान के साथ मिलकर जीवन का अनोखा दर्शन विकसित कर लिया है। या तो हम समझना नहीं चाहते या वाकई हमें समझ में नहीं आता कि वर्तमान

पर्यावरण की समस्या का मूल कारण इसके विज्ञानमय दर्शन में ही निहित है। जैसा कि आज हो रहा है सारी बहस सिर्फ़ विज्ञान पर आकर सिमट गयी है। क्या इससे कोई रास्ता निकलेगा? हमें आपको और उनको भी यह समझना होगा कि विज्ञानमय दर्शन और औद्योगीकरण की यूरोपीय अवधारणा इस समस्या के मूल में है। आज जिसे विकास कहा जा रहा है वह समस्या के मूल में है। कुछ समय पहले पश्चिम ने ही नारा दिया था कि बिना विनाश के विकास, लेकिन जल्द ही उनको लगा कि विनाश न करने की बात करके भी विकास के दौरान विनाश को रोक पाना मुश्किल है। तो फिर उन्होंने नारा दिया है सतत विकास। मैं कहता हूँ कि विकास को सस्टेनेबल बनाने की बजाय दिमाग़ को सस्टेनेबल बनाओ। दस-पचास साल की योजना बनाने की बजाय हज़ार साल की योजना बनाओ क्योंकि हज़ार साल बाद भी धरती पर हमारी सन्तानें तो रहेंगी ही। अगर उनके लिए आप धरती को सुरक्षित छोड़ना चाहते हैं तो अपने दर्शन में बदलाव करना ही होगा।

लेकिन जब दर्शन में बदलाव की बात होती है तो कोई इस पर बात नहीं करना चाहता। कोपेनहेगन में भी यही होगा। विज्ञान पर राजनीति होगी और सब लोग विदा हो जायेंगे। ऊर्जा के जिन विकल्पों को साफ़-सुथरा बताया जा रहा है उस पर आगे बढ़ने की बात होगी जिसमें परमाणु तकनीकि से बिजली पैदा करने की वकालत होगी। विज्ञान की समस्या को विज्ञान के समाधान से समझने-समझाने की कोशिश होगी। इसलिए कोपेनहेगन के कोपभाजन का शिकार वे तो कतई नहीं होंगे जो इसके विनाश के लिए ज़िम्मेदार हैं। यह थोड़ा असहज है लेकिन सच्चाई यही है कि कोपेनहेगन के कोपभाजन का शिकार एक बार फिर पर्यावरण ही बनाया जायेगा लेकिन ऐसा होगा पर्यावरण बचाने के नाम पर।

विस्फोट डॉट कॉम, २१ दिसम्बर २००९

संस्कारित सजगता के संकल्प का दिन

सरकारी कैलेण्डर में देखें तो पर्यावरण पर बातचीत १९७२ में हुए संयुक्त राष्ट्र संघ के स्टॉकहोम सम्मेलन से शुरू होती है। पश्चिम के देश चिन्तित थे कि विकास का कुल्हाड़ा उनके जंगल काट रहा है। विकास की पताकानुमा उद्योग की ऊँची चिमनियाँ, सम्पन्नता के वाहन, मोटर गाड़ियाँ आदि उनके शहरों का वातावरण ख़राब कर रही हैं। देवता सरीखे उद्योगों का निकल रहा चरणामृत वास्तव में ऐसा गन्दा और ज़हरीला पानी है जिसने उनकी सुन्दर नदियों, नीली झीलों को काला-पीला बना दिया। जिस तकनीकी के कारण यह काला-पीला रोग लगा था उसी से उबरने की दवा खोजने के फेर में पर्यावरण संरक्षण की नयी बहस पैदा हुई। यह बहस हर साल ५ जून को चरम पर पहुँच जाती है क्योंकि यह दिन पर्यावरण के समारोहों के समापन और शुरुआत, दोनों, का दिन होता है।

जो देश थोड़ा अपने आप को पिछड़ा मान रहे थे उन्होंने इस बहस में अपने आप को शामिल करते हुए कहा कि ठीक है तुम्हारी नदियाँ गन्दी हो रही हैं तो तुम मेरे पास चले आओ, मेरी नदियाँ अभी साफ़ हैं। उद्योग लगाओ और जितना हो सके गन्दा करो। ब्राज़ील जैसे देशों ने सीना ठोंक दावा न किया हो लेकिन दरवाज़े तो उसने भी कुछ इसी अन्दाज़ में खोले थे। ग़रीबी से निपटना है तो विकास चाहिये। और इस विकास से थोड़ा-बहुत पर्यावरण नष्ट हो जाये तो यह हमारी लाचारी है। इस दौर में वामपन्थियों ने भी कहा कि हम पर्यावरण की विलासिता नहीं ढो सकते। इस दौर में कई संजय गाँधियों का भी उदय हुआ जिन्होंने पर्यावरण संवर्धन की बात आधे मन और समझ से भले की हो लेकिन परिवार नियोजन का दमन पूरे मन से चलाया।

पर्यावरण की समस्या को ठीक से समझने के लिए हमें प्राकृतिक साधनों के बँटवारे को, उसकी खपत को समझना होगा। सीएसई के निदेशक स्व. अनिल अग्रवाल ने इस बँटवारे का एक मोटा ढाँचा बनाया था। कोई पाँच प्रतिशत आबादी दुनिया के प्राकृतिक साधनों के ६० प्रतिशत पर क़ब्ज़ा किये बैठी है। १० प्रतिशत आबादी के हाथ में कोई २५ प्रतिशत साधन हैं। लेकिन ६० प्रतिशत की फटी झोली में मुश्किल से ५ प्रतिशत साधन हैं। हालत ऐसी भी रहती तो एक बात थी। लेकिन इधर ५ प्रतिशत हिस्से की आबादी पूरी थमी हुई है। साथ ही जिन ६० प्रतिशत प्राकृतिक साधनों पर आज उनका क़ब्ज़ा है वह लगातार बढ़ रहा है। दूसरे वर्ग की आबादी में बहुत कम बढ़ोत्तरी हुई है। तीसरे २५ प्रतिशत की आबादी में वृद्धि हो गयी है और उनके साधन हाथ से निकल रहे हैं। इस तरह चौथे ६० प्रतिशत वाले वर्ग की आबादी तेज़ी से बढ़ चली है परिणाम उनके हाथ में बचे-खुचे संसाधन तेजी से ख़त्म हो रहे हैं।

यह चित्र केवल भारत का नहीं पूरी दुनिया का है। आबादी का तीन-चौथाई हिस्सा बस किसी तरह ज़िन्दा रहने की कोशिश में अपने आस-पास के पर्यावरण को बुरी तरह नोच रहा है। दूसरी ओर ५ प्रतिशत की पर्यावरण विलासिता भोगनेवाली आबादी ऐसे व्यापक और सघन दोहन में लगी है कि उसके लिए भौगोलिक सीमाओं का कोई मतलब नहीं है। कर्नाटक, मध्य प्रदेश और आन्ध्र प्रदेश में लगे काग़ज़ उद्योग ने पहले यहाँ के जंगल खाये, अब वे दूर-दराज के जंगलों को खाते-खाते अण्डमान निकोबार तक जा पहुँचे हैं। जो जितना ताक़तवर है वह दूसरे के हिस्से का पर्यावरण उतनी ही तेज़ी से निगलता है। दिल्ली अपने हिस्से की यमुना का पानी तो पीती है लेकिन कम पड़ जाये तो गंगा को भी निचोड़ लाती है। इन्दौर पहले अपनी छोटी-सी खान नदी को मार देता है फिर पानी के लिए नर्मदा के धरने पर बैठ जाता है। भोपाल पहले अपने विशाल ताल को कचरे से भर देता है फिर ८० किलोमीटर दूर बह रही नर्मदा से पीने के पानी की योजना बनाने लगता है। लेकिन नर्मदा के किनारे बसा जबलपुर नर्मदा के पानी से वंचित रहता है।

आधुनिक विज्ञान, तकनीक और विकास के नाम पर हो रही यह लूटपाट प्रकृति से (ख़ासकर ऐसे भण्डारों से जो दुबारा नहीं भरे जा सकते) पहले से कहीं ज़्यादा कच्चा माल खींचकर उसे अपनी ज़रूरत के लिए नहीं

बल्कि लालच के लिए पक्के माल में बदल रही है। इस कच्चे-पक्के की प्रक्रिया में जो कचरा पैदा होता है उसे विकास के पैरोकार ठिकाने लगाना अपना काम नहीं समझते। उसे वह ज्यों का त्यों प्रकृति के दरवाज़े पर पटक आना जानता है। इस तरह उसने हर चीज़ को एक उद्योग में बदल दिया है जो प्रकृति से ज़्यादा से ज़्यादा हड़पता है और बदले में इसे ऐसी कोई चीज़ नहीं देता जिससे उसका चुकता हुआ भण्डार फिर से भरे। और देता भी है तो ऐसी रद्दी चीज़ें धुआँ, गन्दा ज़हरीला पानी आदि की प्रकृति में अपने को सँवारने की जो कला है, उसका जो सन्तुलन है वह डगमगा जाता है। यह डगमगाती प्रकृति, बिगड़ता पर्यावरण नये-नये रूपों में सामने आ रहा है।

कहाँ तो देश के ३३ प्रतिशत हिस्से को वन से ढँकना था और कहाँ अब मुश्किल से १० प्रतिशत वन बचा है। उद्योगों और बड़े-बड़े शहरों की गन्दगी ने देश की १४ बड़ी नदियों के पानी को प्रदूषित कर दिया है। सिकुड़ रही खेती पर ज़मीन ने जो दबाव बनाया है उसकी चपेट में चरागाह भी आये हैं। वन गये तो वन के बाशिंदे भी बिदा होने लगे। बिगड़ते पर्यावरण की इस लम्बी सूची के साथ ही साथ सामाजिक अन्यायों की एक समानान्तर सूची भी बनती चली गयी है जिसका असर तो सब पर पड़ता ही है। पर क्या कोई इन समस्याओं से लड़ पायेगा? बिगड़ता पर्यावरण सँवारने के भारी-भरकम दावों के बीच क्या हम एक छोटा-सा संकल्प ले सकते हैं कि इसे अब और नहीं बिगड़ने देंगे? दिवसों और जलसों के बीच ऐसा संकल्प पर्यावरण के भोग-विलास वाली चौबीस घण्टे की चिन्ता को चौबीसों घण्टे की संस्कारित सजगता में बदल देगी। क्या किसी पर्यावरण दिवस पर हम ऐसा संकल्प करने के लिए तैयार होंगे?

विस्फोट डॉट कॉम

सिखाने से पहले हम ख़ुद सीखें

हम एक विचित्र दौर से गुज़र रहे हैं। अगर हम बच्चों को पर्यावरण के बारे में बताना और उसके संरक्षण की चेतना जगाना चाहते हैं, तो पहले हमें अपनी पीढ़ी पर एक सख़्त नज़र डालनी चाहिये। क्या हम अपने समय में मिट्टी, पानी और हवा को बचा पाये? क्या हम ख़ुद में ऐसी चेतना जगा पाये? इस तराजू पर यदि अपनी पीढ़ी या अपने से पहले की पीढ़ी को तोलें, तो हल्के साबित होते हैं।

आज़ादी के बाद विकास की बात शुरू हुई और उसी के साथ हमने देखा कि छोटी-बड़ी नदियाँ प्रदूषित होने लगीं, जंगल कटने लगे, ज़मीन ख़राब होने लगी। उद्योग लगते गये और चिमनियों से निकलने वाला काला धुआँ गहराता गया। लेकिन हमारी पीढ़ी ने इसे ही विकास मार्ग समझा और इसके प्रभावों पर वैसा ध्यान नहीं दिया, जैसा दिया जाना चाहिये था।

अब यह पीढ़ी अपने से आगे की पीढ़ी को पर्यावरण के बारे में जागरूक करे, तो कैसे! जिन्हें हम प्राकृतिक संसाधन कहते हैं, उनका उपभोग अब और भी बढ़ गया है। प्रकृति के किस-किस हिस्से को छीन कर शहरों में लाया जाता है, इस बारे में हम ख़ुद जागरूक नहीं हैं, तो अगली पीढ़ी को क्या बतायें! वर्तमान पीढ़ी का ध्यान अपने जीवन को किसी न किसी तरह सफल और सम्पन्न बना लेने पर है। इस विचार के कारण हम अपने समय की सबसे ज्वलन्त समस्याओं को भुला देने की आदत में आ गये हैं। सब तरफ़ पानी प्रदूषित हो जाये, तो कोई बात नहीं—हम घर में फिल्टर लगा कर और बाहर बोतलबन्द पानी ख़रीदकर काम चला लेंगे। हर शहर की हवा ख़राब हो रही हो तो हो जाये—हम तो घर में एयर प्यूरीफायर लगा

लेंगे।

लेकिन ऐसा होता नहीं है। यह मुमकिन ही नहीं कि नदी-तालाब प्रदूषित हो जायें और हमें साफ़ पानी मिलता रहे या हवा गन्दी हो जाये और हम शुद्ध वायु ख़रीद अथवा जुटा लें। सो, जिस पीढ़ी ने ज़्यादा चिन्ता नहीं की, उसे अगली पीढ़ी के लिए और अधिक मेहनत करनी पड़ेगी। नहीं तो नयी पीढ़ी जब समझदार बनेगी, हमारी पीढ़ी को कोसेगी।

बहरहाल, हम यह न भूलें कि नयी पीढ़ी हमसे कहीं ज़्यादा समझदार व जागरूक है। ऐसे कई प्रश्न हैं, जिनके समाधान के लिए बहुत सारी जगहों पर बच्चों-किशोरों द्वारा बहुत बड़ा काम हो रहा है। पर यह पूरी तरह सामने नहीं आ पाता।

हिमालय के जंगल कट रहे हैं, तो हिमालय के ही बहुत बड़े हिस्से में स्कूली बच्चे पेड़-पौधे भी लगा रहे हैं। इसी तरह पानी की बरबादी रोकने के लिए अनेक स्कूलों में छोटे-बड़े अभियान चल रहे हैं। हाल ही में दिवाली में भी प्रदूषण के प्रति भावी पीढ़ी में जागरूकता दिखी। इस पीढ़ी ने स्पष्ट दिखा दिया कि दुनिया की बेहतरी के लिए वह अपने आनन्द का एक हिस्सा—पटाखे फोड़ कर दिवाली मनाने का मोह छोड़ सकती है। परन्तु बड़ी पीढ़ी, बड़े लोग और बड़े खिलाड़ी बिना बम फोड़े ख़ुशियाँ नहीं मना पाते। चाहे क्रिकेट का अन्तरराष्ट्रीय मैच हो या आईपीएल, जीत का जश्न बिना धमाके के नहीं होता। कथनी और करनी के इस अन्तर पर भी हमें ग़ौर करना होगा।

जो काम पिछली पीढ़ियों ने नहीं किया, वह काम आगामी पीढ़ी नहीं करेगी, ऐसा न मानें। मुझे पूरा भरोसा है कि आने वाली पीढ़ी इस दिशा में ऐसा और इतना काम करेगी कि हमारी पीढ़ी के दोष भी ढँकेंगे। लेकिन अब हमें भी काम करना पड़ेगा, क्योंकि हालात उस बिन्दु तक आ चुके हैं, जहाँ हमने अच्छी भूमिका नहीं निभायी, तो बचाने के लिए बहुत वक़्त नहीं बचेगा। इसलिए ख़ुद सीखें और बच्चों को भी सिखायें। दोनों पीढ़ियाँ मिलकर काम करें।

मधुरिमा, १८ नवम्बर, २०१५

नदी जोड़ो योजना

देश की नदियों को एक-दूसरे से जोड़ने की इच्छा नयी नहीं है। पर इस दौर में इस पर जितना ध्यान दिया जा रहा है, उतना सम्भवत: पहले कभी नहीं दिया गया था।

योजना का वर्तमान स्वरूप और अन्य मोटी-मोटी जानकारियाँ इस टिप्पणी के अन्त में दी जा रही हैं। पर यहाँ इसका परिचय देते हुए यह कहना ज़रूरी है कि नदी जोड़ो योजना की कोई भी चर्चा किनारे पर बैठ कर, तटस्थ रह कर नहीं की जा सकती।

देश में कश्मीर से लेकर कन्याकुमारी तक और उधर पूरब से पश्चिम तक हज़ारों छोटी-बड़ी नदियाँ बह रही हैं, हज़ारों-लाखों बरसों से। समाज ने समय-समय पर इनसे अपनी ज़रूरतें पूरी की हैं—इन पर छोटे-बड़े बाँध बाँध कर। कभी सिंचाई के लिए तो कभी पेयजल योजनाओं के लिए तो कभी बिजली पैदा करने के लिए।

हमारे देश का भूगोल—उतार, चढ़ाव, पर्वत, घाटी, मैदान यह सब कोई एक दिन में नहीं बना है। इसे बनने में करोड़ों वर्ष लगे हैं और इसी से बना है हर छोटी-बड़ी नदी के उद्‌गम का बिन्दु और फिर उसके प्रवाह का रास्ता और या तो किसी अन्य बड़ी नदी में अपने को समर्पित करने का स्थान, नहीं तो समुद्र में मिलने का बिन्दु। सचमुच बिन्दु से सिन्धु तक हर बात प्रकृति ने तय कर रखी थी।

पिछले दौर में समाज के हाथों ऐसी तकनीक आयी जो प्रकृति के इन निर्णयों से खेल सकती है। तब योजनाकारों को लगने लगा कि क्यों न

इन नदियों को एक दूसरे से जोड़ कर पूरे देश में जल उपलब्धता को समान बना दें और बाढ़ तथा अकाल की समस्या से भी छुटकारा पा जायें।

आज़ादी के बाद आये विकास के दौर में नेहरू सरकार के सामने श्री दस्तूर नामक एक इंजीनियर ने 'गारलैण्ड कैनाल' नाम की एक ऐसी ही योजना रखी थी। भारत माता को नदियों का एक हार पहनाने के लिए। उस सस्ते ज़माने में भी इसके लिए भारी मात्रा में धनराशि की ज़रूरत थी। यह जुट नहीं पायी। काम नहीं बढ़ सका।

बाँध बनते रहे, नहरें भी निकलती रहीं पर एक नदी का पानी दूसरी नदी में डाला नहीं जा सका। फिर आया श्री अटल बिहारी का दौर। तब कांग्रेस विरोधी पक्ष में थी। राष्ट्रपति श्री कलाम वैज्ञानिक पृष्ठभूमि के थे। देश में अकाल की परिस्थितियाँ थीं। सबसे बड़ी अदालत ने कहा कि नदियाँ क्यों नहीं जोड़ते! इसे आदेश ही मान लिया गया। राष्ट्रपति, प्रधानमन्त्री, विरोधी दल की नेता श्रीमती सोनिया गाँधी—सब इसके समर्थन में उठ खड़े हुए। पर्यावरण की चिन्ता रखने वाले कुछ लोग, कुछ जन आन्दोलन इसके विरोध में ज़रूर थे, पर उनकी बात सुनी नहीं गयी।

राजनैतिक परिस्थिति बदली। भारतीय जनता पार्टी के बदले फिर से कांग्रेस के नेतृत्व में सरकार बनी। नदी जोड़ो योजना का समर्थन इसके नेताओं ने किया ही था, पर सरकार ने इस काम को आगे बढ़ाने में कुछ किया नहीं। एक बार फिर केन्द्र में सत्ता बदली और अब श्री नरेन्द्र मोदी के नेतृत्व में इस योजना में फिर से प्राण फूँके जा रहे हैं। एक विशेष मन्त्रालय को यह काम सौंपा गया है।

मध्य प्रदेश ने इस विशाल योजना का एक बहुत छोटा-सा हिस्सा पूरा भी कर लिया है। यह है नर्मदा-शिप्रा लिंक। अगर इसे कुल योजना की प्रस्तावना जैसा कुछ मान लें तो यह बहुत उत्साह नहीं दे पाती। नर्मदा घाटी में बहती है, शिप्रा उससे कोई १००० फ़ुट की ऊँचाई पर मालवा के पठार पर। योजना के पक्ष में बताया गया था कि सूखी पड़ी शिप्रा में नर्मदा का पानी लाने से तीर्थ क्षेत्र को, किसानों को लाभ ही लाभ होगा। किसी के भी ध्यान में यह नहीं आया कि भला शिप्रा सूख क्यों गयी है? नर्मदा का पानी बड़े-बड़े पम्पों की सहायता से ऊपर उठाकर शिप्रा में मिलाया जा

रहा है। बहुत कम लोगों को इस बात का अन्दाज़ है कि प्रतिदिन इस पर कोई १६ लाख रुपये की बिजली ख़र्च हो रही है। फिर पाइप लाइन हर कभी हर कहीं से टूट जाती है। चारों तरफ़ कीचड़ ही कीचड़ हो जाता है। जुलाई २०१४ में शिप्रा में इतनी भयानक बाढ़ आ गयी कि उज्जैन तीर्थ क्षेत्र के सारे मन्दिर डूब गये थे। इसका तो अर्थ यह भी हुआ कि शिप्रा सूखी नहीं है। उसे इतना बर्बाद किया गया है कि न वह बाढ़ झेल पाती है न अकाल। हमारी सारी नदियों की ऐसी ही उपेक्षा हुई है।

थोड़ा पीछे लौटें। जब दामोदर नदी पर बाँध बन रहा था तब श्री कपिल भट्टाचार्य नाम के एक इंजीनियर ने उस योजना के दुष्परिणामों को एक-एक कर गिनाया था। लेकिन बाँध बना और फिर सब कुछ वैसा ही होता चला गया जैसा श्री कपिल भट्टाचार्य ने बताया था।

और पीछे लौटें। सन् १९३८ में बंगाल प्रेसीडेंसी के इंजीनियरों के सामने सर विलियम वेल्कॉक नामक एक अँग्रेज़ अधिकारी ने भी ''अँग्रेज़ों द्वारा बनायी गयी नहरों से आर्थिक लाभ के बदले नुक़सान के पलड़े को ज़्यादा भारी बताया था।''

इस नदी योजना का वर्णन करते हुए प्रारम्भ में 'तटस्थ' शब्द का उपयोग किया गया है। अब तटस्थता से इसके आँकड़े आदि देख लें।

योजना तीन भागों में है। पहला—उत्तरी हिमालय की विभिन्न नदियों का जोड़। दूसरा है दक्षिणी प्रायद्वीप की नदियों का जोड़ और तीसरा है अन्तर्राज्यीय नदियों का एक-दूसरे से मिलना। लक्ष्य है जल की अधिकता वाले, बाढ़ वाले क्षेत्र का पानी बहा कर कमी वाले, अकाल वाले क्षेत्रों में बाँधों, नहरों से पहुँचाना। लाभ मिलेगा सिंचाई में बढ़ोत्तरी का। जल संसाधन मन्त्रालय के अन्तर्गत आने वाले एक विभाग, 'नेशनल वाटर डेवलपमेंट एजेंसी' ने हिमालय में १४, दक्षिण प्रायद्वीप में १६ और विभिन्न राज्यों में ३७ नदियों को जोड़ने, उनका पानी यहाँ से वहाँ ले जाने का प्रस्ताव तैयार कर दिया है। प्रारम्भ में इस वृहद योजना की लागत ५६,००० करोड़ रुपये आँकी गयी थी। अब २०१३ में इसका फिर से मूल्यांकन किया गया है। अब इस पर ७९,२८१.९४ करोड़ रुपये ख़र्च होंगे।

पानी की एक-एक बूँद के लिए लड़ रहे तमिलनाडु और कर्नाटक, पंजाब

और हरियाणा और दिल्ली तथा हरियाणा का कड़वा अनुभव अभी तो यही बताता है कि देश की प्रगति के लिए बतायी गयी यह सबसे मीठी योजना आसानी से ज़मीन पर उतर नहीं पायेगी।

भारतीय भाषा परिषद्, हिन्दी कोश, मार्च, २०१५

गाँधी जी तब भी नहीं थे

कोई ६४ बरस बाद फिर से कुछ साथी मिल रहे हैं। वैसी ही चिन्तायें मन में लेकर। परिस्थितियाँ बहुत तेज़ी से बदली हैं। तब आज़ादी एकदम ताज़ी सुगन्ध लिए थी। आज हमारी आज़ादी में बासीपन की, एक हद तक सड़ाँध की, कुछ बदबू भी आने लगी है।

तब आज़ादी के एक ही आन्दोलन से निकले कुछ साथी देश के नवनिर्माण में, रचनात्मक कामों में लगने का संकल्प ले रहे थे तो दूसरे कुछ साथी एक साफ़-सुथरी शासन व्यवस्था को बनाकर इसे पुनर्निमाण का एक और रास्ता बनाना चाह रहे थे। राज और समाज के शून्य को भरने का यह प्रयास तब लग रहा था कि कन्धे से कन्धा मिलाकर पूरा किया जा रहा था।

आज हमारे बीच राज का वह भाग बिल्कुल अनुपस्थित है। और उसकी यह अनुपस्थिति हमें दुखी नहीं करती—अब इन दोनों के बीच किसी सार्थक संवाद की गुंजाइश लगातार कम होती जा रही है। दोनों की भाषा, काम का तरीक़ा, चिन्तायें, मुद्दे, प्राथमिकतायें—सब कुछ बदल गया है। दोनों के बीच छत्तीस का आँकड़ा है।

राज बतायेगा प्रगति के आँकड़े। विकास की दर। महात्मा गाँधी के नाम पर चल रही ग्रामीण रोज़गार योजना में हुए ख़र्च के आँकड़े। समाज में काम कर रहे लोग बतायेंगे बढ़ती ग़रीबी, फैलती बेरोज़गारी, फैलती जा रही हिंसा की जड़ें। असहिष्णु बनता जा रहा हमारा समाज और एकदम भ्रष्ट होते जा रहे वे लोग जिन्हें समाज शिष्ट ही मानता रहा है।

इन बरसों में समाज ने लगभग हर पार्टी को शासन की बागडोर थमाकर उसे एक बेहतर राज चलाने का मौक़ा दिया है। पर जे.पी. के शब्दों में 'नागनाथ के बदले साँपनाथ ही मिले उसे।' राष्ट्रीय कर्त्तव्य को सब दलों ने अपने क्षुद्र स्वार्थ से ढँक कर मतदाताओं की समझदारी का भी मज़ाक़ उड़ाया है। समस्यायें बढ़ती ही जा रही हैं। उनका हल तलाशने वालों की संख्या भी कम हो चली है और जो कुछ काम करते दिखते हैं, उनके काम की सरहदें भी सिकुड़ती जा रही हैं, उनकी सीमायें भी दिखने लगी हैं। तो क्या निराश हो जायें हम? हाथ पर हाथ रख कर बैठे रहें हम?

इस निराशाजनक परिस्थिति को बदलने के लिए सभी क्षेत्रों में कुछ न कुछ काम हुए हैं, कुछ तपस्या भी की गयी है पर केवल इतने से कुछ आगे का रास्ता मिलता नहीं। पिछले दिनों चले कई बड़े-बड़े 'जन' आन्दोलन भी भटक-से गये हैं।

तब हल क्या है?

बहुतों से उत्तर मिलेगा—गाँधी।

पर गाँधी हैं कहाँ? नहीं हैं वे, आसपास तो उन्हें थोड़ा खोजना पड़ेगा। क्या यह छोटी-सी जमात गाँधी जी को भरोसा दिला पायेगी कि हम इस तैयारी में लग रहे हैं।

यथावत्, १-१५ अक्टूबर २०१४

खादी जैसा अख़बार

'अनसूया' यानी ईर्ष्या का अभाव। पर यह पत्र तो ईर्ष्या पैदा करता है। २४ पन्नों का, साधारण से माने गये मटमैले सस्ते काग़ज़ पर, इस भदरंगे दौर में इकरंगी छपा यह छोटा-सा पत्र बड़ी-बड़ी रंगीन पत्रिकाओं के लिए ईर्ष्या पैदा कर सकता है। इसका रूप भी खादी जैसा और इसके विषय भी खुरदुरे-से। चिकने-चुपड़े नहीं।

सामाजिक कामों में लगी बहुत-सी संस्थाओं, आन्दोलनों की पत्रिकायें, उनके बुलेटिन भी कई बार बड़बोली बातें करते दिखते हैं। ऐसी पत्रिकायें तरह-तरह के उपदेश पूरे देश को कुछ इस अन्दाज़ में देती हैं कि पूरा समाज नया कर देना है, सारा कुछ बदल देना है, सब तो सो रहे हैं, इसलिए सबको जगा देना है, सब पत्थर हैं, अचेतन हैं, उनमें चेतना फूँक देनी है।

इस हिसाब से 'अनसूया' बिलकुल बड़बोला पत्र नहीं है। ध्यान से देखें आप तो इसके पहले पन्ने पर लिखा रहता है—राष्ट्र विकास में स्त्री और बालशक्ति का संयोजन। संयोजन शब्द में एक विनम्रता है जो आज के इस दौर में सामाजिक काम में आन्दोलन में लगे लोग एकदम भूल गये हैं। संयोजन का अर्थ है सब कुछ आसपास उपलब्ध है, बस इसको करीने से, तरतीब से रख देना, उपयोगी ढंग से बिठा देना। और सचमुच 'अनसूया' अपने पन्नों में इसी काम को करती दिखती है।

'आगेवान' शब्द पत्र में अक्सर पढ़ने-देखने को मिलता है। आगेवान का अर्थ है जो दूसरों को आगे करे, जो अपने लिए नहीं, दूसरों के लिए जगह बनाये, दूसरों को आगे बढ़ाये—ऐसा नेतृत्व है आगेवान का। इस अर्थ में

'अनसूया' पत्र आगेवान ही है। इसके पन्नों में ऐसी ही जानकारी, बातचीत बराबर मिलती है।

'अनसूया' 'सेवा' नामक प्रसिद्ध आन्दोलन का मुखपत्र है। 'सेवा' शब्द अँग्रेज़ी के एस.ई.डब्ल्यू.ए. से बना है और अँग्रेज़ी के इन प्रतीकों के पीछे सेल्फ इम्प्लॉयड वूमन्स एसोसिएशन जैसा नाम है। पत्र का आधार यह सेवा है लेकिन पत्र अपने में पूरी सेवा की भावना समेटता है। इसलिए यह मज़दूर आन्दोलन की चौखट में ठुका पत्र नहीं लगेगा। इसमें तो उन्हें केवल मज़दूर बने रहने की मज़बूरी से ऊपर उठाने के व्यापक प्रयास भी दिखेंगे। इसके पन्नों में आपको ऐसी मज़दूर स्त्रियों के बारे में पढ़ने को भी मिलेगा जो आत्मविश्वास की मज़बूत सीढ़ियाँ चढ़कर पहले मिस्त्री बनी हैं और क्या पता कल मिस्त्री से शास्त्री भी बन जायें।

पाठकों को भी ऐसी सीढ़ियाँ चढ़ाने वाले पत्र 'अनसूया' के लिए आज बस इतना ही।

अनसूया, दिसम्बर-जनवरी २०१०-११

जल संग्रह की परम्परा

पानी के बारे में कहीं भी कुछ भी लिखा जाता है तो उसका प्रारम्भ प्राय: उसे जीवन का आधार बताने से होता है। 'जल अमृत है, जल पवित्र है, समस्त जीवों का, वनस्पतियों का जीवन, विकास—सब कुछ जल पर टिका है।' ऐसे वाक्य केवल भावुकता के कारण नहीं लिखे जाते। यह एक वैज्ञानिक सच्चाई है कि पानी पर ही हमारे जीवन का, सारे जीवों का आधार टिका है। यह आधार प्रकृति ने सर्वसुलभ, यानी सबको मिल सके, सबको आसानी से मिल सके—कुछ इस ढंग से ही बनाया है। पानी हमें बार-बार मिलता है, जगह-जगह मिलता है। हम सबका जीवन ही जिस पर टिका है, उसका कोई मोल नहीं, वह सचमुच अनमोल है, अमूल्य है, बहुमूल्य है।

प्रकृति ने इसे जीवनदायी बनाने के लिए अपने ही कुछ कड़े कठोर और अमिट माने गये नियम तोड़े हैं। उदाहरण के लिए, प्रकृति में जो भी तरल पदार्थ जब ठोस रूप में बदलता है तो वह अपने तरल रूप से अधिक भारी हो जाता है और तब वह अपने ही तरल रूप में नीचे डूब जाता है। पर पानी के लिए प्रकृति ने अपने इस प्राकृतिक नियम को ख़ुद ही बदल दिया है। और इसी में छिपा है इसका जीवनदायी रूप।

पानी जब जम कर बर्फ़ के रूप में ठोस बनता है तब यह अपने तरल रूप से भारी नहीं रहता, बल्कि हल्का होकर ऊपर तैर जाता है। यदि पानी का यह रूप ठोस होकर भारी हो जाता तो वह तैरने के बदले नीचे डूब जाता। तब कल्पना कीजिये हमारी झीलों का, ठण्डे प्रदेशों में तमाम जल स्रोतों का क्या होता ? जैसे ही इन क्षेत्रों में ठण्ड बढ़ती, तापमान जमाव बिन्दु से

नीचे जाता तो झीलों आदि में पानी जमने लगता और तब जमी हुई बरफ़ नीचे जाने लगती और देखते ही देखते उस स्रोत के सभी जलचर, मछली वनस्पति आदि मर जाते। और यदि यही क्रम हर वर्ष ठण्ड के मौसम में हज़ारों वर्षों तक लगातार चलता रहता तो संसार में जल के प्राणी तो समूचे तौर पर नष्ट हो चुके होते। उनकी तो पूरी प्रजातियाँ सृष्टि से ग़ायब हो जातीं या शायद अस्तित्व में ही नहीं आ पातीं और साथ ही कल्पना कीजिये उन क्षेत्रों की, उन देशों की जहाँ वर्ष के अधिकांश भाग में तापमान जमाव बिन्दु से नीचे ही रहता है। वहाँ जल-जीवन नहीं होता और उस पर टिका हमारा जीवन भी सम्भव नहीं हो पाता। इसलिए यह जल का प्राणदायी रूप हमें सचमुच प्रकृति की कृपा से, उदारता से ही मिला है।

प्रकृति ने जल का वितरण भी कुछ इस ढंग से किया है कि वह स्वभाव से साझेपन की ओर जाता है। आकाश से वर्षा होती है। सब के आँगन में, खेतों में, गाँवों में, शहर में, और तो और निर्जन प्रदेशों में, घने वनों में, उजड़े वनों में, बर्फ़ीले क्षेत्रों में, रेगिस्तानी क्षेत्रों में—सभी जगह बिना भेदभाव के, बिना अमीर-ग़रीब का, अनपढ़-पढ़े लिखे का भेद किये—सब जगह वर्षा होती है। उसकी मात्रा क्षेत्र विशेष के अनुरूप कहीं कुछ कम या ज़्यादा ज़रूर हो सकती है, पर इससे उसका साझा स्वभाव कुछ कम नहीं होता।

जल का यह रूप वर्षा का और सतह पर बहने, ठहरने वाले पानी का है। यदि हम उसका दूसरा रूप भूजल का रूप देखें तो यहाँ भी उसका साझा स्वभाव बराबर मिलता है। वह सब जगह कुछ कम या ज़्यादा गहरायी पर सबके लिए उपलब्ध है। अब यह बात अलग है कि इसे पाने, निकालने के तरीक़े मानव समाज ने कुछ ऐसे बना लिए हैं जहाँ वे जल का साझा स्वभाव बदलकर उसे निजी सम्पत्ति में बदल देते हैं। कोई भी समाज अपनी इस प्राकृतिक धरोहर को किस हद तक सामाजिक रूप देकर उदारतापूर्वक बाँटता है और किस हद तक उसे निजी रूप में बदलकर कुछ हाथों में सीमित करना चाहता है, वह किस हद तक इन दोनों रूपों के बीच सन्तुलन बनाये रखता है, एवं स्वस्थ तालमेल जोड़े रखता है—इसी पर निर्भर करता है उस समाज का सम्पूर्ण विकास और कुछ हद तक उसका विनाश भी।

जल-उपयोग : परम्परागत और आधुनिक तकनीक

राजस्थान के परिप्रेक्ष्य में हम देखें तो एक तरफ़ परम्परागत स्त्रोतों में सतह पर बहने वाले जल का संग्रह करने वाली संरचनायें हैं तो दूसरी तरफ़ भूजल का उपयोग करने वाले कुएँ, बेरा, झालरा, बावड़ी जैसे ढाँचे हैं। इन दो तरह के स्त्रोतों, संरचनाओं के अलावा एक तीसरा भी तरीक़ा है और यह तरीक़ा बहुत ही अनोखा है। यह है रेजानी पानी पर टिका ढाँचा, जिसे कुईं कहते हैं।

आज हमारी सारी नयी पढ़ाई-लिखाई में पानी के सिर्फ़ दो प्रकार माने गये हैं। एक सतही पानी और दूसरा भूजल। पहला वर्षा के बाद ज़मीन में बहता है, या कहीं तालाबों, झीलों या बहुत-सी छोटी-बड़ी संरचनाओं में रोक लिया जाता है। यहाँ से यह सतही पानी धीरे-धीरे नीचे रिसता है और ज़मीन के नीचे के स्त्रोतों में भूजल की तरह सुरक्षित हो जाता है। इसे बाद में कुओं, ट्यूबवेल या हैण्डपम्पों आदि की मदद से फिर से ऊपर उठा कर काम में लाया जाता है।

लेकिन केवल राजस्थान के समाज ने पानी के इन दो प्रकार में अपने सैकड़ों वर्षों के अनुभव से एक तीसरा प्रकार भी जोड़ा था। इसे रेजानी पानी का नाम दिया है। रेजानी पानी न तो सतही पानी है और न भूजल ही। यह इन दोनों प्रकारों के बीच का एक अनोखा और बहुत ही व्यावहारिक विभाजन है।

पीढ़ियों की जल-सूझ

इसे ठीक से समझने के लिए हमें पहले राजस्थान के मरु क्षेत्रों की संरचना को समझना होगा। राजस्थान के रेतीले भागों में कहीं-कहीं प्रकृति ने पत्थर या जिप्सम की एक पट्टी भी रेत के नीचे चलायी है। यह बहुत गहरी भी है तो कहीं-कहीं बहुत ऊपर भी। ऐसे भू-भागों पर बरसने वाला वर्षा का जल यहाँ पर गिर कर रेत में धीरे-धीरे नीचे समाता जाता है और इस पट्टी पर जाकर टकरा कर रुक जाता है। तब यह नमी की तरह पूरे रेतीले भाग में सुरक्षित हो जाता है। यह नमी रेत की ऊपर की सतह के कारण

आसानी से वाष्प बनकर उड़ नहीं पाती, और नीचे की तरफ़ जिप्सम की पट्टी के कारण भी अटक जाती है। वर्षा का यह मीठा पानी नीचे खारे भूजल में जाकर मिल नहीं पाता। पर इसका रूप तरल पानी की तरह न होकर रेत में समा गयी नमी की तरह होता है।

यह राजस्थान के अनपढ़ माने गये सर्वोत्तम ग्रामीण इंजीनियरों का कमाल ही माना जाना चाहिये कि उन्होंने खारे पानी, खारे भूजल से अलग, रेत में छिपी इस मीठी नमी को भी पानी के तीसरे प्रकार की तरह खोज निकाला और फिर उस नमी को पानी में बदलने के लिए कुईं जैसे विलक्षण ढाँचे का आविष्कार कर दिखाया। कुईं के इस विचित्र प्रयोग का वर्णन अभी नहीं। अभी तो यहाँ बस हमें इतना ही देखना है कि पानी के दो सर्वमान्य प्रकारों में राजस्थान ने एक तीसरा भी प्रकार अपनी सूझ-बूझ से जोड़ा था। यह बड़े अचरज की बात है कि इस विलक्षण प्रतिभा को जितनी मान्यता आज के नये पढ़े-लिखे समाज से, भूगोल विषय पढ़ाने-पढ़ने वालों से, शासन और स्वयंसेवी संस्थाओं से मिलनी चाहिये थी, उतनी कभी नहीं मिल पायी।

परम्परागत पद्धतियाँ

तो इस तरह परम्परागत तरीक़े पानी के तीनों प्रकारों का भरपूर उपयोग करने के लिए बनाये गये थे। इस उपयोग को ठीक से समझने से पहले एक बार हम परम्परागत तरीक़ों की परिभाषा भी देख लें। परम्परागत का अर्थ प्रायः पुराने और एक हद तक पिछड़े तरीक़े ही माना जाता रहा है। पर सन् २००४ में छह साल तक चले अकाल के बाद बहुत से लोगों को, स्वयंसेवी संस्थाओं को और एक हद तक शासन को भी पहली बार यह आभास हुआ कि ये पिछड़े माने गये तरीक़े ही संकट में कुछ काम आये हैं। इसे और स्पष्ट समझने के लिए हम राजस्थान के पिछड़े माने गये क्षेत्र के बदले गुजरात के एक सम्पन्न क्षेत्र भावनगर का उदाहरण ले सकते हैं। गुजरात भी अकाल के, कम वर्षा के उन वर्षों में अकाल की चपेट में आया था। यहाँ भावनगर का सम्पन्न माना गया क्षेत्र भी अकालग्रस्त था। पूरा क्षेत्र सूरत में हीरों का महँगा काम करने वाले अपेक्षाकृत अमीर गाँवों

का इलाक़ा था। पैसे की कोई कमी नहीं थी। सब जगह ख़ूब सारे ट्यूबवेल थे। पर लगातार चले अकाल ने ज़्यादातर ट्यूबवेल बेकार कर दिये। इनसे जुड़ी नलों की व्यवस्था भी सूख गयी थी और कहीं जो हैण्डपम्प थे, वे भी जवाब दे चुके थे।

इसी सम्बन्ध में हमें एक और तथ्य की तरफ़ ध्यान देना चाहिये। प्रकृति ने कुछ हज़ार वर्षों से यदि पानी गिराने का, वर्षा का, जलचक्र का तरीक़ा नहीं बदला है तो समाज पानी रोकने का, जल संग्रह का तरीक़ा भी नहीं बदल सकता। समाज को जल-संग्रह ठीक वैसे ही करते रहना होगा। हाँ, जल वितरण के तरीक़े समय के साथ, विज्ञान की प्रगति के साथ बदलते रहेंगे। इसी तरह से देखें तो हमें समझ में आ जायेगा कि ट्यूबवेल आदि जल संग्रह की नहीं बल्कि जल वितरण की आधुनिक प्रणालियाँ हैं। जल संग्रह के लिए, भूजल रिचार्ज के लिए हमें काफ़ी हद तक उन्हीं तरीक़ों की ओर लौटना होगा, जिन्हें परम्परागत कहकर बीच के वर्षों में भुला दिया गया था।

मानव समाज का इतिहास, उसका विकास और उसकी सारी गतिविधियाँ पानी पर टिकी हैं। पानी ज़्यादा गिरता है या कम गिरता है, इस बहस में पड़े बिना समाज ने अपने-अपने हिस्से के पानी को जितने हो सके उतने रोकने के तरीक़े विकसित किये थे। बँध-बन्धा, ताल-तलाई, जोहड़-जोहड़ी, नाडी-नाडा, तालाब, सर, झील, देईबन्ध, खड़ीन जैसे अनेक प्रकार हमारे समाज की परम्परा ने सैकड़ों वर्षों के अपने अनुभव से खोजे थे। सैकड़ों वर्षों के अनुभव से समाज ने इन्हें परिष्कृत किया था।

राजस्थान में वर्षा-जल संरक्षण

राजस्थान के सन्दर्भ में देखें तो ये सब संरचनायें वर्षा के पानी को, जिसे यहाँ पालर पानी कहा जाता है—रोकने के तरीक़े हैं। ये सब तरीक़े इस तरह से तालाब के ही छोटे और बड़े रूप हैं। इनमें सबसे छोटा प्रकार है—नाडी। सम्भवत: आज हम जिस किसी छोटी-सी जगह को तालाब के लिए पर्याप्त न मानकर छोड़ देना पसन्द करेंगे, उसी छोटी जगह पर पहले का समाज नाडी जैसा ढाँचा बना लेता था। जहाँ बहुत छोटा जल-ग्रहण

क्षेत्र हो, फिर भी बरसने वाले पानी की आवक ठीक हो, वहाँ रेत और मिट्टी की पाल से नाडी बनाकर वर्षा का जल समेट लिया जाता था। ये नाडियाँ कच्ची मिट्टी से बनने के बाद भी बहुत पक्की बनायी जाती थीं। नाडियों में पानी दो–तीन महीने से लेकर सात–आठ महीने तक जमा रहता है। मरुभूमि के कई गाँवों में २००–३०० साल पुरानी नाडियाँ अभी भी समाज का साथ और उसकी ज़रूरत पूरी करते हुए, निभाते हुए मिल जायेंगी।

तलाई या जोहड़ में पानी नाडी से कुछ ज़्यादा देर तक और कुछ अधिक मात्रा में टिका रहता है, क्योंकि इन ढाँचों में पानी की आवक कुछ ज़्यादा बेहतर होती है। इनमें मिट्टी के काम के अलावा थोड़ा–बहुत काम पत्थर का आवश्यकतानुसार किया जाता है। ऐसे ढाँचों में संग्रह किया गया जल नौ–दस महीने और कभी–कभी तो पूरे बारह महीने चलता है। यानी एक वर्षा का मौसम अगले वर्षा के मौसम तक साथ देता है। इन ढाँचों की एक उपयोगिता या महत्त्वपूर्ण योगदान यह भी है कि इन सबसे भूजल यानी पाताल पानी का संवर्धन भी हो जाता है। सूख चुका तालाब आस–पास के न जाने कितने कुओं को गर्मी के कठिन दिनों के लिए अपना पानी सौंप देता है और यही महीने समाज के लिए सबसे कठिन दिन माने जाते हैं।

वर्षा के पानी को सतह पर संचित करने के इन सब तरीक़ों में हर स्तर पर बाक़ायदा हिसाब–किताब रखा जाता है। कितनी दूर से, कितनी मात्रा में पानी आयेगा, उसे कितनी ताक़त से कैसे रोक लेना है और वह रुका हुआ पानी कितने भू–भाग में कितनी गहरायी में फैलेगा, भरेगा और फिर यदि ज़्यादा पानी आ जाये तो उसे कितनी ऊँची जगह से पूरी सावधानी के साथ बाहर निकालना है ताकि तालाब की मुख्य संरचना टूट न सके—आदि अनेक बारीक़ियों का ध्यान बिना लिखा–पढ़ी के पीढ़ियों से संचित अनुभव और अभ्यास के कारण सहज ही रखा जाता रहा है।

इसे और विस्तार से समझने के लिए आप जिस किसी भी क्षेत्र में काम करते हों, रहते हों या आते–जाते हों—उन क्षेत्रों में बने ऐसे ढाँचों का बारीक़ी से अध्ययन करके देखें। तालाब आदि से जुड़े हर तकनीकी अंग का अलग–अलग विवरण और नाम भी एकत्र करने का प्रयास करें। ऐसे अभ्यास से हमें पता लगेगा कि परम्परागत ढाँचों में जल–संग्रह की पूरी तकनीक उपस्थित है। जहाँ से वर्षा का पानी आता है, उस हिस्से को

आगोर कहा जाता है। जहाँ पानी रुक कर भरता है उस अंग का नाम आगर है। जिस हिस्से के कारण पानी थमा रहता है उसे पाल कहा जाता है। तालाबों से जुड़ी ऐसी तकनीकी शब्दावली बहुत बड़ी और समृद्ध है। आप इनका संग्रह करेंगे, इन्हें लोगों के साथ बैठकर समझने का प्रयत्न करें तो अपने क्षेत्र के ज्ञान को समझने का एक नया अनुभव होगा।

दुहरा लाभ

परम्परागत जल संग्रह में मुख्य प्रयास सतही पानी को रोकने का रहा है। इसलिए हमें तालाबों के इतने सारे छोटे-बड़े रूप देखने को मिलते हैं। परम्परागत समाज यह भी जानता रहा है कि सतही पानी को रोक लेने के उसके ये तरीक़े दुहरी भूमिका निभाते हैं। वर्ष के अधिकांश महीनों में इनमें संग्रह हुआ पानी लोगों के सीधे काम आता है। इसमें खेती और पशुओं के लिए पानी जुटाने की मुख्य ज़रूरत पूरी हो जाती है। दूसरी भूमिका में ये तालाब भूजल को रिचार्ज करते हैं और पास तथा दूर के कुओं को हरा करते हैं। इन कुओं से पेय जल और ऐसे खेतों की सिंचाई भी की जा सकती है, जो तालाब आदि के कमाण्ड क्षेत्र में नहीं आते।

जल संग्रह के मामले में वही समाज समझदार माना जा सकता है, जो सतही और भूजल के बीच के बारीक़ और नाज़ुक रिश्ते को बख़ूबी पहचान सकता है। भूजल जितना रिचार्ज हो उससे ज़्यादा उसका उपयोग तात्कालिक तौर पर फायदेमन्द दिखे तो भी दीर्घकालिक रूप में हमेशा नुक़सानदेह साबित हुआ है। इसे बिलकुल सरल भाषा में कहें तो 'आमदनी अठन्नी ख़र्चा रुपैया' कहा जा सकता है। आज देश के अधिकांश ज़िले इसी प्रवृत्ति का शिकार हुए हैं और इसीलिए जिस किसी भी वर्ष मानसून औसत से कम हो तो ये सारे क्षेत्र पानी के संकट से जूझने लगते हैं।

इसमें कोई शक नहीं कि पिछले दौर में आबादी बहुत बढ़ी है। पानी का उपयोग न सिर्फ़ उस अनुपात में बल्कि नयी फसलों और नये उद्योगों में उससे भी ज़्यादा बढ़ा है। फिर भी इतना तो कहा ही जा सकता है कि जल का यह नया संकट हमारी अपनी ग़ल्तियों का भी नतीजा है। पिछले ५० वर्षों में सारा ज़ोर भूजल को बाहर उलीचने पर रहा है और उसकी भरपायी

करने की तरफ़ ज़रा भी ध्यान नहीं दिया गया था। अब उन ग़ल्तियों को फिर से दुहराने के बदले सुधारने का दौर आ गया है।

बिलकुल सरल उदाहरण लें तो हमारी यह सारी पृथ्वी मिट्टी की बनी एक बड़ी गुल्लक है। इसमें जितना पैसा डालेंगे उतना ही निकाल पायेंगे। लेकिन हमने देखा है कि पिछले दौर में सारा ज़ोर 'पैसा' निकालने की तरफ़ रहा है। संचय करके गुल्लक के इस ख़ज़ाने को बढ़ाने की भूमिका लगातार कम होती चली गयी है।

तालाब

परम्परागत जल संवर्धन के तरीक़ों में तालाब का तरीक़ा इस दुहरी भूमिका को पूरा करता रहा है। अकाल के दौर में फिर से इन बातों की तरफ़ शासन का, संस्थाओं का ध्यान गया है। यह एक अच्छा संकेत है। हमें अब अपने सारे कामों में, विकास योजनाओं में इसे अपनाना चाहिये।

ऊपर के हिस्सों में हमने तालाब की दुहरी भूमिका का उल्लेख किया है। कुछ क्षेत्रों में तालाबों को सिंचाई के लिए भी बनाया जा रहा है। इसमें अर्धशुष्क क्षेत्र शामिल हैं। कहीं-कहीं तालाब के आगर यानी तल को सीधे खेत में बदल दिया जाता है। वर्षा के समय जमा हुआ पानी अगले कुछ समय में उपयोग आ जाता है। फिर तालाब के भीतर जमा हुई नमी को अगली फ़सल के लिए काम में ले लिया जाता है। कुछ क्षेत्रों में पानी को पूरे वर्ष बचाकर मछली पालन भी किया जाता है।

कुण्ड या टाँका

परम्परागत जल संग्रह में तालाब आदि के निर्माण में जो जगह आगोर की यानी जलागम क्षेत्र की होती है वही जगह समाज ने मरुभूमि के शहरों और गाँवों में घर की छतों पर भी ढूँढ़ निकाली थी। वर्षा का पानी जैसे भूमि पर गिरकर एक जगह एकत्र हो सकता है, तो उसी तरह छोटी या बड़ी छत या आँगन में गिरने वाला पानी क्यों न एकत्र किया जाये। वर्षा के ऐसे मीठे या

पालर पानी का महत्त्व तब और बढ़ जाता है जब हमें पता चलता है कि उन क्षेत्रों में भूजल बिलकुल खारा है और वह पीने के लायक नहीं है।

प्राय: हर घर की छत एक हल्का-सा ढाल लिए बनायी जाती है। वहाँ से एक नाली के ज़रिये पानी नीचे आता है। नाली में रेत के कण और कचरे को छानने का प्रबन्ध रखा जाता है। उस क्षेत्र में गिरने वाली वर्षा के माप या आँकड़े के अनुसार नीचे जमा करने का टाँका बनाया जाता है। मोटे तौर पर ऐसे टाँकों की क्षमता ५० हज़ार लीटर से लेकर पाँच लाख लीटर तक रहती है। पुराने समय में इन्हें घड़ों के नाप से देखा जाता था और ऐसे घड़ों का आकार एक निश्चित मानक से तय होता था।

राजस्थान में अनेक शहरों में, क़स्बों में कोई २५-३० साल पहले से नगरपालिकाओं ने नलों की व्यवस्था बना दी है। लेकिन हम सभी जानते हैं कि समय के साथ-साथ पानी की उपलब्धता में लगातार गिरावट आयी है और जो नल कभी दिनभर चलते थे, अब बड़ी मुश्किल से उनमें एकाध घण्टे पानी आ पाता है। ऐसे क्षेत्रों में छतों और आँगनों से भरने वाले टाँकों की व्यवस्था आज भी बहुत व्यावहारिक और आधुनिक सिद्ध हो रही है। हमें यह भी ध्यान रखना चाहिये कि ऐसे क्षेत्र कम वर्षा वाले क्षेत्र हैं।

ऐसे कुण्ड, टाँके सब जगह हैं। ऊँचे पहाड़ों में बने क़िलों में, मन्दिरों में, पहाड़ की तलहटी में बसे गाँव में, गाँव के बाहर निर्जन क्षेत्रों में, और तो और खेतों में भी सब जगह हमें अलग-अलग आकारों के कुण्ड या टाँके मिलते हैं।

जहाँ जितनी भी जगह मिल सके, वहाँ गारे-चूने से लीपकर एक ऐसा 'आँगन' बना लिया जाता है, जो थोड़ी ढाल लिये रहता है। यह ढाल एक तरफ़ से दूसरी तरफ़ भी हो सकता है और यदि 'आँगन' काफ़ी बड़ा है तो ढाल उसके सब कोनों से बीच केन्द्र की तरफ़ भी आ सकता है। 'आँगन' के आकार के हिसाब से, उस पर बरसने वाली वर्षा के हिसाब से इस केन्द्र में एक कुण्ड बनाया जाता है। कुण्ड के भीतर की चिनाई इस ढंग से की जाती है कि उसमें एकत्र होने वाले पानी की एक बूँद भी रिसे नहीं, वर्ष भर पानी सुरक्षित और साफ़-सुथरा बना रहे।

जिस आँगन में कुण्ड के लिए वर्षा का पानी जमा किया जाता है, वह आगोर कहलाता है। आगोर संज्ञा आगोरने क्रिया से बनी है। आगोरना

यानी बटोर लेना के अर्थ में। आगोर को ख़ूब साफ़-सुथरा रखा जाता है, वर्ष भर। वर्षा से पहले तो इसकी बहुत बारीक़ी से सफ़ाई होती है। जूते, चप्पल आगोर में नहीं आ सकते। समाज ने कड़े नियम बनाये थे, पानी को सरल ढंग से साफ़ करने के लिए।

आगोर की ढाल से बहकर आने वाला पानी कुण्ड के मण्डल, यानी घेरे में चारों तरफ़ बने ओयरो यानी सुराखों से भीतर पहुँचता है। ये छेद कहीं-कहीं झुण्ड भी कहलाते हैं। आगोर की सफ़ाई के बाद भी पानी के साथ आ सकने वाली रेत, पत्तियाँ रोकने के लिए ओयरों में कचरा छानने के लिए जालियाँ भी लगती हैं। कहीं-कहीं बड़े आकार के कुण्डों में एकत्र होने वाले पानी की शुद्धता के लिए आगोर ठीक किसी चबूतरे की तरह ऊँचा उठा रहता है।

बहुत बड़ी जोतों के कारण मरुभूमि में गाँव और खेतों की दूरी और भी बढ़ जाती है। खेतों पर दिन-भर काम करने के लिए भी पानी चाहिये। खेतों में भी थोड़ी-थोड़ी दूर पर छोटी-बड़ी कुण्डियाँ बनायी जाती हैं। इनमें एकत्र कर लिया गया पानी कृषक समाज के निस्तार और पीने के काम में आ जाता है।

कुण्ड बनते ही ऐसे रेतीले इलाक़ों में हैं, जहाँ भूजल सौ-दो-सौ हाथ से भी गहरा और प्रायः खारा मिलता है। बड़े कुण्ड बीस-तीस हाथ गहरे बनते हैं और वह भी रेत में। भीतर बूँद-बूँद भी रिसने लगे तो भरा-भराया कुण्ड ख़ाली होने में देर नहीं लगे।

इसलिए कुण्ड के भीतरी भाग में सर्वोत्तम चिनाई की जाती है। आकार छोटा हो या बड़ा, चिनाई तो सौ टका ही होती है। चिनाई में पत्थर या पत्थर की पट्टियाँ भी लगायी जाती हैं। साँस यानी पत्थरों के बीच जोड़ते समय रह गयी जगह में फिर से महीन चूने का लेप किया जाता है। मरुभूमि में तीस हाथ पानी भरा हो पर तीस बूँद भी रिसन नहीं होगी—इसका पक्का और पुख़्ता इन्तज़ाम किया जाता रहा है।

आगोर की सफ़ाई और भारी सावधानी के बाद भी कुछ रेत कुण्ड में पानी के साथ चली जाती है। इसलिए कभी-कभी वर्ष के आरम्भ में, चैत्र में कुण्ड के भीतर उतर कर इसकी सफ़ाई भी करनी पड़ती है। नीचे उतरने के लिए चिनाई के समय ही दीवार की गोलाई में एक-एक हाथ के अन्तर पर

ज़रा-सी बाहर निकली पत्थर की एक-एक छोटी-छोटी पट्टी बिठा दी जाती है। नीचे कुण्ड के तल पर जमा रेत आसानी से समेट कर निकाली जा सके, इसका भी पूरा ध्यान रखा जाता है। तल एक बड़े कढ़ाव जैसा ढालदार बनाया जाता है। इसे खमाड़िया या कुण्डलियाँ भी कहते हैं। लेकिन ऊपर आगोर में इतनी अधिक सावधानी रखी जाती है कि खमाड़ियों में से रेत निकालने का काम पाँच से दस बरस में एकाध बार ही करना पड़ता है। एक पूरी पीढ़ी कुण्ड को इतने सँभाल कर रखती है कि दूसरी पीढ़ी को ही उसमें सीढ़ियों से उतरने का मौक़ा मिल पाता है।

पिछले दौर में सरकारों ने अनेक स्थानों पर, अनेक गाँवों में पानी का नया प्रबन्ध किया है। पेयजल की नयी योजनायें आयी हैं। हैण्डपम्प या ट्यूबवेल लगे हैं। इन्दिरा गाँधी नहर से भी शहरों, गाँवों को पीने का पानी दिया जाने लगा है। ऐसे इलाक़ों में कुण्ड, टाँकों की रखवाली की, देखरेख की मज़बूत परम्परा ज़रूर कमज़ोर हुई है। यहाँ के कुण्ड टूट-फूट चले हैं, आगोर में झाड़ियाँ उग आयी हैं। लेकिन कहीं-कहीं पानी की नयी व्यवस्था अकाल आदि के दौर में फिर से लड़खड़ा गयी है और तब ऐसी जगहों पर लोगों ने टूटे कुण्डों की फिर से मरम्मत की है। राजस्थान में ऐसे भी क्षेत्र हैं जहाँ समाज ने पानी के नये साधन आने पर भी अपने पुराने तरीक़े कायम रखे हैं।

कुण्ड निजी भी हैं और सार्वजनिक भी। निजी कुण्ड घरों के सामने, आँगन में, अहाते में और पिछवाड़े बाड़ों में बनते हैं। सार्वजनिक कुण्ड पंचायती भूमि में या प्राय: दो गाँव के बीच बनाये जाते हैं। बड़े कुण्डों की चारदीवारी में प्रवेश के लिए दरवाज़ा भी होता है। इसके सामने प्राय: दो खुले हौज रहते हैं। एक छोटा, एक बड़ा। इनकी ऊँचाई भी कम-ज़्यादा रखी जाती है। ये खेली, थाला, हवाड़ो या उबारा कहलाते हैं। इनमें आसपास से गुज़रने वाले भेड़-बकरियों, ऊँट और गायों के लिए पानी भर कर रखा जाता है। पशुओं को बाहर ही पानी मिल जाता है और इनके भीतर जाने से जो गन्दगी हो सकती है, वह भी रुक जाती है।

सार्वजनिक कुण्ड भी लोग ही बनाते हैं। पानी का काम पुण्य का काम माना जाता है। किसी भी घर में कोई अच्छा प्रसंग आने पर गृहस्थ सार्वजनिक कुण्ड बनाने का संकल्प लेते हैं और फिर इसे पूरा करने में गाँव के दूसरे घर भी अपना श्रम देते हैं। कुछ सम्पन्न परिवार सार्वजनिक

कुण्ड बनाकर उसकी रखवाली का काम एक परिवार को सौंप देते थे। कुण्ड के बड़े अहाते में आगोर के बाहर इस परिवार के रहने का प्रबन्ध कर दिया जाता था। यह व्यवस्था दोनों तरफ़ से पीढ़ी-दर-पीढ़ी चलती थी। कुण्ड बनाने वाले परिवार के मुखिया अपनी सम्पत्ति का एक निश्चित भाग कुण्ड के सार-सँभाल के लिए अलग रख देते थे। बाद की पीढ़ियाँ भी इसे निभाती थीं। आज भी राजस्थान में ऐसे बहुत-से कुण्ड हैं, जिनको बनाने वाले परिवार नौकरी व्यापार के कारण यहाँ से निकल कर असम, बंगाल, मुम्बई जा बसे हैं पर रखवाली करने वाले परिवार अभी भी कुण्ड पर ही बसे हैं। ऐसे बड़े कुण्ड आज भी वर्षा के जल का संग्रह करते हैं और पूरे बरस भर आसपास की आबादी को किसी भी नगरपालिका से ज़्यादा शुद्ध पानी देते हैं। ऐसे कुण्डों या टाँकों की क्षमता एक लाख लीटर से ऊपर होती है।

कई कुण्ड टूट-फूट भी गये हैं, कहीं-कहीं उनमें एकत्र पानी भी ख़राब हुआ है पर यह सब समाज की टूट-फूट के अनुपात में ही मिलेगा। इसमें इस पद्धति का कोई दोष नहीं है। यह पद्धति तो नयी ख़र्चीली और अव्यावहारिक योजनाओं के दोष भी ढँकने की उदारता रखती है। इन इलाक़ों में पिछले दिनों 'जल' संकट हल करने के लिए जितने भी नलकूप और 'हैण्डपम्प' लगे, उनमें पानी खारा ही निकला। पीने लायक मीठा पानी इन कुण्ड, कुण्डियों में ही उपलब्ध था। इसलिए बाद में अकाल आने पर कहीं-कहीं कुण्डों के ऊपर ही हैण्डपम्प लगा दिये गये हैं।

चूरू क्षेत्र में ऐसे कई कुण्ड मिल जायेंगे जो नयी पुरानी रीत एक साथ निभाते हैं। बहुप्रचारित इन्दिरा गाँधी नहर से ऐसे कुछ क्षेत्र में पीने का पानी पहुँचाया गया है और इस पानी का संग्रह कहीं तो नयी बनी सरकारी टंकियों में किया गया है और कहीं-कहीं इन्हीं पुराने कुण्डों में।

इन कुण्डों ने पुराना समय भी देखा है, नया भी। इस हिसाब से वे समयसिद्ध हैं। स्वयंसिद्ध इनकी एक विशेषता है। इन्हें बनाने के लिए किसी भी तरह की सामग्री कहीं और से नहीं लानी पड़ती। मरुभूमि में पानी का काम करने वाले विशाल संगठन का एक बड़ा गुण है—अपनी ही जगह उपलब्ध चीज़ों से अपना मज़बूत ढाँचा खड़ा करना। किसी जगह कोई एक सामग्री मिलती है, पर कहीं और वह है नहीं—लेकिन कुण्ड वहाँ भी मिलेंगे।

जहाँ पत्थर की पट्टियाँ निकलती हैं, वहाँ कुण्ड का मुख्य भाग उसी से बनता है। कुछ जगह ये उपलब्ध नहीं हैं। पर वहाँ फोग नाम की झाड़ी खड़ी है साथ देने। फोग की टहनियों को एक-दूसरे से गूँथ कर फँसा कर कुण्ड के ऊपर का गुम्बदनुमा ढाँचा बनाया जाता है। इस पर रेत, मिट्टी और चूने का मोटा लेप लगाया जाता है। गुम्बद के ऊपर चढ़ने के लिए भीतर गुँथी लकड़ियों का कुछ भाग बाहर निकाल कर रखा जाता है। बीच में पानी निकालने की जगह बनायी जाती है। यहाँ भी वर्षा का पानी कुण्ड के मण्डल में बने ओयरो, छेद से जाता है। पत्थर वाले कुण्ड में ओयरो की संख्या एक से अधिक होती है लेकिन फोग की कुण्डियों में सिर्फ़ एक ही रखी जाती है। कुण्ड का व्यास कोई सात-आठ हाथ, ऊँचाई कोई चार हाथ और पानी लेने वाले छेद प्राय: एक बित्ता बड़े होते हैं। वर्षा का पानी भीतर कुण्ड में जमा करने के बाद बाक़ी दिनों इसे कपड़े या टाट आदि को लपेट कर बनाये गये एक डाट से ढँक कर रखते हैं। फोग वाले कुण्ड थोड़े छोटे होते हैं इसलिए प्राय: कुण्डी कहलाते हैं।

हम सभी जानते हैं कि राजस्थान में रंगों के प्रति एक विशेष आकर्षण है। लहँगे, ओढ़नी और चटकीले रंग की पगड़ियाँ जीवन के सुख और दुख में अपने रंग बदलती हैं। पर इन कुण्डियों का केवल एक ही रंग मिलता है—बस सफ़ेद। तेज़ धूप और गरमी के इस इलाक़े में यदि कुण्डियों पर कोई गहरा रंग हो तो बाहर की गरमी सोख कर भीतर के पानी पर भी अपना असर छोड़ेगा। इसलिए इतने रंगीन पहनावे वाला समाज कुण्डियों को सिर्फ़ सफ़ेद रंग में रँगता है। सफ़ेद परत तेज़ धूप की किरणों को वापस लौटा देती है। फोग की टहनियों से बना गुम्बद भी इस तेज़ धूप में गरम नहीं होता। उसमें चटक कर दरारें नहीं पड़तीं और भीतर का पानी इन सब बातों के साथ-साथ रेत में रमा रहने के कारण ठण्डा बना रहता है।

मरुभूमि में जहाँ कहीं भी जिप्सम या खड़िया पट्टी मिलती है, ऐसे क्षेत्रों में इसी खड़िया का उपयोग कुण्डी बनाने के लिए किया जाता है। खड़िया के बड़े-बड़े टुकड़े खदान से निकाल कर लकड़ी की आग में पका लिए जाते हैं। एक निश्चित तापमान पर ये बड़े डले यानी टुकड़े टूट-टूट कर छोटे-छोटे नरम टुकड़ों में बदल जाते हैं। फिर इन्हें कूटते हैं। आगोर का ठीक चुनाव कर कुण्डी की खुदाई की जाती है। फिर भीतर की चिनाई और ऊपर का गुम्बद भी इसी खड़िया के चूरे से बनाया जाता है। पाँच-छह हाथ

के व्यास वाला यह गुम्बद कोई एक बित्ता मोटा रखा जाता है। इस पर दो महिलायें खड़े होकर पानी निकालें तो भी यह टूटता नहीं।

मरुभूमि में कई जगह चट्टानें हैं। इनमें पत्थर की पट्टियाँ निकलती हैं। इन पट्टियों की मदद से बड़े-बड़े कुण्ड तैयार होते हैं। ये पट्टियाँ प्रायः दो हाथ चौड़ी और चौदह हाथ लम्बी रहती हैं। जितना बड़ा आगोर होगा, उतना अधिक पानी एकत्र हो सकता हो, उतना ही बड़ा कुण्ड इन पट्टियों से ढक कर बनाया जाता है।

घर छोटे हों, बड़े हों, या पक्के—कुण्ड तो उनमें पक्के तौर पर बनते ही हैं। मरुभूमि में गाँव दूर-दूर बसे हैं। आबादी भी कम है। ऐसे छितरे हुए गाँवों को पानी की किसी केन्द्रीय व्यवस्था से जोड़ने का काम सम्भव ही नहीं है। इसलिए समाज ने यहाँ पानी का सारा काम बिलकुल विकेन्द्रित रखा, उसकी ज़िम्मेदारी को आपस में बूँद-बूँद बाँट लिया। यह काम एक नीरस तकनीक, यान्त्रिक न रह कर एक संस्कार में बदल गया। ये कुण्डियाँ कितनी सुन्दर हो सकती हैं, इसका परिचय दे सकते हैं जैसलमेर की सीमा पर बसे अनेक गाँव।

ये इलाक़े वर्षा के आँकड़ों में भी सबसे कम हैं और आबादी के घनत्व में भी। आबादी का घनत्व यहाँ पर पाँच, सात व्यक्ति प्रति किलोमीटर है। दस-बीस घरों या ढाणियों के गाँव रेत के विस्तार में एक-दूसरे से बहुत दूर-दूर बसे हैं। ऐसी बसावट के लिए पीने का पानी घर-घर के लिए जुटाना अपने आप में एक बड़ी चुनौती रही है। लेकिन हमारे परम्परागत समाज ने इसको बहुत व्यावहारिक ढंग से हल करके दिखाया है। ऐसे गाँव में हरेक घर के आगे एक बड़ा-सा चबूतरा बनाया जाता है। इसे ज़मीन से कोई दो फ़ुट ऊपर रखा जाता है और ज़मीन से नीचे कोई दस फ़ुट गहरा कुण्ड होता है। इनमें घर की छत और आँगन से वर्षा का पानी छानकर एकत्र किया जाता है। जिस घर की सदस्य संख्या ज़्यादा होगी उस घर का आकार भी बड़ा होगा और उसी हिसाब से उस घर की छत, उसका आँगन और उसका कुण्ड भी बनाया जाता है। इन कुण्डों के भीतर बहुत सफ़ाई से ऐसी प्लास्टरिंग की जाती है कि उसमें एकत्र पानी रिस कर रेत में ग़ायब न हो जाये।

आज देश के बहुत सारे बड़े शहरों में—दिल्ली, चेन्नई, बैंगलोर आदि में

सरकारों ने वर्षा के जल का संग्रह करने के लिए नये क़ानून बनाये हैं। इन क़ानूनों के कारण अब हर घर को अपनी छत पर बरसने वाले पानी को अनिवार्य रूप से एकत्र करना है या उससे भूजल को रिचार्ज करना है।

लेकिन सर्वे बताते हैं कि ज़्यादातर घरों में यह क़ानून प्रभावशाली ढंग से लागू नहीं हो पाया है। दूसरी तरफ़ हम देखते हैं कि रेगिस्तान के अनपढ़ और पिछड़े माने गये गाँव और क़स्बों में लोगों ने सैकड़ों बरस से इस पद्धति को अपने जीवन का एक अनिवार्य अंग बना लिया था। उन्होंने यह सब किया तो इसलिए नहीं कि क़ानून उन्हें ऐसा करने के लिए बाध्य करता है। उन्होंने इसे बाध्य नहीं साध्य माना है। मरुभूमि के लोगों ने अपने पुरखों को ऐसा करते देखा, ऐसा करते सुना। उनकी स्मृति और श्रुति उन्हें इस व्यावहारिक पद्धति की तरफ़ ले गयी। इस स्मृति और श्रुति से यह रीति बन गयी और फिर क़ानून के बराबर बनते रहने वाली कृति बन गयी।

इन टाँकों के भीतर का डिज़ाइन भी समाज ने लगातार उन्नत किया है। इनमें भीतर रेत या साद न जमे, इसका पूरा ध्यान रखा जाता है। इसकी पहली सावधानी छत या आँगन में बरती जाती है—जहाँ से पानी एकत्र होता है। दूसरी सावधानी टाँके में प्रवेश से ठीक पहले बनायी जाने वाली संरचना में देखने को मिलती है। अधिकांश रेत या कचरा इन दोनों जगहों पर रोक लिया जाता है। लेकिन फिर भी यदि कुछ रेत कण मुख्य टाँके में चले जायें तो उनको सरलता से एकत्र कर निकालने का पुख़्ता इन्तज़ाम इन टाँकों में देखने को मिलता है। भीतर से टाँके गोल हों या चौकोर उनका तल दीवार या परिधि से नब्बे डिग्री के कोण से नहीं जुड़ता। वह हल्की-सी गोलाई लिए रहता है। कुण्ड के आकार के अनुसार इसके बीच में थोड़ी ढाल के साथ एक कढ़ाईनुमा ढाँचा और बनाया जाता है। इसमें पानी के साथ आये हुए रेत के कण धीरे-धीरे जमा हो जाते हैं। दो-चार वर्षों के अन्तर पर इसका निरीक्षण किया जाता है और फिर कुण्ड में नीचे उतरकर आसानी से रेत को अलग कर लिया जाता है। कहीं कोण से उतरती हुई सीढ़ियाँ होती हैं तो कहीं खड़ी सीढ़ियाँ। जगह कम हो तो केवल पंजे रखने लायक खाँचे बनाये जाते हैं।

मरुभूमि में कहीं-कहीं छोटे तालाबों के साथ उनके जलग्रहण क्षेत्र में भी टाँके मिलते हैं। इनको बनाने के पीछे एक बहुत ही व्यावहारिक कारण रहा है। पानी का काम करने वाले नये लोगों को, संस्थाओं को और शासन को

भी ऐसी अनोखी बातों को समझने का प्रयत्न करना चाहिये।

इन क्षेत्रों में वर्षा बहुत कम होती है। कभी-कभी इतनी कम कि छोटे जलग्रहण के तालाब पूरी तरह से भर नहीं सकते। इनमें जो थोड़ा पानी आयेगा, वह मटमैला होगा और फिर यहाँ की तेज़ गर्मी और धूप में कीचड़ में बदल सकता है। इसलिए ऐसे छोटे आगोर वाले तालाबों में हमें कहीं-कहीं तालाब में बहकर आने वाले पानी के रास्ते में छोटे कुण्ड या टाँके भी बने मिलते हैं। इनको बनाने का एक ही कारण है—खुले तालाब में जाने से पहले पानी को इन ढके कुण्डों में रोक लेना। ऐसे सभी टाँकों की क्षमता बीस से पचास हज़ार लीटर तक ही होती है। पक्का बना ढका हुआ टाँका थोड़ी-सी मात्रा में आये पानी को अगले कुछ महीनों तक साफ़-सुथरे ढंग से पीने के लिए सुरक्षित रखता है।

पानी का काम करने वाले नये संगठनों को, स्वयंसेवी संस्थाओं को अपने समाज में चारों तरफ़ बिखरी ऐसी अनोखी समयसिद्ध और स्वयंसिद्ध रचनाओं को बनाने का, फैलाने का पूरा ध्यान रखना चाहिये। इससे उनका काम बहुत कम ख़र्च में कम पैसे में अधिक से अधिक जगहों में फैल सकता है।

स्विस एजेंसी फॉर डेवलपमेंट एण्ड कोऑपरेशन द्वारा संचालित इण्टर कोऑपरेशन इकाई, जयपुर द्वारा अप्रैल, २००३ में प्रकाशित जल संग्रहण एवं प्रबन्ध, प्रायोगिक मार्गदर्शक श्रृंखला—६ में लिखा लेख।

सामाजिक संगठन और प्रबन्ध

कोई भी समाज शून्य में नहीं रह सकता। उसे अपने को व्यवस्थित ढंग से चलाने के ढाँचे विकसित करने ही पड़ते हैं। इसमें भी यदि समाज का मुख्य आधार कृषि और पशुपालन है तो उस खेतिहर समाज को मिट्टी, पानी, गोबर तथा वनों के ठीक उपयोग का एक सशक्त ढाँचा ढालना ही पड़ता है। इन्हीं संसाधनों पर खेतिहर, पशुपालक समाज टिका रहता है। इसलिए इन ढाँचों में कई तरह के और कई स्तर लागू हो सकने वाले नियम-कायदे बनाने पड़ते हैं। फिर इस बात का भी ध्यान रखना पड़ता है कि इन नियम-कायदों में न सिर्फ़ सबकी सहमति हो, सब उन्हें अपने ऊपर लागू करने में भी बिना किसी दबाव के सहर्ष स्वेच्छा से आगे आयें। तब समाज अपनी ठीक गति से, अपनी धुरी पर चलता है, आगे बढ़ता है तथा उत्पादन के साधनों का, प्राकृतिक साधनों का बेहतर उपयोग करते हुए अपना विकास करता है। समाज को चलाने का यह ढाँचा तभी व्यवस्थित हो पाता है जब समाज की नींव से लेकर शिखर तक सब स्तर उसमें शामिल हों। इनमें समय के अनुसार कुछ परिवर्तन ज़रूर आ सकते हैं, कुछ नीतियाँ यहाँ-वहाँ बदली जा सकती हैं पर उसकी मूलधारा वर्षों के साझे अनुभव से ही संचालित होती है।

बुनियादी इकाई

किसी भी खेतिहर समाज में ऐसे ढाँचे की बुनियादी इकाई ग्राम स्तर पर ही बनती है। हमारे यहाँ यह ग्रामसभा या पंचायत के रूप में रही है। प्राकृतिक

संसाधनों के संवर्धन, संरक्षण और सातत्य और समता के आधार पर उनका प्रबन्ध पंचायतों के जिम्मे रहा है। दुर्भाग्य से ग़ुलामी के दौर में इनमें से अधिकांश ढाँचे उपेक्षा और अँग्रेज़ी राज के नये नियमों के आने से टूटे भी थे। उन ढाँचों को समझने के लिए हमें अपने-अपने क्षेत्रों में पुरानी व्यवस्थाओं के बारे में बातचीत के ज़रिये फिर से मेहनत करनी चाहिये।

खेतिहर समाज में पानी के प्रबन्ध का सारा काम ग्राम स्तर पर ही होता रहा है। इसमें तालाब आदि की योजना बनाना, उसके लिए धन और श्रम जुटाना और फिर उसका सतत रख-रखाव करना—इन तीनों स्तरों पर आज जिसे हम 'जन भागीदारी' कहते हैं—उसी का पूरा सहारा लिया जाता था। ग्रामसभा या पंचायत के स्तर पर खड़ा यह बुनियादी ढाँचा अँग्रेज़ी राज के दौर में पूरी तरह नष्ट हो गया था। आज़ादी के बाद उसे कुछ हद तक वापस लाने का प्रयत्न ज़रूर हुआ पर मोटे तौर पर वह सरकारी पंचायतों के ढाँचे में बदल गया था। आज फिर से शासन ने पंचायतों की भूमिका का महत्त्व समझा है। इण्टर कोऑपरेशन अपनी अन्य सहयोगी संस्थाओं के साथ इस ढाँचे के माध्यम से ग्राम स्तर पर ग्राम विकास की नयी ज़िम्मेदारी के अवसर बढ़ाने में प्रयासरत है।

समाज में शोषण की प्रवृत्ति रहती है तो उस पर नियन्त्रण करने की सजगता भी रहती है। यह व्यवस्था न हो तो समाज का बलवान अंग कमज़ोर पक्ष को दबाकर ही रखेगा। पानी और भूमि के प्रबन्ध में चकों की व्यवस्था इसी सजगता और समता आधारित न्याय के प्रति सम्मान के कारण बनी थी। दुर्भाग्य से आज़ादी के बाद हमारी अपनी चुनी हुई लोकप्रिय सरकारों ने, किसान नेताओं ने, प्रशासकों ने और नीति निर्धारकों ने इसे ठीक से समझा नहीं और चकबन्दी का व्यापक अभियान चलाकर इसे तोड़ दिया।

एक ही किसान के दो-तीन जगह बँटे खेत जल के उचित प्रबन्ध के कारण रखे जाते थे। गाँव में सार्वजनिक तालाब से सिंचित कमाण्ड क्षेत्र में लगभग पूरे गाँव के, हर परिवार के छोटे-छोटे खेत होते थे। इन्हें राजस्थान में 'बिगोड़ी' कहा जाता था। यह नामकरण बीघा के नाप से आया था। इसमें बड़े किसानों का भी छोटा-सा ही टुकड़ा रखा जाता था। फिर इसके आगे के क्षेत्र में अपेक्षाकृत थोड़े बड़े खेत होते थे। इनकी सिंचाई अपने निजी कुओं से होती थी। फिर अन्त में खेतों में से सबसे बड़े टुकड़े होते थे और ये असिंचित होते थे।

अन्न सुरक्षा

बिगोड़ी यानी सभी के कुछ बीघा बराबर छोटे-छोटे खेत सामाजिक न्याय के साथ-साथ अन्न सुरक्षा की दृष्टि से भी महत्त्वपूर्ण थे। तालाब की सिंचाई से हरेक परिवार को अपने छोटे खेतों से कुछ न कुछ अनाज पक्के तौर पर मिल जाता था। अकाल की स्थिति में भी इनमें कुछ फ़सल तो हो ही जाती थी।

तालाब से सिंचित खेतों की सिंचाई के लिए भी हमारे ग्राम समाज ने पुख़्ता प्रबन्ध दिये थे। दक्षिण भारत में एरी नामक तालाबों से किस खेत को कब और कितना पानी देना है इसकी व्यवस्था 'नीरघण्टी' नामक पद के पास सुरक्षित रखी जाती थी। यह पद गाँव के भूमिहीन परिवार के सदस्य को सर्वसम्मति से दिया था। उसका निर्णय अन्तिम होता था। नीरघण्टी बड़े से बड़े किसान के खेत में कितना पानी दिया जाना है—इसका फ़ैसला करता था। इन सेवाओं के बदले उसे सभी किसानों से फ़सल का एक निश्चित भाग वेतन की तरह अदा किया जाता था। लेकिन चकबन्दी के कारण दो-तीन जगह बँटी यह ज़मीन, एक जगह कर दी गयी और एक बार फिर ग्राम समाज में बलशाली के पास सबसे अच्छी ज़मीन आ गयी। कमज़ोर और छोटे किसान चकबन्दी में सिंचित भूमि से बाहर फेंक दिये गये। नीरघण्टी आदि का भी व्यवस्थित ढाँचा पूरी तरह टूट गया।

कुईं : समतामूलक व्यवस्था

कुईं के सन्दर्भ में भी देखें तो निजी और सार्वजनिक स्वामित्व के बीच परम्परागत समाज ने अच्छी समतामूलक व्यवस्था बनायी थी। कुईं हरेक परिवार की निजी सम्पत्ति मानी जाती है पर वह जिस जगह बनती है, वह ग्राम समाज की सार्वजनिक भूमि होती है। उस क्षेत्र में जिप्सम की पट्टी के कारण जो नमी संचित होती है वह सार्वजनिक होती है। इसलिए यदि किसी परिवार को एक नयी कुईं और खोदनी हो तो उसे इस काम के लिए बाकायदा ग्रामसभा से इज़ाज़त लेनी पड़ती थी।

इस व्यवस्था की तुलना आज के ट्यूबवैल से करके देखें। अब जब जो

चाहे हर कहीं ट्यूबवैल लगा लेता है—भूजल को सार्वजनिक नहीं माना जाता। इसलिए इस अव्यवस्था, अराजकता के कारण आज देश के अधिकांश ज़िलों में भूजल चिन्ताजनक स्थिति में नीचे उतर चुका है।

पानी पंचायत

कोई भी समाज शून्य में नहीं जी सकता। कोई न कोई व्यवस्था तो उसे संचालित करने के लिए बनानी ही होती है। इस नये दौर में भी महाराष्ट्र के पुणे ज़िले में ग्राम गौरव प्रतिष्ठान नामक एक संस्था ने तालाब से सिंचित ज़मीन में 'पानी पंचायत' नामक एक नयी व्यवस्था प्रयोग के तौर पर लागू की है। इसमें पानी केवल भूमिवान को ही नहीं, भूमिहीन को भी दिया है। इस तरह भूमिहीन अपने हिस्से के पानी को अन्य भूमिवानों में बाँटकर उसकी एवज़ में फसल का एक निश्चित भाग प्राप्त कर सकता है।

अरवरी संसद

राजस्थान के अलवर ज़िले में तरुण भारत संघ द्वारा बनाये गये सैकड़ों बाँधों और तालाबों से जब एक सूखी पड़ी नदी जीवित हो उठी तो उसके किनारे के गाँवों में नये आये इस पानी के उचित और न्यायपूर्ण बँटवारे का प्रश्न भी उठा। साधन सम्पन्न किसान सीधे नदी में से पम्प लगाकर सिंचाई का पानी खेतों तक ले जाने लगे थे। ऐसी अराजकता में पुनर्जीवित नदी को फिर से सूख जाने में कितने दिन लगते? तब अरवरी नदी के दोनों किनारों पर बसे गाँवों ने आपस में बैठकर इसके पानी के उपयोग की व्यवस्था के बारे में बातचीत की। हर गाँव से चुने गये दो सदस्यों को लेकर 'अरवरी संसद' नामक एक नया संगठन बनाया। यह संसद वर्ष में चार बार अपनी बैठक करती है और नदी के पानी की मात्रा, उसके उचित उपयोग, बँटवारे और उससे कौन-सी फसल लेना है, कौन-सी नहीं लेना है—आदि प्रश्नों के निर्णय सामूहिक तौर पर लेती है।

हमें अपने क्षेत्रों में सहयोग और समता की भावना बढ़ाने और शोषण की प्रवृत्ति को रोकने वाली ऐसी सभी पुरानी परम्परागत पद्धतियों के बारे में और अधिक जानकारी एकत्र करनी चाहिये। राजस्थान में वनवासी समाज में अड़सी-पड़सी प्रथा और लास खेलने की परम्परा बहुत व्यापक पैमाने पर रही है। यह अभी भी पूरी तरह नष्ट नहीं हुई है। हमारे अपने कामों में इनका फिर से उपयोग बढ़ाने का प्रयत्न किया जाना चाहिये। इधर शासन ने भी फिर से पंचायत के स्तर पर काम प्रारम्भ किया है। ऐसे नये वातावरण में हम सबको फिर से अपने ग्राम आधारित संगठनों को मज़बूत करना चाहिये।

स्विस एजेंसी फॉर डेवलपमेंट एण्ड कोऑपरेशन द्वारा संचालित
इण्टर कोऑपरेशन इकाई, जयपुर द्वारा अप्रैल, २००३ में प्रकाशित
जल संग्रहण एवं प्रबन्ध, प्रायोगिक मार्गदर्शक शृंखला—६ में लिखा लेख।

अपने ही घर में पराये : नर्मदा विवाद

गढ़चिरौली में भोपालपट्टनम और इनचेमपल्ली बाँधों को लेकर आन्दोलन काफ़ी कठिन था। लेकिन साइलेंट वैली को लेकर आन्दोलन अपेक्षाकृत आसान था। यहाँ हम आपको नर्मदा पर बाँधों को लेकर हुए थकाऊ आन्दोलन के बारे में बता रहे हैं।

नर्मदा नदी ३१२ किलोमीटर की लम्बाई में बहती है, और सरकार इस पर कोई ३० बड़े, ३०० मझौले और ३००० छोटे बाँधों की योजना बना रही है। इसे देश की सबसे बड़ी नदी घाटी परियोजना के रूप में जाना जाता है। हम अक्सर कहते हैं कि यदि पूरे मध्य प्रदेश का सिंचाई विभाग जमा हो जाये और उसके अधिकारियों से कहा जाये कि वे सभी एक साथ मिलकर उन सभी छोटे बाँधों के नाम लिख डालें, जिनकी योजना वे बना रहे हैं, तो वे उसे नहीं लिख पायेंगे।

नर्मदा पर बनने वाले बाँधों से जो इलाक़े प्रभावित होने वाले हैं, वे मध्य प्रदेश, महाराष्ट्र और गुजरात में पड़ते हैं। मालवा का इलाक़ा आबादी लायक है और अपने उपजाऊपन के लिए प्रसिद्ध है। स्थानीय कहावत है कि यहाँ हर क़दम पर आपको रोटी और पानी मिल जाता है। मैं यह बात इसलिए कह रहा हूँ क्योंकि स्पष्ट करना चाहता हूँ कि यह इलाक़ा किसी भी रूप में पिछड़ा नहीं है, जो इन बाँधों के लिए लालायित हो। इतिहास के पन्नों में कम से कम १२ अलग-अलग साम्राज्य और विभिन्न सभ्यतायें दर्ज हैं, जो यहाँ पिछले ७०००-८००० वर्षों के दौरान विकसित हुईं। यह अपने आप में एक बहुत ही विकसित इलाक़ा था, और यहाँ के हरेक शासक ने कहा है कि माँ नर्मदा के आशीर्वाद से ही उन्हें सब कुछ हासिल हुआ।

लेकिन ख़ासतौर से पश्चिम से आये विकास के नये दौर में इस तरह के विकास के समर्थक राजनेताओं और अन्य लोगों की नज़र में नर्मदा एक विशाल नदी बन गयी, जिसका पानी समुद्र में बेकार बह जाता है! उन्होंने हिसाब लगाना शुरू किया कि कितने लाख लीटर पानी बेकार बह जा रहा है, और उन्होंने कहा कि जब तक इस पानी का सदुपयोग नहीं किया जाता, मध्य प्रदेश विकास नहीं कर पायेगा। इसलिए उन्होंने सबसे पहला काम यह किया कि इस इलाक़े को पिछड़ा घोषित कर दिया। और इस पिछड़ेपन का एकमात्र समाधान नदी पर बाँधों का निर्माण था।

नर्मदा मध्य प्रदेश और गुजरात से होकर बहती है, इसलिए दोनों राज्यों के बीच इस बात को लेकर प्रतिस्पर्धा शुरू हो गयी कि किसे ऊँचा बाँध बनाना चाहिये। इसके कारण झगड़े शुरू हो गये, क्योंकि बाँध एक जगह बनाया जा सकता है, लेकिन उसका डूब क्षेत्र दूर तक दूसरी जगह तक होगा। इस तरह दो राज्यों के बीच झगड़ा शुरू हो गया। यह झगड़ा प्रधानमन्त्री इन्दिरा गाँधी के पास पहुँचा। जब वह इसे नहीं सुलझा सकीं तो इसके लिए एक पंचाट की स्थापना कर दी गयी। इस पंचाट में चार राज्यों के मुख्यमन्त्री, नौकरशाह, तकनीकी विशेषज्ञ और सामाजिक कार्यकर्ता शामिल थे। हर किसी ने अपने विचार पेश किये। पंचाट ने पानी, बिजली और इसमें आने वाली लागत का बँटवारा कर दिया। लेकिन इस दौरान केन्द्र और राज्यों में तीन सरकारें आयीं और चली गयीं और तीनों सरकारों में कुर्सी पर बैठा व्यक्ति कहता रहा कि नर्मदा परियोजना अच्छी है। सभी तीनों सरकारों को नर्मदा परियोजना पर फ़ैसला सुनाने का अवसर दिया गया। ज़्यादातर राष्ट्रीय अख़बारों ने पंचाट के फ़ैसले का समर्थन किया। इन सभी पहलुओं पर १९७९ में काम शुरू हुआ, और उसके बाद विश्व बैंक भी पैसे लेकर पहुँच गया। वर्ष १९७९–८३ तक नर्मदा परियोजना का काम लगभग निर्बाध तरीक़े से चला।

लेकिन हममें से कुछ लोग परियोजना के चारों ओर घिरी चुप्पी को नहीं समझ सके थे, और उसके बारे में अधिक जानना चाहते थे। कोई १५–२० लोगों की एक छोटी–सी बैठक हुई और हमने स्थिति पर चर्चा की—कितना बड़ा जुआ था, कितनी भूमि पानी में डूबेगी, कितने लोग विस्थापित होंगे, लाभ क्या होगा और क्या इसकी कोई निगरानी भी कर रहा है या हमें इस काम को करना चाहिये।

राज्य की राजधानी से प्रकाशित होने वाले अख़बारों के अलावा, हमने छोटे शहरों, क़स्बों से प्रकाशित होने वाले अख़बारों में उन मित्रों से मुलाक़ात की, जिन्होंने चार साल पहले नर्मदा परियोजना का पूरी तरह समर्थन किया था। हमने उनसे पूछा कि क्या वे अपने अख़बारों में परियोजना से असहमति जताने वाले विचार को प्रकाशित करेंगे, क्योंकि उन्हीं का अपना इलाक़ा ख़तरे में था।

पिछले एक साल से हमारी १०-१२ लोगों की एक छोटी-सी टीम थी, जिसमें कुछ पत्रकार और सामाजिक कार्यकर्ता शामिल थे, जो नर्मदा परियोजना के विभिन्न पहलुओं पर हिन्दी और गुजराती में लिख रहे थे। अधिकांश अख़बारों ने इन आलेखों को इस सन्दर्भ के साथ प्रकाशित किया कि पंचाट का विचार एक तकनीकी विचार था, जिसमें पर्यावरणीय प्रभाव पर विचार नहीं किया गया था। यह बात हमारी समझ से परे थी कि इस तरह का कोई उच्च अधिकार प्राप्त, समझ रखने वाला पंचाट, जिसके पास इतने पैसे हों, पर्यावरणीय पहलू को कैसे पूरी तरह नज़रअन्दाज़ कर सकता था।

हमने डूब क्षेत्र में आने वाले कुछ इलाक़ों का भ्रमण किया और छोटी-छोटी बैठकें कीं और कुछ स्थानों पर छोटे-छोटे संगठन बनाये गये। हमारी हर बैठक में सरकारी अधिकारियों ने हिस्सा लिया, कभी-कभी तो वे बिना बुलाये पहुँचे, और उन्होंने अपनी बातें समझाने की कोशिश की। उन्होंने अख़बारों में हमारे आरोपों के जवाब भी देने शुरू किये, लेकिन उनके स्वर निश्चित रूप से बदल गये हैं। मैं दो उदाहरण दे सकता हूँ। पहला उदाहरण है नर्मदा घाटी परियोजना प्राधिकरण के प्रमुख द्वारा लिखे गये दो आलेख, जिसके शीर्षक हैं—मालवा के लोग तय करें कि बाँध बने या नहीं और मालवा के लोग नर्मदा परियोजना को न ठुकरायें। इन आलेखों को ३० साल पहले लिखा जाना चाहिये था, लेकिन अब इन्हें १९८६ में लिखा जा रहा है। इसलिए हमने महसूस किया कि यह ख़तरनाक चुप्पी अब टूट रही है।

मैं बाँधों के बारे में आँकड़ों पर बात नहीं करूँगा। मुझे यह भी नहीं पता कि हम जो कुछ कर रहे हैं, उससे बाँधों का निर्माण रुकेगा या नहीं। लेकिन हम मानते हैं कि कम से कम हम सरकार को इस बात की अनुमति नहीं देंगे कि वह जनता से झूठ बोलकर बाँधों का निर्माण कर ले।

हमें यह भी लगता है कि मुख्य आन्दोलन बाँधों के बारे में ही नहीं है। यह आन्दोलन इससे भी बड़ा है और यह सांस्कृतिक और वैचारिक धरातल तक फैला हुआ है। हमें उस बहुराष्ट्रीय संस्कृति से लड़ना है, जो हमारे देश में पैठ बना रही है। हमारे देश में कोई ७५ प्रतिशत खेती असिंचित है, और यह गुज़र-बसर की खेती है, जिस पर लोगों का जीवन चलता है। दूसरी तरफ़ सिंचित खेती है, जो पेट नहीं, बल्कि जेब भरने के लिए है। लोगों से पूछा जा रहा है कि वे बाँध (प्रगति का एक प्रतीक) चाहते हैं या पिछड़ा बने रहना चाहते हैं। उन्हें इन बाँधों से होने वाले सामाजिक-सांस्कृतिक और पर्यावरणीय प्रभावों के बारे में नहीं बताया गया है। ऐसे में लोगों से यह सवाल पूछना नासमझी है, क्योंकि लोग सही चयन नहीं कर सकते। यदि बाँधों के बुरे प्रभावों के बारे में पूरी जानकारी होने के बाद भी स्थानीय लोग कहते हैं कि उन्हें बाँध चाहिये, तो सरकार को अविलम्ब इसका निर्माण कर देना चाहिये। लेकिन जब तक विशुद्ध रूप से एक तकनीकी सवाल बदल कर सांस्कृतिक नहीं हो जाता, हममें से कुछ की चिन्ता भूकम्पी दोष को लेकर होगी, और पूरा आन्दोलन टूट जायेगा।

चण्डीप्रसाद भट्ट ने कहा है कि लोगों का मन टूट रहा है और उन्हें लगने लगा है कि वे हार रहे हैं। इस सन्दर्भ में मैं आप के समक्ष भारतीय संस्कृति में मौजूद दो शब्दों का उल्लेख करना चाहूँगा—जौहर और गाता। जौहर सामूहिक आत्मदाह होता है, जिसे उन वीरों की विधवायें करती रही हैं, जो युद्ध में मारे जाते थे। इसके लिए वे सामूहिक रूप से चिता में कूदती थीं। गाता हरेक आदिवासी इलाक़े में पाया जाता है। यह छोटी प्रतिमा उस आदिवासी की स्मृति में स्थापित की जाती है, जो युद्ध में शहीद हो गया होता है। और पूरे साल भर सारे स्थानीय मेले या हाट इसी प्रतिमा के चारों ओर लगते थे। लेकिन आज समाज इतना निर्दयी हो गया है कि इस बाँध के कारण डूबने वाले दो लाख लोगों के लिए यहाँ कोई गाता नहीं स्थापित होगा। कोई जौहर भी होगा या नहीं, यह एक अलग मामला है। हम सिर्फ़ मुआवज़े के लिए याचिकायें दाख़िल करने तक सीमित हो गये हैं। यदि ५० रुपये नहीं तो हमें २५ रुपये तो दे दो।

न तो मध्य प्रदेश को नर्मदा परियोजना के लिए केन्द्र की हरी झण्डी मिली है और न गुजरात को ही। लेकिन हम इसलिए हारा हुआ महसूस कर रहे हैं, क्योंकि पूरा आन्दोलन अब एक व्यक्ति और एक विभाग पर आ टिका

है। मुझे नहीं पता कि पर्यावरण सचिव टी.एन. शेषन का कन्धा कितना मज़बूत है, लेकिन पूरा आन्दोलन उन पर जा टिका है। यदि कल उनका स्थानान्तरण हो जाता है, क्योंकि भारत में स्थानान्तरण बड़े आसानी से होता है, तो नर्मदा का पूरा मुद्दा एक बुलबुले की तरह फट जायेगा और हमारा प्रयास बेकार हो जायेगा।

इसलिए हमें किसी एक-दो बाँध के ख़ास मुद्दे के लिए नहीं लड़ना चाहिये, हमें यह समझने की कोशिश करनी चाहिये कि हमारा समाज कैसे काम करता है, समाज को कौन चलाता है और कौन-से निहित स्वार्थ उसमें शामिल होते हैं। यदि हम ऐसा कर लेते हैं तो भले ही हम एक-दो बाँधों की लड़ाई हार जायें, लेकिन कोई दूसरी लड़ाई ज़रूर जीत सकते हैं।

मैं अन्तिम बात आप लोगों से विकल्पों के बारे में करना चाहता हूँ। विकास के उस पश्चिमी विचार के कारण मैं इससे हमेशा भयभीत हूँ, जो हमारे राजनेताओं के दिमाग़ में भरा हुआ है। अपनी ज़रूरतों और सपनों को पूरा करने के लिए, अपनी सिंचित खेती और बिजली के लिए उन्हें बाँध की ज़रूरत है। लेकिन हम वे लोग हैं, जिनसे विकल्प तलाशने के लिए कहा गया है—विकल्प जो बिजली और सिंचाई मुहैया कराये! हमें नहीं लगता कि उनके सपने पूरे करने वाले विकल्प तलाशने की कोशिश में हमें अपनी नींद हराम करनी चाहिये।

जब देश में जनता पार्टी की सरकार सत्ता में आयी थी, और उस समय जीवन में सादगी की काफ़ी चर्चा थी, मैं उस समय की एक छोटी-सी कहानी सुनाना चाहता हूँ। यह बात आयी कि राष्ट्रपति को इतने विशाल बँगले में नहीं रहना चाहिये। राष्ट्रपति भी एक छोटे घर में जाने के लिए राजी हो गये। लेकिन जो लोग उनके लिए एक घर तलाश रहे थे, उनके दिमाग़ में यह बात भी थी कि राष्ट्रपति के साथ उनके ३००० अर्दली, ३००० घोड़े, २५ अतिथि कक्ष और बाक़ी अन्य चीज़ें भी होंगी। उन्होंने एक उचित घर की ख़ूब तलाश की, लेकिन पूरी दिल्ली में राष्ट्रपति और उनके विशाल सेवकवृन्द के लिए कोई वैकल्पिक घर नहीं मिला। इसलिए राष्ट्रपति अभी भी उसी बँगले में हैं, और आज भी।

हम अपने तरीक़े बदले बग़ैर विकल्प नहीं तलाश सकते।

'द फाइट फॉर सरवाइवल' (सी.एस.ई.) १९८७। अनुवाद : सरोज मिश्र

बदरीनाथ : अभी कपाट बन्द हैं

बर्फ़ से ढँके पहाड़ों के बीच २२,३९७ मीटर की ऊँचाई पर थोड़ी-सी समतल। ६ सवारियाँ यहाँ-वहाँ टहल रही थीं, तापमान शून्य से नीचे था, इसलिए बसों का डीजल जम गया था। डीजल पिघलाने के लिए हरेक बस की डीजल की टंकी के नीचे आग जल रही थी।

क़रीब ९.३० बजे सूरज ने नर पर्वत को लाँघ कर बदरीनाथपुरी पर अपनी सुनहरी धूप बिखरा दी। ठिठुर रहे यात्रियों ने तालियाँ बजा कर धूप का स्वागत किया। कोई आधे घण्टे बाद बसें चालू हो सकीं। 'जय बदरीविशाल' के नारों के साथ ये बसें एक के बाद एक सर्पाकार सड़क पर नीचे की ओर रवाना होती गयीं—बदरीनाथपुरी को अगली मई तक के लिए सुनसान बना कर।

पूजा का अधिकार देवताओं को

१८ नवम्बर, १९७६ की उस सुबह को रवाना हुए बच्चों के इस आख़िरी काफ़िले में यात्रियों, मन्दिर कर्मचारियों और अन्य लोगों के अलावा दो अत्यन्त विशिष्ट 'यात्री' भी यात्रा कर रहे थे। एक थे उद्धव और दूसरे थे कुबेर। उद्धव और कुबेर की इन मूर्तियों को पिछली रात बदरीविशाल के कपाट बन्द होने के पहले मन्दिर के गर्भगृह से बाहर निकाल लिया गया था। अब मई १९७७ में मन्दिर के कपाट खुलने तक इन दोनों मूर्तियों की पूजा बदरीनाथ से २३ किलोमीटर नीचे पाण्डुकेश्वर स्थित योगध्यानी के

मन्दिर में होती रहेगी। बदरीनाथ मन्दिर में शेष रह गयीं अन्य 'अचल' मूर्तियों और बदरीविशाल की पूजा का भार कपाट खुलने तक 'देवताओं के जिम्मे' रहेगा। शास्त्रों के अनुसार 'भगवान बदरीविशाल की पूजा का अधिकार बैशाख से लेकर कार्तिक (मई से नवम्बर) तक मनुष्यगणों को तथा मार्गशीर्ष से वैशाख (नवम्बर से मई) तक देवताओं को है।'

पूजा-अधिकार के 'हस्तान्तरण' का समारोह देश की श्रद्धालु जनता के बीच 'कपाट बन्द होने' और 'कपाट खुलने' की तरह जाना जाता है। कपाट बन्द होने के मुहूर्त प्रति वर्ष दशहरे के दिन बदरी धाम में तथा खुलने का मुहूर्त बसन्त पंचमी के दिन टिहरी राजदरबार में निकाला जाता है।

मई में कपाट खुलते ही देश के कोने-कोने से तीर्थ-यात्रियों की भीड़ उमड़ पड़ती है। मन्दिर के नीचे बह रही अलकनन्दा नदी का पानी पहले बर्फ़ पिघलने से और फिर वर्षा के कारण बढ़ता जाता है और लगभग उसी अनुपात में यात्रियों की भीड़ भी! 'यात्रा-सीजन' के उन दिनों में औसतन एक हज़ार यात्री प्रतिदिन दर्शन करने आते हैं। धीरे-धीरे अलकनन्दा का पानी घटता जाता है, साथ ही यात्रियों की संख्या भी। नवम्बर के आते-आते बदरीधाम बर्फ़ की चादर ओढ़ने की तैयारी करने लगता है। कपाट बन्द होने के साथ ही पूरा क़स्बा ख़ाली हो जाता है। मन्दिर के चौकीदार और (सरकार की इज़ाज़त मिल जाने पर) एकाध साधु-सन्त के अलावा यहाँ कोई नहीं बचता। फिर छह से आठ मीटर तक बर्फ़ पड़ती है और तब यहाँ के ऊँचे-नीचे रास्ते, मकान, दुकान सब एक हो जाते हैं। पहाड़ों की ढलान से नीचे फिसलने वाले हिमनदों के कारण कभी-कभी बहुत बर्बादी हो जाती है। सन् '६५ में मुख्य मन्दिर और कुछ मकानों को छोड़कर पूरा क़स्बा खण्डहर में बदल गया था।

इस वर्ष १७ नवम्बर की रात को ८ बजकर ५१ मिनट पर कपाट बन्द होने वाले थे, लेकिन बढ़ती जा रही ठण्ड की वजह से नवम्बर के पहले हफ़्ते से ही यात्रियों की संख्या नगण्य हो चली थी। यात्रियों को न आते देखकर दुकानदार, होटल वाले और अन्य व्यापारी भी अपना-अपना काम समेटकर नीचे आ गये थे। और-तो-और १२ नवम्बर को 'बदरीधाम सूचना केन्द्र' तथा राज्य सरकार द्वारा संचालित होटल 'देवलोक' पर भी ताला लग गया। चार-पाँच दुकानों को छोड़ कर २०० दुकानों का पूरा बाज़ार बन्द

हो चुका था। अन्तिम दिनों में आने वाले इने-गिने तीर्थयात्रियों को काफ़ी तकलीफ़ सहनी पड़ती है। कड़ाके की ठण्ड में रहने, खाने-पीने और ओढ़ने-बिछाने का इन्तज़ाम बड़ी मुश्किल से हो पाता है। गनीमत है कि यहाँ सैलानी नहीं तीर्थयात्री आते हैं और हर तकलीफ़ को 'जय बदरीविशाल' कह कर सहन कर जाते हैं।

मन्दिर के बाहर बाज़ार और क़स्बे में अन्तिम दिनों चहल-पहल चाहे जितनी कम हो जाये, पर मन्दिर की दिनचर्या में ज़रा भी अन्तर नहीं आता। भगवान का महाभिषेक यानी स्नान, शृंगार, आरती, बाल-भोग, महाभोग, सुबह-शाम की पूजा, 'शयन' के लिए शृंगार का उतारा जाना— सब ज्यों-का-त्यों चलता है। दोपहर के महाभोग में तीन मन चावल, दाल व खिचड़ी पकती है, जो भोग लगने के बाद रसोईघर में काम करने वाली डिमरी कौम के लोगों, अन्य कर्मचारियों और साधु-सन्तों में बँट जाती है।

ज्यों-ज्यों मन्दिर बन्द होने का दिन पास आता जाता है, कर्मचारियों, पुजारियों और रावल (दक्षिण भारत के नम्बूदरी ब्राह्मण जाति से चुना गया मुख्य पुजारी) की व्यस्तता बढ़ती जाती है। इन्हीं दिनों में उन्हें पिछले महीनों में दर्शन करने आये लगभग दो लाख तीर्थयात्रियों द्वारा अर्पित किये गये नकदी और कपड़ों के चढ़ावे का हिसाब-किताब पूरा करना पड़ता है और अन्तिम दिन के विशेष उत्सव की तैयारी में भी उपस्थित रहना होता है। इस तैयारी में उनका हाथ बँटाती है स्थानीय माणा गाँव की मोलपा जाति।

एक ही बैठक में बुना हुआ 'घृतकम्बल'

बदरीनाथ से तीन किलोमीटर आगे उत्तर में कोई २०० घरों का यह माणा गाँव पुराणों में मणिभद्रपुर के नाम से जाना जाता था (मणिभद्र कुबेर के सेनापति थे)। सीमा पर इस ओर यह अन्तिम गाँव है। आगे भारत-तिब्बत सीमा तक कोई आबादी नहीं है। भयंकर बर्फ़ और ठण्ड के दिनों में माणा के लोग भी छह महीनों के लिए चमोली ज़िले के निचले स्थानों में चले आते हैं। इस तरह माणा के हर गृहस्थ की दो गृहस्थियाँ रहती हैं। नवम्बर के दूसरे हफ़्ते तक गाँव नीचे जाने की तैयारी करने लगता है। पर इस

दौरान परम्परा से चली आ रही एक ज़िम्मेदारी को भी माणा निभाता है। माणा की मोलपा जाति प्रतिवर्ष बदरीनाथ के कपाट बन्द होने से पहले शुद्ध ऊन से बना एक कम्बल भगवान को अर्पित करती है।

गाँव की पंचायत कम्बल बनाने की ज़िम्मेदारी बारी-बारी से एक-एक मोलपा परिवार पर डालती है। मन्दिर के कपाट बन्द होने का समय पास आने पर उस परिवार की कुँआरी कन्यायें एक निश्चित तिथि को उपवास रख कर भेड़ों के बाल काटती हैं, उन्हें साफ़ करती हैं और फिर एक ही बैठक में नौ इंच चौड़ा व पाँच गज लम्बा मफ़लरनुमा कम्बल बुनती हैं। कपाट बन्द होते समय इस कम्बल को सेलंग नामक एक स्थानीय गाँव से प्राप्त चँबरी गाय के शुद्ध घी में डुबो कर बदरीविशाल की मूर्ति पर लपेट दिया जाता है। तापमान जमाव बिन्दु से नीचे चले जाने के कारण यह 'घृतकम्बल' मूर्ति पर छह महीनों तक लिपटा रहता है। मई में कपाट खुलने पर हज़ारों तीर्थयात्रियों की उपस्थिति में घृतकम्बल उतारा जाता है और वे उसके टुकड़ों को विशिष्ट प्रसाद के रूप में बड़ी श्रद्धा के साथ ग्रहण करते हैं।

छह महीनों तक भगवान का शृंगार रत्नजटित सोने-चाँदी के गहनों से किया जाता है। पर कपाट बन्द होने वाले दिन 'अरण्य शृंगार' (पुष्प शृंगार) का विधान है। अन्तिम दिन से एक दिन पहले भगवान के गहने आदि मन्दिर के ख़ज़ाने की पेटियों में बन्द होकर नीचे जोशीमठ स्थित मन्दिर में भेज दिये जाते हैं।

इस वर्ष अन्तिम दिन के पुष्प्य शृंगार के लिए रीवा (मध्य प्रदेश) के रामानुज सम्प्रदाय की संस्था की बगिया के अलावा स्थानीय क्षेत्र में बनी अनेक सैनिक बैरकों से भी भारी मात्रा में गेंदे के फूल आये थे। सेना में, विशेषकर गढ़वाल राइफल्स की बटालियनों में भगवान बदरीविशाल के अनेक भक्त हैं। मन्दिर में लटके तीन-चार सबसे बड़े घण्टे भी सेना द्वारा ही लगवाये गये हैं।

नर और नारायण पर्वतमालाओं के बीच बसी इस पुरी में शाम को ही अँधेरा छा गया था। मन्दिर के प्रवेश सिंहद्वार पर लगा बड़ा बल्ब बढ़ते अँधेरे से जूझ रहा था। मन्दिर के बाहर गलियों में कुछ संन्यासी आग जलाये बैठे थे। इनमें से कुछ ने इतनी ठण्ड के बावजूद खुले आकाश के

नीचे रात बिताने का व्रत लिया था। १०-११ यात्रियों के अलावा कोई ५०-६० सैनिक भी अन्तिम दिन के समारोह को देखने आये थे।

ठीक ६.३० बजे मुख्य पुजारी रावल ने मन्दिर में प्रवेश किया। वे ठण्ड से बचने के लिए कंटोपा भी पहने हुए थे, देखते ही देखते छोटा-सा अर्धमण्डप रावल के पीछे आये दर्शनार्थियों से ठसाठस भर गया—बदरीविशाल के अन्तिम दर्शन पाने के लिए सब एक-दूसरे को ठेल कर आगे बढ़ने की कोशिश कर रहे थे। अर्धमण्डप में दायीं ओर बैठे वेदपाठियों ने उत्तर भारतीय शैली में तथा भीतर गर्भगृह में रावल ने कर्नाटक शैली में विष्णुसहस्र नाम का पाठ शुरू किया। उच्चारणों की दो भिन्न-भिन्न धाराओं से बहने वाले इस पाठ के समाप्त होते ही अर्धमण्डप में लगे कोई १० छोटे-बड़े घण्टे गूँज उठे। इसके बाद भोग लगने वाला था। नियमानुसार यह एकान्त में लगाया जाता है। इसलिए लोगों से आग्रह किया गया कि वे कुछ देरी के लिए अर्धमण्डप से बाहर निकल जायें।

इसके बाद मन्दिर की परिक्रमा में स्थित महालक्ष्मी की मूर्ति को उठा कर मुख्य मन्दिर में बदरीविशाल के समीप स्थापित किया गया। यह मूर्ति छह महीने (मन्दिर खुले रहने पर) तक परिक्रमा में स्थित अपने अलग मन्दिर में रहती है। उस स्थान में रहते हुए लक्ष्मीजी बदरीविशाल का 'भोग बनाती' हैं। मन्दिर बन्द होने के समय उन्हें भगवान की बायीं ओर भीतर तपस्विनी के वेश में रखा जाता है। मूर्ति के स्थानान्तरण की क्रिया में रावल को स्त्री वेश धारण करना पड़ता है। काले कोट और सफ़ेद धोती पर एक नीली साड़ी लपेट कर रावल महालक्ष्मी को उठाकर भीतर ले आये थे।

गीत गोविन्द के मधुर पाठ के साथ हज़ारों फूलों से बना भगवान का शृंगार हटाने की प्रक्रिया आरम्भ हो गयी। यह सब भी एकान्त में करने का विधान है। पुष्प शृंगार हट जाने के बाद भगवान की मूर्ति निर्वाण (वस्त्र व शृंगार सहित) अवस्था में आ गयी। अब 'घृतकम्बल' चढ़ाने की अन्तिम क्रिया होने वाली थी। यह भी 'एकान्त' में होती है, इसलिए गर्भगृह के द्वार एक बार फिर उड़का दिये गये। भीतर अकेले रावल ही रह गये थे। उन्होंने सेलंग गाँव से आये १६ किलो घी में माणा गाँव से आये कम्बल को भिगो कर बदरीविशाल की मूर्ति पर लपेट दिया। मूर्ति पर ताँबे का एक कवचनुमा पात्र औंधा रख दिया। सबसे अन्त में अखण्ड ज्योति में घी भरा गया ताकि

वह अगले छह महीनों बाद मन्दिर के खुलने तक बराबर जलती रह सके। इस दौरान कुछ भक्त गर्भगृह के दरवाज़ों की कुण्डी के छेदों से झाँक कर भीतरी दृश्य की झलक पाने की कोशिश करते रहे।

आख़िर मुहूर्त का वह अन्तिम क्षण भी आ गया। रावल गर्भगृह का द्वार खोल कर उलटे क़दमों से बाहर आये। उनके बाहर आते ही भगवान बदरीविशाल की मनुष्यों द्वारा पूजा किये जाने का समय बीत गया। ठीक ८ बजकर ५१ मिनट हुए थे, 'जय बदरीविशाल' के उद्घोष के साथ अर्धमण्डप का मुख्यद्वार भी एक ही झटके से बन्द कर दिया गया। अरे, यह क्या हुआ! रावल के अंगरक्षक के हाथ में सदा रहनेवाली चाँदी की छड़ी भूल से मन्दिर के भीतर ही छूट गयी। क्या दुबारा कपाट खोल कर छड़ी निकालना ठीक होगा? कपाट के पाँच बड़े तालों में सील लगाने की तैयारी कर रहे कर्मचारियों और रावल के सहायकों ने इस कठिन घड़ी में मदद दी। 'इसे अपशकुन नहीं शकुन ही मानना चाहिये', बन्द हो चुके कपाट को एक बार फिर खोला गया और चाँदी की छड़ी बाहर निकाली गयी, अनिष्ट निवारण के लिए बाहर परिक्रमा में स्थित भगवान के क्षेत्रपाल (कोतवाल) घण्टाकर्ण की मूर्ति पर सवा रुपया चढ़ाया गया।

निस्सन्देह, इस प्राचीन मन्दिर की व्यवस्था में कुछ दशकों से काफ़ी परिवर्तन आया है। आठवीं सदी में जगतगुरु शंकराचार्य द्वारा उत्तरी छोर पर स्थापित विष्णु भगवान के इस मन्दिर (विष्णु को बदरी फल यानी बेर बहुत प्रिय हैं उसी के नाम पर इन्हें बदरीविशाल कहा गया है। मन्दिर से कुछ आगे लक्ष्मीवन में बेर की कुछ झाड़ियाँ भी लगी हुई हैं) में पूजा का अधिकार प्रारम्भ से ही दक्षिण भारत के नम्बूदरी ब्राह्मणों के हाथों में रहा है। इन्हें रावल (अर्चक) कहा जाता है। मन्दिर के व्यवस्था ख़र्च को जुटाने के ख़याल से गढ़वाल नरेश व कुमाऊँ के अनेक छोटे-बड़े राजाओं ने कई गाँव भगवान को समर्पित कर दिये थे। रावल ही मन्दिर के सर्वेसर्वा होते थे, पर वे राजदरबार और अपने अन्य सहयोगियों की सम्मति से मन्दिर का प्रबन्ध किया करते थे। सरौला डिमरी कौम की पंचायत बदरीश की आरती में सहयोग देने, पूजा के लिए चन्दन घिसने, भोग पकाने आदि के लिए ३० लोग चुन कर भेजती है। ये वैतनिक नहीं होते थे, लेकिन महालक्ष्मी मन्दिर का सारा चढ़ावा इन्हीं को मिलता था। इसी चढ़ावे से इन ३० परिवारों की गुज़र-बसर होती थी। इसी तरह पाण्डुकेश्वर निवासी

मेहता-भण्डारी, कमदी कौम भगवान के भण्डार की व्यवस्था, भोग पकाने के लिए लकड़ी आदि का प्रबन्ध करते थे तथा चाँडिया जाति के लोग कपाट बन्द होने से कपाट खुलने तक मन्दिर की चौकीदारी करते थे। इसी तरह माणा, बमनी और सैलंग नामक गाँव का भी मन्दिर से दुतरफ़ा सम्बन्ध रहता था। लेकिन सन् १८६० के आसपास तत्कालीन रावल ने अपनी सर्वोच्च शक्ति का दुरुपयोग किया और मन्दिर की सम्पत्ति को उड़ाना शुरू कर दिया। स्थानीय जनता ने भ्रष्ट रावल के विरुद्ध आन्दोलन छेड़ा। रावल और सरकार में मुक़दमेबाज़ी होती रही। अस्थायी व्यवस्था तथा रोज़ बदलने वाले नियमों ने मन्दिर की हालत काफ़ी खस्ता कर दी।

सन् १९३९ में उत्तर प्रदेश विधानसभा ने 'श्री बदरीनाथ मन्दिर विधान' पारित कर मन्दिर प्रबन्ध के सारे अधिकार एक चुनी हुई संस्था 'श्री बदरीनाथ मन्दिर समिति' को सौंप दिये। इस एक्ट में भी तब से आज तक कई बार संशोधन हो चुके हैं। अब सेवा के बदले मन्दिर की आय का एक निश्चित अंश पाने वाले हक़दारों के भी अधिकार सीमित कर दिये गये हैं। परम्परागत सेवक-हक़दारों की संख्या बढ़ती जा रही है। माणा गाँव को अब 'घृतकम्बल' के बदले मन्दिर से कुछ नहीं मिलता, गाँव वाले असन्तुष्ट ज़रूर हैं, पर सैकड़ों वर्षों से चली आ रही परम्परा को अपनी ओर से तोड़ना नहीं चाहते। इसी तरह डिमरी कौम के ३० लोगों को महालक्ष्मी मन्दिर से होने वाली आय भी नये नियमों के अन्तर्गत बन्द कर दी गयी है। इस आय के बदले समिति उन्हें वेतन देना चाहती है पर डिमरी लोगों ने भगवान की 'सवैतनिक सेवा' के बदले 'मूक सेवा' करते रहने का निर्णय लिया है।

धर्मयुग, ३० जनवरी, १९७७

मछली–मछली कितना पानी

पिछले पचास बरस से बहस के बीच बह रहा कावेरी नदी का पानी नयी दिल्ली में हुए एक नये समझौते के बाद माना जा सकता है कि किनारे पर लग गया है। मुख्य कावेरी और उसकी सहायक नदियों के तटों पर बसे कर्नाटक, तमिलनाडु और केरल के मुख्यमन्त्रियों की खाद्य व कृषि मन्त्री जगजीवन राम के साथ २८–२९ नवम्बर को हुई बातचीत से 'कावेरी घाटी अधिकरण' की स्थापना का हल निकल आया है। उम्मीद की जा रही है कि अधिकरण की स्थापना से कावेरी के पानी पर इन तीनों राज्यों की खींचातानी ख़त्म हो जायेगी और नदी की हर बूँद का उपयोग तीनों राज्यों की पैदावार बढ़ाने में किया जा सकेगा।

अधिकरण का ढाँचा अभी बहुत साफ़ नहीं हुआ है। फिर भी इसमें केन्द्र द्वारा नामजद एक अध्यक्ष के नीचे तीनों राज्यों के कुछ तकनीशियन सदस्य होंगे। अधिकरण के काग़ज़ों पर अभी दस्तख़त नहीं हो पाये हैं। तीनों राज्यों के मुख्यमन्त्रियों ने अन्तिम रूप से दस्तख़त करने से पहले अपने–अपने राज्यों में प्रस्तावित अधिकरण पर ख़ाली बहस करना तय किया है। दिसम्बर में दिल्ली में इन्हीं लोगों की एक और बैठक में अधिकरण पर निर्णायक बहस होगी।

नदी–विवाद का यह सबसे पुराना झगड़ा पिछले दिनों अपनी चरम सीमा पर पहुँच गया था। कर्नाटक और तमिलनाडु में केरल के बजाय मामला ज़्यादा गरम था। केरल मुख्य कावेरी के तट पर नहीं बसा है, उसे इस झगड़े में कावेरी की सहायक नदियों के कारण फँसना पड़ा था। इसलिए केरल बहस में मुखर नहीं था, उसकी जीत तमिलनाडु की जीत के साथ जुड़ी थी।

तमिलनाडु के मुख्यमन्त्री ने शुरू में दिल्ली की बैठक में आने का विचार ही छोड़ दिया था लेकिन २७ नवम्बर को इस विवाद पर बुलायी गयी एक सर्वदलीय बैठक ने मुख्यमन्त्री करुणानिधि से आग्रह किया कि वे दिल्ली-वार्ता में शामिल हों और तमिलनाडु का पक्ष रखें। विरोधी अन्नाद्रमुक के रुख़ ने दीर्घकालिक विवाद को तात्कालिक बना दिया था। एम.जी.रामचन्द्रन का कहना था कि "हम इस विवाद को राजनैतिक रूप नहीं दे रहे हैं। लेकिन तमिलनाडु सरकार तंजावुर में खड़ी धान की फसल पर ध्यान दे रही है, उसे कर्नाटक और केन्द्र से बातचीत कर तुरन्त मैसूर बाँध के लिए पानी माँगना चाहिये। वह इस मामले में बुरी तरह असफल हुई है।" बयान देने से पहले एम.जी.आर. ने बंगलूर में कर्नाटक के मुख्यमन्त्री देवराज उर्स से मिल कर सहायक नदी फबानी का पानी छुड़वाने का आश्वासन भी ले लिया था।

पचास साल पहले हुए एक समझौते की अगले चन्द हफ़्तों के बाद ख़तम होने वाली मियाद ने इन राज्यों को क़रीब-क़रीब लड़ाई के मैदान में ही उतार दिया था। कहा जाता है कि सन् '२४ में हुए उस समझौते से वर्तमान कर्नाटक को काफ़ी नुकसान उठाना पड़ रहा था। वह कावेरी का उद्गम राज्य होने के बाद भी नदी पर अपनी इच्छा से बाँध वग़ैरह नहीं बना पा रहा था। दो साल पहले उसने कावेरी को बाँधने की कुछ योजनायें तैयार कर ली थीं, जिन्हें वह समझौते की मियाद ख़तम होते ही अमल में लाने की तैयारी कर रहा था। इन योजनाओं से तमिलनाडु में बहने वाले पानी पर असर पड़ता, कुछ असर तो पड़ने भी लगा था। तंजावुर में खड़ी फसल पानी के अभाव में हाथ से जाने वाली थी। लेकिन कर्नाटक का कहना था कि तमिलनाडु सरकार वहाँ उपलब्ध भूमिगत पानी का सही इस्तेमाल नहीं कर पायी और उस ग़लती को कर्नाटक की हेमवती और फबानी योजनाओं के सिर पर लादना चाहती है। कर्नाटक का कहना था कि तमिलनाडु ने सन् '२४ के समझौते से ज़्यादा फायदा उठाया है। वह बाँधी गयी सीमा से ज़्यादा पानी इस्तेमाल कर रहा है—जाहिर है, इन आरोपों का तमिलनाडु ने लगातार खण्डन किया। सन् '२४ के समझौते में व्यवस्था की गयी थी कि कावेरी का जितना पानी तमिलनाडु बाँधेगा उसका ६० प्रतिशत कर्नाटक बाँध सकता है।

इधर तमिलनाडु ने तीन योजनाओं के ज़रिये नदी को बाँधा था। तीन में से

एक योजना 'लोअर भवानी' में ५५ हज़ार मीट्रिक क्यूसेक पानी रुका था। केवल 'लोअर भवानी' के आधार पर ही कर्नाटक अपने इलाक़े में २९ हज़ार मीट्रिक क्यूसेक पानी रोक सकता था। उसका कहना है कि उसने मर्यादा से बहुत कम केवल १२ हज़ार मीट्रिक क्यूसेक पानी रोका है। आँकड़ों को अलग रख दें। इतना तो साफ़ है कि कर्नाटक द्वारा सहायक नदी कबानी का पानी रोक लेने से कावेरी के मुहाने में पानी बहुत कम हो गया था। मुहाने पर बसे 'दक्षिण के खलियान' तंजावुर की फसल पानी की कमी से ख़तरे में थी। इसी मामले को अन्नाद्रमुक तेज़ी से उठा कर करुणानिधि पर चोट कर रही थी।

इसी कारण दिल्ली में हुई बैठक के पहले दिन करुणानिधि ने प्रधानमन्त्री से मिल कर कावेरी विवाद में हस्तक्षेप करने का अनुरोध किया था। उनका कहना था कि मुख्य विवाद चाहे जब सुलझे, पहले तो तंजावुर की फसल बचाना है। श्री उर्स की दलील थी कि उन्होंने कबानी का पानी रोक कर कोई ग़ैर-क़ानूनी काम नहीं किया है लेकिन यदि तमिलनाडु दिक़्क़त में है तो उसकी मदद के लिए तैयार हैं। ''मदद का यह क़दम सद्भावना ही माना जायेगा, उनका हक़ नहीं।''

तटस्थ लोगों का कहना है कि कावेरी-विवाद में कर्नाटक नदी के सही किनारे पर खड़ा है लेकिन तमिलनाडु के दावों की उपेक्षा भी नहीं की जानी चाहिये। फिर भी दोनों राज्य जितने पानी के इस्तेमाल पर अपने-अपने दावे करते रहे हैं, उतना पानी तो कावेरी नदी में भी नहीं बहता है।

उर्स ने दिल्ली से रवाना होने से पहले करुणानिधि से कहा है कि वे अगले हफ़्ते अपने अधिकारियों को बंगलूर भेज कर कबानी नदी के पानी पर बातचीत कर लें। कबानी नदी का तात्कालिक मामला तो निपट जायेगा, तंजावुर की धान की फसल भी बच जायेगी लेकिन मुख्य विवाद को हल करने के लिए दिल्ली में बुलायी जाने वाली अगली बैठक से क्या नतीजे निकलेंगे, अभी कहा नहीं जा सकता। प्रस्तावित अधिकरण पर ख़ुशी जाहिर करते हुए करुणानिधि ने कहा कि उन्हें इस हल से ९० प्रतिशत सन्तोष है। बचा हुआ १० प्रतिशत असन्तोष कब और किस प्रकार निकलेगा, यह तो दिल्ली में होने वाली बैठक ही बता पायेगी।

प्रजानीति, ८ दिसम्बर, १९७४

जल का निजीकरण

पहले जंगल फिर ज़मीन और अब जल की बारी है।

एशिया, अफ्रीका और लातानी अमेरिका के देशों और उनके समाजों पर पिछले २०० वर्षों से साम्राज्यवाद और उपनिवेशवाद का गहरा संकट छाया रहा है। कभी-कभी, कहीं-कहीं सशक्त चेतना से, व्यापक जन आन्दोलन से संकट की यह काली छाया क्षण भर, कुछ वर्षों के लिए हटी भी होगी तो उसे नये रूपों में फिर से पलटने में देरी नहीं लगी है।

साम्राज्यवाद और उपनिवेशवाद ने, इन देशों के वनों को उजाड़ा, इन समाजों में प्रचलित भूमि को तहस-नहस किया। इनमें से कई देश वर्षों के संघर्ष—चाहे वे सशस्त्र रहे हों, चाहे अहिंसक—के बाद आज़ाद भी हुए पर धीरे-धीरे ये ज़्यादातर देश एक नयी तरह की ग़ुलामी के शिकार होते गये हैं।

भारत भी इससे बच नहीं पाया है। आज भारत बाक़ी और संकटों को भूल भी जाये तो जल पर आ रहा संकट बहुत ही भयानक होने वाला है।

प्रकृति द्वारा दिये गये वरदानों में सबसे सहज, सरल और तरल पानी बहुत ही पेचीदा मामला बनाया जाने लगा है। जल को लेकर जो भयानक परिस्थिति बन रही है वह इससे पहले के विषयों को, संकटों को, भूलों या षड्यन्त्रों को बिलकुल पीछे छोड़ देगी और लगभग पूरे समाज को, पूरी आबादी को, शहर और गाँवों को एक-सी क्रूरता से चोट पहुँचायेगी।

हमारे समाज में जो जीवनदायी संसाधन थे उनका नियन्त्रण प्राय: समाज के हाथ में ही सौंपा जाता था। इसमें जंगल, ज़मीन और जल तीनों विशेष

रूप से समाज द्वारा नियन्त्रित रहे हैं। चूँकि इन तीनों पर ही समाज का जीवन टिका था इसलिए इनका संरक्षण और संवर्धन सामाजिक कर्त्तव्य निभाते हुए किया जाता था। इसमें ममत्व यानी ये मेरा है। इस भाव की प्रधानता होती थी।

लेकिन एक विचित्र तरह की ग़ुलामी और फिर वैसी ही विचित्र आज़ादी के दौर में इन संसाधनों की खुली लूट शुरू हुई। पहले जंगल और ज़मीन अँग्रेज़ों के हाथ में गये और फिर आज़ादी के बाद इनका राष्ट्रीयकरण किया गया। कोई ४० साल के राष्ट्रीयकरण के बाद उसमें से निकली सारी अव्यवस्था को ढकने और उसे 'ठीक' करने के नाम पर इन बहुमूल्य जीवनदायी संसाधनों का अब निजीकरण किया जाने लगा है।

हमारे समाज में शामलात नामक सुन्दर शब्द प्रचलित रहा है। शामलात साधन या संसाधन जिसका स्वामित्व किसी एक का नहीं सबका सम्मिलित रूप से हो। जिसमें सब शामिल हों। लेकिन आज शामलात पर निजीकरण की काली छाया मँडरा रही है।

जंगल और ज़मीन के बाद अब जल की बारी है।

जल शामलात का ऐसा अन्तिम पवित्र भाग था जो एक हद तक निजीकरण से बचा रहा है। लेकिन अब सरकारों की मदद से विश्व बैंक और बहुराष्ट्रीय कम्पनियाँ जल के जीवनदायी वरदान को ताक पर रखकर इसे एक नये सोने की तरह देख रहे हैं, यह होगा नीला सोना।

इसकी शुरुआत हुई है ८० के दशक से। इस दौर में विश्व बैंक ने हमारे जैसे देशों की सरकारों का उनके ढाँचे में छिपी ग़ल्तियों और कमियों की तरफ ध्यान खींचा। इस क़दम को एक विचित्र नाम दिया गया और इसे 'ढाँचागत सुधार' कहा गया। फिर इस सुधार के ऋण की शर्त जोड़ी जाने लगी। सरकारों ने इसके आगे भी घुटने टेके और ऋण पाने के लिए अपने समाजों का भविष्य भी गिरवी रख दिया।

आज यह अशोभनीय प्रवृत्ति 'कुशल प्रबन्धन' की तरह प्रचारित की जा रही है और सभी तरह की राजनैतिक विचारधाराओं की सरकारें इसमें आगे बढ़-चढ़ कर हिस्सा ले रही हैं। पिछले दौर में ऐसे कई मौक़े आये जब बिना किसी बड़े कारण के एक या दो वोट से किसी न किसी प्रदेश की सरकार गिर गयी। लेकिन विश्व बैंक, वैश्वीकरण, निजीकरण जैसे

बहुत ही महत्त्वपूर्ण मुद्दों पर सभी पार्टियों के बीच में भयानक सर्व-सम्मति दिखायी देती है।

इस तरह अब हमारी सरकारों को, जनता के प्रतिनिधियों को विश्व बैंक सिखा रही है कि कोई भी योजना घाटे में नहीं चलनी चाहिये। नहीं तो इसका अगले ऋणों पर असर पड़ेगा। इसी कारण अब बड़े पैमाने पर ऋण लेना हो तो उससे बड़े पैमाने पर जल संसाधनों का निजीकरण होगा और हमारी सरकारें इसमें एक-दूसरे को पीछे छोड़ते दिख रही हैं।

बहुत संक्षेप में कहें तो दुनिया के स्तर पर कोई १० कम्पनियाँ इस नीले सोने को हथियाने की तलाश में विश्व बैंक आदि के साथ तैयार खड़ी हैं। इनमें से कुछ के नाम हैं : विवेंडी, स्वेज, एनरॉन, आरडब्ल्यूई, थेम्स वाटर, यूनाइटेड यूटिलिटीज, केल्डा ग्रुप आदि। इन सबका औसत राजस्व लगभग ३०-३५ बिलियन अमेरिकन डॉलर के आसपास बताया जाता है और इसमें जल व्यापार से कमाया गया भाग भी कोई कम नहीं है। अन्तरराष्ट्रीय स्तर पर पानी के व्यापार को समेटने में लगी इन संस्थाओं के बारे में जानकारी निकालना आसान नहीं है। ये अपने-अपने देशों में भी रहस्य का आवरण ओढ़कर काम करती हैं।

यह गोपनीयता कभी-कभी किसी दुर्घटना के कारण फूटकर भी सामने आती है और तब उन देशों की सरकारें जो प्राय: ऐसी सब बातों को संरक्षण देती हैं, अपने को लाचार पाकर उपलब्ध क़ानूनों से इन कम्पनियों पर हर्ज़ाना आदि भी लगाती हैं। कुछ समय पहले अमेरिका के सुरक्षा और स्वास्थ्य प्रबन्ध प्रशासन ने वहाँ की बदनाम कम्पनी एनरॉन पर कोई साढ़े तीन लाख डॉलर का दण्ड निर्धारित किया था।

इन सबके संयुक्त प्रयासों से आज पानी के निजीकरण से कोई ३०० बिलियन डॉलर तक व्यापार पहुँचा है। विश्व बैंक इसे ८०० बिलियन डॉलर बता रही है। इन बैंकों और कम्पनियों के कारण अब हमारे जैसे देशों में लगभग हर मंचों से पानी के निजीकरण की बहस होने लगी है और प्राय: यह बहस इसके फायदे ही गिनाती है।

सब तरफ़ व्याप्त अनीति के इस दौर में आप पायेंगे कि अचानक हमारी सरकारें जलनीति आदि बनाने में लग गयी हैं। इसके पीछे भी कुल मिलाकर विश्व बैंक की शर्तें पूरी करने वाली बातचीत है। कुछ राज्यों ने

तो इतनी भगदड़ में अपनी नीतियाँ बनायी हैं कि उन्हें नीति में किसी एक जगह निजीकरण का शब्द दिखाकर अगले ऋण की तैयारी करनी थी। अब विश्व बैंक सरकार की नीति देखे बिना, यानी निजीकरण की दृढ़ इच्छा देखे बिना, नये ऋण आसानी से नहीं देती। इसके अनेक उदाहरण हैं। १९९८ में बोलिबिया को लगभग ढाई करोड़ डॉलर का दिया जाने वाला ऋण यह कहकर रोक लिया गया था कि उसके एक बड़े शहर कोचाब्माबा की जल प्रदाय प्रणाली निजी हाथों में सौंपी जाये। सरकार ऋण लेने के लिए उतावली थी इसलिए उसने विश्व बैंक के निर्देशानुसार घुटने टेके। इस शहर में रातों-रात पानी की एक-एक बूँद निजी कम्पनी को सौंप दी गयी। फिर उसके दाम इतने बढ़ गये कि ग़रीब, साधारण, मध्यमवर्गीय आदि की बात तो छोड़िये सम्पन्न माने गये मुहल्लों में पानी ख़रीदना मुश्किल हो गया।

इससे एक साल बाद मोजाम्बिक में भी ऐसी शर्मनाक घटनायें हुईं। सभी लोग जानते हैं कि ऐसे बहुत से देशों में कुप्रबन्ध के बदले भ्रष्टाचार भी एक बड़ा कारण होता है। लेकिन इनमें से कहीं भी बैंक ने भ्रष्टाचार को रोकने के लिए कोई कोशिश नहीं की है। पानी का निजीकरण भ्रष्टाचार के कारण और आगे बढ़ सकेगा।

छोटे-छोटे देशों को ये नयी नीति और कम्पनियाँ कैसे उखाड़ रही हैं इसका एक उदाहरण साइप्रस देश हो सकता है। यहाँ नार्वे की एक कम्पनी ७० लाख वर्गमीटर पानी हर वर्ष थैलियों में पैक करके सप्लाई की योजना पक्की कर चुकी है। कोकाकोला और पेप्सी अभी तक जो रंगीन शरबत बेचते थे, उसके बदले भविष्य में सादे पानी के व्यापार से, बोतल बन्द पानी से, कहीं अधिक लाभ कमाने की योजना बना रही है।

तेल उत्पादक देशों का संगठन सभी जानते हैं। लेकिन अब इस बात की ज़ोरदार कोशिश की जा रही है कि आने वाले दो-चार वर्ष में 'वर्ल्ड वाटर एक्सपोर्ट ट्रीट्री' जैसा कोई समझौता भी सामने आये। इसमें दुनिया के कोई २० देश सदस्य बनेंगे और फिर पूरी दुनिया को अपने पानी के व्यापार में समेटेंगे।

ऐसे विचित्र और भयानक परिदृश्य में भारत क्या करे ? यहाँ पानी का प्रश्न जन संगठनों और जन आन्दोलनों के सामने आज नहीं तो कल एक बड़ी

चुनौती की तरह खड़ा होगा। इसका कोई सरल उत्तर एकाएक सामने नहीं दिखता। फिर भी मोटे तौर पर कहा जा सकता है कि इसमें संघर्ष के साथ-साथ रचना को भी पूरा स्थान देना होगा। एक तरफ़ क्रूर निजीकरण के हाथों में जाने वाली एक-एक बूँद को बचाना होगा तो दूसरी तरफ़ प्रकृति से मिलने वाली एक-एक बूँद को पूरे ममत्व के साथ सहेजने की तैयारी रखनी होगी। सर्वोदय, व्यापक गाँधी परिवार ने इन दोनों को— संघर्ष और रचना करके दिखाया है। अभी यह सीमित ज़रूर है लेकिन इसका विस्तार किया जाना असम्भव नहीं होगा।

तब हम कह सकेंगे कि जल की बारी नहीं आने दी और यदि हमने आने वाले वर्षों में यह शक्ति खड़ी कर ली तो हम ज़मीन और जंगल को भी फिर से समाज के हाथ में वापस लाने की योग्य पात्रता दिखा सकेंगे।

सर्व सेवा संघ अधिवेशन के लिए लिखा गया नोट

दक्षिण में गाँधीजी

सबसे पहले तो मैं क्षमा चाहता हूँ कि आज मदुरई में हो रहे इस सम्मेलन में मैं कुछ कारणों से चाहकर भी उपस्थित नहीं हो पाया हूँ। यहाँ न आ सकने का दुख भी है और मन में एक अपराध भाव भी। अपराध भाव इसलिए कि आदरणीय गोपीनाथन जी ने स्वयं पत्र लिख बार-बार कहा था कि इस सम्मेलन में मुझे रहना होगा। फिर भी मैं नहीं आ सका। इसका कष्ट मन में है।

मदुरई में आज यहाँ दक्षिण के चारों राज्यों के प्रतिनिधि एकत्र हुए हैं। इसलिए गाँधी जी और दक्षिण, विशेषकर तमिलनाडु और मदुरई से उनके सम्बन्ध पर कुछ बातें करना चाहूँगा। मुझे यह भी मालूम है कि यहाँ इस बारे में मुझसे अधिक जानने वाले साथी भी बैठे ही हैं, फिर भी कई बातें ऐसी होती हैं, जिन्हें बार-बार कहने में भी 'पुनरुक्ति दोष' होता नहीं।

शुरुआत तो मदुरई से ही करनी चाहिये। ऐसे कई लोग हुए हैं जिन्होंने अचानक किसी घटना को संकेत मानकर अपने कपड़े बदले, चोला बदला और संसार ही त्याग दिया। पर गाँधी जी ने इसी मदुरई में अपने कपड़े बदले और जिस संसार को वे अपनाने के लिए निकले थे, उसके और निकट आ गये।

उन्होंने इससे पहले बंगाल, बिहार, उड़ीसा में ग़ुलामी की ग़रीबी देखी थी। उनका मन तो तब से बदलने लगा था जब वे सचमुच सूट-बूट पहनते थे। फिर उन्होंने काठियाबाड़ी किसान की पोशाक अपना ली थी—धोती, कुरता, पगड़ी, सदरी वह भी मोटे कपड़े की। जब वे मदुरई आये हैं तब एक वर्ष में पूर्ण स्वराज्य लेने की बात उनके मन में थी। इसी बीच विदेशी

कपड़ों की होली और खादी का काम उस बहिष्कार के समानान्तर चल ही रहा था। मदुरई आने से पहले उनसे मद्रास में एक सभा में यह भी पूछा गया था कि यदि सारे विदेशी कपड़ों को जला देंगे तो क्या यहाँ के लोगों के पास पहनने के लिए दूसरी तरह के पर्याप्त कपड़े होंगे भी। १५ सितम्बर, १९२१ को मद्रास के समुद्र तट पर एक विशाल सभा को सम्बोधित करते हुए, उन्होंने कहा था कि आपको अपना तन ढँकने के लिए बम्बई और अहमदाबाद की मिलों के कपड़ों पर निर्भर नहीं रहना चाहिये। इसी प्रसंग में उन्होंने पहली बार यह कहा था ''पूरा स्वदेशी हाथ से कता-बुना कपड़ा पर्याप्त नहीं बन पाये तो मद्रास की सड़कों पर केवल घुटने तक की धोती पहन कर चलें।''

तो गाँधी जी के मन में कई तरह के प्रश्नों की लहरें उठती रही होंगी— ग़रीबी, लाचारी, स्वदेशी, विदेशी बहिष्कार और एक निश्चित समय में स्वराज्य। इस सबका कुछ मिला-जुला असर पड़ा होगा यहीं मदुरई में २२ सितम्बर, १९२१ को। और उनके मन में १५ सितम्बर को मद्रास की सभा में कही गयी बात भी गूँजी होगी।

सर रिचर्ड एडनबरो ने 'गाँधी' फ़िल्म में मदुरई के इस प्रसंग को थोड़ा ज़्यादा नाटकीय ढंग से, थोड़ा फ़िल्मी ढंग से फिर भी बहुत काव्यात्मक ढंग से फ़िल्माया है। लेकिन उसका सीधा-साधा सन्दर्भ हमारे मदुरई संग्रहालय में मिल जायेगा। लेकिन इस पर जितना ध्यान देना चाहिये उतना दिया नहीं गया है।

इस घटना का बहुत महत्त्व है। यहाँ गाँधी जी ने एक सन्देश में कहा था कि अखिल भारतीय कांग्रेस कमेटी ने विदेशी कपड़ों के बहिष्कार का जो कार्यक्रम निर्धारित किया था उसे पूरा करने के लिए अब हमारे पास कुछ ही दिन शेष हैं... विदेशी कपड़ों का बहिष्कार और ज़रूरत के सभी कपड़ों का उत्पादन हाथ कताई और हाथ बुनाई से किये बिना स्वराज्य नहीं मिल सकता।

''मैं जानता हूँ कि बहुत से लोगों के लिए विदेशी कपड़ा छोड़कर एकाएक स्वदेशी अपना लेना कठिन होगा। करोड़ों लोग इतने ग़रीब हैं कि वे छोड़े हुए विदेशी कपड़े की जगह उपयोग के लिए काफ़ी खद्दर ख़रीद ही नहीं सकते। उनसे मैं यही कहता हूँ कि जो सलाह मैंने उस दिन मद्रास के

समुद्र-तट पर उपस्थित लोगों को दी थी। यही सलाह मैं अपनी जिम्मेवारी अच्छी तरह समझते हुए दे रहा हूँ। इसलिए एक उदाहरण सामने रखने के लिए मैं ख़ुद ही, कम से कम ३१ अक्तूबर तक के लिए, टोपी और सदरी त्यागकर सिर्फ़ एक लँगोटी और शरीर-रक्षा के लिए ज़रूरी होने पर चद्दर से ही काम चलाने जा रहा हूँ। अपने पहनावे में यह परिवर्तन मैं इसलिए कर रहा हूँ कि दूसरों को कोई ऐसा काम करने की सलाह देने से बराबर बचता रहूँ जो मैं स्वयं न कर सकूँ।''

उनके कपड़े कम से कम और साधारण से अति साधारण हो गये थे। इसी तरह हम उनके आश्रमों में भी यही बात पाते हैं। भारत आने पर उन्होंने सबसे पहले कोचरब आश्रम बनाया। शहर अहमदाबाद के बीच में। यह उन्हें उनके एक धनी दोस्त बैरिस्टर जीवनलाल देसाई ने भेंट में दिया था। यह बात १९१५ की है। यह आश्रम एक भव्य बँगला ही था। फिर मात्र दो वर्ष बाद में इसी शहर से बाहर साबरमती के किनारे एक निर्जन इलाक़े में आ गये। भव्य बंगले के बदले टाइल वाली झोपड़ियों में। गाँधी जी इस सादे आश्रम से भी ज़्यादा सादा होना चाहते थे, तभी तो फिर वे १९३६ में वर्धा के सेगाँव आ गये और यहाँ केवल मिट्टी, बाँस, लकड़ी और गाँव की खपरैल से आश्रम बना।

कपड़े भी और रहन-सहन भी सादे से सादा होता गया। देश के साधारण जनों में गाँधी जी सचमुच नमक की तरह घुल कर एक हो गये थे।

कांचीपुरम् में गाँधी जी के आगमन को लेकर सवर्णों ने कुछ ऐसा डर फैलाया कि वहाँ मन्दिर के दरवाज़े बन्द कर दिये गये। लेकिन गाँधी जी ने बार-बार कहा कि ''ये काम तो ज़बरदस्ती से करने का नहीं है। सनातनियों की इच्छा के विरुद्ध यह होना नहीं है। और अपील की कि हिन्दू धर्म की सभी शक्तियाँ एक मंच पर आयें और इस अन्याय को दूर करें। मन्दिर प्रवेश दिलाना हमारा कर्त्तव्य है। हमें भगवान के प्रति किया गया यह पाप दूर कर पश्चात्ताप करना है।'' केवल मन्दिर ही नहीं, इस दौरे में एक जगह एक सुन्दर प्राकृतिक जल-प्रपात आया था। साथियों ने गाँधी जी से इसमें स्नान कर थकान दूर करने का आग्रह किया। गाँधी जी ने पूछा कि यहाँ हरिजन नहा सकते हैं? उत्तर मिला नहीं। गाँधी जी बिना नहाये आगे बढ़ गये।

जब तमिलनाडु का यह दौरा समाप्त हुआ तो अपनी अन्तिम सभा में गाँधी जी ने पूरे दौरे में जिन-जिन से मदद मिली उन सबको धन्यवाद दिया। इस धन्यवाद में रेल विभाग, अनेक नगर-पालिकायें, सनातनी हिन्दू और बड़ी संख्या में पुलिस के लोग भी शामिल थे। इस भाषण में उन्होंने पूरे अभियान में इकट्ठे हुए पैसे का पूरा-का-पूरा हिसाब लोगों के सामने रखा—उस सस्ते ज़माने में छुआछूत मिटाने, समाज के एक हिस्से को उसका आत्मगौरव लौटाने के इस अभियान में गाँधी जी को एक लाख तीस हज़ार रुपये मिले थे।

ये सब बातें हमें आज इसलिए दुहरा लेनी चाहिये कि परिस्थितियाँ कितनी भी कठिन हों, समाज का एक हिस्सा साथ न भी दे, रुकावट खड़ी करे, सरकार भी ख़ुद रुकावट बनकर खड़ी हो जाये फिर भी जो करने लायक काम है वो करते जाना चाहिये और अपने विरोधियों को भी साथ समेटकर आगे बढ़ना चाहिये।

दो दिन के इस सम्मेलन में आप सबके बीच जो चर्चायें होंगी उनमें ये छोटे-छोटे प्रसंग हमें फिर से दुबारा शक्ति देंगे, आत्मविश्वास भरेंगे। हम अपने सीमित साधनों के रहते हुए भी अपने क्षेत्रों में वापस लौटकर फिर से दुगने उत्साह से काम में लग जायेंगे।

संस्थाकुल, जुलाई २०१५

जल क्षेत्र में जन-निजी भागीदारी : भागीदारी या निजीकरण

जल क्षेत्र में जन-निजी भागीदारी : भागीदारी या निजीकरण

पिछले कुछ समय से आधुनिकता और विकास के नाम पर हमारे पूरे देश पर, हमारे समाज पर तरह-तरह के नये हमले हो रहे हैं। हमले तो पहले भी हुए ही हैं। पर तब और आज के इन नये हमलों में एक बड़ा फ़र्क़ है—तब के हमलावर, दुश्मन हमें पहचान में आ जाते थे, इसलिए उनसे लड़ना, निपटना सरल न भी हो तो भी हम आगे तो बढ़ते थे।

आज हम पर जो हमले हो रहे हैं, उनके हमलावर पहचाने नहीं जा सकते? उनमें से अधिकांश हमारे ही बीच के लोग हैं, हमारे अपने ही लोग हैं, हमारे अपने ही चुने हुए, चुने गये लोग हैं। इसलिए इस छल से निपटना, लड़ना बेहद कठिन काम है।

इस नये हमले के तर्क भी ऐसे हैं कि यह सब तो हमारे विकास के लिए किया जा रहा है। हमारी सुविधाओं को बढ़ाने के लिए किया जा रहा है। इनको आगे करने वाले हथियार भी ऐसे हैं कि हम उनकी मारक क्षमता का अन्दाज़ भी नहीं लगा पाते। ये स्थूल नहीं, बिलकुल सूक्ष्म हैं। ये नये हथियार हमारी भाषा में, हमारी बोलचाल में छिपे हुए भेस में आकर चुपचाप बैठ गये हैं।

एक समय था जब हमारा समाज अपना काम ख़ुद मिल-जुलकर कर लेता था। फिर स्वावलम्बन का वह दौर टूटा और राज्य का दख़ल बढ़ता गया। फिर एक दौर अभी कुछ ही पहले यह भी आया कि राज्य ने अपनी कई

महत्त्वपूर्ण ज़िम्मेदारियाँ निजी हाथों को देना शुरू किया। लेकिन अब इस नये दौर में राज्य और निजी क्षेत्र ने समाज के साधनों को ही हड़पना शुरू कर दिया। इस नये हमले का नाम है—पी पी पी! यानी प्राइवेट पब्लिक पार्टनरशिप, हिन्दी में कहें तो जन-निजी भागीदारी। ऊपर से तो यही बताया जा रहा है कि यह हमारे भले के लिए है। पर वास्तव में यह हमारी सार्वजनिक पूँजी को निजी लाभ में बदलने का एक नया हथियार है।

ऐसे संकट के समय मन्थन अभियान केन्द्र का यह प्रयास स्वागत योग्य है। इतना ज़रूर कहना चाहूँगा कि इन नये दुश्मनों से लड़ने के लिए हमें बहुत कुछ नये सिरे से सीखना होगा। और उसमें पहला ध्यान हमें हमारी भाषा पर देना होगा। वह इतनी सरल बनानी पड़ेगी कि सब उसे समझ सकें। तभी हम सबको साथ लेकर इस संघर्ष में कुछ जीत पायेंगे।

मन्थन केन्द्र, बड़वानी से छपी पुस्तक की भूमिका, अप्रैल २०११

अकबर हार गया फिर हम किस खेत की मूली हैं

अकबर हार गया फिर हम किस खेत की मूली हैं

शहर क़स्बे वालों से पानी की सही क़ीमत वसूली ही नहीं जाती। ऐसा कहा जाता है कि यह बाज़ार की दुनिया है। बाज़ार ही हमें रोज़-रोज़ पानी की सही क़ीमत बताता है। बाहर निकल कर एक बोतल पानी ख़रीदिये, आपको वह लगभग दूध के दामों पर मिलेगा। लेकिन यही पानी साफ़-सुथरे और विश्वसनीय ढंग से घर में आता है, तो हम दैनिक कार्यों से लेकर लॉन सींचने और गाड़ी धोने तक में बिना सोचे बहा डालते हैं।

इसलिए बाज़ार में बिकने वाली पानी की बोतल को हमेशा सामने रखें। पानी के इस्तेमाल में किफ़ायत बरतना आ जायेगा।

फतेहपुर सीकरी को याद रखें

इस सन्दर्भ में फतेहपुर सीकरी को याद करते हैं। अकबर को महान् कहा जाता है, लेकिन यह प्रसंग उसके साम्राज्य नहीं, पानी से जुड़ा है। अकबर ने फतेहपुर सीकरी में नयी राजधानी बसायी, बहुत काम करवाया। परन्तु, सिर्फ़ सोलह साल बाद उसे यह जगह छोड़नी पड़ी। वजह थी पानी की कमी। इसलिए आज के पर्यटक को भी वहाँ के सारे महल नये-से लगते हैं। नये-से ही छोड़ दिये गये थे।

आज हमारी सारी राजधानियाँ, सारे शहर स्वभाव से फतेहपुर-सीकरी बन चले हैं। शहरों में पानी १००-२०० किलोमीटर दूर से आता है। जिनका नहीं आता, वे भी ऐसी जुगाड़ में हैं।

तालाबों के साथ लुप्त हो गयी प्रणाली

सभी शहरों और राजधानियों में ५०-६० साल पहले तक बड़े तालाब हुआ करते थे, जो वर्षा जल का संचय करते थे। ये भूजल स्रोतों को समृद्ध करते थे। यही भूजल कुएँ के ज़रिये इस्तेमाल में लाया जाता था। लेकिन तकनीक की बदौलत परिदृश्य बदल गया। हम ज़मीन में छेद कर ट्यूबवेल, बोरिंग लगाकर बिजली की मदद से पानी खींचने लगे। फिर धीरे-धीरे ज़मीन की क़ीमतें आसमान छूने लगीं, इसलिए एक नया शब्द आया--भूमाफ़िया। इसने देखते ही देखते तीस-चालीस वर्षों में शहरों ही नहीं, आसपास के गाँवों के तालाबों को भी लपेटे में ले लिया। भूजल समृद्ध करने वाले तालाब ग़ायब हो गये। लेकिन नागरिकों को कोई ख़ास परेशानी नहीं हुई, क्योंकि सरकारों ने कहा कि तुम हमें वोट दो, हम तुम्हें पानी देंगे।

यहाँ तक तो ठीक है, परन्तु न भूलने वाली बात यह है कि पानी भले ही किसी जगह से आ रहा हो, पर हमारे अन्धाधुन्ध इस्तेमाल से एक न एक दिन वहाँ का जलस्रोत भी सूख ही जायेगा। कार्टूनिस्ट देवेन्द्र ने बहुत पहले एक कार्टून बनाया था—नल निचोड़ने के दिन आ गये। इसमें एक व्यक्ति आँगन में लगे नल को निचोड़ रहा है, जिसमें दो बूँद पानी टपकता है। इसलिए हम लगातार बेफिक्र नहीं रह सकते।

सरकारें पानी देंगी, कभी कम भी देंगी। हम नये घड़े फोड़कर विरोध का नाटक भी करेंगे। नये घड़े ही फोड़े जायेंगे, क्योंकि घरों में पुराने घड़े हैं ही नहीं।

सूखे के साथ बाढ़ भी

पिछले बरसों में तालाबों की बिदाई के साथ बाढ़ का आगमन भी हुआ है।

एक–दो घण्टे के पानी में सड़कें लबालब हो जाती हैं, घरों में पानी घुस जाता है। कारण यह कि पहले यह पानी जिन तालाबों में इकट्ठा होता था, अब वहाँ कॉलोनी और मॉल बन गये हैं। उस पानी की स्मृति उसे वहीं ले आती है और हम अपने को बाढ़ से घिरा पाते हैं। दस साल के ही आँकड़े देख लीजिये। मुम्बई, बेंगलुरु, चेन्नई, दिल्ली, इन्दौर, भोपाल सारे शहरों में महज़ एक घण्टे की बारिश में बाढ़ का ख़तरा घिर आता है।

इन्द्र की बाढ़ का एक प्रसंग श्रीकृष्ण से जुड़ा है, जब उन्होंने छिंगुली पर गोवर्धन पर्वत उठाकर उस इलाक़े को बाढ़ से बचा लिया था। लेकिन द्वारिका को भी याद करें, जो स्वयं कृष्ण की बनायी राजधानी थी, वह डूब गयी थी।

पानी बचायें, पानी जमा करें

हम इस गर्मी में इन्द्र, कृष्ण, तालाब, हमारे नल किसी को न भूलें। बरसात के बारे में जो संकेत हैं, उन्हें गम्भीरता से लें। एक–एक बूँद बचायें। किफ़ायत से ख़र्च करें। पुराने तालाब दुरुस्त करें। नये तालाब बनाना सम्भव न हो तो, अपने घर–आँगन–छत में बारिश का पानी जमा करके (वाटर हार्वेस्टिंग के ज़रिये) भूजल संवर्धन की कोशिश करें। व्यक्ति और सोसायटियाँ, दोनों इसके लिए क़दम उठायें। न भूलें कि हर बूँद मूल्यवान् है।

दैनिक भास्कर, १० जून, २०१५

सम्भव है गिरते जल को थामना

प्रधानमन्त्री मनमोहन सिंह ने लाल क़िले से दिये गये अपने भाषण में देश की जल समस्या को हल करने के लिए कुछ हज़ार करोड़ की एक बड़ी योजना घोषित की थी। यह पुरानी योजनाओं से कुछ अलग हटकर थी और ऐसा लगता था कि इसमें पहले की ग़ल्तियाँ दुहरायी नहीं जायेंगी। अभी तक की ज़्यादातर योजनाओं में एक जगह का जल संकट हल करने में किसी दूसरी जगह का जल संकट बढ़ा दिया जाता था। अक्सर पानी किसी दूसरी जगह से खींचकर बड़े शहरों में पटक दिया जाता था। बहुत बुरा न लगे तो ऐसी योजनाओं को पानी की तस्करी या क़ानूनी तौर पर चोरी कहा जा सकता है और इसके उदाहरण के रूप में राजधानी दिल्ली से लेकर जयपुर, चेन्नई और इन्दौर आदि को देख सकते हैं।

सब जगहों पर मुहावरे वाली गंगा उलटी बहायी गयी है और भारी ख़र्च पर इस बहते पानी को मोड़कर इसका रुख़ राजनीतिक महत्त्व के इन शहरों की तरफ़ किया गया है, लेकिन यह भी स्थायी हल नहीं दिखता। इन सब जगहों पर जहाँ से पानी आ रहा है, वहाँ असन्तोष बढ़ता जा रहा है। शायद इन कारणों को देखते हुए प्रधानमन्त्री ने एक नयी योजना की घोषणा की थी। अँग्रेज़ी में इसका नाम 'नेशनल रेनफेड अथॉरिटी' रखा गया था, लेकिन इन्द्र भगवान ही जानें कि नामकरण के बाद यह योजना कहाँ अटक गयी। लोग भी भूल गये और सरकार भी भूल गयी। जलसंकट ज्यों का त्यों बना हुआ है, बल्कि कई इलाक़ों में रोज़-रोज़ बढ़ता जा रहा है। पिछली सरकार और इस सरकार की भी एक प्रिय योजना—नदी जोड़ो, मध्य प्रदेश से शुरू हो रही है, लेकिन यह विशाल योजना की सबसे पहली

और सबसे छोटी सीढ़ी है। सीढ़ी से चढ़कर इसे आगे-पीछे कोई साँप काट भी सकता है और तब साँप-सीढ़ी के खेल की तरह कुछ हज़ार करोड़ की यह योजना दो कौड़ी की बन जायेगी।

जल संकट का निवारण और बाढ़ का प्रबन्धन नदियों को आपस में जोड़ने से हो सकता है या नहीं, इसमें सच या झूठ की बात नहीं है। लोगों में उतावलापन होता है कि हम अपने समय में सब ठीक करके जायें। परन्तु प्रकृति का कैलेण्डर, हमारे कैलेण्डर से मेल नहीं खाता। वह हज़ारों-लाखों साल में अपना रास्ता बनाती है। उन्हें जब अपने को जोड़ना होता है, जोड़ लेती है। हम चाहते हैं कि यह काम ५ या २० साल में कर लें। हमारे राज के रहते यह कार्य पूरा हो जाये।

हिमालय में गंगा या यमुना को देखें तो उनमें बहुत दूरी नहीं है, परन्तु वह बहुत दूर-दूर चक्कर लगाकर, इलाहाबाद में अपने को जोड़ती है। शायद प्रकृति ने ही धीरे-धीरे दोनों नदियों को जोड़ने की पूर्व तैयारी की होगी। ऊपर की धारा मिलाने से पूर्व नीचे की धारा मिलाने का सारा इन्तज़ाम किया होगा। पहले दोनों के लिए भूगोल तैयार किया होगा, तब जाकर दोनों को जोड़ा होगा। गंगा तो इलाहाबाद में यमुना से मिलने के बाद बिहार चली जाती है और फिर बिहार पार करने के बाद वह बंगाल में जाकर समुद्र में मिलने से पहले असंख्य धाराओं में बँट जाती है। इसलिए नदी को जोड़ने-तोड़ने का काम प्रकृति के ऊपर छोड़ देना चाहिये।

जल संकट का हल कोई नयी बात नहीं है। यह कोई रहस्य भी नहीं है। सैकड़ों वर्षों से हमारे गाँव, शहर, इसको सुलझाना जानते हैं। सचमुच कश्मीर से कन्याकुमारी तक और उधर कच्छ से लेकर अरुणाचल या मेघालय तक पूरा देश मेघों का सम्मान करता था और जहाँ जितना पानी गिरता है, उसका पूरा ध्यान रखकर अपनी जीवन शैली बनाता था। कहते हैं कि मरुभूमि (राजस्थान) के समाज को भगवान श्रीकृष्ण ने वरदान दिया था कि यहाँ कभी जल का अकाल नहीं रहेगा। प्रसंग महाभारत युद्ध समाप्त होने का है। लेकिन मरुभूमि का समाज हाथ पर हाथ रखकर नहीं बैठ गया। उसने अपने को पानी के मामले में तरह-तरह से संगठित किया। गाँव-गाँव, शहर-शहर वर्षा की बूँदों को सहेजकर रखने के तरीक़े खोजे और जगह-जगह इनको बनाने का एक बहुत ही व्यावहारिक, व्यवस्थित और विशाल संगठन खड़ा किया। इतना विशाल कि पूरा समाज उसमें

एकाकार हो गया। इसका आकार इतना बड़ा कि सचमुच निराकार हो गया।

मरुभूमि के समाज ने भगवान के वरदान को एक आदेश की तरह शिरोधार्य कर लिया और वहाँ समाज ने कुछ सैकड़ों वर्षों से पानी की रजत बूँदों को जगह-जगह समेटकर, सहेजकर रखने की एक परम्परा बनायी है और इस परम्परा ने कुछ लाख कुण्डियाँ, कुछ लाख टाँके, कुछ हज़ार कुइयाँ और कुछ हज़ार छोटे-बड़े तालाब बनाये हैं। इसके लिए उसने किसी के आगे कभी हाथ नहीं पसारा। जिन इलाक़ों में पानी बहुत कम गिरता है, वहाँ भी लोग पानी की कमी नहीं आने देते थे। अपनी खेती-बाड़ी से भी ऐसी फ़सलें लेते थे, जिनकी प्यास बड़ी नहीं होती। ये सब सीख लेने की बातें हैं। महाराष्ट्र, आन्ध्र प्रदेश और मध्य प्रदेश के कम पानी वाले इलाक़े भी ऐसी ही समझदारी बरतते थे, इसलिए इन इलाक़ों में हर जगह गेहूँ, धान और गन्ने की फ़सल नहीं पैदा की जाती थी। इसके बदले वहाँ ज्वार, बाजरा, मक्का और मोठ जैसा मोटा अनाज बोया जाता था और चैन की फ़सल काटी जाती थी। अब इन इलाक़ों में चैन की फ़सलों के बदले अशान्ति और असन्तोष की फसलें बोयी जा रही हैं। लगभग इन सब इलाक़ों में कई मिले-जुले कारणों से किसानों की हत्यायें भी हो रही हैं, जिन्हें हम 'आत्महत्या' कहकर अपनी योजनाओं के दोष ढँकने का कार्य कर रहे हैं।

बरसात आने में अभी वक़्त है। यदि सरकारें और समाज तय कर लें तो बड़े पैमाने पर इस बरसात में पानी को रोकने का काम किया जा सकता है। इससे राजनीति की तरह ही बहुत तेज़ी से नीचे गिरता जा रहा जलस्तर कुछ थम सकेगा और ऊपर भी आना शुरू होगा।

दैनिक भास्कर, १७ मई, २००७

बिन पानी सब सून

अकाल कभी अकेले नहीं आता है। वह चुपचाप भी नहीं आता है। अकाल बिना तिथि बताये आने वाला अतिथि नहीं है। सितम्बर के अन्त में जब मानसून अपने बादलों को समेट कर लौटता है, तो वह जाते-जाते देश के पूरे हिस्से पर यह जानकारी, यह सूचना भी बरसा देता है कि कहाँ, कितनी वर्षा हुई। कहाँ पानी कम गिरा है और कहाँ औसत से ज़्यादा। पहले धरती के बेटे, किसान इस सूचना को पानी की तरह सँजो कर रख लेते थे और उसी हिसाब से अपने वर्ष भर के कामों की तैयारी करते थे। हमारे समाज में पहले यह चलन था कि वर्षा की समाप्ति पर सारा गाँव और शहर अपने-अपने तालाबों पर इकट्ठा होता था। मेला-सा लगता था तालाबों की पाल पर। तब उनमें से कोई एक ज़िम्मेदार सदस्य तालाबों में कितना पानी एकत्र हुआ, इसका आकलन करके आने वाले समय की ख़ुशहाली का या बुरे दिनों का अन्दाज़ देता था। वह दौर आज की सूचना की क्रान्ति से अलग था। २१वीं सदी में भारत को ले जाने के लिए हमारे सभी राजनीतिक दल एवं राजनेता पिछले बीस वर्षों से बहुत आतुर दिख रहे थे, उन्हें बिना बताये अब यह अकाल कैसे आ गया है? सूचना-क्रान्ति के महान दूतों को, महान सपूतों को बिना सूचना दिये देश के आधे से ज़्यादा हिस्से में—राजस्थान, मध्य प्रदेश, गुजरात, महाराष्ट्र, आन्ध्र प्रदेश आदि राज्यों में आज अकाल 'चुपचाप' आया है।

पुरानी कहावत—आग लगने पर कुआँ खोदना के अनुसार अब अकाल की आग लगी है और सरकार ने कुआँ खोदना शुरू किया है। कहावत में कुआँ खोदने पर शायद पानी भी निकलता है, लेकिन इस बार अकाल में

ऐसे कुएँ खोदने पर पानी नहीं मिला है। टैंकरों, रेलों से यहाँ तक कि गुजरात में पिछले वर्ष पानी के जहाज़ से भी काण्डला बन्दरगाह तक पीने का पानी पहुँचाने का प्रबन्ध किया गया था। कसर रह गयी थी सिर्फ़ हवाई जहाज़ से पानी पहुँचाने की। क्या पता देश इतनी तरक्की और कर ले। अकालग्रस्त राज्यों में कुछ मुख्यमन्त्रियों ने गाँव को कम्प्यूटर से जोड़ा है। एकाध मन्त्री अपनी गोद में कम्प्यूटर रखने के लिए भी प्रसिद्ध हैं, लेकिन ऐसे लेपटॉप से गाँव तक पानी नहीं पहुँच सका है। इन सभी जगहों पर ट्यूबवेल लगा कर सरकार निश्चिन्त होती रही है, लेकिन अकाल के तीसरे साल में अब इन ट्यूबवेलों से, हैण्डपम्पों से पानी नहीं, हवा की आवाज़ निकल रही है।

देश के अधिकांश भागों में जल-स्तर लगातार नीचे गिरता चला गया है। कहीं-कहीं वह इतने नीचे जा चुका है कि उसे बिजली से भी ऊपर नहीं खींचा जा सकता। यह भी ध्यान रखना चाहिये कि अकालग्रस्त इलाक़ों में बिजली का संकट भी अधिक गहरायेगा। ऐसे में बिजली के भरोसे पानी खींच लेने की कोशिश काम नहीं आयेगी। यों सरकार का ध्यान पिछले दिनों जल-नीति बनाने की तरफ़ भी गया है। इस जल-नीति का एक प्रारूप अकाल के दौरान ही बन चुका है, लेकिन जिन टेबिलों पर जल-नीति बनी है, उन्हीं टेबिलों पर समय-समय पर देश की सारी नदियों को एक-दूसरे से जोड़ने की सबसे ख़र्चीली, सबसे भयानक और शायद सबसे अव्यावहारिक योजना भी बनती रही है। ऐसी योजनायें अकाल के समय भी असामयिक और असामाजिक नहीं मानी जातीं। इन ज़िम्मेदार लोगों को, जन-प्रतिनिधियों को ऐसी गप्पों में व्यस्त देख कर क्या कहा जा सकता है? हमें यह नहीं भूलना चाहिये कि अकाल के पहले समाज में अच्छे कामों का और अच्छे विचारों का अभाव आता है। आज बहुत से लोग कुछ आधुनिक विचारों से प्रभावित होकर यह मानने लगे हैं कि विचार और काम इन दोनों में कोई अन्तर है। इसी कारण समाज की चिन्ता रखने वाले साथियों और संस्थाओं के बीच एक नयी शब्दावली चल गयी है।

इसमें 'ऐक्शन', 'फील्ड वर्क', 'ग्रास रूट' जैसे शब्द आ गये हैं। इससे ऐसा लगता है कि काम का महत्त्व और वजन ज़्यादा है और सोचना और समझना, विवेक के साथ विचार करना कुछ घटिया क़िस्म का काम है,

लेकिन हम पाते हैं कि जहाँ बहुत अच्छा ऐक्शन हुआ है, ग्रास रूट पर काम हुआ है, आज वहाँ भी अकाल ने अपना सिर उठाया है। देश के सात राज्यों में पिछले पाँच वर्षों में 'अकाल क्षेत्र विकास' नाम की योजना ने कुछ करोड़ रुपयों का काम किया है।

इसमें सरकार का साथ बहुत भरोसे की सामाजिक संस्थाओं ने भी दिया है, लेकिन फिर भी हम पाते हैं कि इन अधिकांश इलाक़ों में पानी की तरह बहाये गये पैसे ने पानी नहीं जुटाया है। इसके बाद भी हमारे राजनैतिक और सामाजिक नेतृत्व ने वाटरशेड नामक इस योजना पर फिर से विचार करने की तैयारी नहीं दिखायी है। इसलिए इस बात की तरफ़ विचार किया जाना चाहिये कि अच्छे विचारों से समाज में अच्छे काम चलते हैं और इसी अच्छे कामों से समाज में अच्छे विचार फैलते हैं। विचार और काम, इन दोनों में से कोई भी 'टर्मिनेटर सीड' नहीं होता। इस अकाल के बीच भी कई जगह अच्छे काम और अच्छे विचार मिल कर कितना सुन्दर परिणाम दे सकते हैं, इसका छोटा-सा उदाहरण है—राजस्थान के अलवर में 'तरुण भारत संघ' का काम। यहाँ कोई १५ साल पहले एक अच्छा विचार आया कि हमें तालाबों की खोयी हुई परम्परा को जीवित करना है। इन पन्द्रह वर्षों में वहाँ और उसके आसपास कोई ७०० गाँवों में लोगों ने जगह-जगह तालाब बनाये, पुराने तालाबों की मरम्मत की, हर छोटी नदी और नाले पर बाँध बाँधे और अपने हिस्से में बरसने वाली एक-एक बूँद को सहेज लेने का काम चुपचाप किया।

आज इन तालाबों और बाँधों से वहाँ सूखी पड़ी पाँच नदियों को फिर से सदानीरा का दर्जा वापस मिला है। आज यहाँ अकाल के तीसरे साल में भी चारों तरफ़ हरी फसलें लहरा रही हैं। यहाँ अकाल के बीच में भी किसी भी कुएँ में झाँकने से पानी का सुखद दर्शन होता है। पानी के इस दर्शन के लिए आज इन गाँवों में दूर-दूर से सैकड़ों, हज़ारों लोग आ रहे हैं। पिछले एक वर्ष में ३२ हज़ार लोग अकाल से निपटने के इस कारगर तरीक़े को देखने और समझने के लिए आये हैं। इसमें ग्रामीण पुरुष-स्त्री, सभी स्तर के अधिकारी और नीति निर्धारक शामिल हैं। यहाँ लोगों ने तालाब बना कर सिर्फ़ पानी नहीं रोका, उसे रोकने के बाद पूरे विवेक के साथ, उसके उपयोग की योजना आपस में बैठ कर बनायी है। यदि अकाल के बीच में वे अपने इस पानी के ख़ज़ाने को बेहद प्यासी फ़सलों के लिए इस्तेमाल

कर लेते, तो आज उनके पास भी अनाज और चारे की कमी आ जाती।

गुजरात, महाराष्ट्र, मध्य प्रदेश और राजस्थान के कई इलाक़ों में लोगों ने अपना पानी ट्यूबवेलों के माध्यम से उलीचकर बर्बाद कर दिया है और अब हाथ पर हाथ रखे सरकार का इन्तज़ार कर रहे हैं, लेकिन अलवर क्षेत्र में अकाल आने के ठीक पहले लोगों ने छोटी-छोटी बैठकों के माध्यम से इस बात का आकलन किया था कि कुल कितना पानी गिरा है और उसका उपयोग कैसी फ़सल को उगाने के लिए किया जाना चाहिये। लोगों ने अपने हाथ के काम छोड़ कर आने वाले ख़तरों की सूचना कम्प्यूटर से नहीं, पैदल घूमकर, पदयात्रायें करके जगह-जगह फैलायी हैं और ऐसी फ़सलों को न बोने का फ़ैसला लिया है, जो पानी की ज़्यादा माँग करती हैं।

इस फ़ैसले से उन्हें थोड़ा-बहुत आर्थिक नुक़सान हुआ होगा, लेकिन आज उनका यह इलाक़ा अकाल के बीच एक बड़े हरे द्वीप की तरह खड़ा है। यहाँ सरकार को न तो टैंकरों से पानी ढोना पड़ रहा है और न अकाल राहत की अपमानजनक योजनायें चलानी पड़ रही हैं। इन गाँवों ने किसी के भी आगे दयनीय होकर हाथ नहीं पसारा है। उनका माथा ऊँचा उठा हुआ है। पानी रोकने के ऊँचे काम ने उनके स्वाभिमान की भी रक्षा की है। अलवर में नदियाँ एक-दूसरे से जोड़ी नहीं गयी हैं। यहाँ के लोग, गाँव, नदियों, अपने तालाबों से ख़ुद जुड़े हैं। यहाँ पैसा नहीं बहाया गया है, लोगों ने अपना पसीना बहाया है, इसलिए आज यहाँ पानी बहता दिखता है। यहाँ अच्छे कामों और अच्छे विचारों ने अकाल को एक दर्शक की तरह तालाबों की पाल के किनारे बिठाकर रख दिया है।

दैनिक भास्कर, भोपाल, १७ फ़रवरी, २००७

सम्पूर्ण आज़ादी सपना अभी भी

मेरे ख्याल में बढ़िया दाना-पानी पाने वाला तोता, जो सोने के शानदार पिंजरे में दिन-रात आराम से बैठा रहता है, मौक़ा पाते ही उड़ जाना पसन्द करेगा। हम तो फिर इन्सान हैं। इसलिए ग़ुलामी से निजात पाना अपने आप में एक बहुत बड़ी उपलब्धि है। लेकिन ग़ुलामी से मुक्त हो जाने का मतलब 'सम्पूर्ण आज़ादी' तो बिल्कुल नहीं है। जिस आज़ादी की हम बात कर रहे हैं, उस 'आज़ादी' को पाने के लिए समाज को कड़ी मेहनत करना पड़ती है। यदि वैसी मेहनत नहीं हो पाती, तो चाहे कैसी भी आज़ादी हो, उसका मूल्य अलंकृत वस्तु से ज़्यादा नहीं रह जाता।

हर टुकड़े में कोई न कोई कमी नज़र आने लगती है, फिर भी हम आज़ाद हैं। अगर यह आज़ादी हमने सही मायने में हासिल की होती, तो शायद गाँधीजी को १५ अगस्त १९४७ के दिन नोआखाली में नहीं रहना पड़ता। आज के हालात पहले से बहुत बेहतर नहीं हैं। देश को कई पार्टियों के शासन का अनुभव मिला। एक पार्टी का राज चला, दो पार्टियों ने भी राज चलाया। यहाँ तक कि पन्द्रह-बीस राजनीतिक पार्टियों के मोर्चे ने भी शासन करके देख लिया। लेकिन यह इस देश की जनता का दुर्भाग्य है कि उसे इन सबके अच्छे परिणाम देखने को नहीं मिले। आज़ादी किसी दूर टिमटिमाते तारे की तरह ही दीख पड़ती रही। हम उसकी रोशनी का भरपूर आनन्द नहीं ले सके। आज हम अपने दिल पर हाथ रखकर पूरे विश्वास के साथ नहीं कह सकते कि हम आज ग़ुलामी के पिंजरे से मुक्त होकर खुली हवा में साँस ले रहे हैं। कई बार तो यह लगता है कि यह हवा पूरी तरह प्रदूषित हो चुकी है, जिसे आयात किया जा रहा है। यह हवा भी

अपनी नहीं रही। ऐसे में हम 'सम्पूर्ण आज़ादी' की कल्पना भी नहीं कर सकते। विनोबा ने बहुत पहले कहा था कि पहले भारत आज़ाद गाँवों का ग़ुलाम देश था, अब वह आज़ाद देश के ग़ुलाम गाँवों का देश है। जो भी चीज़ें हमारे जीवन को चलाती हैं, वे एक-एक करके विदेशी सौदागरों के हाथों नीलाम होती जाती हैं और ये सौदागर भी उन्हीं देशों के हैं, जिन्होंने कभी हमें ग़ुलाम बनाया था।

दैनिक भास्कर, १४ अगस्त २००५

पानी की राजनीति में डूबता समाज

आज हर बात की तरह पानी की राजनीति भी चल निकली है। पानी तरल है, इसलिए उसकी राजनीति भी ज़रूरत से ज़्यादा बहने लगी है। देश का ऐसा कोई हिस्सा नहीं है, जिसे प्रकृति उसके लायक पानी न देती हो, लेकिन आज दो घरों, दो गाँवों, दो शहरों, दो राज्यों और दो देशों के बीच भी पानी को लेकर एक न एक लड़ाई हर जगह मिलेगी। मौसम विशेषज्ञ बताते हैं कि देश को हर साल मानसून का पानी निश्चित मात्रा में नहीं मिलता, उसमें उतार-चढ़ाव आता रहता है, लेकिन वे यह भूल जाते हैं कि प्रकृति 'आईएसआई मार्का' तराजू लेकर पानी बाँटने निकलने वाली पनिहारिन नहीं है। तीसरी-चौथी कक्षा से हम सब जलचक्र पढ़ते हैं, अरब सागर से कैसे भाप बनती है, कितनी बड़ी मात्रा में वह 'नौतपा' के दिनों में कैसे आती है, कैसे मानसून की हवायें बादलों को पश्चिम से, पूरब से उठाकर हिमालय तक ला जगह-जगह पानी गिराती हैं, हमारा साधारण किसान भी जानता है। ऐसी बड़ी, दिव्य व्यवस्था में प्रकृति को मानक ढंग से पानी गिराने की परवाह नहीं रहती। फिर भी आप पायेंगे कि एकरूपता बनी रहती है। जिस चेरापूँजी में देश का सबसे ज़्यादा पानी गिरता था, वहाँ आज भी सबसे ज़्यादा पानी बरसता है। केन्द्र में सरकार बदल जाने से प्रकृति का चेरापूँजी के लिए वाटर बजट कम या ज़्यादा नहीं होता। इसी तरह जिस मरुप्रदेश राजस्थान में सबसे कम पानी गिरता है, वहाँ की स्थिति भी नहीं बदलती। लेकिन पानी की राजनीति ने प्रकृति के इस स्वभाव को भूलने की अक्षम्य ग़लती की है। इसलिए हम प्रकृति से क्षमा नहीं पा सके हैं।

हमने विकास की दौड़ में सब जगह एक-सी आदतों का संसार रच दिया

है, पानी की एक जैसी ख़र्चीली माँग करने वाली जीवनशैली को आदर्श मान लिया है। अब सबको एक जैसी मात्रा में पानी चाहिये और जब नहीं मिल पाता तो हम सारा दोष प्रकृति पर, नदियों पर थोप देते हैं।

अब हमारे सामने नदियों को जोड़ने की योजना भी रखी गयी है। देश के जिस भूगोल ने लाखों साल की मेहनत से इस कोने से उस कोने तक तरह-तरह से छोटी-बड़ी नदियाँ निकालीं, अब हम उसे दोष दे रहे हैं और चाहते हैं कि एक नदी कश्मीर से कन्याकुमारी तक क्यों नहीं बही ? अभी भी करने लायक छोटे-छोटे कामों के बदले अरबों रुपये की योजनाओं पर बात हो रही है। इस गोद में कुछ ही पहले तक हज़ारों नदियाँ खेलती थीं, उन सबको सुखाकर अब हम चार-पाँच नदियों को जोड़कर उनका पानी यहाँ-वहाँ ले जाना चाहते हैं। बदली राजनीतिक परिस्थितियों ने नदी-माला परियोजना पर विस्तृत रिपोर्ट तैयार करने वाली टास्क फोर्स के पूर्व अध्यक्ष सुरेश प्रभु को बदल दिया है, लेकिन कोई प्रमाण नहीं है कि योजना रोक ली गयी है। जो काम सचमुच के प्रभु का था, उसे सुरेश प्रभु करने जा रहे थे, लेकिन राजग सरकार के जाने से वह काम फ़िलहाल टल गया है। जलसंकट प्रायः गर्मियों के दिनों में आता था, अब वर्ष भर बना रहता है। ठण्ड के दिनों में भी शहरों में लोग नल निचोड़ते मिल जायेंगे। राजनीतिक रूप से जो शहर थोड़े सम्पन्न और जागरूक हैं, उनकी ज़रूरत पूरी करने के लिए पानी पड़ोस से उधार भी लिया जाता है और कहीं-कहीं तो चोरी से खींच लिया जाता है, लेकिन बाक़ी पूरा देश जलसंकट से उबर नहीं पाता। इस बीच कुछ हज़ार करोड़ रुपये ख़र्च करके जलसंग्रह, पानी रोको जैसी कई योजनायें सामने आयी हैं। वाटरशेड डेवलपमेंट अनेक सरकारों और सामाजिक संगठनों ने अपनाकर देखा है, लेकिन इसके ख़ास परिणाम नहीं मिल पाये। शायद एक बड़ी ग़लती हमसे यह हो रही है कि हमने पानी रोकने के समयसिद्ध और स्वयंसिद्ध तरीक़ों को पुराना या परम्परागत करार देकर छोड़ दिया है। यदि कुछ लाख साल से प्रकृति ने पानी गिराने का तरीक़ा नहीं बदला है तो हम भी उसके सेवन के तरीक़े नहीं बदल सकते। प्यास लगती है, अकाल की आग लगती है, तो सरकार और समाज कुआँ खोदना शुरू कर देते हैं। कहावत में तो कुआँ खोदने पर शायद पानी निकलता भी है पर सरकारी आयोजनों और योजनाओं में इस पानी का रंग कुछ और ही दिखता है।

तालाब, बावड़ी जैसे पुराने तरीक़ों की विकास की नयी योजनाओं में बहुत उपेक्षा हुई है। न सिर्फ़ शहरों में, बल्कि गाँवों में भी तालाबों को समतल कर मकान, दुकान, मैदान, बस स्टैंड बना लिए गये हैं। जो पानी यहाँ रुक कर साल भर ठहरता था, उस इलाक़े के भूजल को ऊपर उठाता था, उसे हमने नष्ट कर दिया है। उसके बदले हमने आधुनिक ट्यूबवेल, नलकूप, हैण्डपम्प लगाकर पानी निकाला है। डालना बन्द किया और निकालने की गति राक्षसी कर दी और मानते रहे कि सब कुछ हमारे अनुकूल चलेगा, लेकिन अब प्रकृति हमें हर साल चिट्ठी भेजकर याद दिला रही है कि हम ग़लती कर रहे हैं। इसकी सज़ा भुगतनी होगी। कभी पानी का प्रबन्ध और उसकी चिन्ता हमारे समाज के कर्तव्य-बोध के विशाल सागर की एक बूँद थी। सागर और बूँद एक-दूसरे से जुड़े थे। बूँद अलग हो जाये तो न सागर रहे, न बूँद बचे।

सात समुन्दर पार से आये अँग्रेज़ों को न तो समाज के कर्तव्य-बोध का विशाल सागर दिख पाया, न उसकी बूँदें। उन्होंने अपने यहाँ के अनुभव और प्रशिक्षण के आधार पर यहाँ के राज में दस्तावेज़ ज़रूर खोजने की कोशिश की लेकिन वैसे रिकॉर्ड राज में रखे नहीं जाते थे। इसलिए उन्होंने मान लिया कि यहाँ सारी व्यवस्था उन्हीं को करना है, यहाँ तो कुछ है ही नहीं। पिछले दौर के अभ्यस्त हाथ अकुशल कारीगरों में बदल दिये गये। ऐसे बहुत से लोग, जो गुनीजनख़ाना यानी गुणी माने गये जनों की सूची में थे, अनपढ़, असभ्य, अशिक्षित माने जाने लगे। हमें भूलना नहीं चाहिये कि अकाल, सूखा, पानी की किल्लत ये सब कभी अकेले नहीं आते। अच्छे विचारों और अच्छे कामों का अभाव पहले आ जाता है। हमारी धरती सचमुच मिट्टी की एक बड़ी गुल्लक है। इसमें १०० पैसा डालेंगे तो १०० पैसा निकाल सकेंगे। लेकिन डालना बन्द कर देंगे और केवल निकालते रहेंगे तो प्रकृति चिट्ठी भेजना भी बन्द करेगी और सीधे-सीधे सज़ा देगी। आज यह सज़ा सब जगह कम या ज़्यादा मात्रा में मिलने लगी है।

पंजाब और हरियाणा सूखे राज्य नहीं माने जाते, लेकिन आज इनमें भी पानी के बँटवारे को लेकर राजनीतिक कड़वाहट दिख रही है। इसी तरह दक्षिण में कर्नाटक और तमिलनाडु में कोई कम पानी नहीं गिरता, लेकिन इन सभी जगहों पर किसानों ने पानी की अधिक माँग करने वाली फसलें बोयी हैं और अब उनके हिस्से का पानी उनकी प्यास नहीं बुझा पा रहा है।

ऐसे विवादों का जब राजनीतिक हल नहीं निकल पायेगा तो हमें ऊँची अदालत का दरवाज़ा खटखटाना होगा। अदालत भी इसमें किसी एक के पक्ष में फ़ैसला देगी तो दूसरे पक्ष को सन्तोष नहीं होगा। इसमें मुख्य समस्या प्यास की ज़रूरत की नहीं बची है और बनावटी प्यास और बनावटी ज़रूरत लम्बे समय तक पूरी नहीं की जा सकेंगी। कई बार जब अव्यवस्था बढ़ती जाती है, जन-नेतृत्व और सरकारी विभागों का निकम्मापन बढ़ने लगता है तो दुर्भाग्य से एक ही हल दिखता है : राष्ट्रीयकरण के बदले निजीकरण कर दो। यही हल अब पानी के मामले में भी आगे रखा जाने लगा है। पहले हमारा समाज न राष्ट्रीयकरण जानता था और न निजीकरण। वह पानी का 'अपनाकरण' करता था। अपनत्व की भावना से उसका उपयोग करता था। जहाँ जितना उपलब्ध था, उतना ख़र्च करता था, इसलिए कम से कम पानी के मामले में, जब तक बहुत सोची-समझी योजना फिर से सामने नहीं आयेगी, हम सब चुल्लू भर पानी में डूबते रहेंगे, लेकिन हमें शर्म नहीं आयेगी।

दैनिक भास्कर, २० जून, २००४

दिल्ली में डीटीसी बस की यात्रा

कुछ वर्ष पहले दिल्ली परिवहन निगम (डीटीसी) ने नमस्कार सेवा शुरू की थी। इस योजना के तहत बस के चालक और परिचालक को नमस्ते के साथ यात्रियों का स्वागत करना था। बस के आगे लगे साइनबोर्ड पर बस की मार्ग संख्या के बदले नमस्कार सेवा लिखा होता था। यह जाने बग़ैर कि यह बस कहाँ जायेगी, मैं ऐसी एक बस में सवार हो गया। अब बस के चालक और परिचालक को मैंने तो नमस्कार किया, लेकिन दूसरी तरफ़ से इसका जवाब नहीं आया। यह योजना उसके बाद ग़ायब हो गयी।

मैंने शानदार संवाददाता सम्मेलनों में कई अन्य विशेष योजनाओं की घोषणाओं के बारे में पढ़ा है। ऐसे संवाददाता सम्मेलनों में पत्रकारों की काफ़ी ख़ातिरदारी की जाती है। मेरी पत्नी ने महिला विशेष बस सेवा की याद दिलायी, जो पर्दों और गलीचों से सुसज्जित थी। इन बसों को नये अंदाज़ में डिज़ाइन किया गया; स्टील के रॉड, सीमेंट के स्लैब लगाये गये और उन्हें विभिन्न रँगों में रंगा गया। ऐसी सेवाओं पर पिछले ५० सालों के दौरान करोड़ों रुपये ख़र्च कर दिये गये, लेकिन ऐसी एक भी सेवा से आम यात्री को कोई सुविधा नहीं हुई।

हाँ, दिल्ली की बसों को सीएनजी युक्त करने से निश्चित रूप से दिल्ली की हवा को साफ करने में मदद मिली है। लेकिन यदि बसों के अन्दर के वातावरण की तरफ़ भी ध्यान दिया जाय तो यह सबसे बड़ी सेवा होगी। दिल्ली की बसों के बारे में महत्त्वपूर्ण निर्णय लेने वाले अधिकांश लोग बस से यात्रा नहीं करते। विकास की नई शब्दावली में दिल्ली के सार्वजनिक परिवहन के 'स्टैकहोल्डर्स' में वे लोग शामिल हैं, जो निजी

वाहनों का इस्तेमाल करते हैं।

हमने लोक कथाओं में सुना है कि राजा अपनी राजव्यवस्था के बारे में जनता की नब्ज़ टटोलने के लिए गोपनीय तरीके से राज्य का भ्रमण करते थे। यदि आज के सत्ताधारी लोग ऐसा करें तो उन्हें पता चल जायेगा कि उनके निर्णयों में कितनी खामियाँ हैं। वे महसूस करेंगे कि यदि बसों से होने वाले उत्सर्जन के लिए मानक हैं, तो बस चालकों और परिचालकों के मुँह से उत्सर्जित होने वाले शब्दों के लिए भी कुछ मानक होने चाहिये। वे बस के अन्दर के वातावरण के लिए एक मानक के बारे में सोचेंगे, जो कि बसें आने के बाद कभी नहीं बदला है। म्यूज़िक की तो बात ही मत पूछिये। यदि दिल्ली के वित्तमंत्री का कार चालक उनकी कार में उसी तरह का म्यूज़िक तेज़ आवाज़ में बजाये तो उन्हें कैसा लगेगा?

अब यही सोच समस्या की जड़ है। मुझे पूरा भरोसा है कि यदि कोई व्यक्ति एक बिल्कुल अव्यवहारिक शोध प्रस्ताव लेकर आये और कहे कि वह इस विषय पर शोध करना चाहता है कि नैनो टेक्नॉलजी बसों को किस तरह सुधार सकती है तो सत्ता में बैठे लोग उसे वास्तव में गम्भीरता से लेंगे, और उसका स्वागत करेंगे। यही नहीं कोई एजेंसी उस शोध में पैसा लगाने के लिए भी तैयार हो जायेगी। मेरी सामान्य बुद्धि कहती है कि यदि दिल्ली में स्काई बस, उच्च क्षमता वाली बसें, मोनोरेल और परिवहन की अन्य कई प्रणालियाँ भी हो जायें, तो भी दिल्ली के सार्वजनिक परिवहन की परेशानी दूर नहीं होने वाली है। यदि समस्या का कोई समाधान है तो वह है मौजूदा बस प्रणाली को दुरुस्त करना।

समस्या की शुरुआत डीटीसी के व्यवस्थित विनिवेश और उसे ख़त्म करने के साथ शुरू हुई है। इसके कारण सैकड़ों निजी बसों को अनुमति दे दी गई। इनमें से अधिकांश बसों के मालिक छोटी पूँजी के हैं, और दो-तिहाई बसें ऐसी हैं, जिनके मालिक अलग-अलग हैं। ये सभी निजी बस मालिक पुलिस को हफ़्ता देते हैं और उसके बदले पुलिस उन्हें सारे नियम-क़ानून तोड़ने की छूट देती है।

राज्य और केन्द्र सरकार के गृहमन्त्रियों को सड़क किनारे खड़े यातायात पुलिस पर ग़ौर करने की ज़रूरत है, जो बसों की सूची की छानबीन में लगे रहते हैं कि किस बस का हफ़्ता मिल गया और किसका अभी बाक़ी

है। अब ऐसे में चालकों पर लगाम कौन लगायेगा, जब हर कोई जानता है कि यह पैसा पुलिस मुख्यालय की ऊँची इमारत तक पहुँचता है?

इसमें कोई आश्चर्य नहीं कि दिल्ली की बसों में स्पीड गवर्नर क्यों नहीं हैं। मुझे याद नहीं कि मैंने अन्तिम बार किसी कंडक्टर को कब सीटी का इस्तेमाल करते देखा था। डीटीसी बसों में एक घण्टी होती थी, जो चालक के पास लगी होती थी और उससे बंधी रस्सी पीछे तक कंडक्टर के पास तक रहती थी। लेकिन इस घण्टी की ध्वनि भी अब लम्बे समय से खड़े यात्री के लिए एक स्मारक बन गई है। यदि खड़े यात्रियों की बात करें तो एक ख़ास ऊँचायी के लोग ही ऊपर लगे रॉड को पकड़ सकते हैं।

दिल्ली की बस प्रणाली को दुरुस्त करने के लिए एक और कमेटी की ज़रूरत नहीं है। डीटीसी के चेयरमैन को मुम्बई की बेस्ट बस सेवा से सीखने की ज़रूरत है। आज के सस्ते टिकट को इस समस्या का कारण नहीं बताया जाना चाहिये। जहाँ तक निजी बसों पर नियन्त्रण का सवाल है तो इसे समझने के लिए दिल्ली को उत्तरांचल से आगे जाने की ज़रूरत नहीं है।

१९७० के दशक से गढ़वाल मोटर मालिक संघ सरकार द्वारा निर्मित सड़कों पर बसें चला रहा है। ये सड़कें इतनी उबड़-खाबड़ हैं कि सरकार ने अपनी बसों को वहाँ नहीं चलाया। बस मालिकों ने अपनी बसों की समय सारिणी बनायी, टिकटों में एकरूपता तैयार की और संगठित चालकों का एक बेड़ा तैयार किया। यह अपने आप में आश्चर्य की बात हो सकती है कि ख़तरनाक पहाड़ी रास्ते होने के बावजूद यदा-कदा ही कोई दुर्घटना की ख़बर आती है। जबकि दिल्ली की सड़कें देश की सबसे अच्छी मानी जाती हैं, फिर भी यहाँ दुर्घटनाएँ होती हैं। लेकिन दिल्ली के बस चालकों को क्यों दोष दें, जब शीर्ष राजनीतिक नेतृत्व हरियाणा और उत्तर प्रदेश के साथ बस विवाद तक नहीं सुलझा सकता, जबकि हरियाणा में तो उन्हीं की पार्टी की सरकार है। कांग्रेस ख़ुद को एक राष्ट्रीय पार्टी भले कह सकती है, लेकिन इसके कार्यकर्ता एक ज़िला स्तर की पार्टी के कार्यकर्ता जैसे हैं।

डाउन टू अर्थ, ३१ दिसम्बर २००६। अनुवाद: सरोज मिश्र

४००० करोड़ रुपये बनाम १० करोड़ रुपये

४००० करोड़ रुपये बनाम १० करोड़ रुपये

राष्ट्रपति एपीजे अब्दुल कलाम के आग्रह करने के १० दिनों के भीतर उत्तर प्रदेश और मध्य प्रदेश केन और बेतवा नदियों को जोड़ने के लिए राजी हो गये, लेकिन प्रधानमन्त्री ने जिस राष्ट्रीय वर्षा सिंचित प्राधिकरण का वादा किया था, हम उसके बारे में किसी ख़बर का अभी इंतज़ार कर रहे हैं। केन-बेतवा लिंक परियोजना रिपोर्ट पर ३० करोड़ रुपये खर्च होंगे। इस पूरी परियोजना पर ४,००० करोड़ रुपये की लागत आयेगी।

यदि हम राष्ट्रपति और प्रधानमन्त्री के विचार को एक साथ मिला दें तो मोटी बात यह निकल कर आती है कि इलाक़े की ज़रूरतें पूरी करने के लिए बेहतर वर्षा जल प्रबन्धन को मौक़ा देना चाहिये। केन-बेतवा लिंक से जिसकी उम्मीद की जा रही है, वह विशुद्ध रूप से अन्धी दौड़ के अलावा कुछ नहीं है। वर्षा जल प्रबन्धन पर लगभग दो दशक तक शोध करने के बाद मेरा अनुमान है कि इलाक़े की पानी की ज़रूरतें पूरी करने के लिए १० करोड़ रुपये खर्च करने की ज़रूरत है, जबकि नदी-जोड़ के लिए भारत सरकार इसका एक छोटा-सा हिस्सा ख़र्चने की बात कर रही है। मैंने राजस्थान के अलवर में ७०० गाँवों में महज़ पाँच करोड़ रुपये के खर्च पर जल उपलब्धता में सुधार देखा है।

वास्तव में इस समय भारत सरकार नदियों को आपस में जोड़ने की जिस योजना को लेकर बहुत सक्रिय है, उसकी ठीक से जाँच-पड़ताल करने की ज़रूरत है। एक परमाणु वैज्ञानिक और कवि राष्ट्रपति थे, कोई राजेन्द्र प्रसाद जैसे साधारण व्यक्ति नहीं। एक कवि और जन-नेता प्रधानमन्त्री थे, एक लौह पुरुष गृहमन्त्री थे, तब वे मुहम्मद अली जिन्ना के भूत से बेफिक्र

थे। एक मज़बूत महिला नेता प्रतिपक्ष थीं। विद्वान न्यायाधीश देश की सर्वोच्च अदालत में विराजमान थे। ज़मीनी स्तर पर सामाजिक कार्य के लिए समर्पित संगठन, राष्ट्रीय स्वयंसेवक संघ सरकार में सबसे बड़ी पार्टी का बौद्धिक अभिभावक था। भारतीय नौकरशाही की बानगी की यहाँ ज़िक्र करने की ज़रूरत नहीं है।

यह अपने आप में अद्भुत है कि ये सभी संस्थाएँ भारत में सोची गई अब तक की सबसे बड़ी योजना पर एकमत थीं। जब बात अपेक्षाकृत छोटे क़द के नेता मदनलाल खुराना की आती है, तब दशकों से उनके घनिष्ठ मित्र अटल बिहारी वाजपेयी और लालकृष्ण आडवाणी सार्वजनिक रूप से उनकी आलोचना करने से परहेज़ नहीं करते, लेकिन नदी जोड़ पर सभी के बीच पूर्ण सहमति है। सहमत शब्द इतना अमंगल कभी नहीं रहा।

उत्तर प्रदेश में दिमाग़ी बुख़ार को लेकर अविश्वसनीय-बातें हो रही हैं, लेकिन वह मध्यप्रदेश को सिंचाई का पानी नहीं देगा। मुख्यमन्त्री मुलायम सिंह के चाहने के बावजूद उत्तर प्रदेश दिल्ली को पीने का पानी नहीं देगा, भले ही दिल्ली के लोग प्यासे मर जायें। क्योंकि पश्चिमी उत्तर प्रदेश के बड़े नेता अजित सिंह अपने किसानों को सिंचाई के पानी से वंचित नहीं होने देना चाहते। हालाँकि मैं दिल्ली में पानी की बर्बादी करने की लोगों की आदतों का बचाव नहीं कर रहा हूँ।

नदी जोड़ योजना हैंस क्रिश्चियन एण्डर्सन की १८३७ में लिखी गई लघु कथा 'द एंपरर्स न्यू क्लोथ्स' की तरह है। जिसमें एक बच्चे को छोड़कर बाक़ी किसी की हिम्मत यह कहने की नहीं है कि राजा नंगा है। हमारे राष्ट्रीय प्रतीक में भी उस बच्चे की आत्मा है, उस शोर में जो दिखायी नहीं देता है। वही सरकार का चेहरा है, जो सारे काम अच्छे ही करेगी।

शायद राष्ट्रीय वर्षा सिंचित क्षेत्र प्राधिकरण के लिए यही कहा जायेगा।

डाउन टू अर्थ, १५ अक्टूबर, २००५। अनुवाद : सरोज मिश्र

वेनिस में कुआँ

मैंने अभी–अभी वेनिस में विद्वानों की एक सभा में राजस्थान की समयसिद्ध जल संरक्षण प्रणाली पर एक प्रस्तुति दी है। चाय–नाश्ते के दौरान कुछ लोगों ने आश्चर्य जताया कि इस तरह की ख़ास जल प्रणाली कैसे अस्तित्व में आयी। मैंने उनसे पूछा कि वेनिस में लगभग १०० साल पहले जब पाइपलाइन नहीं थी, तब पानी का प्रबन्धन कैसे होता था? शहर खाड़ी पर बसा हुआ है। यह जैसलमेर की तरह है, जो रेत के समुद्र के मध्य स्थित है। स्वच्छ पानी यहाँ भी एक बड़ी चुनौती होगी।

एक क्षण के लिए मैं चुप रहा। लेकिन कोई अनुमान के आधार पर बोलने का ख़तरा मोल नहीं लेना चाहता था। उसके बाद मैंने कहा कि यदि वे मुझे शहर में ले चलें तो मैं आधे घण्टे में इस बारे में बता दूँगा। ऐसा लगा कि उन्हें मेरी बातों पर विश्वास नहीं हुआ, लेकिन उदासीनता पर शिष्टाचार भारी था। मुझे अपनी आँखों पर भरोसा होने लगा है, उन आँखों पर जो राजस्थान में जल भण्डारण की परम्परा को समझने की कोशिश में दो दशकों के अनुभव प्राप्त कर चुकी हैं। मात्र १५ मिनट में मैंने वेनिस में पहला कुआँ खोज लिया।

मैं एक अहाते में खड़ा था—सफ़ेद, उदास, विस्मृत मगर स्थिर। हर तरह के लोग इधर से गुज़र रहे थे, लेकिन किसी का ध्यान इस ढाँचे पर नहीं था। दशकों की उपेक्षा के बावजूद इस सँकरे कुएँ को सुन्दर बनाने की कोशिश, इसकी कलात्मकता स्पष्ट रूप से देखी जा सकती थी। उस पर चित्र और फूल बने हुए थे। कुएँ की योजना ईमानदारी के साथ बनायी गयी थी, और उसकी सुन्दरता उसकी उपयोगिता में बाधा नहीं थी। लेकिन

कुएँ को लोहे की चादर के एक ढक्कन से ढँका था, जो उसकी शोभा बिगाड़ रहा था।

यदि यहाँ कोई कुआँ है तो एक जलागम क्षेत्र भी होगा और उसमें पानी आने का रास्ता भी। अहाते की ज़मीन पक्की थी और कोने पर सफ़ेद पत्थर लगे हुए थे। अहाते का चक्कर लगाने के बाद छोटे-छोटे छिद्र दिखायी दिये, जिनके ज़रिये बारिश का पानी कुएँ में जाता था। वेनिस के लोग बारिश के पानी को ज़मीन में डालने को प्राथमिकता देते थे, जो छन कर कुओं में उपलब्ध रहता था।

वेनिस में दो दिनों के अपने प्रवास के दौरान मुझे १५०० वर्षों के जल ज्ञान की एक झलक देखने को मिली। यह प्रणाली वेनिस की रीढ़ थी। और आज के नासमझ शहरी योजनाकार इसे कितना जानते हैं। क्या वे इससे परिचित हैं?

कुआँ ढूँढ़ो

ऐसा नहीं है कि धनी और सम्पन्न लोग अपना पानी कहीं और से लाते हैं। उन्होंने डिज़ाइन और सुन्दरीकरण में दूसरों से अधिक ख़र्च किया। सातवीं सदी से शहर पर ड्यूक (डोगे) के शासन थे। डोगे पैलेस एक ऐसा स्थल है, जिसके सबसे ज़्यादा चित्र उतारे गये हैं। लेकिन छायाचित्र उतारते समय पर्यटक इस तरफ़ ध्यान नहीं देते कि जिस फुटपाथ पर वे खड़े हैं, वह एक विशिष्ट जल भण्डारण प्रणाली का हिस्सा है, जिसने महल के वैभव और भव्यता में योगदान दिया था। पर्यटकों के लिए बनाये गये ब्रोशर में भी इस बारे में कुछ नहीं है। जबकि महल के अन्दर मौजूद कुओं की कारीगरी, कलात्मकता किसी को भी चकित कर सकती है।

कुएँ की दीवार लोहे के एकमात्र टुकड़े से बनी हुई है, जिसकी जटिलता देखकर आश्चर्य होता है। इसे बनाने वाले लोग किस तरह के रहे होंगे? ऐसा नहीं है कि महल के बाहर के कुएँ सुन्दर नहीं हैं, बल्कि नीचे मौजूद एक कुआँ तो अद्भुत है। यह कारीगरी का एक अद्भुत नमूना है। लेकिन वेनिस के अन्य कुओं की तरह इस कुएँ की भी बनावट कुछ इस तरह थी ताकि आसानी से पानी निकाला जा सके। इन कुओं का ओहदा भले ही

बड़ा-छोटा हो मगर इन्हें बनाने का बुनियादी सिद्धान्त एक समान है।

विपरीत परिस्थिति में भी सकारात्मकता

साधारण मछुआरों ने वेनिस में असाधारण जल संरक्षण प्रणाली विकसित की थी। खाड़ी के द्वीप की आबादी घनी थी। शायद इसलिए क्योंकि यहाँ पानी का अच्छा प्रबन्धन था। चाहे लोहार हो या सुनार, अच्छी कारीगरी वेनिस के चरित्र का मूल तत्त्व है। पर्यटन के कारण इसे सुन्दरता मिली है, लेकिन इसकी उपयोगिता को भुला दिया गया है।

मार्क ऑफ़ वेनिस

वेनिस का यह एक ख़ास मुहल्ला है। यहाँ घरों का निर्माण पक्के चबूतरों के चारों ओर हुआ है, जिन्हें कैम्पी कहते हैं। इसके मध्य में एक कुआँ है। चूँकि जल संरक्षण इस शहर के जीवन का केन्द्रीय विषय था, लिहाज़ा वेनिस में कोई ४,००० कुएँ रहे ही होंगे। हालाँकि इसका कोई सही आँकड़ा उपलब्ध नहीं है। किसी भी कुएँ में पानी खींचने के लिए घिरनी नहीं है, क्योंकि जलस्तर काफ़ी ऊपर था।

कुएँ के विपरीत दिशा में ढाल बने हैं, और आँगन सफ़ेद पत्थर की पट्टियों से घेरे हुए हैं। यह पूरी संरचना इस लिहाज़ से बनायी गयी है ताकि बारिश का पानी लुढ़क कर रिसन छिद्रों तक पहुँच जाये और उसके ज़रिये वह कुएँ में चला जाये। इस तरह की संरचना समुद्र के पानी को रोकने के लिहाज़ से भी बनायी गयी होगी। क्योंकि इस मुहल्ले के ठीक पीछे नहरों का जाल था। दुखद यह कि सभी गन्दी नालियाँ अब इन्हीं नहरों में गिर रही थीं। नहरों की सालाना सफ़ाई के समय यहाँ भयानक दुर्गन्ध आती थी।

आज सभी कुएँ अनुपयोगी हो गये हैं और सभी को लोहे की चादरों से ढक दिया गया है। एक पाइपलाइन के ज़रिये २५० किलोमीटर दूर से पानी लाया जाता है, नलों के ज़रिये पानी की आपूर्ति की जाती है। लेकिन पानी

का बिल काफ़ी अधिक है। और यदि २५० किलोमीटर दूर से भी पानी आना बन्द हो जाये, तब क्या होगा? पर्यटकों की संख्या निवासियों से अधिक है, जिसके कारण पानी की माँग बढ़ गयी है। चूँकि पर्यटन बढ़ता जा रहा है और वेनिस का क्षेत्रफल हर साल छह मिलीमीटर घट रहा है। समुद्र अपना विस्तार कर रहा है। ऐसे में किसे पता कि कुओं को पुनर्जीवित करने की ज़रूरत आ पड़े!

डाउन टू अर्थ, १५ जुलाई, २००५, अनुवाद : सरोज़ मिश्र

पानी से उपजेगी अराजकता

विश्व बैंक की पानी पर आयी रिपोर्ट हम सबको डराती है। हम सचमुच डर गये हैं। रिपोर्ट कहती है कि यदि हम नहीं सुधरे तो आने वाले दिनों में यानी सन् २०२० तक हमारी हालत बहुत बुरी होने वाली है। सवाल है कि रपट को देखने के बाद विश्व बैंक को धन्यवाद देना चाहिये या उसकी आलोचना करनी चाहिये? ज़िला बैंक हो या विश्व बैंक, इनका पानी से कोई लेना-देना नहीं होना चाहिये। इनका काम समाज के पैसे से सम्बन्धित कुछ मसलों से होना चाहिये। अनाज, खेती, पानी और जीवन की दूसरी चीज़ें जो हमको आधार देती हैं, उनके लिए हमें अपने पैरों पर ख़ुद खड़े होना आना चाहिये था लेकिन दुर्भाग्य से ये काम हम लोग ख़ुद नहीं कर पाये, इसलिए आज एक ऐसे देश में जहाँ जैसलमेर से लेकर चेरापूँजी तक पानी की विविधता मिलती है वहाँ बाहर से आये सलाहकार या कहें 'साहूकार' की ग़ल्तियाँ ढूँढ़ने में ज़रूरत पड़ रही है।

देखा जाये तो विश्व बैंक ने कोई ग़लत बात नहीं कही है। उसने हमारा ध्यान भूजल दोहन की तरफ़ खींचा है। हम खेती, उद्योग और पेयजल व्यवस्था में भूजल का अत्यधिक दोहन कर रहे हैं। इसके लिए हमें पिछले बीस-पच्चीस साल में बिजली और डीजल से चलने वाले नये यन्त्र मिल गये हैं, इसलिए हमने अपने समूचे देश के एक से दूसरे किनारे तक छेद कर दिये हैं और उनसे हम दिन-रात पानी निकाल रहे हैं। किस इलाक़े में कितना पानी है, कितनी गहरायी पर है और एक मानसून में हम इसे किस तरह भर पाते हैं, इसका बारीक़ी से हिसाब लगाये बग़ैर हम पानी उलीचते चले जा रहे हैं। आज हम पाते हैं कि हमारा देश का एक बड़ा हिस्सा

(लगभग तीन–चौथाई) गिरते भूजल स्तर से जूझ रहा है। नहीं लगता कि हमें अक़्ल आ रही है। जब कोई समस्या इतनी बुरी तरह से सामने आती है तो हम लोग उसका हल तलाश करने की बजाय दूसरी चीज़ों में या तो भटकते हैं या लोगों को भटकाना चाहते हैं। आज देश के सामने पानी का जो संकट खड़ा हुआ है, उसका हल हमारे सामने सबसे ईमानदार, मुखर, शक्तिशाली लोग (ये सत्ता और विपक्ष दोनों जगह हैं) यही समझते हैं कि यदि समूचे भारत की नदियों को जोड़ दिया जायेगा तो देश की सारी समस्यायें हल हो जायेंगी। इस तरह का प्रस्ताव पिछली सरकार के वक़्त से है और दुर्भाग्य से उच्चतम न्यायालय ने जिस तरह से रुचि दिखायी, वह आश्चर्यजनक है। अदालत का काम नीर–क्षीर का विवेक करके न्याय करना है, दूध का दूध पानी का पानी करना है। लेकिन हमारा उच्चतम न्यायालय तो पानी के काम में ही लग गया है। किसी योजना में न्याय या अन्याय है तो इस पर काम करना अदालत के दायरे में आता है लेकिन अगर अदालतें विकास मन्त्री की तरह काम करने लगें कि इस देश में बाँध बनाओ, नदियों को जोड़ो, इससे हर तरह की समस्यायें हल हो जायेंगी। इस तरह–तरह की नयी–नयी बातें पिछले दौर में हमारे सामने आयीं। हमने देखा कि आज का दौर इतनी असहिष्णुता का है कि कोई किसी को सहना नहीं चाहता, एक दूसरे की अच्छी बात भी लोग पसन्द नहीं करते। हम देखते हैं कि नदियों को जोड़ने के मामले में एक भी विरोधी स्वर नहीं आया। सभी एक–दूसरे के साथ हो लिये और कहने लगे कि ऐसा कर देने से समस्यायें हल हो जायेंगी।

इस तरफ़ लोगों का ध्यान जाना चाहिये कि पानी का संकट विकट है लेकिन उसके लिए हम कम से कम नक़ली हल की तलाश में न निकलें। भारत में पानी का काम बिना किसी बैंक की मदद से लोग ख़ुद करते थे, तब राष्ट्रीयकरण या निजीकरण जैसे शब्द भी नहीं थे। 'ये मेरा काम है' इस वाक्य में ममत्व का भाव था, न कि निजीकरण या राष्ट्रीयकरण का दबाव। न ये तेरा है न ये मेरा है ये सबका है, इस भावना के साथ भारत में सचमुच कश्मीर से कन्याकुमारी तक के लोगों ने सुन्दर तालाब बनाये, पानी रोका, अपने हिस्से पर गिरने वाली हर बूँद को प्यार के साथ सँजोकर रखा और संकट के एक, दो, तीन साल तक प्रचुर मात्रा में पानी इकट्ठा किया। ऐसे अनेक उदाहरण हैं कि कुछ इलाक़ों में कभी छह या सात साल

तक अकाल पड़ा तो लोगों ने समझदारी के साथ रोके गये पानी का अपने कामों में इस्तेमाल किया लेकिन किसी के आगे हाथ नहीं फैलाया। भारत में पानी की सबसे ज़्यादा कमी वाले इलाक़ों के बुजुर्गों और विद्वानों से सीख मिलती रही। इन क्षेत्रों में एक कहावत है—'इन्दर थारी एक घड़ी, भूण थारो बारो मास'। इस इलाक़े में इन्द्र को पानी बरसाने का मौक़ा मिलता है, थोड़ी देर के लिए। इन्द्र आते और पानी बरसा कर चले जाते हैं। वहाँ इतना कम (तीन से लेकर पाँच इंच) पानी बरसता है कि यदि मुम्बई या दिल्ली से इसकी तुलना करें जहाँ कभी-कभी एक घण्टे में काफ़ी पानी बरस जाता है। इतना तो जैसलमेर जैसी जगहों में एक साल में गिरता है। लेकिन चकरी के ज़रिये कुएँ से पानी निकालते समय हम कहावत कहते हैं कि इन्द्र को यहाँ पानी बरसाने का बहुत कम मौक़ा मिलता है लेकिन ये जो चकरी है, इसे बारह महीने चलना चाहिये। इसका अर्थ है कि वर्षा का पानी जिस भी क्षेत्र को मिले, उसके संयोजन में हमें इतना समझदार होना चाहिये कि हम साल भर पानी का उपयोग कर सकें।

जिस इलाक़े में प्रकृति ने जितना पानी दिया, वहाँ अपनी जीवन पद्धति और फसलें ऐसी होनी चाहिये कि हम साल भर उसमें से गुज़ारा कर सकें लेकिन पिछले दिनों विश्व बैंक की योजनाओं ने हमें सिखाया और हम सीख भी गये यानी ग़लती हमारी भी उतनी ही है जितनी विश्व बैंक की। हमने पानी के मामले में सब जगह एक-सा बर्ताव शुरू कर दिया। रेगिस्तान में भी गेहूँ उगाने लगे, मूँगफली बोने लगे, मिर्च लगाने लगे। पंजाब की फसल को रेगिस्तान में बोने लगे और तटवर्ती प्रदेशों की फ़सलों को पंजाब-हरियाणा में उगाने लगे, इस तरह से हमने एक क़िस्म की अराजकता को कबूल किया है क्योंकि हमें लगा कि हम पानी कहीं से भी लायेंगे और इस तरह हमने अपने नीचे के पानी का भी भरपूर दोहन करना शुरू कर दिया। इस हरकत ने हमारे पैर इतने उखाड़ दिये हैं कि हम न सिर्फ़ परेशान हो चुके हैं बल्कि बैंक की रपटों की तरफ़ आतुरता से देख भी रहे हैं कि यह हमें कुछ सिखा दे, कुछ पैसा उधार दिला दे। ऐसे में बैंक ने आज हमें आगाह कर डाला। इसलिए उसे धन्यवाद देना चाहिये।

लोग मानते हैं कि हम नये ज़माने के हैं इसलिए तरीक़े भी नये होने चाहिये लेकिन ऐसी नयी समझ रखने वालों को सोचना होगा कि अच्छी बातें कभी नहीं बदलतीं। इसलिए समय के कैलेण्डर से हम उनको फ़ैशन की

तरह बदलने की कोशिश न करें। यदि कुदरत ने पानी बरसाने का तरीक़ा नहीं बदला है तो हमें उसी तरह पुराने ढंग से तालाब, पोखर आदि बनाने होंगे। हम पायेंगे कि मुम्बई जैसे आधुनिक शहर को भी पानी देना पड़े तो किसी न किसी बड़े तालाब के ज़रिये यह मुमकिन होगा। परम्परागत तरीक़ों पर बात करते समय सरकार, नये अर्थशास्त्रियों और विश्व बैंक को नाक-भौं नहीं सिकोड़ना चाहिये क्योंकि यही तरीक़े समाज की प्यास बुझायेंगे और अन्ततः विश्व बैंक की चिन्ता भी घटायेंगे।

विश्व बैंक की रपट के अनुसार यदि हम नहीं सुधरे तो आने वाले दिनों में हमारे पास पानी का नया प्रबन्ध करने और नया ढाँचा बनाने के लिए पैसा ही नहीं होगा। रपट के इस अंश को नदी जोड़ने के इच्छुक लोगों को ध्यान से पढ़ना चाहिये। अभी तक हुआ यह है कि भारत अपनी बड़ी-बड़ी योजनाओं पर उधार लेकर काम करता रहा लेकिन अब उधार देने वाला साहूकार ख़ुद बता रहा है कि हमारा उधार काफ़ी बढ़ चुका है। अब हमें ब्याज़ चुकाते भी नहीं बनेगा और अब हमें वह 'नयी बेवकूफ़ी' के लिए पैसा नहीं दे पायेगा। क्या हम विश्व बैंक की रपट को गम्भीरता से समझ पायेंगे? इस रपट के बहाने ही सही, हमें सरकार की भूमिका को लेकर भी सोचना होगा। भारत में किसी भी दल की सरकार हो, निजीकरण को कर्त्तव्य मानकर जुट जाती है। सरकार और हम निजीकरण और राष्ट्रीयकरण के पूरे चक्कर काट चुके हैं इसलिए समाज को ऐसे नारों पर नहीं चलना चाहिये। जो हमारा काम है उसे हमें करना आना चाहिये। पानी को लेकर समाज अपना काम कैसे करता रहा? अँग्रेज़ों के ज़माने में सरकारों ने कैसे पानी को छीनकर अपने हाथों में ले लिया, यह बहस का विषय है। अब भी समय है कि हम अपनी चीज़ों का सम्यक् बँटवारा करें। जो चीज़ सरकार के हाथों में होनी चाहिये, उसे सौंपें और जो चीज़ नहीं होनी चाहिये, जिसे हम ख़ुद कर सकते हैं वापस लेने की चेष्टा करें।

निजी हाथों में पानी के जाने से जनता की भलाई की गारंटी नहीं है। निजी क्षेत्र गारंटी नहीं दे सकता कि वह पानी की ज़्यादा किफ़ायत करेगा और उसे बिगड़ने से बचायेगा। भारत में ऐसी बहुत-सी नदियाँ हैं जिन्हें निजी कम्पनी या उद्योगों ने बर्बाद किया। सरकार के बनाये क़ानूनों की इन्हीं ने धज्जियाँ उड़ायी हैं। हमें नहीं भूलना चाहिये कि दुनिया के अधिकांश देशों में विश्व बैंक की योजनाओं का विरोध हुआ है। हमारे यहाँ सभी सरकारों

ने विश्व बैंक के हाथ से हाथ मिलाया। इसलिए यह कहना उचित नहीं होगा सिर्फ़ विश्व बैंक ही दोषी है। हमें पता था कि हम अपना पैर विश्व बैंक की कुल्हाड़ी से काटने वाले हैं लेकिन उससे हम यह भी कहते रहे कि कुल्हाड़ी की धार तेज़ कर दो।

प्रस्तुति : अपर्णा सिंह, सहारा समय, १२ नवम्बर, २००५

बजट में चुल्लू भर पानी भी

वित्त मन्त्रालय पानी की चिन्ता में कभी चित्त नहीं होता, लेकिन इस बार वित्त मन्त्री ने लगातार रंगीन होते जा रहे बजट में किसी कोने पर पानी के कुछ छींटे भी डाल दिये हैं। देश का बजट रंगीन टी.वी., कम्प्यूटर, आयकर, सिगरेट, तम्बाकू, डीज़ल, पेट्रोल जैसे विषयों से बाहर नहीं निकल पाता। लेकिन इस बार वित्त मन्त्री ने अपने भाषण में देश के आधे हिस्से में पिछले पाँच, कहीं-कहीं छह साल से चल रहे अकाल को स्वीकार किया है और जल संचय की कुछ योजनाओं पर, शहरों और गाँवों में पीने के पानी पर कुछ अच्छे वाक्य कहे हैं। इसी दौरान अपनी जेब में हाथ डालकर कोई तीन हज़ार करोड़ रुपये निकालकर इस काम के लिए आगे रखे हैं।

देश में पानी की, पर्यावरण की चिन्ता करने वालों को इससे काफ़ी ख़ुशी हुई है और उनकी बधाई, धन्यवाद आदि के रूप में इसी हफ़्ते सामने भी आयी है। पानी को लेकर वित्त मन्त्री की चिन्ता पूरी तरह साफ़ नहीं हुई है। लेकिन जो कुछ भी जानकारी दी गयी है, वह भरोसा नहीं दिला पाती कि आने वाले बजट वर्ष में हम इस मोर्चे पर ऐसा नया कुछ कर पायेंगे कि पिछले दौर की ग़ल्तियाँ सुधार सकें।

बजट का सम्बन्ध अमीरी-ग़रीबी से होता है, इसलिए सबसे पहले तो हमें इस बात को दुहरा लेना चाहिये कि कम से कम पानी के मामले में हमारे देश की गिनती दुनिया के कुछ अमीर देशों में होती है। फिर भी हमारे योजनाकार पानी को लेकर आज तक कोई ऐसी नीति नहीं बना पाये हैं जो हमें अकाल और बाढ़ से मुक्त कर सके। यह बात बार-बार कहनी पड़ेगी

कि बाढ़ और अकाल अकेले नहीं आते। उनसे पहले सरकार और समाज में ऐसे विचारों का भी अकाल आता है। साथ ही ऐसे विचारों और कामों की बाढ़ भी आती है जिनसे यह समस्या और भी भयानक बन जाती है। वित्त मन्त्री का ध्यान इस ओर भी गया होगा, इसका प्रमाण अब तक नहीं मिला है।

फिर भी उन्होंने पहली बार देश के पाँच चुने हुए हिस्सों में जल संरक्षण की योजनाओं को चलाने के लिए कोई सौ करोड़ रुपया रखा है। उनके मुताबिक देश के कोई दस लाख तालाबों में से पाँच हज़ार तालाबों को दुरुस्त करने पर ध्यान दिया जायेगा। इसी के साथ शहरों और गाँवों में पीने के पानी के लिए चल रही सभी योजनाओं को राजीव गाँधी पेय जल मिशन के अन्तर्गत लाया जायेगा। इस पर कोई २६०० करोड़ रुपया का प्रावधान रखा गया है। शहरों में चेन्नई की तरफ़ विशेष ध्यान दिया गया है और उसके लिए समुद्र के खारे पानी को मीठा बनाने की एक जादुई योजना की कल्पना की गयी है, जिस पर एक हज़ार करोड़ रुपये ख़र्च किये जायेंगे। अपने प्रिय नेताओं की याद में योजनायें बनाना भावनाओं से जुड़ा काम है। लेकिन ज़रूरी नहीं कि ऐसी योजनायें पानी से जुड़ी भावनाओं को भी समझ सकें। इसलिए ऊपर गिनायी गयी योजनायें और उनके लिए रखी गयी राशि आज नयी और आकर्षक लगेंगी, लेकिन इनके पुराने पड़ने में भी कोई देर नहीं लगेगी।

ध्यान से देखें तो पिछले बजटों में, योजना आयोग की सभी पंचवर्षीय योजनाओं में ये सब बातें लगातार आयी हैं और इनके लिए अलग-अलग मन्त्रालयों की ओर से लगभग इतनी ही राशि प्रतिवर्ष बढ़ायी जा चुकी है। लेकिन उसके परिणाम हम सबके सामने हैं। पिछली सरकार ने देश की नदियों को जोड़ने की एक नयी योजना ज़रूर रखी थी और पहली बार उसके लिए न जाने कहाँ से ५६००० करोड़ रुपये जुटाने का सपना देखा था। लेकिन सरकार जाने के साथ-साथ उनकी नींद टूटी और सपना भी। नये बजट में इसका कोई उल्लेख न होना स्वागतयोग्य है। इस स्वागत के अलावा बाक़ी सब घोषणायें स्वगत से ज़्यादा नहीं मानी जानी चाहिये।

चौथी कक्षा से हम सब जल-चक्र को पढ़ते हुए बड़े होते हैं। अरब सागर से मानसून की हवायें भाप के बादल बनकर केरल से लेकर जैसलमेर तक कैसे वर्षा करती हैं, इसकी बुनियादी जानकारी होते हुए भी हम जब चाहे

तब मानसून को कटघरे में खड़ा कर देते हैं। हमें लगता है कि प्रकृति को सारे देश में सरकारी शब्दावली के अनुसार प्रति व्यक्ति प्रति ज़िला एक निश्चित मात्रा में नपी-तुली वर्षा करनी चाहिये, लेकिन मानसून इसकी परवाह नहीं करता।

हमारे देश ने लम्बे समय तक मानसून की परवाह की थी। उसका स्वभाव समझा था और उसी के आधार पर सचमुच कन्याकुमारी से कश्मीर तक मानसून के दिनों में वर्षा के पानी को रोकने के सुन्दर तरीक़े बना लिए थे। इन तरीक़ों को उसने तकनीकी रूप से ख़ूब उन्नत बनाया था। लेकिन इस सारी योजना और आयोजन को उसने तकनीक तक सीमित न रखकर उसे एक सुन्दर सांस्कृतिक ढाँचे में ढाल दिया था। इसी कारण बिना विश्व बैंक या योजना आयोग के पूरे देश में कोई बीस लाख तालाब अँग्रेज़ों के आने से पहले ही बन चुके थे। समाज इन्हें बनाता था, इनकी टूट-फूट सुधारता था और आबादी बढ़ने के साथ-साथ इसमें नये प्रबन्ध भी जोड़ता जाता था।

यह काम आज भी बन्द नहीं हुआ, मन्द ज़रूर पड़ गया है। राजस्थान के अलवर ज़िले में तरुण भारत संघ ने इस ढाँचे पर जमी धूल साफ़ करके उसे फिर से चमकाया और सैकड़ों गाँवों को जल संकट से मुक्त किया। इसी तरह जयपुर ज़िले के लापोड़िया गाँव ने छह साल के अकाल के बाद भी अपने गाँव को पूरी तरह हरा-भरा रखा है। उनके सब कुओं में पानी है। पशुओं के लिए आज भी ठीक मात्रा में हरा और सूखा चारा है और अच्छी फसल है। ये सारे काम किसी नयी या पुरानी जल नीति के तहत नहीं किये गये हैं। इनमें मानसून का स्वभाव, अपनी मिट्टी की गन्ध देखकर किये गये काम हैं जिनमें केन्द्रीय बजट में रखी गयी राशि आपको कहीं दिखायी नहीं देगी। क्या बजट बनाने वाले ऐसे कामों को कभी देख पायेंगे?

नये बजट में चुल्लू भर पानी हमारे लिए एक ही काम आयेगा। बाक़ी के काम करने के लिए हमें इससे अलग हटना पड़ेगा, अलग ढंग से सोचना होगा और अलग ढंग से काम करना पड़ेगा।

सहारा समय, २४ जुलाई, २००४

पर्यावरण क्यों नहीं बनता चुनावी मुद्दा

चुनाव में शामिल होने वाले दल पाँच साल से आगे का नहीं सोच सकते जबकि पर्यावरण का कैलेण्डर पाँच साल का नहीं होता। पर्यावरण की कोई भी समस्या पिछले बीस-पच्चीस साल का नतीजा होती हैं। लेकिन कोई भी सरकार उस तराजू पर अपनी उपलब्धियों को तौलना नहीं चाहती। जहाँ तक चुनाव में पर्यावरण की भूमिका का सवाल है तो कहीं-कहीं ही इसने अहम भूमिका निभायी। जैसे मध्य प्रदेश में कांग्रेस की सरकार आम जनता की निगाह में कुल मिलाकर एक अच्छी सरकार थी मगर विपक्षी पार्टी भाजपा ने पानी और बिजली के गम्भीर सवाल पर चुनाव लड़ा और मैदान जीत लिया। पर्यावरण जहाँ उनके काम आता है वहाँ वे पर्यावरण को अपने मुद्दों में शामिल कर लेते हैं। किस चीज़ के इस्तेमाल से वोट हासिल किये जा सकते हैं यह उनके लिए बड़ी बात है। चुनाव के समय कांग्रेस सरकार यदि पानी ठीक से मुहैया करा भी रही होती तो भी उससे बेहतर पानी की सुविधा का आश्वासन देकर चुनाव जीता जा सकता था।

दीगर बात यह है पानी का संकट चुनाव में कहीं नज़र नहीं आ रहा है। पानी का संकट दो राज्यों, दो ज़िलों और दो गाँवों में युद्ध की सी स्थिति पैदा कर रहा है। दो राज्यों में अगर एक ही पार्टी की सरकार होगी तो भी पानी का मामला, नदी का मामला, नदी जोड़ने का मामला तकलीफ़ पैदा करेगा। उदाहरण के तौर पर मध्य प्रदेश और राजस्थान में भाजपा की सरकार है परन्तु नदी जोड़ने जैसी रद्दी परियोजना को लेकर मध्य प्रदेश के ही लोग तैयार नहीं हुए। दो-तीन बैठकों के बाद भी राजस्थान में आम सहमति नहीं बन पायी है। मध्य प्रदेश में भी नदियों को जोड़ने के सवाल

पर दो ज़िलों के लोगों और अधिकारियों के बीच भी आम सहमति नहीं बन पायी। आश्चर्य की बात है कि यह गम्भीर प्रश्न चुनाव के दायरे में नहीं आ सका है। असन्तोष के दायरे में जमकर है।

दिल्ली में पानी का संकट और गहरायेगा। वस्तुस्थिति की हमें उपेक्षा नहीं करनी चाहिये। दिल्ली अपने हिस्से का सम्पूर्ण पानी बहुत पहले ख़त्म कर चुकी है। आज वह पड़ोसी राज्यों—हरियाणा, उत्तर प्रदेश से उदार, कृपा और दादागिरी से पानी खींचकर ला रही है। अलग-अलग राज्यों में क्षेत्रीय दलों के होने से यह संकट और गम्भीर होता जा रहा है। आज की तारीख़ में दिल्ली में कितना पानी है, इससे कोई फ़र्क़ नहीं पड़ेगा। ऐसे में जो भी पार्टी सत्ता में आयेगी वह आराम से पाँच साल सो नहीं पायेगी।

चुनाव का अपना एक अलग गणित होता है। राजनीतिक पार्टियाँ दलितों को उजाड़ती भी हैं और दलितों के नाम पर वोट भी इकट्ठा करती हैं। यह सब विचित्र घालमेल है। पर्यावरण की कोई भी उथल-पुथल निचले तबके के लोगों को सबसे पहले शिकार बनाती है, मगर पर्यावरण संकट सम्पन्न तबके को भी आराम से नहीं रहने देता। फिर भी निचला तबका पर्यावरण विस्थापित की श्रेणी में आ जाता है। यह एक बहुत अमानवीय स्थिति है। आजकल हर तरफ़ फीलगुड की बात हो रही है मगर इसमें पर्यावरण का मुद्दा नहीं है। यह अजीब है कि कृषि प्रधान देश में आज़ादी के बाद से किसी भी सरकार ने किसान के हितों को नहीं देखा, चाहे उस सरकार में प्रधानमन्त्री किसान नेता ही क्यों न रहा हो, किसान के हितों को नहीं देखा गया। कृषि का व्यापारीकरण, खादों का, बीजों व पेस्टीसाइड्स की बिक्री पर ही ज़्यादा ध्यान दिया गया है। विडम्बना है कि पश्चिमी उत्तर प्रदेश के किसानों की जो माँगें हैं वे भी मुफ़्त बिजली, कम लागत तक ही सीमित हैं। एक तरह से यह भटके हुए किसानों की माँगें हैं। ये किसान नगदी फ़सल ही उगाना और बेचना पसन्द करते हैं। उन्हें अपनी मूल फ़सलों पर ही लौटना होगा। किसानों की आत्महत्या की ख़बरें उन्हीं राज्यों से आ रही हैं जहाँ नगदी फ़सलें ही उगायी और बेची जाती हैं। ग़रीब राज्यों से आत्महत्या की ख़बरें नहीं आतीं। ऐसी ख़बरें पंजाब, आन्ध्र प्रदेश और कर्नाटक से ही मिलती हैं। पश्चिम के प्रभाव में ग़लत कृषि नीति के कारण ही ऐसा होता है।

अकाल के बाद यज्ञ, अनुष्ठान व रामकथा का आयोजन नये ज़माने के

प्रतीक हैं। धर्म में अकाल जैसी घटना का कारण बढ़ते पाप और अत्याचार को माना जाता था। १९९० से पहले अकाल के पश्चात् तमिलनाडु में मुख्यमन्त्री वग़ैरह ने जहाज़ से दवा छिड़क कर कृत्रिम वर्षा की कोशिश की थी। इस तरह की कोशिश अमेरिका में भी की गयी। यह निरा अन्धविश्वास है।

संसद की जाँच समिति की रिपोर्ट आने पर भी आज कोल्ड ड्रिंक्स की बोतल घर-घर पहुँच रही है। केरल में कोकाकोला के प्लांट को आबाद करने में कई कुओं, नदियों व जलस्रोतों को सुखाया जा रहा है। बाज़ार में इनका बड़ा हिस्सा है। सरकार को ऐसी नीतियों के कारण ही इनसे चन्दा मिलता है। चुनाव चूँकि वायदा का दौर है, इसलिए सत्ता के लिए हर पार्टी तमाम वायदे करती है लेकिन सत्ता में आने के बाद उन्हें आसानी से भुला दिया जाता है।

पानी में परम्परागत वोटों का, ट्रालरों का एक ख़ास दूरी तक स्थान तय होना था। सख़्त क़ानून बनाने की बात उठी थी परन्तु नयी राजनीति व नया पैसा जो आया है, वह परम्परागत ढंग से मछली पकड़ने के बदले एक रात में अमीर होने का सपना दिखाता है। ट्रालर उसका बहुत बड़ा प्रतिनिधि है। समुद्र के पेट में पड़े ख़ज़ाने का दोहन कर फटाफट अमीर होने की सोच ने सब बरबाद कर दिया। पुराने मछुआरे के जाल का छेद तय होता था। समुद्र से सिर्फ़ ब्याज़ निकालते थे, मूलधन नहीं। एक परम्परा यह भी थी कि मछली के प्रजनन के समय मछुआरे समुद्र में जाल नहीं फेंकते थे। ट्रालर ऐसी बातों को गया-बीता मानते हैं। इस नयी परम्परा से मछली उत्पादन में भारी गिरावट आयी है। इसका आँकड़ा पूरी दुनिया में है। फिर भी निराश होने की ज़रूरत नहीं है। इस सबके ख़िलाफ़ दुनिया भर में एक वातावरण तैयार हो रहा है। जीओ और जीने दो का एक सार्थक प्रयोग होना चाहिये।

प्रस्तुति : स्वतन्त्र मिश्र, सहारा समय, १७ अप्रैल, २००४

प्रतीकात्मक नहीं व्यावहारिक प्रयास चाहिये

पर्यावरण की रक्षा और संवर्धन के लिए सार्वजनिक और निजी, दोनों स्तरों पर प्रतिबद्धता की महती आवश्यकता है। इसमें सरकार और नागरिक की एक-सी भूमिका है। किसी का महत्त्व कम या ज़्यादा नहीं है। दोनों के बीच की जुगलबन्दी गड़बड़ाने का ही नतीजा है पर्यावरण का हर स्तर पर प्रदूषित होना। यदि अच्छे सार्वजनिक प्रयत्न हो रहे हों और हम उसमें निजी तौर पर शामिल न हों तो उससे पर्यावरण संवर्धन की बात बेमानी हो जाती है, यानी निजी और सार्वजनिक में से कोई भी हिस्सा बेसुरा नहीं होना चाहिये। इसी बेसुरेपन या जुगलबन्दी के टूटने का परिणाम दिल्ली में यमुना का ज़बरदस्त प्रदूषित होना है। जब तक यमुना में १८ बड़े नाले एक साथ तोप की तरह गिरते रहेंगे, तब तक निजी तौर पर किसी एक व्यक्ति की कोशिशों से बेहतर नतीजे की उम्मीद नहीं की जा सकती। ऐसा नहीं हो सकता कि एक व्यक्ति दूध की दो बूँदें नदी को अर्पित कर दे या अगरबत्ती जला दे और मान बैठे कि हमारा ये कर्म पुनीत है, जिससे नदी या पर्यावरण की गन्दगी छँट जायेगी। इसे प्रतीकात्मक प्रयास तो कह सकते हैं, किन्तु व्यावहारिक स्तर पर इसका गन्दगी-निदान में कोई योगदान हुआ नहीं माना जा सकता।

आज न तो व्यक्ति निजी स्तर पर कुछ कर पा रहा है और न ही समाज या राष्ट्र के स्तर पर सरकार के कर्त्तव्य ठोस आकार ले पा रहे हैं। दिल्ली शहर को यमुना वज़ीराबाद से ओखला के बीच ४८ किलोमीटर तक स्पर्श करती है। इतने लम्बे जल प्रवाह में नदी को साफ़-सुथरा रखने के लिए निजी तौर पर क़तई प्रयास नहीं किया गया है, क्योंकि विशाल क्षमता वाले

१८ गन्दे नाले एक साथ यमुना में इतना कुछ मिला रहे हैं कि निजी स्तर पर एक लोटा गंगाजल मिला देने से नदी का कायाकल्प नहीं किया जा सकता। सर्वप्रथम तो हम ग़ौर करें कि जिसे नाला कहा जाता है, उसका अतीत क्या था और पर्यावरण की स्वस्थता के प्रति उसका क्या योगदान था। सवाल है कि क्या सरकार और समाज इतने बड़े १८ गन्दे नाले बना सकते थे? दरअसल, पिछले चालीस साल से इन्हें १८ गन्दे नाले कहने का चलन हो गया है, जबकि ये नाले कभी यमुना की सहायक नदियाँ थीं। ये सहायक नदियाँ अतीत में यमुना को सम्पन्न बनाती थीं और अरावली का समूचा जल भण्डार लाकर यमुना की गोद में डालती थीं। आज जो १८ बड़े नाले यमुना नदी की गन्दगी का कारण बन गये हैं वे सरकार और समाज की उपेक्षा का ही अंजाम हैं।

दिल्ली के लोदी गार्डन क्षेत्र में आठ मेहराबों वाला पत्थर का पुल है, जिसे पुरातत्त्व विशेषज्ञों ने ४०० वर्ष पुराना बताया है। अतीत में इस पुल के नीचे से यमुना की एक सहायक नदी के बहने का साक्ष्य मिलता है। यह सहायक नदी खान मार्केट होते हुए पुराना क़िला की ओर बहती हुई यमुना में समाती थी। साक्ष्य बताते हैं कि यह नदी पुराने क़िले की खाई को भरती थी और अतिरिक्त पानी जाकर यमुना में मिलता था, यह प्राकृतिक व्यवस्था थी।

उक्त सहायक नदी अब विलुप्त हो चुकी है। दिल्ली की जल सम्पदा के सुनहरे अतीत की बात यहीं नहीं ख़त्म हो जाती है। पुरातात्विक विशेषज्ञों के द्वारा जुटाये गये साक्ष्य खुलासा करते हैं कि अँग्रेज़ों के भारत आगमन से पहले दिल्ली में ३५० तालाब थे।

मैं यहाँ स्पष्ट कर दूँ कि तालाब की मौजूदगी को हमारे यहाँ कभी भी पिछड़ेपन की निशानी नहीं माना गया, बल्कि तालाब के महत्त्व का बखान करने के क्रम में एक मज़ेदार प्रथा का यहाँ ज़िक्र करना प्रासंगिक होगा— छत्तीसगढ़ में जब भी नये इलाक़ों से आने वाले लोग आपस में मिलते थे तो वे परस्पर तालाबों की संख्या के बारे में ज़रूर पूछते थे और उसमें भी अगर कोई १२६ का आँकड़ा बताता था तो उसके लिए कहावत थी 'छह आगर छह कौड़ी'। यह उनके गणित का शब्दों में कहने का एक तरीक़ा था। 'छह आगर' यानी छह जिसके पहले और 'छह कौड़ी' अर्थात् कौड़ी बीस की संख्या को कहा जाता था यानी बीस गुणा छह, जमा छह, जो

१२६ होता है। उस वक़्त १२६ का आँकड़ा बहुत शुभ माना जाता था, इतना शुभ कि जिसके आगे सुनने वाला नतमस्तक हो जाता था। इस बात से लोगों को तालाब बनाने की भी प्रेरणा मिलती थी और आज भी वहाँ कभी बहुतायत तालाबों की मौजूदगी के चिह्न मिलते हैं। छत्तीसगढ़ में आज भी ऐसे कई हिस्से हैं जहाँ १२६ तालाब हैं। उस दृष्टि से दिल्ली तो तब भी राजधानी के समकक्ष थी और उस वक़्त यहाँ ३५० तालाब थे जो भूमि पर क़ब्ज़े की भावना के कारण नष्ट नहीं हुए, बल्कि उपेक्षा की ऐसी आँधी चली, जिसमें पानी के स्रोतों को व्यावहारिक ही नहीं माना गया। आज दिल्लीवासी उसकी क़ीमत चुका रहा है, क्योंकि जिन जल स्रोतों (नल से पानी) को हम नया मान रहे हैं वे हमें पानी के लिए तरसा रहे हैं। दरअसल, दिल्ली में नलों के ज़रिये पानी के प्रबन्ध की शुरुआत अँग्रेज़ों ने चन्द्रावल गाँव में यमुना के पानी को 'रिजर्व' करके किया। यह प्रयास उस वक़्त कुछ ही मुहल्लों तक सीमित था और तब भी कुएँ के प्रति लोगों में इतना लगाव था कि अँग्रेज़ों के टोंटी के ज़रिये पानी पहुँचाने के इन्तज़ाम के ख़िलाफ़ महिलाओं ने एक 'गारी' गायी थी, जिसका निहितार्थ था कि 'आप (अँग्रेज़ी शासक) और सब करना किन्तु हमारे घर में नल न लगवाना।' तब भी दवा मिला पानी कुएँ के पानी के मुक़ाबले 'बुरा' माना जाता था। यह बात उस वक़्त लोगों को अवैज्ञानिक लगी होगी, लेकिन मौजूदा सचाई सामने है—हर घर और दफ़्तर अपने-अपने स्तर पर पानी को साफ़ करने में जुटा हुआ है, किसी को नल के पानी पर भरोसा नहीं है। जो साफ़ पानी बाज़ार में उपलब्ध है वह दूध के दाम के बराबर है।

यदि अतीत की दिल्ली के कुएँ और तालाब के महत्त्व पर ग़ौर करें तो कह सकते हैं कि अँग्रेज़ों ने १९२०-३० में दिल्ली का जो नक़्शा बनाया था, उसमें कुएँ और तालाब का भी ज़िक्र है। उस वक़्त हरेक तालाब अपने क्षेत्र के भूजल को 'रिचार्ज' करता था और उससे सैकड़ों कुएँ जुड़े रहते थे। तब कुएँ और तालाब ही दिल्ली के जल स्रोत थे, जिसके बिना यह शहर टिक नहीं सकता था। बाद का दौर ऐसा आया कि यमुना से चन्द्रावल जल भण्डार बनाने की बात शासकों को सूझी। धीरे-धीरे पानी की माँग बढ़ती गयी और साथ ही पानी में गन्दगी की मात्रा को बढ़ने से रोकने की हमने व्याकुलता नहीं दिखायी। हम लोग हमेशा मानते हैं कि जैसे-जैसे पानी की माँग बढ़ेगी, हमें आधुनिक तरीक़े अपनाने पड़ेंगे, जबकि हमें मान लेना

चाहिये कि पानी जुटाने के लिए कोई 'आधुनिक' या 'पिछड़ा' तरीक़ा जैसा वर्गीकरण नहीं होता है, बल्कि जो तरीक़ा पानी जुटाता हो वह व्यावहारिक है, चाहे वह जितना पुराना हो।

कहना न होगा कि निजी और सार्वजनिक, दोनों स्तर पर तालमेल के अभाव के चलते निराशा भरा माहौल बन गया है। भविष्य में पर्यावरण को और बिगड़ने से रोकने के लिए सरकार और नागरिकों की संयुक्त कोशिश होनी चाहिये। सरकार को पर्यावरण के संरक्षण एवं संवर्धन के लिए सक्षम क़ानून बनाने चाहिये, ताकि कुदरत के साथ खिलवाड़ करने वालों को इस दुष्कृत्य से विरत करने, रोकने और ज़रूरत पड़ने पर सख़्त दण्ड दिया जा सके। दरअसल, पर्यावरण के संवर्धन में निजी चेतना का बहुत महत्त्व है, लेकिन उसी के माफ़िक हमें कर्त्तव्य भी निष्पादित करना चाहिये। तभी उद्देश्य फलीभूत हो सकेगा। इतना ही नहीं, हम दूसरों की चेतना को भी झकझोरें और उस पर कर्त्तव्य निभाने का दबाव बनायें।

प्रस्तुति : कमलेश त्रिपाठी, राष्ट्रीय सहारा, ६ जून, १९९८

कुदरत के ख़िलाफ़

एक बार फिर से नदियों को जोड़ने की बात उठी है। इस बार सुप्रीम कोर्ट ने नदियों को जोड़ने के लिए समयबद्ध क्रियान्वयन का आदेश दिया है। सर्वोच्च अदालत के फ़ैसले पर कोई टिप्पणी नहीं की जा सकती, लेकिन इतना कहा जा सकता है कि सरकार को नदी जोड़ने की याद दिलाकर सुपीम कोर्ट ने एक विचित्र ज़िम्मेदारी निभायी है।

एनडीए सरकार के समय इस मामले को लेकर विवाद उठा था, जब तत्कालीन प्रधानमन्त्री अटल बिहारी वाजपेयी ने इसके पालन के लिए एक अलग व्यक्ति की नियुक्ति की थी। तब भी मुझसे नदियों को जोड़ने के सवाल पर प्रश्न पूछा गया था। मैंने उस समय भी कहा था कि, ''नदियों को जोड़ने का काम प्रभु का है, सुरेश प्रभु इस काम में न पड़ें।''

प्रकृति कभी-कभी बहुत मेहनत से कुछ नदियों को जोड़ने का काम करती है। तब इस योजना को पूरा करने में उसे कुछ लाख साल लग जाते हैं। उदाहरण के लिए, हिमालय से निकली गंगा और यमुना अलग-अलग घाटियों का चक्कर लगाते हुए इलाहाबाद में जाकर मिलती हैं। इस पूरी कवायद में प्रकृति को इतनी मेहनत करनी पड़ती है कि हमारा समाज उसके ऐसे मिलन को तीर्थ की संज्ञा देकर अपनी कृतज्ञता अर्पित करता है।

इसी तरह प्रकृति ज़रूरत पड़ने पर हर नदी को तोड़ती भी है। समुद्र में मिलने की तैयारी में प्रकृति को नदी का स्वभाव बदलना पड़ता है। इस क्रम में वह नदी को चौड़ा बनाती है और असंख्य धाराओं में तोड़कर उसे समुद्र में मिलने लायक बनाती है। इस मुहाने का भी बहुत सम्मान किया

जाता है। इन स्थलों पर भी मेले लगते हैं। कहने का भाव यही है कि ऐसे बदलाव प्रकृति एकाएक नहीं करती। लेकिन मनुष्य इसे कुछ सालों में पाट देना चाहता है। और यहीं से सारी विसंगतियाँ शुरू होती हैं। इसी से पता चलता है कि प्रकृति को देखने और समझने का हमारा नज़रिया कैसा है।

हमारे देश में कहीं बरसात ज़्यादा होती है, तो कहीं कम। इसी को देखते हुए अब सरकारों को लगने लगा है कि एक जगह का ज़्यादा पानी सूखे वाले इलाक़े में भेजा जा सकता है, लेकिन वास्तव में ऐसा नहीं है। एक तो इस काम में ख़र्चा बहुत आयेगा। दूसरा, इसमें आज के हालात देखते हुए घोटालों की इतनी आशंका होगी कि २जी का घोटाला भी छोटा पड़ जायेगा।

इसके अलावा इस परियोजना के लिए देश का भूगोल बदलना पड़ेगा। नदियाँ लाखों साल में अपना रास्ता बनाती हैं। हमारे देश की कोई भी नदी ऐसी नहीं, जिसकी आयु दो-तीन हज़ार वर्ष से कम हो। इसमें अधिकांश नदियाँ पश्चिम से पूरब की ओर बहती हैं। केवल दो नदियाँ अपवाद हैं। हम इनमें किसी भी नदी का रास्ता नहीं बदल सकते। अब अगर हम यह चाहते हैं कि उत्तर की नदी दक्षिण, दक्षिण की नदी पूरब और पूरब की नदी पश्चिम की ओर बहने लगे, तो ऐसा सम्भव नहीं है।

आज़ादी के बाद राष्ट्रीय नदी जोड़ो परियोजना बनाने के लिए बड़े-बड़े वैज्ञानिकों से राय ली गयी थी। उसमें देखा गया कि सिंचाई के लिए नदियों को जोड़ने से वास्तव में कोई लाभ होगा या नहीं। लम्बी जद्दोजहद होती रही। गारलैण्ड कैनॉल योजना जैसी योजनायें भी सामने आयी थीं। इसे बनाने में दस्तूर जैसे ईमानदार लोग भी थे। वे सब प्रकृति को जीतने का सपना देख रहे थे। मगर यह देश का सौभाग्य है कि ऐसा नहीं हो पाया। तब यही महसूस किया गया कि ऐसी योजनायें व्यावहारिक नहीं हैं। बेशक वे आकर्षक लगें, पर उसे पटरी पर नहीं उतारा जा सकता। नतीजतन उस योजना को ठण्डे बस्ते में डाल दिया गया।

मौजूदा परियोजना का क्रियान्वयन बहुत जटिल है। अनुभव बताता है कि यहाँ एक छोटी-सी परियोजना भी समय और ख़र्च का विस्तार ले लेती है, तब ३७ हिमालयी और प्रायद्वीपीय नदियों को जोड़ने की महत्त्वाकांक्षी

नदियों का कैसा हश्र होगा। बेशक चीन या पश्चिमी दुनिया में ऐसी योजना के सफल होने का उदाहरण दिया जा सकता है, लेकिन हमारे देश की कार्य-संस्कृति कैसी है, यह किसी से छिपा नहीं है। इसके अलावा, प्रकृति के ख़िलाफ़ जाने वाली कई योजनाओं के विरोध में हमारे यहाँ सफल जनान्दोलन भी हुए हैं। उनकी आँच हमेशा बनी रहती है। इस योजना के लक्ष्य और उपलब्धियों की बात करते हुए हम इसकी कमियों को छिपा जाते हैं। इसे लेकर उठायी जा रही आपत्तियाँ ठोस हैं। सुप्रीम कोर्ट के आदेश के बाद हो सकता है कि सरकार योजना के क्रियान्वयन के लिए हिम्मत दिखाये, लेकिन पहले क़दम से ही आभास होने लगेगा कि डगर कितनी मुश्किल भरी है। इसको लेकर तमाम सवाल खड़े होंगे। पर्यावरण को होने वाले नुक़सानों की बात को थोड़ी देर के लिए छोड़ भी दें, तो बड़े आर्थिक बजट जुटाना, ऊपर से लालफीताशाही क्या इसे मुकाम तक पहुँचने देगी ?

आज हम देखते हैं कि देश के कई राज्यों में पानी बँटवारे को लेकर वर्षों से विवाद चल रहा है। इसके अलावा पड़ोसी देशों के साथ भी पानी को लेकर कशमकश जारी है। नेपाल, बांग्लादेश, पाकिस्तान से पानी को लेकर आये दिन किसी न किसी तरह की बहस होती ही रहती है।

ऐसे में देश की महत्त्वपूर्ण नदियों को जोड़-तोड़ कर अपने हिसाब से बहाने की कवायद बेहद मुश्किल भरी हो सकती है। इस परियोजना के लाभ और हानि, दोनों पहलुओं पर विचार किया जाना चाहिये। आर्थिक, राजनीतिक, सामाजिक और सबसे बड़ी बात पर्यावरण के लिहाज़ से कोई ऐसी गुंजाइश नहीं छूटती कि हम यह हौसला पालें। इसलिए मैंने कहा कि यह काम प्रभु और प्रकृति पर ही छोड़ देना चाहिये।

अमर उजाला, ६ मार्च, २०१२

स्वागत योग्य है पश्चिम का यह दर्शन, लेकिन...

पिछले दिनों ख़बर आयी है कि पश्चिम में कम से कम चीज़ों के सहारे जीवन जीने का एक आन्दोलन खड़ा हो रहा है। पश्चिम के ऐसे लोगों को बधाई।

अभी तक का अनुभव है कि पश्चिम ने अपने जीवन का पूरा आधार बर्बादी को ही बनाया है। यह केवल बर्बादी तक ही सीमित होता तो शायद दुनिया का उतना बड़ा नुक़सान नहीं होता। पश्चिम का विचार बर्बादी से ऊपर उठकर शोषण और अन्याय की सब हदों को पार कर गया था। पिछले २०० साल का इतिहास हमें बताता है कि पश्चिम के कोई आधा दर्जन देशों ने इस पूरी दुनिया को ग़ुलाम बनाकर रखा था। ये ग़ुलामी कोई छोटे-मोटे दौर तक नहीं रही, एक बहुत लम्बे दौर तक चली और जहाँ उसे चुनौती दी गयी वहाँ उसने भयानक अत्याचार के ज़रिये उससे निपटने की असफल कोशिश की।

आज पश्चिम का खाना-पीना, सब कुछ बर्बादी पर टिका हुआ है। वहाँ प्रगति की परिभाषा 'कितनी खपत करते हैं आप' इस पर टिकी हुई है, इसलिए हम लोग पाते हैं कि प्रति व्यक्ति बिजली की खपत पश्चिम के इस देश में सबसे ज़्यादा है, प्रति व्यक्ति प्रोटीन की खपत उस देश में सबसे ज़्यादा है। प्रति व्यक्ति अनाज की खपत, प्रति व्यक्ति मछली की खपत और तो और प्रति व्यक्ति कचरा उत्पादन में भी पश्चिम का ही कोई

न कोई देश रिकॉर्ड बनाता है। ऐसे में यदि आज वहाँ इने-गिने कुछ लोगों ने ही कम से कम चीज़ों में काम चलाने का कोई प्रयोग शुरू किया है, तो निश्चित ही वे अभिनन्दन के पात्र हैं। लेकिन इसमें ऐसा न हो कि ये सारा अभ्यास एक फ़ैशन, एक प्रतीक बनकर ख़त्म हो जाये। हमने देखा है पिछले दौर में पश्चिम में ऐसे कई आन्दोलन निकले हैं, जिनका असर बाद में दूसरे देशों में बुरा ही पड़ा है। आज कुल-मिलाकर पश्चिम कोई अच्छा काम भी करना चाहे तो वह दूसरों को दबाकर ही करता है। जैसे एक दौर में पर्यावरण का प्रेम पश्चिम में बहुत तेज़ी से उभरा। उन्होंने कहा हम अपने जंगलों की सुरक्षा करेंगे। हम पेड़ नहीं कटने देंगे। लेकिन उन्होंने अपनी लकड़ी और अपने काग़ज़ों की खपत में कोई कमी नहीं की। दो-दो सौ पन्ने के दैनिक अख़बार छापते ही रहे। इसके लिए उन्होंने दूसरे देशों के जंगल कटवाये। ऐसा न हो कि हम अपना घर साफ़ करें और उसका कूड़ा-कचरा दूसरों के यहाँ फेंक कर आ जायें। ऐसे कई उदाहरण आज भी हिन्दुस्तान में आते हैं कि पश्चिम के बड़े-बड़े जहाज़, जब उनकी उम्र पूरी हो जाती है तो वे खोलने के लिए हमारे यहाँ भेज दिये जाते हैं, क्योंकि पश्चिम के पर्यावरण नियम उन्हें वहाँ खोलने की इज़ाज़त नहीं देते। इसलिए उनका सारा कबाड़ गुजरात के बन्दरगाह पर आता है और यहाँ हज़ारों मज़दूरों को उसे तोड़ने के काम में झोंक दिया जाता है। उसमें कई तरह के ज़हरीले रंग और पदार्थ होते हैं। अपनी पवित्रता बनाये रखने के लिए दूसरे को पाप में न डालना यह भी पश्चिम को सीखना चाहिये।

भारत के लिए यह ख़बर कोई अचरज भरी नहीं है। यहाँ कुछ लोग मानेंगे कि अभाव के कारण लोग कम में रहना सीखे हैं, लेकिन मैं इससे अलग हटकर कहूँगा कि जहाँ सम्पन्नता रही है, वहाँ भी लोगों ने किफ़ायत में ज़िन्दगी चलाने को आदर्श माना है। हमारे देश का सबसे बड़ा राजनीतिक व्यक्तित्व महात्मा गाँधी बड़े आराम से अमीरी का जीवन जी सकता था। लेकिन उसने अपने मन पर पूरा नियन्त्रण किया, अपने शरीर पर, अपने विचारों पर नियन्त्रण किया और एक-एक करके चीज़ें उसने अपने जीवन से हटायीं और बाद में इनी-गिनी चार-पाँच चीज़ों के सहारे इतना बड़ा जीवन जिया कि आज उसको सारी दुनिया याद करती है। हमारे यहाँ अभाव में नहीं, सम्पन्नता के बावजूद किफ़ायत से जीवन जीना एक मूल्य रहा है और जिसने उसको अपनाया है, उसको समाज ने साधु और सन्त

का दर्जा दिया है। अपने यहाँ सांई से इतना ही माँगा है कि हमारा कुटुम्ब समा जाये और साधु भी भूखा न जाये।

हमारे यहाँ भी दुर्भाग्य से एक ऐसा दौर आया है जिस पर पश्चिम का बहुत बड़ा असर पड़ा है। ख़ासकर अब जो हमारी नयी पीढ़ी आयी है, उसके हाथ में पश्चिम की पढ़ाई के बाद उसी के अनुकूल कुछ नयी नौकरियाँ आयी हैं। जिस पीढ़ी के पिता, माँ, चाचा या दादा शायद पाँच सौ रुपये या पाँच हज़ार रुपये में भरा-पूरा सम्पन्न परिवार चला लेते थे आज नयी पीढ़ी में उन्हीं परिवारों में बीस-बाईस साल के लड़के-लड़कियों को बीस हज़ार—चालीस हज़ार प्रति माह की नौकरी मिल रही है। सबको नहीं मिल रही, लेकिन जिन्हें मिलती है उनके पैर भी दुर्भाग्य से उखड़ जाते हैं। फिर उनको सबसे अच्छा मोबाइल, सबसे अच्छा टीवी, सबसे अच्छी गाड़ी, सबसे अच्छे घर को लेने की इच्छा और लालच बढ़ता जाता है। जो ले पाते हैं, वे इतराते हैं, जो नहीं ले पाते, वे कुण्ठा में रहते हैं। इतना सब पाने के बाद भी उनमें सन्तोष नहीं है। यही कारण है कि हम कई तरह के आन्दोलन भी देखते हैं, जो जीवन जीने की कला सिखाते हैं। तो इस पीढ़ी को पश्चिम से जो बुराइयाँ मिली हैं, अगर पश्चिम से एकाध अच्छी चीज़ भी मिल रही है, जैसे ये आन्दोलन तो उसके लिए ये अच्छा ही है।

अमर उजाला, २३ अगस्त, २००९

एक नहीं, हर दिन पानी का

समाज में तीज-त्योहारों का अपना महत्त्व है। धर्म की तरह समाज के बाक़ी ग़ैर-सामाजिक व राजनीतिक हिस्सों में भी पिछले कुछ वर्षों से हम सब तरह-तरह के दिवस मनाने लगे हैं। इन दिवसों का अपना महत्त्व हो सकता है, लेकिन उनका वज़न तभी बढ़ेगा, जब हम बाक़ी वर्ष भर इन पर अमल करेंगे।

आज जल दिवस उसी तरह का एक दिवस है। एक तो हममें से ज़्यादातर लोगों को यह नहीं पता कि ऐसे दिवस कौन तय करता है। हम तो बस मनाने लग जाते हैं। आठ-दस घण्टे में भाषण, उद्घाटन, समापन आदि करके शाम तक भूल जाते हैं। हमारे यहाँ वर्षा के लिए पूरे चार महीने रखे गये हैं, सबको मालूम है कि चौमासा वर्षा के स्वागत व सम्मान के लिए ही किसान समाज ने बनाया था। लेकिन उसके आने की तारीख़ें वर्षा लाने वाले नक्षत्रों के हिसाब से ही तय होती हैं। इसी तरह चार महीने के समापन की तिथियाँ भी बादल समेटने के नक्षत्रों से जोड़कर देखी गयी हैं। ऐसे सब आयोजन हमारे समाज की स्मृति में हज़ारों सालों से रचे-बसे हुए हैं। लेकिन विश्व जल दिवस जैसे अनेक नये दिवस हमारे जीवन में अभी-अभी आये हैं, किसी और के द्वारा लाये गये हैं, इसलिए इनकी तारीख़ें समाज के आचरण से मेल नहीं कर पाती हैं।

आज जल दिवस है, लेकिन २२ मार्च भी है। इस दिन दूर-दूर तक बरसात का कोई अता-पता नहीं लगने वाला, लेकिन जल का मतलब सिर्फ़ बरसात नहीं है—ऐसा भी कहा जा सकता है। इसलिए इसे मनाना हो, तो हम साल के बचे हुए ३६४ दिन क्या करेंगे, इसका भी ध्यान रखना पड़ेगा।

एक दिन के सभा-समारोह आज लगातार बढ़ते जा रहे जल संकट पर कुछ बूँदें भर छिड़क पायेंगे। आज जल दिवस पर उत्साह ऐसा होना चाहिये कि वह आने वाले लम्बे समय तक हमें पानी की कमी, उसकी सफ़ाई, उसके संग्रह और संग्रह के बाद उसके किफ़ायत के साथ किये जाने वाले उपयोग की बराबर याद दिलाता रहे।

यह जल दिवस विश्व के स्तर पर शुरू हुआ है और इसे हम पूरे देश में मनाते हैं, इसलिए मोटे तौर पर इस दिन हम सबका इतना तो कर्तव्य बनता ही है कि हम अपने-अपने इलाक़ों में थोड़े ही दिनों बाद सिर उठाने वाले जल संकट को अपने ध्यान में रखें और उसकी मार को कम करने के लिए थोड़ी ईमानदारी के साथ तैयारी करें। पूरे देश में जल से जुड़ी समस्याओं का आभास होने लगा है। देश के एक कोने से चलें, तो कन्याकुमारी में तीन तरफ़ विशाल सागर है। मीठा पानी बहुत कम माना जायेगा, लेकिन बादलों की और वर्षा की कोई कमी नहीं है, इसलिए वहाँ के समाज ने वर्षों से वर्षा जल के संचय की अनेक योजनाओं पर काम किया। उन्हें लागू किया और सदियों तक उनका रखरखाव किया। दक्षिण में ही बेंगलूरु जैसे शहर को लें, जहाँ एक शहर में शायद सबसे अधिक तालाब हुआ करते थे, लेकिन सूचना के आधुनिक दौर में बेंगलूरु का कुछ विकास ऐसा हुआ कि उसके तालाब ग़ायब हो गये हैं और उनकी जगह काँच के महल खड़े हो गये हैं। इस परिवर्तन का बुरा असर दो तरह से पड़ा है। गर्मी के मौसम में शहर को पानी की किल्लत भोगनी पड़ती है और उसके बाद जब वर्षा का मौसम आता है, तब अब बेंगलूरु जैसे शहर में बाढ़ भी आने लगी है। पहले यह शहर बाढ़ से एकदम मुक्त था।

पहले चेन्नई जैसे शहर में न वर्षा की कमी थी और न वर्षा जल को सम्मान से रोक लेने वाले तालाबों की, आज वहाँ भी तालाब ग़ायब हो रहे हैं। नये नेता और नये वैज्ञानिक समुद्र के खारे पानी को मीठा बना सकने वाली मशीनों पर अन्ध-श्रद्धा रखे हुए हैं, जबकि अभी तक ऐसा सम्भव नहीं हुआ है।

अहमदाबाद में शहर के कोने से लेकर बीच तक एक से एक तालाब हुआ करते थे, जो वर्षा जल संचय करके शहर के भू-जल का स्तर ऊँचा रखते थे। आज वहाँ के नागरिक हाईकोर्ट तक गये हैं, लेकिन अपने तालाबों को बचा नहीं पाये हैं। भोपाल में एक समय जो देश का सबसे बड़ा तालाब

माना जाता था, आज न वह सिर्फ़ सिकुड़कर दसवाँ हिस्सा रह गया है, वह शहर की पानी की ज़रूरत पूरी नहीं कर पा रहा है। अब ऐसे शहरों में बाक़ी जगह का रोग आने वाला है, मतलब—दूर से किसी नदी का पानी लाकर इन शहरों की प्यास बुझाना। भोपाल से थोड़ी दूर पर नर्मदा नदी पर एक बड़ा उत्सव हो रहा है, २३ मार्च तक चलेगा, इसमें देश भर की नदियों और जल को बचाने वाले सभी तरह के लोग एक मंच पर आयेंगे। ऐसे सब आयोजनों पर गम्भीरता से विचार करना पड़ेगा कि जब तक हम जल के मामले में बड़े और अव्यावहारिक विचारों से बँधे रहेंगे, जैसे बड़े बाँध, बड़ी नहरें, तब तक हम जल के मोर्चे पर कोई बड़ा काम नहीं कर पायेंगे।

जल के बड़े काम का रहस्य है, असंख्य छोटे-छोटे काम। इन्हीं से भू-जल का स्तर उठेगा, जिसके बारे में मैं अक्सर बहुत दुख के साथ यह भी जोड़ता हूँ कि हमारे देश का भू-जल स्तर राजनीति से भी ज़्यादा बुरी तरह से नीचे गिरता जा रहा है। जल संरक्षण के छोटे-छोटे कामों व प्रयासों से ही लगातार सूखती जा रही नदियाँ फिर से बह सकेंगी। पारम्परिक जल कोष बच सकेंगे।

इसमें सबसे अच्छा उदाहरण राजस्थान के एक बड़े समाज ने प्रस्तुत किया है। चाहे तो पूरा देश और चाहे तो दुनिया भी नया सीख सकती है। काम बहुत पुराना है, लेकिन आधुनिकतम शहरों को यह आधुनिक पाठ पढ़ा सकता है। देश के सबसे कम वर्षा के इलाक़े भी इसी प्रदेश में हैं, लेकिन वहाँ के कई समाजों ने बिना जल दिवस मनाये, जल का पूरा वर्ष मनाया है। उन्होंने पूरे ३६५ दिन पानी की चिन्ता की है। जहाँ ऐसी चिन्ता है, वहाँ वे कम से कम जल दिवस पर तो छुट्टी मना सकते हैं, लेकिन जहाँ ऐसी चिन्ता नहीं है, वहाँ जल संरक्षण का जीवनोपयोगी कार्य शेष है।

राजस्थान पत्रिका, २२ मार्च, २०१०

वे अब भी हमें बचाते हैं

तीस जनवरी को तीन गोलियों से यदि गाँधी जैसा कोई व्यक्ति मारा जा सकता है, ऐसा अगर हम सोचते हैं, तो हम वही ग़लती कर रहे हैं, जो १९४८ में किसी ने की थी। गाँधी जी आज कितने बचे हैं या देश दुनिया और हमारे जीवन के किस-किस अंग में मर चुके हैं, मारे जा चुके हैं, ऐसा सोचना ज़रा अटपटा लगता है। इसके बदले मुझे लगता है कि हमें इस बात पर सोचना चाहिये कि हम कितना बचे हैं। हमने अपने को कितना बचाया है। 'गाँधीजी बचे हैं या मरे हैं' के बदले इस पूरे विचार को हमें अपने ऊपर ले लेना चाहिये। आज देश विकास की दौड़ में कहाँ कितना आगे जा रहा है, इसकी चर्चा तो हमें मीडिया में राष्ट्रपति से लेकर विधायक तक के भाषणों में और हर तरह के विज्ञापनों में रोज़ सुनने को मिलती है। तरक्की के दावे होते हैं। एक लाख की कार और सौ रुपये की दाल, यदि इससे हमें तरक्की की परिभाषा ठीक से समझ में नहीं आती, तो हमें अपने से पूछना चाहिये कि हम कितने बचे हैं।

यदि हमें समाज में गाँधीजी कितने बचे हैं, ये देखना हो, तो अकाल के हिस्सों को बहुत बारीक़ी से समझना चाहिये। हम सब जानते हैं कि हमारे देश में बुरे काम की निगरानी के लिए ख़ुफ़िया विभाग जैसे संगठन काम करते हैं, लेकिन अच्छे कामों की निगरानी भी आज सरकारों की निगाह से, मीडिया के क़ैमरे से अलग हो गयी है। दक्षिण से लेकर उत्तर तक और पूरब से लेकर पश्चिम तक ऐसे अनेक इलाक़े हैं, जहाँ लोगों ने अपने थोड़े से साधनों से इतनी बड़ी साधना करके दिखायी है कि उन्होंने अकाल को अपने गाँव से भगा दिया है। राजस्थान के जैसलमेर का उदाहरण

लीजिये, यहाँ पिछले मानसून में औसत १६ सेंटीमीटर के बदले मात्र ६ या ७ सेंटीमीटर पानी गिरा है, लेकिन इसके रामगढ़ क्षेत्र में इतनी कम वर्षा के बावजूद लोग कितने सम्मान और प्यार से बिना किसी के आगे हाथ पसारे अपना जीवन जी रहे हैं। यह देखा जा सकता है। इसी तरह महाराष्ट्र के विदर्भ में जहाँ से किसानों की आत्महत्या की दुखद ख़बरें आती हैं, वहाँ भी एक छोटा-सा इलाक़ा ऐसा मिल जायेगा, जहाँ के किसानों ने बिना गाँधीजी की मूर्ति खड़ी किये, बिना उनके नाम की कोई संस्था बनाये उनको अपने खेत, तालाब, चरागाह में जीवित रखा है। इसी तरह लोगों ने अलवर के एक हिस्से में पसीना बहाकर सूखी नदियों में पानी बहाया है। ये कोई छोटे इलाक़े नहीं हैं, न ये नदियाँ इतनी छोटी हैं कि सरकार की बड़ी आँखें इन्हें देख न पायें। तीस-चालीस किलोमीटर लम्बी नदी में यदि अचानक पानी बहने लगे, वह भी बारह महीने, तो क्यों नहीं सरकारों को ऐसे काम दिखायी देते हैं। इसलिए बहुत दुख के साथ मैंने अच्छे कामों को खोजने के लिए ख़ुफ़िया विभाग की वकालत की है। बहुत कम लोगों को मालूम होगा कि केरल में अकाल से निपटने के लिए कुछ गाँवों में बाक़ायदा एक धान सेना खड़ी कर दी गयी है। धान सेना ने बाक़ायदा अपनी वर्दी भी बना ली है और किसी भी सैनिक, शिव सैनिक या शान्ति सैनिक से भी बढ़कर धान सैनिक दौड़-दौड़ कर खेतों में जाकर फ़सल बचाने में जुटे हैं।

तो गाँधीजी और गाँधी विचार हमारे बीच में आज भी उतने ही ज़िन्दा हैं, जितने हम ज़िन्दा हैं। इसी तरह ये विचार और यह व्यक्ति उतनी ही बार मरता भी है, जितनी बार हम ख़ुद अपनी हत्या करते हैं। आज राजनीति में जो कुछ हो रहा है उसे देखकर कहा जा सकता है कि लगभग हर दल में लोकतन्त्र की रक्षा करने के बुनियादी विचार का गला घोंटा जा रहा है। धर्म की संस्थाओं की बात और भी विचित्र है, जिस विचार का मुख्य उद्देश्य आत्म-साक्षात्कार या सन्तोष धन पाना था, आज वहाँ विचार टुकड़ों में बाँट दिया गया है, उसकी सहिष्णुता इतनी खण्डित हो चुकी है और उसमें सम्पत्ति और बल का ऐसा बोलबाला हो गया है कि वहाँ गाँधीजी को खोजना तो दूर ईश्वर को भी खोजने की कोशिश नहीं करनी चाहिये।

अच्छे कामों को करने के लिए संस्थायें बनती हैं, लेकिन हम सबका

अनुभव है कि धीरे–धीरे उनमें जंग लग जाती है, संस्थाओं का नाम कितना भी अच्छा हो, उनका काम चालू बन जाता है। इसमें किसी भी विचार की संस्था जंग निरोधक गुण नहीं प्राप्त कर पायी है। इसलिए इन छोटी–बड़ी संस्थाओं में गाँधी जी को ढूँढ़ने के बदले देश की सबसे बड़ी संस्था में गाँधी को खोजना चाहिये। वह संस्था कौन–सी है? देश की सबसे बड़ी संस्था हमारा यह समाज है। आज इस समाज के प्रति हम अब थोड़ा पढ़–लिख गये लोगों के मन में एक तरह के अपमान की भावना बढ़ती जा रही है। हम इसे तरह–तरह से पिछड़ा बनाने का कोई मौक़ा नहीं चूकते। अपने समाज के प्रति हम सब में जो थोड़ा प्यार, थोड़ा आदर रहा है, वही हमें रोज़–रोज़ के मरण से बचा सकेगा। सचमुच, ३० जनवरी के दिन गाँधीजी तीन गोलियों से नहीं मारे जा सके थे, वे आज भी हमारे समाज के बीच अनेक रूपों में अनेक भूमिकाओं में न सिर्फ़ ज़िन्दा हैं, बल्कि हमें भी मरने से बचा रहे हैं।

राजस्थान पत्रिका, १३ जनवरी, २०१०

मोबाइल शॉप की तरह बिकते सोलर उपकरण

ऊर्जा के मामले में विकल्प शब्द बहुत मायने नहीं रखता है। हमारे समाज में बिजली आये बहुत दिन नहीं हुए हैं और अभी भी यह सब जगह नहीं पहुँच पायी है। जहाँ पहुँची है, वहाँ भी इसके बने रहने की कोई गारंटी नहीं ली जा सकती है। यह आती-जाती रहती है।

इसलिए दिल्ली में ऊर्जा के सम्बन्ध में होने वाला कोई भी प्रयोग स्वागत योग्य माना जायेगा। इसमें सौर ऊर्जा एक बड़ी भूमिका निभा सकती है। आज की तकनीक और इसका महँगा होना सौर ऊर्जा को फैलने से रोकता है। जो लोग गुजरात घूम कर आये हैं, उन्हें यहाँ सोलर उपकरण लगाने की क़ीमत भी पूछ लेनी चाहिये थी। फिर भी यदि इसका विस्तार हुआ तो उत्पादन बढ़ेगा और क़ीमत भी कम होनी शुरू हो जायेगी। पिछले २० सालों का अनुभव बताता है कि विस्तार के साथ इसकी क़ीमत तेज़ी से गिरती है। सरकार ने इसमें सब्सिडी वग़ैरह देकर इसे सुलभ बनाने का प्रयास ज़रूर किया है, लेकिन इस सुविधा का लाभ सभी लोग नहीं उठा पाते। ज़्यादा अच्छा यह होता कि बाज़ार में उपकरण ख़रीदते समय ही ग्राहक को उसके कम दाम चुकाने पड़ें।

देश में सौर ऊर्जा पर काम करने वाली संस्थाओं की भी कमी है। धूप लगभग हर जगह पहुँचती है, लेकिन इस धूप से बन सकने वाली ऊर्जा सब जगह नहीं पहुँच पायी है। ऐसी परिस्थितियाँ हमें बनानी चाहिये। दिल्ली में लगभग सभी जगह सौर ऊर्जा बनायी जा सकती है। मेट्रो स्टेशन की छतों से लेकर वैध व अवैध मानी गयी ग़रीब व अमीर बस्तियों तक में। जिनके पास सिर छिपाने की छत है उस छत पर भी दफ़्तर की फ़ाइल

के आकार का छोटा-सा सोलर पैनल आसानी से लगाया जा सकता है। इसमें बनने वाली ऊर्जा की प्रति यूनिट हमारी लगातार महँगी होती जा रही बिजली के मुक़ाबले धीरे-धीरे सस्ती हो रही है।

जहाँ तक गुजरात से दिल्ली की तुलना का सवाल है तो दिल्ली छोटा प्रदेश है या यूँ कहें कि एक शहर है। इसमें गुजरात जैसे बड़े प्लांट लगाना कठिन होगा। सौर ऊर्जा गुजरात में एक बड़े उद्योग की तरह है। कच्छ जैसे निर्जन इलाक़ों में सैकड़ों एकड़ भूमि का विस्तार मिल जाता है और उसमें गाँवों से लेकर शहरों तक में ज़मीन जिस तरह उद्योगपतियों को सोलर प्लांट लगाने के लिए दी जाती है, वैसा दिल्ली में सम्भव नहीं हो पायेगा। लेकिन सौर ऊर्जा की सबसे बड़ी ख़ूबी यह है कि इसे एकदम विकेन्द्रित तरीके से लगाया जा सकता है और इसका उपयोग, बँटवारा भी उसी विकेन्द्रित ढंग से किया जा सकता है। दिल्ली में एक समय सौर ऊर्जा को लेकर कुछ उत्साह दिखाया गया। 'आदित्य' नाम से एक बड़ी दुकान खोली गयी, लेकिन उसमें उपभोक्ताओं के लिए बहुत विशेष सामान नहीं था, इसलिए यह प्रयोग कुछ समय बाद ठप्प पड़ गया। जैसे आज हर जगह मोबाइल शॉप खुली हैं, मोबाइल रीचार्ज की दुकान खुली हैं, वैसे ही लोगों को सोलर पैनल व लालटेन क्यों नहीं मिल सकते। उसी तरह जगह-जगह सोलर उपकरणों की मरम्मत के सर्विस सेंटर क्यों नहीं खोले जा सकते हैं। इससे यह सर्वसुलभ होने के साथ ही उपकरणों की मरम्मत की भी परेशानी ख़त्म होगी। यह जब सीधे प्रयोग में आयेगा तो इसका निर्माण यहीं पर होने लगेगा। यमुना समेत नालों पर भी सोलर पैनल लगाये जा सकते हैं, लेकिन कुल मिलाकर इसके लिए प्रतिबद्धता चाहिये। नज़फ़गढ़ नाले के गन्दे पानी से गैस बनाकर बिजली बनाने के लिए मजनू के टीले पर चार मंज़िला प्लांट लगाया गया। आज आप वहाँ जाकर देखें बिजली तो दूर चार मंज़िला प्लांट का वजूद तक नहीं मिलेगा।

दैनिक जागरण, अगस्त, २०१४

यमुना की दिल्ली

सबसे पहले तो एक छोटा-सा डिस्क्लेमर! मैं वास्तुकारों की बिरादरी से नहीं हूँ। मेरी पढ़ाई-लिखाई बिलकुल साधारण-सी हुई और उसमें आर्किटेक्चर दूर-दूर तक कहीं नहीं था। जिन शहरों में पला-बढ़ा और जिन शहरों में आना-जाना हुआ करता तो वहाँ की गलियों में, बाज़ारों में घूमते-फिरते दुकानों के अलावा कुछ बोर्ड भी पढ़ने को मिलते। इन बोर्डों में अक्सर वकील और डाक्टरों के नाम लिखे दिखते। हमारे बचपन में ये बोर्ड भी थोड़े छोटे ही थे। फिर समय के साथ विज्ञापनों की आँधी में ये बोर्ड उखड़े नहीं बल्कि और मज़बूत बन कर ज़्यादा बड़े होते चले गये।

फिर हमारे बड़े संयुक्त परिवार में एकाध भाई डाक्टर बना, एक वकील बना और बाद में एक भाई आर्किटेक्ट भी। दो के बोर्ड लग गये लेकिन आर्किटेक्ट भाई का बोर्ड नहीं बना। बाद में उन्हीं से पता चला कि उनके प्रोफेशन में कोई एक अच्छी एसोसिएशन है जो बड़ी सख़्ती से इस बात पर ज़ोर देती है कि उसका कोई भी मेंबर अपने नाम और काम का विज्ञापन नहीं कर सकता। उसका नाम तो क्लाइंट्स के बीच में उसके कामों से ही फैलना चाहिये। इसलिए आज जब लैण्डस्केप आर्किटेक्चर में आपके प्यार के कारण कुछ लिखने का मौक़ा मिल रहा है तो आर्किटेक्चर के इस सुन्दर प्रोफ़ेशन को एक ज़ोरदार सलाम करने की इच्छा होती है। यह जानते हुए भी कि आज हमारे सभी शहरों में गुड़गाँव जैसा बहुत ही भद्दा और ख़राब क़िस्म का आर्किटेक्चर, कंक्रीट और भड़कीले ग्लास का जंगल बड़ी तेज़ी से फैल रहा है।

आपने मुझसे उम्मीद की है कि मैं नदियों के बारे में कुछ लिखूँ। इसलिए

मैं अपने शहर दिल्ली और उसकी नदी यमुना से ही शुरू करता हूँ।

दिल्ली के बारे में कहा जाता है कि यह कई बार बसी और उजड़ी। शहरी इतिहास में बार-बार इस जानकारी को पढ़ने के बाद भी हम इस बारे में ज़्यादा सोच नहीं पाते कि इतने बार उजड़ कर यह शहर बार-बार यहीं पर क्यों बसा?

इसका एक बड़ा कारण है दिल्ली में उसके पूरब में बहने वाली यमुना। लेकिन यमुना कोई छोटी नदी नहीं है। यह लगभग १३०० किलोमीटर बहती है। फिर दिल्ली उजड़ कर इसी के किनारे कहीं और आगे-पीछे क्यों नहीं बसायी गयी? शायद इसका एक बड़ा कारण पूरब में बहने वाली नदी के इस हिस्से के ठीक सामने कुछ करोड़ साल से खड़ी अरावली भी है। ये शहर के उत्तरी कोने से दक्षिणी कोने तक शहर को कुछ इस तरह से सुरक्षा देती है जैसी सुरक्षा इस हिस्से के अलावा यमुना के किसी और हिस्से में नहीं मिलती।

इस अरावली से छोटी-छोटी अठारह नदियाँ पूरी दिल्ली को उत्तर से दक्षिण में काटते हुए यमुना में आकर मिलती थीं। इसलिए दिल्ली को सिर्फ़ इस दिल्ली में ही बार-बार उजड़ कर बसना था। इस तरह देखें तो हम कह सकते हैं कि यमुना दिल्ली की सबसे बड़ी 'टाउन प्लेनर' है।

थोड़ा और आगे बढ़ें। एक बड़ी नदी यमुना, उसमें मिलने वाली १८ सहायक नदियाँ और फिर पूरे शहर में इस कोने-से उस कोने तक कोई आठ-सौ छोटे-बड़े तालाब। शहर के सुन्दर लेआउट को ज़रा और बारीक़ी से देखें तो इसमें कुछ हज़ार से ऊपर बावड़ी और कुएँ भी जुड़ जाते थे। इस पूरी व्यवस्था के बाद इस शहर में न तो कभी पानी की कमी होनी चाहिये थी, अकाल पड़ना चाहिये था और न कभी बाढ़ से डूबना चाहिये था।

हमारी पौराणिक कथाओं में वर्षा के देवता इन्द्र का एक नाम पुरन्दर भी है। पुर यानी शहर या क़िला, जहाँ बड़ी आबादी एक ही जगह बस गयी हो। भला इन्द्र को शहरों से ऐसी क्या नफ़रत या शिकायत थी कि जब देखो तब वह शहरों को तोड़ देता था। इसमें दोष इन्द्र का नहीं, प्राय: हमारे शहरों के नियोजन का ही रहा होगा।

शहरों को तोड़ने में इन्द्र का सबसे बड़ा हथियार वर्षा ही था। शहर के

ऊपर इस कोने से उस कोने तक जब घने बादल घनी वर्षा करते थे तो हरेक मुहल्ले का, बसावट का पानी उन घरों, उन तक आने-जाने वाली सड़कों को डुबोने के बदले बहुत व्यवस्थित ढंग से आसपास सोच-समझकर बनाये तालाबों में भर जाता था।

बरसात का मौसम बीतते ही तालाबों में जमा वर्षा का पानी धीरे-धीरे दिल्ली के भूजल का स्तर अगली गर्मी तक ऊँचा उठाये रखता था। इस पूरी सोची-समझी पानी की नीली व्यवस्था में थोड़ा हरा रंग भी मिला दें। दिल्ली में चारों तरफ़ बहुत बड़े-बड़े आकार के बाग़-बग़ीचे और अरावली तक छाये घने जंगल बचाकर, पालकर रखे गये थे। दिल्ली के मुहल्लों के नाम या मेट्रो के स्टेशनों के नाम एक बार मन में दोहरा लें तो अनेक बाग़ों का चित्र सामने आ जायेगा। इसमें ऐसे भी बाग़ थे, जिन्हें आज हम किसी मोती के नाम पर जानते हैं लेकिन उसी मुहल्ले में थोड़ी धूल झाड़िए तो पता चलेगा कि उसे किसी मोची ने बड़े प्यार से बनाया था।

फिर दिल्ली को अँग्रेज़ों ने राजधानी बनाना तय किया। रायसीना हिल्स पर आज खड़ी राज करने वाली इमारतों को बनाने से पहले यहाँ का सर्वे करने ल्युटिन्स को हाथी पर चढ़ कर घूमना पड़ा था क्योंकि तब इस इलाक़े में घास का एक बड़ा जंगल था और उसकी ऊँचाई अँग्रेज़ आर्किटेक्ट से कम नहीं थी। आज के इण्डिया इण्टरनेशनल सेण्टर और लोदी गार्डन के पास से एक सुन्दर नदी बहती थी। इसके उस पार जाने के लिए पत्थरों का एक सुन्दर और मज़बूत पुल भी बना था। नदी कहीं सफ़दरजंग मकबरे की तरफ़ से आते हुए खान मार्केट के सामने होकर पुराना क़िले की खाई को भरते हुए यमुना से गले मिलती थी। दिल्ली ने पिछले सौ सालों में अपनी ऐसी कुछ नदियों को न जाने किस मज़बूरी में नक़्शों से हटा दिया है और जो बची रह गयी हैं उन्हें पूरी तरह से गन्दे नालों में बदल दिया है।

अब सब कुछ खोकर हम अहमदाबाद की साबरमती की तरह यमुना को भी रिवर फ्रंट बनाकर शहर की सुन्दरता बढ़ाना चाहते हैं। नदियों का स्वभाव और उस हद तक प्रकृति का स्वभाव भी ड्राफ्टिंग बोर्ड पर स्केल रख कर खींची गयी सीधी लाइनों में बनाने का नहीं होता। यूरोप के अनेक शहरों ने कम से कम अपने हिस्से में बहने वाली शहरी नदियों को चैनल में बहाने की कोशिश ज़रूर की है। अपने शहरों को सुधारने के लिए ऐसी योजना यहाँ लाना ठीक होगा या ग़लत, कहना बड़ा कठिन है। लेकिन

यूरोप और भारत के हमारे शहरों में बहने वाली इन नदियों में इन्हें लागू करने से पहले एक बड़ा फ़र्क़ हमेशा याद रखना चाहिये। वहाँ मानसून नहीं है। हमारे यहाँ चार महीने यानी चौमासा मानसून के लिए है। थोड़ा-बहुत मौसम बदला ज़रूर है लेकिन अक्सर मानसून औसत पानी गिराकर ही जाता है। रिवर फ्रंट बनाने से इसमें कोई शक नहीं, सरकार को शहरी नियोजकों को अहमदाबाद, दिल्ली जैसे तेज़ी से बढ़ते शहरों में कुछ सैकड़ों एकड़ ज़मीन बैठे-बिठाये हाथ लग जायेगी। लेकिन जिस किसी भी दिन साबरमती या यमुना के ऊपरी कैचमेंट में दो-चार इंच पानी ज़्यादा गिर जायेगा, उस रात ये नदियाँ रिवर फ्रंट को देखते-देखते कूद कर शहर में जायेंगी और ख़तरा तो इस बात का भी है कि जो कुछ एकड़ हम इस विकास से निकाल रहे थे, उससे कहीं ज़्यादा एकड़ ये नदियाँ बाढ़ में डुबो देंगी।

पहले हमारा समाज अक्सर ऐसी नदियों के दोनों किनारों पर एक ख़ास तरह के तालाब भी बनाता था। इनमें वर्षा के पानी से ज़्यादा नदी की बाढ़ का पानी जमा किया जाता था। नद्या ताल यानी नदी से भरने वाला तालाब। अब नदी के किनारे ऐसे तालाब कहाँ बचे हैं। इनके किनारों पर हैं स्टेडियम, सचिवालय और बड़े-बड़े मन्दिर। कभी यह दिल्ली यमुना के कारण बसी थी। आज यमुना का भविष्य दिल्ली के हाथ उजड़ रहा है।

शहर के तालाब मिटा दीजिये। शहर के भीतर बहने वाली नदियाँ पाटकर उन पर सड़कें बना दीजिये। फिर जो पानी गिरेगा वह और उसमें नदी की बाढ़ से आने वाला पानी जोड़ लीजिये—दुखद चित्र पूरा हो जाता है। तब ऐसी मुसीबतों को प्राकृतिक आपदा या नेचुरल डिज़ास्टर कहना एक बड़ा धोखा होगा।

हमारे शहरी नियोजक ऐसी बातों पर भी विचार करें और इस चिन्ता में समाज और राज को शामिल करें तो नदियों के किनारे बसे दिल्ली जैसे शहर आबाद बने रहेंगे।

लैण्डस्केप, अप्रैल-जून, २०१२

'विकास' और हमारा पिछड़ापन

हमारे जीवन में, राजनीति में और समाज के कामों में भी एक नया शब्द इस दौर में आया है। हमने उसे बिना ज़्यादा सोचे-समझे बहुत बड़ी जगह देने की एक ग़लती की है। हम सब साथियों को यह जानकर अचरज होगा कि यह शब्द और कोई नहीं बल्कि 'विकास' शब्द ही है।

आज के इस दौर से सौ साल पहले का साहित्य या पचास साल पहले का साहित्य विकास जैसे शब्दों का उपयोग नहीं करता था। कुछ राजनैतिक कारणों से हमने अपनी किसी लड़ाई में इस शब्द का किसी ढाल की तरह इस्तेमाल करना चाहा था और अब हम सब पत्रकार, सामाजिक कार्यकर्ता, राजनैतिक कार्यकर्ता, साहित्यकार, कवि आदि भी अपना काम बिना विकास या प्रगति जैसे शब्दों के चला नहीं पा रहे हैं।

छतरपुर के इस आँगन में बैठे हम सब साथियों को इसकी गहरायी में जाना चाहिये, ऐसा अनुरोध मैं पूरी विनम्रता के साथ करना चाहता हूँ।

हम सब जानते हैं कि गाँधीजी ने अपने जीवन में बहुत कुछ कहा और बहुत कुछ लिखा है। उन्होंने इतना लिखा कि यदि दाहिना हाथ थकने लगे तो उन्होंने बायें हाथ से भी लिखने की कोशिश की। बाद में भारत सरकार ने उनके लिखे और कहे गये शब्दों को एक जगह एकत्र करने के लिए अपने प्रकाशन विभाग में सम्पूर्ण गाँधी वाङ्मय नाम से एक बड़ा प्रकाशन भी किया है। इसमें लगभग ५०० पृष्ठों की संख्या के सौ खण्ड तैयार हुए हैं। यानी १०० x ५००=५०,००० पृष्ठों की सामग्री हमारे सामने है। मैंने यह सब पूरा नहीं पढ़ा है कभी, लेकिन मैं निवेदन करना चाहता हूँ कि इसमें शायद ही कहीं गाँधीजी ने विकास शब्द का उपयोग किया है।

तो क्या हम मानें कि गाँधीजी की इस देश की भलाई में कोई दिलचस्पी नहीं थी। समाज का छोटे से छोटा काम करने वाले हम लोग कहीं न कहीं गाँधीजी को अपने सामने रखते हैं और उनसे प्रेरणा लेते हैं। इसलिए आप सबकी यह छोटी-सी बैठक इस विषय की परतें खोलने की एक बड़ी यात्रा को शुरू करने का प्रयत्न कर सकेगी तो हम सबको इसका लाभ मिलने ही वाला है। विकास से ही बना है 'विकसित' और इसी से बना है 'अविकसित'। इसी पैमाने को लेकर हम अपने समाज को, अपने देश को, प्रदेश को, प्रदेश के हिस्सों को और अपने ही परिवार को नापने की कोशिश करते हैं इसके परिणाम क्या निकलते हैं? भोपाल विकसित हुआ है, इन्दौर भी लेकिन छतरपुर का विकास नहीं हुआ है और आगे चलें तो बालाघाट, बस्तर आदि इस पैमाने के हिसाब से अविकसित कहलायेंगे। पैमाने को थोड़ा और आगे बढ़ायें तो भोपाल और इन्दौर, लन्दन और पेरिस के मुक़ाबले बेहद पिछड़े या अविकसित माने जायेंगे।

यह भी हम जानते हैं कि भोपाल, इन्दौर या दिल्ली का पानी, उसकी बिजली, उसका खाना-पीना, उसका सब कुछ किसी और के हिस्से से चुराकर लाया जाता है। जबकि शायद छतरपुर, बालाघाट, बस्तर सब जगह का खाना-पीना, बिजली हो सकता है कि किसी और का हक़ छीनकर न लायी गयी हो फिर भी हमारी क़लम से ऐसे वाक्य निकल ही जाते हैं बस्तर जैसे पिछड़े इलाक़े...।

इस तरह मुझे लगता है कि विकास नाम की इस नयी मुहर ने हमारे राज करने वालों को एक ऐसा अधिकार सौंप दिया है कि वे किसी भी सम्पन्न हिस्से पर खनिज, लौह अयस्क आदि की तो बात ही छोड़ दें, कोयला, सोना और हीरा जैसे सम्पन्नतम संसाधनों के ऊपर बैठे लोगों को भी अविकसित कहकर विस्थापित कर देते हैं और बहुत ज़ोर से कहते हैं कि यह काम उस क्षेत्र के विकास के लिए किया जा रहा है।

अच्छी राजनीति का काम देश को, समाज को एक अच्छी दिशा देने का होना चाहिये। बिजली, सड़क, फ्लाईओवर बनाना वो भी ईमानदारी से बनाना अच्छे ठेकेदारों का काम है। राजनेताओं का यह काम नहीं है। लेकिन आज के इस विचित्र दौर में हम पाते हैं कि अब तो वो राजनैतिक दल भी जिनका आधार किसी संकीर्ण विचार पर टिका था, वे लोग भी विकास का झण्डा ऊँचा उठाकर चुनाव जीतने लगे हैं। इससे और आगे

बढ़ें तो संकीर्ण के अलावा क्रान्तिकारी विचार रखने वाले दल भी साधारण से उद्योगपतियों के लिए ज़मीन दिलवाने के काम को ही विकास मानने लगे हैं। इसलिए हम पर यह एक बड़ी ज़िम्मेदारी है कि हम अपने लेखन को, अपने सोचने को इस शब्द से ऊपर उठायें।

मैं मानता हूँ कि यह एक विचित्र दौर है और इसमें हमें कुछ ज़्यादा सूझता नहीं है पर इसमें हमारी ग़लती भी नहीं है। महाभारत की कहानी में जिस तरह चीरहरण का प्रसंग आता है उसी तरह यह दौर हम पढ़े-लिखे लोगों की भी बुद्धिहरण का काम करता है। हम जान भी नहीं पाते और हमारी बुद्धि का हरण होने लगता है।

दुर्भाग्य से चीरहरण के प्रसंग की तरह इस बुद्धिहरण के प्रसंग में कोई कृष्ण नहीं है जो हरती जा रही हमारी बुद्धि को ऊपर से उसी तेज़ी से देता जाये। इसलिए हमें ठीक न सोच पाने को एक ग़लती नहीं मानना चाहिये, यह इस दौर की एक अनिवार्य दुखद भेंट है जिसे अस्वीकार करने के लिए हमें कुछ अधिक परिश्रम करना पड़ेगा। यह परिश्रम यदि हम करने लगें तो फिर इसमें थकान के बदले आनन्द आने लगेगा, स्फूर्ति मिलने लगेगी। हममें इतनी ऊर्जा का संचार होने लगेगा कि उसे और लोगों को बाँटे बिना हम रह नहीं पायेंगे।

इसी बुद्धिहरण प्रयोग से जुड़ा है सूखा और यदि आप सब अनुमति दें तो बाढ़ का प्रसंग। सूखा और बाढ़ अब हमारे देश के लिए नियमित हो गये हैं, यदि हम अपने समाज में घूमें, उससे कुछ बातचीत करें तो पता चलता है कि हमारे देश के जैसलमेर जैसे रेगिस्तानी हिस्से में औसत वर्षा १६ सेंटीमीटर है, लेकिन यहाँ के समाज ने प्रकृति से मिलने वाले इतने कम पानी को शिकायत की तरह नहीं लिया बल्कि सांई ने जितना दिया है उतने में अपना कुटुम्ब समाकर दिखाया है।

यह भी याद दिला दूँ कि जैसलमेर देश का सबसे बड़ा ज़िला है। इसमें १६ सेंटीमीटर का औसत भी पश्चिम की तरफ बढ़ते-बढ़ते केवल ३ सेंटीमीटर ही रह जाता है। एक वर्ष में ३ सेंटीमीटर बरसात, हम कल्पना भी नहीं कर सकते कि ऐसे में कोई समाज कैसे रहता होगा? भू-जल भी यहाँ पर ३०० फीट से ज़्यादा गहरायी पर है और लगभग सभी स्थानों पर इतना खारा है कि उसको पीया नहीं जा सकता। लेकिन यहाँ के गाँव ख़ुशहाल हैं। पानी

की कमी का रोना नहीं रोते। तो ऐसा वो अपने दम पर करते हैं, यहाँ विकास नाम की किसी चिड़िया ने पंख नहीं फड़फड़ाये हैं। यह भी कह सकते हैं कि जहाँ कुछ भागों में विकास पहुँचा है वहाँ उनका मीठा पानी ख़त्म हुआ है और उसकी ज़िंदगी पहले से ज़्यादा बिगड़ी है।

ऐसे ही इलाक़े बाढ़ के हैं, हमारे देश का उत्तरी बिहार एक ऐसा हिस्सा है जहाँ सच कहें तो क़दम-क़दम पर नदियाँ मिलेंगी। नेपाल से लगा यह क्षेत्र हिमालय की ऊँची चोटियों से आने वाले पानी से हर बरसात में पूरा का पूरा तरबतर हो जाता है। इन नदियों का स्वभाव भी हमारी देखी-समझी नदियों, नर्मदा से बिल्कुल अलग है। इनमें से ज़्यादातर नदियाँ अपना रास्ता बदलती रहती हैं। उदाहरण के लिए, कोसी नदी ने पिछले सात सौ, आठ सौ वर्षों में कोई डेढ़ सौ किलोमीटर का रास्ता बदला है। लेकिन ऐसी नदियों के किनारे रहने वाले समाज ने अपने को इन नदियों में आने वाली बाढ़ के साथ समरस कर लिया था। उसने इन नदियों के जो नाम रखे हैं वो इस बात का पर्याप्त प्रमाण हैं कि उन्हें बाढ़ से खेलना आता था।

लेकिन अब हमारे नये समाज ने इनकी जीवन शैली को विकास के तराजू पर तौल कर अविकसित बताया है। और पिछले सौ सालों में इन इलाक़ों के विकास की कोशिश ने बाढ़ का कुछ क्षेत्रफल बढ़ाया है और उसकी मारक क्षमता को कई गुना किया है। बाढ़ और सूखा से प्रभावित माने जाने वाले हिस्सों को अभी भूल जायें और देखें दिल्ली, मुम्बई, बेंगलुरु, गुजरात के बड़ौदा जैसे विकसित शहर जो अब हर साल बरसात में बाढ़ की चपेट में आ रहे हैं।

इसलिए आप सभी लोगों से यह विनम्र अनुरोध है कि समाज ने लिखने-पढ़ने का जो थोड़ा-बहुत अवसर दिया है उसका हम ठीक उपयोग करें और इस समाज के चरणों में कुछ सार्थक लेखन, पठन रखें।

छतरपुर (मध्य प्रदेश) में आयोजित पत्रकार सम्मेलन में भेजा गया संदेश, जून, २०११

दिमाग़ साफ़ तो नदी भी साफ़

हम लोग अपने स्कूलों में अक्सर किताबों में देशप्रेम, संविधान, भूगोल जैसे विषय पढ़ते हैं। कुछ समझते हैं और कुछ-कुछ रटते भी हैं, क्योंकि हमें परीक्षा में इन बातों के बारे में कुछ लिखना ही होता है।

लेकिन मुझे लगता है कि असली देशप्रेम अपने घर, अपने मुहल्ले और शहर के भूगोल को समझने से शुरू होता है। हम जिस शहर में रहते हैं, उसमें कौन-सा पहाड़ या कौन-सी छोटी या बड़ी नदी है, कितने तालाब हैं? हमारे घर का पानी कहाँ से, कितनी दूर से आता है? क्या यह किसी और का हिस्सा छीनकर हमको दिया जा रहा है, क्या हमने अपने हिस्से का पानी पिछले दौर में खो दिया है, बरबाद हो जाने दिया है? ये सब प्रश्न हमारे मन में आज नहीं तो कल ज़रूर आने चाहिये।

कन्याकुमारी से कश्मीर तक, भुज से लेकर त्रिपुरा तक इस देश में कोई १४ बड़ी नदियों का ढाँचा प्रकृति ने बनाया है। इन १४ बड़ी नदियों में सैकड़ों सहायक नदियाँ और उन सहायक नदियों की भी सहायक नदियाँ मिलती हैं। देश में एक दौर ऐसा आया कि हमारे बड़े लोगों ने नदियों के पानी की चिन्ता करना छोड़ दिया और देखते-देखते आज हर छोटी-बड़ी नदी कचराघर की तरह बना दी गयी है।

अपने घर में जिस घड़े में, फ्रिज़ में, बोतलों में पीने का पानी रखते हैं क्या उसमें हम कचरा मिलाते हैं? हमारे बड़े लोगों ने बिना सोचे-समझे शुद्ध पानी देने वाली नदियों में शहरों से निकलने वाला कचरा, उद्योगों से निकलने वाली ज़हरीली गन्दगी मिला दी है। कहने को सरकारों ने दिल्ली से लेकर हर राज्य में नदियों की सफ़ाई के लिए बड़े अच्छे क़ानून बनाये

हैं, लेकिन बात यह है कि इन्हें लागू नहीं किया जाता। नदियों पर इन्हें सजावटी तोरण की तरह टाँग देने से कुछ नहीं होगा। जब आज हमारे बड़े लोगों ने इनकी सफ़ाई के लिए कुछ ख़ास नहीं किया है तो क्या अब यह सब भारी ज़िम्मेदारी छोटे बच्चों के नाज़ुक कन्धों पर होना चाहिये?

अभी तो मुझे लगता है कि हम सबको इसके बारे में सोचना, समझना, पढ़ना और लिखना चाहिये। हम अपने शहर से बहने वाली नदी, तालाब के बारे में जितना जान सकते हैं, उतनी कोशिश करना चाहिये। आज हमारा दिमाग़ इस सवाल पर थोड़ा-सा साफ़ हो जाये तो हमारी नदियाँ और तालाब भी ज़रूर साफ़ हो सकेंगे।

ये बहुत कठिन काम नहीं है। पिछले वर्षों में राजस्थान के अलवर ज़िले में कोई ४० क़िलोमीटर लम्बी अरवरी नाम की एक नदी देश की बाक़ी नदियों की तरह लगभग दम तोड़ चुकी थी, लेकिन फिर वहाँ पर तरुण भारत संघ ने अरवरी के दोनों किनारों पर बसे गाँव को संगठित किया। लोगों ने बड़े धीरज से चुपचाप नदी के दोनों किनारों की पहाड़ियों पर छोटे-छोटे कई तालाब बनाये। पहले वर्षा का जो पानी पहाड़ियों पर गिरकर सीधे नदी में बहकर दो दिन की बाढ़ और फिर साल भर का अकाल लाता था, अब बरसात का पानी पहले इन छोटे-छोटे तालाबों में रुकता है। इससे नदी में बाढ़ नहीं आती और इन तालाबों की रिसन से निकला पानी साल भर नदी को जीवन देता रहता है।

अब ऐसा ही प्रयोग इसी ज़िले में नन्दुवाली नदी के साथ भी किया गया है। दूर केरल में भी जहाँ ख़ूब पानी गिरता है, लेकिन नदियाँ सूख जाती हैं—वहाँ भी ऐसे ही प्रयोग एक नदी को पूरी तरह से हरा चुके हैं। इन नदियों पर लोगों ने बिना किसी बड़ी सरकारी योजना के अपना पसीना बहाया है और इसलिए आज इनमें पानी बह रहा है।

नयी दुनिया, मार्च, २००९

पर्यावरण चिन्ता बतर्ज विज्ञापन

ऐसे पर्यावरण दिवस का एक न एक दिन यही हश्र होना था। इस साल ५ जून ख़बरों के बदले विज्ञापनों में बदल गया।

जिस शहर में न जाने कितने लोग, स्त्रियाँ, बच्चे बसों में पाँव रखने की जगह पा लेने के लिए दौड़ते हैं, उस शहर में शबाना आज़मी दौड़ीं ताकि दिल्ली 'साफ़ हरी' बन जाये। यह दौड़ वेलकम ग्रुप नाम के किसी होटल की तरफ़ से थी। शबाना अपनी परिचित पोशाक के बदले जींस और टी शर्ट में थीं।

दूसरी ख़बर थी टाटा एनर्जी रिसर्च इंस्टीट्यूट के एक आयोजन की, जिसमें पर्यावरण मन्त्री भी आये और लोगों को जीवन शैली बदलने का सन्देश दे गये। उन्होंने पर्यावरण शिक्षा को प्राथमिक शिक्षा में शामिल करने का भी सुझाव दिया। यानि बड़े लोग इससे मुक्त रहें! बेफिक्र रहें, पर्यावरण बिगाड़ते रहें, बच्चों को शिक्षा दी जायेगी—वे सुधार लेंगे इसे!

ख़बरों से असली विज्ञापनों पर आयें। दिल्ली पुलिस ने हिन्दी, अँग्रेज़ी में मोटरगाड़ी से हो रहे प्रदूषण पर बड़े-बड़े विज्ञापन दिये। पुलिस की विनम्रता ऐसी कि ज़हरीला धुआँ उगल रहे मोटरगाड़ीवालों को वह बड़े ही प्यार से इसके ख़तरे बताती है : 'प्रदूषण जाँच शहर को स्वस्थ बनायेगी, नहीं तो प्रदूषण की दीमक आपके परिवार को खोखला बना देगी'—ऐसे सुभाषित के बाद पुलिस एक और मारू वाक्य लिखती है—'मर्ज़ी है आपकी।'

उधर दिल्ली सरकार ने उदारता दिखाते हुए इस विशेष दिन पर वाहन प्रदूषण जाँच बिल्कुल 'मुफ़्त' कर दी और लोगों से अनुरोध किया कि वे

इस सुविधा का लाभ उठायें।

चौबीस घण्टे का पर्यावरण दिवस हो या पर्यावरण की पूरी बारहमासी बहस—वह जीवन के रंग और भदरंग से हट कर रंगीन विज्ञापन में बदलती जा रही है। इसमें अचरज नहीं होना चाहिये। पर्यावरण और उससे जुड़ी पूरी शब्दावली इसी तरफ़ जाती है। और, जिन लोगों को, संस्थाओं, आन्दोलनों, अख़बारों को इस नयी शब्दावली से लड़ना चाहिये था, वे इससे लड़ते दिखते हुए भी इसी दौड़ में शामिल होते जा रहे हैं।

आइये, प्रदूषण फैलाइये

पर्यावरण को बचाने की इस चिन्ता का इतिहास बहुत पुराना नहीं है। संयुक्त राष्ट्र संघ के झण्डे तले सन् १९७२ में स्टॉकहोम में एक बड़ा सम्मेलन हुआ था। कई देशों के प्रधानमन्त्री, राष्ट्रपति वग़ैरह उसमें शामिल हुए थे। तब पर्यावरण मन्त्री और पर्यावरण मन्त्रालय बने नहीं थे। विकसित माने गये देश अपने यहाँ लगे उद्योगों के कारण अपनी हवा, अपनी नदियाँ काफ़ी हद तक ख़राब कर चुके थे। उनकी नयी चिन्ता इन्हें साफ़ करने की तरफ़ मुड़ रही थी। इस मोड़ को उस सम्मेलन में शामिल 'विकासशील' देशों ने नापसन्द ही किया था। उन्हें लगा था कि यह उनके यहाँ हो रहे विकास पर लगाम लगाने का पश्चिमी षड्यन्त्र है। ब्राज़ील उस सम्मेलन में इस राय का सबसे उम्दा प्रतिनिधि था। उसने मंच से पूरी ताक़त के साथ कहा था, 'हमारे यहाँ अनगिनत साफ़ नीली नदियाँ हैं, साफ़ नीला आकाश है, हज़ारों हेक्टेयर घने जंगल हैं, आइये और हमारे यहाँ प्रदूषण फैलाइये।'

प्रधानमन्त्री श्रीमती इन्दिरा गाँधी ने कहा था कि 'ग़रीबी से बढ़कर कोई और प्रदूषण नहीं।' यानी ग़रीबी हटाने के लिए पहले तो आर्थिक विकास करना होगा।

तीसरा स्वर चीन का था, जिसने ख़तरे में पड़े फूल-पत्ती, शेर-चीते, हवा-पानी से हट कर कहा था कि इस धरती पर मनुष्य से सुन्दर कोई चीज़ नहीं है।

इन तीनों तर्कों से मतभेद हो सकते हैं, पर इस पर ठीक बहस चलती तो

शायद कुछ ठीक रास्ता मिल सकता था। पर स्टॉकहोम में इन्हें रखने वाले देश भी पर्यावरण नाम की नयी चिड़िया को बचाने में पश्चिम के ढाँचे में ढलने लगे थे।

इसी सम्मेलन में ऐसे भी प्रस्ताव पारित हुए कि एक निश्चित अवधि में सब सदस्य देश अपने-अपने यहाँ पर्यावरण नाम का नया मन्त्रालय खोल लेंगे और इसी के साथ संयुक्त राष्ट्र संघ में भी और कई विभागों की तरह पर्यावरण का भी एक विशेष कार्यक्रम शुरू किया जायेगा। पाँच जून को पर्यावरण दिवस की तरह मनाने का भी निर्णय वहीं लिया गया। कुल मिला कर विचार की जगह ढाँचा फैलता गया। और फिर यह ढाँचा ख़ास तरह का 'विचार' फैलाता चला गया—सब हाथ इसके समर्थन में खड़े होते गये, एक भी उँगली इसके ख़िलाफ़ नहीं उठ पायी।

वन नष्ट हो रहे हैं, चलो देश में सामाजिक वानिकी कार्यक्रम चलाया जायेगा। किसी ने नहीं पूछा कि यह सामाजिक वानिकी क्या बला है? इसके पहले जो वानिकी थी, उसे असामाजिक मानोगे क्या? देश के दस-बारह करोड़ चूल्हों को अचानक पिछड़ा ही नहीं, वन विनाश का भयंकर अपराधी बताते हुए गिनती के हज़ार-पाँच सौ 'उन्नत' चूल्हे बनाने में दिल्ली-मुम्बई की संस्थायें आ गयीं। 'उन्नत' की यह होड़ बीजों में भी आयी। क़दम-क़दम पर बदलती मिट्टी, हवा, पानी को ध्यान में रख कर देश के जिन सचमुच उन्नत किसानों ने बीजों की सैकड़ों प्रजातियों को सुरक्षित रखा था, वे किसान, उनके ये बीज भी पिछड़े होते चले गये और उनकी जगह 'प्रगतिशील' किसान, 'उन्नत' बीज आ गये।

इस ढाँचे की समझ में यह बात भी बहुत जल्द आ गयी कि सभी देशों में ऐसे 'पिछड़े' लोगों की आबादी बहुत ही बढ़ती जा रही है। उसे तो रोकना ही होगा। नहीं तो ये लोग इस पर्यावरण को ही चाट जायेंगे, जिसे इतनी मेहनत से बचाया जा रहा है। 'बच्चे कम और पेड़ हज़ार' जैसे भोले-भाले—से दिखने वाले नारों के पीछे सिर्फ़ अपने ही यहाँ नहीं, कई देशों में परिवार नियोजन के अमानवीय अभियान चले थे। 'जनसंख्या बहुत हो गयी है' कहने वालों का एक ख़ास दल उभर आया है और इसने अपने को अपने देश की जनसंख्या का हिस्सा नहीं माना। 'हम बहुत हो गये हैं' के बजाय हमेशा उसने यही घोषणा की कि तुम बहुत हो गये हो, तुम्हें कम किये बिना न पर्यावरण बचेगा, न हमारा यह विकास ही। १९७२ के

आसपास से उठा यह तर्क हमें १९९८ के ५ जून पर्यावरण दिवस को टाटा एनर्जी रिसर्च इंस्टीट्यूट के समारोह में दिल्ली के उप-राज्यपाल के मुँह से फिर सुनने को मिलता है।

'बढ़ती जनसंख्या' अक्षम सरकारों का बढ़ता बोझ है। यदि यह सचमुच बढ़ भी रही है, तो उसके बढ़ने के पीछे क्या कारण हैं, उन्हें ठीक से समझने की कोई कोशिश नहीं हुई है। 'विकास और जनसंख्या' जैसे घिसे-पिटे विचार रखने वालों को बाड़मेर, जैसलमेर तो हो ही आना चाहिये, जहाँ प्रति वर्ग किलोमीटर पाँच व्यक्ति हैं—वहाँ तो इस विकास का स्वर्ग उतर आना चाहिये था!

विकास के नाम पर

विकास शब्द पर्यावरण की इस शब्दावली का जनक ही समझिए। इस शब्दावली में कुछ संकोच, कुछ सिकुड़न आने लगे तो यह विकास 'उदारीकरण' से लेकर 'भूमण्डलीकरण' जैसे शब्द भी ले आता है और तरह-तरह के निर्भीक, सजग अख़बारों, संस्थाओं को कुम्भकर्ण की नींद में सुला देता है।

यह कुम्भकर्णी नींद कैसे टूटेगी? कम से कम इसे नींद तो मानें। तब समझ में आयेगा कि इस ढाँचे में न सिर्फ़ पर्यावरण के बिगड़ने का क़िस्सा है, उसे सुधारने की शैली भी समाज को तोड़ जाती है। जीवन का आधार है प्राकृतिक सम्पदा। उसे राजकर्ताओं, नियोजकों ने 'विकास' शब्द के माध्यम से कुछ सीमित उद्देश्यों के लिए पूरी तरह दुह लेने को अपना लक्ष्य बना लिया है। इसका सबसे ताज़ा उदाहरण है 'ज्वाइंट फॉरेस्ट मैनेजमेंट' नामक विश्व बैंक की परियोजना। हिन्दी नाम है 'संयुक्त वन प्रबन्ध'। इसमें माना गया है कि वन विभाग और उस क्षेत्र के गाँव मिल कर वन प्रबन्ध करेंगे। संस्थायें भी इसमें उत्साह से जुड़ रही हैं। मध्य प्रदेश में लोगों का अनुभव इसके विपरीत है। वहाँ वन पर टिके लोगों का वन प्रवेश रोका जा रहा है। वन कटे तब भी लोग उजड़े और आज वन संवर्धन भी उन्हें उजाड़ेगा। जैसे नये थाने खोलने से अपराध कम नहीं हो जाते, उसी तरह अब पर्यावरण विभाग, मन्त्रालय या कुछ नयी योजना चला देने

से कुछ सुधरने वाला नहीं।

इसलिए अख़बारों की, संस्थाओं की यह बड़ी ज़िम्मेदारी है। वे पर्यावरण की इस नयी शब्दावली को अपनी कसौटी पर लगातार कसें। यह रोज़ निभाने वाला कर्त्तव्य है। इसमें चूकने का मतलब है पर्यावरण का एक दिन मनाना और उसे वैसा ही मनाना जैसा बाज़ार चाहता है। आज शबाना दौड़ीं, कल और तरक्की हुई तो शाहरुख दौड़ जायेंगे—पर इससे दिल्ली या देश साफ़ और हरा नहीं हो जाने वाला।

विदुर, २००८

गाँधी से बड़ा गाँधी का नाम

कुछ अपवाद छोड़ दें तो हमारे समाज में कुछ लोगों के लिए गाँधीजी अब 'अतिथि' नहीं रह गये हैं। उनकी याद तिथि विशेष पर की जाती है। जन्मदिन पर फिर पुण्यतिथि पर। फूल चढ़ते हैं। अगले दिन उतर जाते हैं। लेकिन गाँधीजी का जन्म इस मिट्टी में हुआ था, उन्होंने अपने अनगिनत काम इसी मिट्टी में बिखेरे थे, इसलिए उनके जाने के बाद भी इस मिट्टी में हर कहीं, बिना बताये उनके संस्कार, उनके काम बार-बार जनम लेते हैं।

२जी के इस भयानक दौर में भी गाँधी जी १जी, यानी एकमात्र गाँधी, एक अद्वितीय गाँधी की तरह ज़िन्दा हैं। बहुत से लोग गाँधीजी की इन दो तिथियों पर, जन्मदिन और पुण्यतिथि पर अक्सर इस तरह के सवाल पूछते हैं कि क्या गाँधीजी आज प्रासंगिक हैं? और अक्सर इसका उत्तर देने वाले लोग भी बड़ी मेहनत से उनकी प्रासंगिकता के उदाहरण खोजने में लग जाते हैं।

इस बारे में कुछ सोचने से पहले हम यही क्यों नहीं मान लेते कि चलो अब उनकी प्रासंगिकता बची नहीं है। गाँधी का बोझ कन्धे से, सिर से उतार कर हल्के हो जाओ। काहे को उनका बोझ ढो रहे हो। तब क्या होगा? पहली बात तो यह कि फिर आज चारों तरफ़ जो चल रहा है, उसकी कोई शिकायत मन में मत रखना। चारों तरफ़ हिंसा, घृणा, भ्रष्टाचार, असहिष्णुता, विद्यामन्दिरों, धर्म-संस्थानों से लेकर अपराधियों के भूमिगत महलों तक में चलने वाली गला काट होड़—इन सबको फिर हमें अपने जीवन का अनिवार्य हिस्सा मान लेना होगा।

गनीमत है कि ऐसा नहीं है। समाज का एक बहुत बड़ा गुमनाम भाग इस आपाधापी से बहुत दूर चुपचाप अपना काम कर रहा है। वह तोड़-फोड़ की इन सारी ख़बरों से अलग रह न जाने कितनी मेहनत से इस बड़े देश को जोड़े रख रहा है।

हमारे यहाँ ऐसा माना जाता है कि व्यक्ति से बड़ा व्यक्ति का काम, व्यक्ति का नाम होता है। वह अपने बड़े कामों से ही तो बड़ा व्यक्ति बनता है। इसलिए गाँधीजी के अनन्य शिष्य विनोबा ने कहा था कि गाँधी से बड़ा गाँधी का नाम है। इससे भी आगे बढ़ें तो हम देख सकते हैं कि अच्छे विचारों में से बाद में नाम भी हट जाता है। आज हमारे समाज का एक बड़ा भाग गाँधी जी का नाम लिए बिना 'उन्हें' याद रखे है। उनके विचारों को अपना विचार मानकर ज़िन्दा रखे है।

अब अगर ऐसे लोगों के नाम-पते माँगने लगे तो? नहीं भाई, इसका खाता नहीं रखा जा सकता। ऐसा काम करने वाले, ऐसा जीवन जीने वाले अपना खाता खोलते ही नहीं। अच्छी वृत्ति, प्रवृत्ति तो बिना अपनी कोई छाया छोड़े अदृश्य ढंग से चलती रहती है। लेकिन ऐसे कामों की झलक देखनी हो तो हमें वह सचमुच हर कहीं दिख जायेगी।

जब सब तरफ़ वनों पर संकट है, हर जगह चोरी-छिपे ही नहीं, खुलेआम दो-चार पेड़ नहीं, पूरा का पूरा वन काट लिया जाता है—ऐसे में उत्तराखण्ड के पौड़ी-गढ़वाल ज़िले में कुछ सैकड़ों महिलायें, सुरीले गीत गाते हुए खाँखर, यानी घुँघरू बँधी लाठी लेकर अपने जंगलों की रखवाली करती मिल जायेंगी। इन गुमनाम महिलाओं ने वहाँ न सिर्फ़ वन बचाये हैं, बल्कि नये वन भी लगाये हैं। ऐसे घने वन, जिन्हें देख वन अधिकारी भी शरमा जायें।

ज़ोर नाम जानने पर ही हो तो यहाँ 'दूधातोली लोक विकास संस्थान' नामक एक संस्था काम कर रही है। आज से नहीं, तीस बरस से। बाहर के रुपयों पर नहीं, अपने पैसे से यह छोटी-सी संस्था देश में सबसे अच्छे वनों को खड़ा कर रही है—शुद्ध ग्राम भावना से। इस संस्था का कोई भी कार्यकर्ता इस सामाजिक काम के लिए संस्था से वेतन नहीं लेता। जीवन-जीने के लिए ये सब लोग कुछ और नौकरी करते हैं और उससे बचे समय में बिना स्वार्थ गाँव का काम। उनके इस काम को दूर

मध्य प्रदेश सरकार ने पहचाना है और महात्मा गाँधी के नाम पर ही बनाये गये अपने एक विशिष्ट पुरस्कार से आज ही के दिन भोपाल में इसे सम्मानित भी कर रही है।

पानी को लेकर कर्नाटक-तमिलनाडु, हरियाणा, पंजाब और न जाने कहाँ-कहाँ तलवारें खिंच जाती हैं। लेकिन बहुत ही कम लोगों को इस बात की जानकारी होगी कि देश के रेगिस्तानी हिस्से में, जहाँ सबसे कम बरसात होती है, वहाँ सैकड़ों गाँव, हज़ारों लोग एकदम स्वदेशी, स्वावलम्बी और परस्पर सहयोग के आधार पर अपना पानी ख़ुद एकत्र करते हैं और उसे एकदम समता के आधार पर बाँट कर जीवन बहुत ही शानदार ढंग से चलाते हैं।

जहाँ एक तरफ़ कुछ हज़ार करोड़ से ज़्यादा के घोटाले हो रहे हों और दूसरी तरफ़ मात्र २६ और ३२ रुपये में ग़रीबी की रेखा मिट जाती हो—वहाँ क्या हम-आप कल्पना कर सकते हैं कि लोग बिना किसी नारेबाजी के, बिना किसी विशेष वाद, विचार, गाँधी, मार्क्स के—सामूहिक खेती करते हों और उन विशेष खेतों से होने वाली सारी आमदनी पूरे गाँव में बराबर बाँट लेते हों। ऐसे खेतों को देखना हो तो जैसलमेर के खड़ीन में जाना पड़ेगा। यहाँ भील, मुसलमान, सिंह, ठाकुर, ब्राह्मण, मीणा एक साथ काम करते हैं।

गाँधी जी बराबर ज़िन्दा हैं आज भी ऐसे खेतों में, ऐसे वनों में। इस अदृश्य गाँधी को देखने के लिए हमें थोड़ी साधना करनी पड़ेगी। उसकी तैयारी चाहें तो इसी दो अक्तूबर से करें हम!

जागरण

समाज को सुरीला बनाने वाले साथी

सोसायटी अगर सिविल न हो तो वह कैसी होगी ? शायद मिलिट्री जैसी होगी। ग़नीमत है कि हमारी सोसायटी अभी वैसी नहीं है। फिर भी आस-पास देखिये तो तरह-तरह के नामों की कुछ सेनायें हमारे बीच भी बन गयी हैं।

सोसायटी को, समाज को जो राग सुरीला बनाता है, उसमें सात सुर लगते हैं—इसका मतलब है सबका मिल-जुल कर रहना। आज एक ही सुर की बात होने लगी है। इसके ख़िलाफ़ आवाज़ें भी उठ रही हैं। अच्छे लोग अपने अवॉर्ड वापस कर रहे हैं।

ऐसे में सिविल सोसायटी को यह क्या सूझा कि वह अवॉर्ड देने लगी।

तो हम आज पहले यह समझ लें कि ये अवॉर्ड नहीं हैं। ये तो हमारे समाज को सुरीला बनाने वाले साथियों को पहचानने का काम है, उनके आगे अपना सिर झुकाना है, उन्हें धन्यवाद देना है।

कौन हैं ये लोग। देखिये एक झलक।

हम मानते हैं और जानते भी हैं कि अक्सर सरकारी काम असरकारी नहीं हो पाता। उसका असर नहीं पड़ता। पर अमेरिका में अपनी चमकदार नौकरी छोड़कर डॉक्टर सुधा सिन्हा हैदराबाद आयीं एक सरकारी अस्पताल को, असरदार और चमकदार बनाने। आज वे कैंसर से जूझ रहे बच्चों को और उनके परिवारों को सचमुच एक नयी ज़िन्दगी दे रही हैं।

अर्चना गोडबोले हैं पुणे से। उन्होंने कोंकण के कई गाँवों को बताया है कि पेड़ काटने से जो पैसा मिलता है उतना पैसा पेड़ न काटने से भी मिल

जायेगा। अर्चना और जयन्त ने अपनी टीम के साथ गाँव-गाँव घूमकर आज के विज्ञान और गाँव के विज्ञान के बीच एक सुन्दर समझ का पुल बनाया है। जंगल बचाने की उनकी कोशिशों का फ़ायदा हो सकता है आपके घर या लन्दन में रहने वाले आपके किसी मित्र तक भी पहुँच रहा हो।

डॉक्टर डे आज कुछ कारणों से हमारे बीच नहीं आ पाये हैं। फिर भी हम जान लें कि उन्होंने सचमुच एक किक मारकर डॉक्टर की पढ़ायी पढ़ी थी। नम्बर कम थे लेकिन फुटबॉल के शानदार खिलाड़ी थे। इसलिए किक मारकर स्पोर्ट कोटे से उन्हें मेडिकल कॉलेज में प्रवेश मिला था। डॉक्टर बनकर वे बाहर आये और देश के बाहर भी गये। पर लौटकर उन्होंने बड़े महँगे अस्पतालों, बड़े शहरों, बड़ी फीस और बड़ी दौलत को भी किक मार दी। बंगाल के अपने छोटे-से गाँव में रहकर आज अस्सी बरस की उम्र में भी लोगों के स्वास्थ्य का ध्यान रख रहे हैं।

इन्द्राणी सिंह जी से मिलने से पहले 'फासन योर सीट बेल्ट', सीट बेल्ट बाँध लें, क्या पता वे आपको अपने कामों से आसमान तक उड़ा ले जायें। वे देश की पहली महिला पायलट हैं। एअर बस ३०० उड़ाती हैं और फिर ज़मीन पर उतरकर कोई चार हज़ार बच्चों का शानदार स्कूल चलाती हैं। ये ऐसे बच्चे हैं जिन्हें शायद कभी स्कूल नसीब नहीं होता। इस स्कूल को चलाने के लिए उन्होंने आसमान की कमाई ज़मीन पर उतारी और उनके शायद पहले डोनर भी एक पायलट हैं।

हम जो ज़िन्दा हैं, उनका सेन्सस, उनकी गिनती सरकार करती है। लेकिन आज हमारे बीच तेलंगाना के पुली राजू भी हैं जो एक बहुत ही दुख भरा और कठिन रजिस्टर सँभाल रहे हैं। वे पिछले ११ साल से उन किसानों की गिनती कर रहे हैं जिनने आत्महत्या कर ली थी। गिनती ऐसी पक्की कि कोई उँगली न उठा सके। हर नाम के आगे पूरी जानकारी। यहाँ तक कि एफआईआर और मृत्यु का सर्टिफिकेट भी। उनका विवरण यह भी बताता है कि कोई पचास हज़ार रुपये से लेकर एक लाख रुपये तक के बोर वेल पानी नहीं दे पाते। लेकिन सरकार और गाँव पाँच-दस हज़ार रुपये लगाकर अपने तालाब न बचाते हैं और न नये बनाते हैं।

स्वच्छ भारत ? स्वच्छ दिल्ली ? नतीजा मत पूछिये। आपकी आँख ही नहीं

नाक भी बता देगी। दिल्ली में हड़ताल है। कचरा सड़कों पर पड़ा है। ढेर सारा और हवा में बदबू है। यहाँ सफ़ाई की कोई गारंटी नहीं।

लेकिन उड़ीसा के सीरीगुडा गाँव से आयी सुमोनी झोडिया अपने गाँव की चकाचक सफ़ाई की गारंटी देती हैं। यहाँ हर घर, हर गली एकदम साफ़ मिलेगी। सुमोनी जी को इन सब कामों के लिए लड़ना पड़ा। वन विभाग से भी उस घास का हक़ लेने के लिए वे लड़ती रहीं, जिससे आज यहाँ की अनेक महिलायें इतनी सारी झाड़ू बनाती हैं कि आपका घर साफ़ रह सके। इनका एक बड़ा अन्न बैंक भी है। इसमें हम दिल्ली वालों को यह जानकर अचरज होगा, ख़ुशी भी होगी कि गाँव में अरहर की दाल भी एकदम सही दाम पर मिल रही है।

सुमोनी जी अपने इस शानदार काम के कारण रोम भी गयी हैं। वहाँ उन्होंने पहली बार कॉफ़ी पी। फिर कहा यह पहला कप उनका आख़िरी कप है।

आप देखेंगे कि ये अवॉर्ड नहीं हैं, ये अवॉर्डी नहीं हैं ये तो समाज में एकता के, समता के सुर बिखेरने का काम है जिसे हम सबको आगे बढ़ाना है। अगर ये अवॉर्ड हैं तो वापस करने वाले नहीं, मल्टीप्लाय करने वाले अवॉर्ड हैं।

इस बातचीत को यहीं रोकें। इण्डियन ओशन की लहरों की आवाज़ धीरे-धीरे आने लगी है।

सिविल सोसायटी द्वारा आयोजित हॉल ऑफ फेम कार्यक्रम नवम्बर, २०१५

‘हमसबबोला’

आज हम सब दिल्ली में रहते हुए भी एक समुद्र के किनारे पर बैठे हुए हैं—इण्डियन ओशन के किनारे।

थोड़ी ही देर बाद इस समुद्र में सुरीले संगीत की बड़ी-बड़ी लहरें उठने वाली हैं—हम सबको अपने रंग में, रस में भिगो देने के लिए।

तब तक दो-चार बातें आज के इस शानदार उत्सव के बारे में। हॉल ऑफ फेम से जुड़े नये साथियों के बारे में।

इबोला वायरस सबने सुना है। अफ्रीका के पश्चिमी हिस्से से निकलकर वह अभी और जगहों/देशों में नहीं फैला है—डर ज़रूर है। इसलिए सब देशों के हवाई अड्डों पर अफ्रीका के इस हिस्से से आने वाले लोगों पर निगरानी रखी जा रही है।

पर एक ऐसा भी वायरस है जो सब जगहों पर, हर देश में, हर समाज में, हम सबके बीच बुरी तरह से फैल चुका है। उसके कारण जो नुक़सान हो रहा है—उसे अभी हम ठीक-ठाक जान भी नहीं पाये हैं।

यह वायरस नया नहीं है, नाम ज़रूर नया लगेगा आपको। इबोला वायरस से काफ़ी कुछ मिलता-जुलता नाम है इसका—मैं बोला। यह नाम दिया हमारे एक दोस्त दिलीप चिंचालकर ने। इबोला की तरह ‘आईबोला’। आईबोला, मैं बोला में मैं, मैं, बस मैं ही सही बाक़ी सब ग़लत। यह मैंबोला वायरस आपको सब देशों में, सब धर्मों में, सब समाजों में रोज़-रोज़ मिलता जा रहा है—इसकी ताक़त और ज़्यादा बढ़ती ही जा रही है।

समाज का काम करने वालों में भी यह वायरस अब तेज़ी से बढ़ चला है।

आज के इस कार्यक्रम में, उत्सव में आपके सामने सिविल सोसायटी जिन पाँच कामों को रखने जा रही है, उनका सम्मान कर रही है—उनके बारे में ख़ासतौर से ये बातें कही जा सकती हैं कि ये लोग, और इनका सुन्दर काम इस मैंबोला वायरस से मुक्त है।

जब इनकी तलाश करते-करते उमेश आनन्द इन जगहों तक पहुँचे थे तो इन सब ने अचरज से यही पूछा था कि आपको हमारे बारे में भला कैसे पता चला ?

क्योंकि ये लोग, मैंबोला वायरस से मुक्त रहे हैं। इनने कभी अपने काम का विज्ञापन नहीं किया, अपने को किसी भी पुरस्कार या प्रसिद्धि/फेम के बाज़ार में, मॉल में बेचा नहीं।

ये क्या करते हैं ? ये सब अलग-अलग काम करते हैं। ये देश बहुत बड़ा है, पेंचीदा भी है। एक ही तरह का काम, एक ही तरह की योजना, एक ही हल, सॉल्यूशन इसे कभी रास नहीं आता।

जैसा उमेश आनन्द जी ने इनके बारे में लिखा है : वन साइज डज़ नॉट फिट ऑल—इसलिए ये सारे मित्र बिना एक-दूसरे को जाने एकदम अलग-अलग तरह के काम करते रहे हैं।

एक छोटी-सी झलक देख लें इनकी : राजस्थान के बूँदी ज़िले से आये मित्रों ने वहाँ के बड़े हिस्से की उजड़ी और उदास खेती में आनन्द और समृद्धि भर दी है। आज उन छोटे-छोटे खेतों में काम कर रहे परिवारों की महिलाओं के चेहरे पर जो सुख, ख़ुशी और आनन्द दिखता है उसकी कुछ झलक लक्ष्मण आनन्द के क़ैमरे से आप तक पहुँचेगी ही।

यहाँ उजड़े खेत थे तो उधर तेलंगाना में उजड़े और उदास सरकारी स्कूल थे। इनमें प्राण फूँके हैं एक पुलिस अधिकारी ने। इन दबे-पिटे स्कूल के बच्चों को उन्होंने इतनी ऊँचाई दी है कि सचमुच एवरेस्ट भी छोटा पड़ जाये। दलित बताये इन स्कूलों से दो बच्चे सचमुच एवरेस्ट चढ़कर आये हैं। वह भी उसके कठिन माने गये रास्ते से।

हर साल हमारे यहाँ कोई चालीस हज़ार एमबीबीएस डॉक्टर बनते हैं। लेकिन रोग, रोगी और डॉक्टर के सम्बन्ध कैसे हैं यह हम सब जानते हैं। पटना के कुछ मुट्ठी भर डॉक्टरों ने रोगी और डॉक्टर के बीच के रिश्ते को

रोज़-रोज़ थोड़ा ऊपर उठाने का काम शुरू किया है। सिर्फ़ अस्पताल में ही नहीं, बाढ़ जैसी हालत में इन लोगों ने वहाँ भी मोर्चा खोला है।

मेघालय में तीन पादरियों ने अपने चर्च की दीवार तोड़कर उसे समाज के सुख-दुख से जोड़ने का एक अनोखा आन्दोलन शुरू किया है। ईसा के वचनों का, उपदेशों का पालन करते हुए ये तीनों पादरी वहाँ उच्च शिक्षा देने वाली एक प्राइवेट यूनिवर्सिटी के ख़िलाफ़ लड़ रहे हैं क्योंकि इस यूनिवर्सिटी ने वहाँ के छात्रों को तरह-तरह से धोखा दिया है। इन तीनों पादरियों पर आज दस करोड़ रुपये की मानहानि का मुक़दमा चल रहा है क्योंकि इन्होंने यूनिवर्सिटी के कई करोड़ के धन्धे को कठघरे में ला खड़ा किया है।

और आप फिर मिलेंगे एक ऐसे हीरो से, बॉलीवुड के नहीं राजवुड के हीरो से, जिसने घोटाला रथ यात्रा निकालकर दबा-छिपा कर रखे गये करोड़ों रुपये के मामले सड़क और फुटपाथ पर बिखेर दिये हैं—वह भी सबको हँसते-हँसाते।

पिछले दिनों देश में और अब कुछ प्रदेशों में भी नयी सरकारें आयी हैं। आये हैं उनके साथ कुछ नये नारे, नयी योजनायें। इनमें से एक है—मेक इन इंडिया।

यह अच्छी बात है कि हम भारत में चीज़ें बनायें। पर किसके लिए? क्या मेड इन चाइना की तरह बाहर की दुनिया में बेचने के लिए? क्या केवल डॉलर कमाने के लिए?

आज आप जिन लोगों का सम्मान करने जा रहे हैं, उन्होंने इण्डिया के बाहर किसी और समाज के लिए फालतू के कपड़े, जूते, खिलौने आदि नहीं बनाये हैं। उन्होंने जो बनाया है और जो काम किया है उसे अपने समाज के लिए किया है। गाँधीगिरी की तरह उन्होंने इण्डियागिरी करके दिखायी है। मैंबोला के बदले इन्होंने 'हमसबबोला' कहा है।

आज इन्हीं मित्रों के सम्मान में हम अपना सिर झुकाते हैं।

'सिविल सोसायटी' द्वारा आयोजित 'हॉल ऑफ फेम' कार्यक्रम, १ नवम्बर, २०१४

तो 'पुरा' का परिणाम क्या निकला?

हमारे राष्ट्रपति एपीजे अब्दुल कलाम ने एक योजना शुरू की, जिसका नाम 'पुरा' (प्रोवाइडिंग अर्बन फैसिलिटीज इन रूरल एरियाज) था। यह योजना देश के सिर्फ़ सात हज़ार गाँवों के लिए थी। सवाल उठता है कि सिर्फ़ सात हज़ार गाँवों के लिए ही क्यों? राष्ट्रपति को तो पूरे देश के बारे में सोचना चाहिये? सात हज़ार के पीछे कोई तर्कसंगत जवाब नहीं था, बल्कि यह संख्या किन कारणों से चुनी गई थी, किसी को पता नहीं। 'पुरा' योजना कभी आगे नहीं बढ़ पायी, क्योंकि ये गाँव राज्यों में थे, फण्ड केन्द्र से आना था और योजना आयोग के पास इस तरह का कोई आवंटन नहीं था। अब वह राष्ट्रपति महोदय भी पदमुक्त हो चुके हैं।

लेकिन हमें गाँवों और उनके विकास के प्रति हमारे उपेक्षापूर्ण रवैये को समझने के लिए इस योजना का ज़रूर परीक्षण करना चाहिये। राष्ट्रपति कलाम ने सुझाव दिया था कि २०-२० गाँवों के समूह बनाये जायें। और इन २० गाँवों के चारों ओर एक रिंग रोड बनाया जाय। वहाँ स्वास्थ्य एवं शिक्षा की सुविधाएँ होंगी और एक संचार केन्द्र होगा। वहाँ सिर्फ बैटरी वाहन चलाये जायेंगे। गाँवों के इस समूह में रहने वाले ५० प्रतिशत लोगों के लिए रोज़गार उपलब्ध होगा।

अब यदि गाँवों के लिए राष्ट्रपति के पास यह दृष्टिकोण है तो इसे पहले हमारे शहरों में लागू क्यों नहीं किया जाता?

गाँव 'पुरा' का प्रत्यय है, जिसे आप नक़्शे में कई नामों के साथ जुड़ा हुआ देख सकते हैं। फिर हमारे 'पुरा' का परिणाम कितना अच्छा है?

ज़्यादा कुछ नहीं, यदि हम अपने विकास के रिकॉर्ड को देख लें, तो पायेंगे

कि पिछले ६० सालों के दौरान बनी सरकारी योजनाओं में या तो व्यवधान पैदा हुए या हमारे ग्रामीण इलाक़ों पर उनका नगण्य असर हुआ है। भारी धनराशि खर्च हुई, और यह किसी से छिपा नहीं है कि इसके बड़े हिस्से का बंदरबाँट हो गया। राजीव गाँधी का वह बयान हर किसी को पता है, जिसमें उन्होंने कहा था कि यदि १०० रुपये जनता के लिए भेजा जाता है तो उसमें ९८ रुपये रास्ते में सरकारी मशीनरी सोख लेती है और लाभार्थी तक मात्र दो रुपये पहुँचता है। और पैसे हमेशा ग़लत तरीक़े से ही खर्च किये गये हैं।

किसी भी पार्टी का कोई भी नेता यह पता करने की ज़हमत नहीं उठाता कि क्या कुछ ग़लत हो सकता है। आप यह बात भाजपा, कांग्रेस या वामपन्थी किसी भी नेता के बारे में देख सकते हैं कि वे सभी धनी हैं। ये वे नेता हैं, जो शुरुआत में मामूली आर्थिक पृष्ठभूमि के ही थे। आप इसे क्रमिक रूप से योजना आयोगों में देख सकते हैं।

भारत पाँच लाख गाँवों का देश है। यह सब कहने का कोई मतलब नहीं है, क्योंकि ऐसा नहीं होने वाला है कि हम जो करेंगे उससे इस वास्तविकता में कोई बुनियादी बदलाव आयेगा। समावेशी विकास की बात ज़रूर होनी चाहिये, इसलिए शुरुआत एक उचित प्रश्न से करते हैं : हम अपने गाँवों के बारे में कितना जानते हैं—वे कैसे योजना बनाते हैं, कैसे पर्यावरण के लिए ख़ुद से धन जुटाते हैं आदि।

देश के गाँवों की हमारी यात्रा हमेशा आश्चर्य से भरी रही है। मैंने जितना दिया नहीं, उससे अधिक पाया है। सम्भवतः जितना सिखाया नहीं उससे कई गुना सीखा है। निश्चित रूप से गाँवों को अर्थव्यवस्था के औद्योगीकरण के कारण पैदा होने वाले अवसरों और नई प्रौद्योगिकियों के लाभ मिलने चाहिये। आप कह सकते हैं कि हमारे गाँवों को शहरी सुविधाएँ मुहैया कराना आवश्यक है। गाँवों को फ़ोन, सड़क, रेल लाइन और आधुनिक स्वास्थ्य सुविधाओं की ज़रूरत है।

लेकिन उन्हें जहाँ इन सभी सुविधाओं की ज़रूरत है, वहीं यह सोचना भी ग़लत होगा कि हमारे गाँवों की अपनी ख़ासियत नहीं है, और वे शहर बनने के भूखे हैं। वास्तव में आप वहाँ पारम्परिक इंजीनियरिंग के शानदार नमूने, संसाधनों के उपयोग की प्रणाली और स्वयंसेवी शासन के नमूने पायेंगे,

जिन्हें एक भारी सामाजिक पर्यावरणीय क़ीमत चुकाये बिना हटा पाना कठिन है।

आप मेरे साथ राजस्थान के जैसलमेर रेगिस्तान में स्थित रामगढ़ चलिए। रामगढ़ में देश की सबसे कम बारिश होती है और वहाँ जनसंख्या का घनत्व भी सबसे कम है। यह स्थान पाकिस्तान की सीमा पर स्थित है, लिहाज़ा सड़कें अच्छी हैं। लेकिन सड़कों के आसपास आपको न तो कोई आदमी दिखेगा और न कोई गाँव।

ग्रामीण उन स्थानों पर बसे हुए हैं, जहाँ वर्षों से उन्होंने अपनी आजीविका बना रखी है, जहाँ पानी और चारागाह उपलब्ध है। चूँकि वे देश के बाक़ी हिस्से से बिल्कुल कटे हुए एक अलग वातावरण में रहते हैं, इसलिए उन गाँवों की अपने तरह की योजना है, और वह योजना सामाजिक रीतियों, पारंपरिक प्रौद्योगिकी और स्थानीय वातावरण के साथ उनके तालमेल पर आधारित है। ये गाँव सामाजिक कार्यकर्ताओं और नौकरशाहों पर निर्भर नहीं हैं। वे अपना शासन ख़ुद से चलाते हैं।

इन इलाक़ों में सरकार की तरफ़ से जहाँ भी कुछ करने की कोशिश की गई, वह बुरी तरह विफल हुई है, क्योंकि स्थानीय वास्तविकताओं को समझने की कोशिश नहीं की गई। आप पायेंगे कि राजीव गाँधी स्कूल का निर्माण हुआ और वह बन्द भी हो गया। आप उस इलाक़े में राजीव गाँधी नहर को भी देखेंगे। पूरी नहर सूखी हुई है। आश्चर्य की बात है कि सरकार मानती है कि नहर के ज़रिये रेत के टीलों में खेती को बढ़ावा दिया जा सकता है!

यहाँ के लोग ज़्यादातर खेती नहीं करते, क्योंकि बारिश मात्र छह–सात सेंटीमीटर होती है। इसके बदले वे पशुपालन करते हैं, क्योंकि उनके पास बहुत अच्छी घास और चारागाह हैं। प्रकृति ने उन्हें यह उपहार में दिया है और वे इसका संरक्षण और व्यवस्थित इस्तेमाल करना जानते हैं। यहाँ का भूजल बिल्कुल खारा है। चूँकि बारिश न के बराबर होती है, लिहाज़ा यहाँ वर्षा जल संरक्षण भी सम्भव नहीं है। जबकि जलाभाव वाले किसी भी इलाक़े में ग़ैर सरकारी संगठनों का यह सबसे प्रमुख समाधान है।

जहाँ थोड़ी बहुत बारिश होती है, वहाँ हमें नाड़ियाँ या छोटे तालाब मिलते हैं। लेकिन बाक़ी के इलाक़ों में सिर्फ़ ज़मीन में नीचे का पानी है और वह

बिल्कुल खारा है।

वहाँ मीठे जल के तीन कुएँ हैं, जो कोई १०० किलोमीटर के इलाक़े में रहने वालों की पानी की ज़रूरतें पूरी करते हैं। मैं फिर से दुहरा रहा हूँ कि मात्र तीन कुएँ। मज़ेदार बात यह कि चारागाह कुओं के पास नहीं हैं। इसलिए लोग कुएँ के पास पानी के लिए आते हैं और पानी लेकर वापस चले जाते हैं। पानी के प्रति उनका आचरण 'यूज एण्ड थ्रो' नहीं, बल्कि 'यूज एण्ड प्रिजर्व' है।

ये कुएँ कोई ८०० साल पुराने होंगे, लेकिन लोगों ने पीढ़ी दर पीढ़ी इन्हें अच्छी तरह संभाल कर रखा है। यहाँ न कोई पंचायत है और न कोई आरक्षण व्यवस्था। पशुओं को इन कुओं तक पहुँचने का रास्ता पता होता है।

पशुओं के झुण्ड को यहाँ 'बदला' कहते हैं। एक नया 'बदला' जिस तरह से तैयार किया जाता है, वह स्थानीय मेल-मिलाप का एक उदाहरण है। इसके तहत चरवाहा 'बदला' बनाने के उत्सुक प्रत्येक व्यक्ति को एक-दो पशु देता है, जो कोई युवक होगा और वह पशुओं का एक नया झुण्ड तैयार करता है। इस तरह एक नए 'बदला' के लिए इतने पशु दिये जाते हैं कि उसमें पशुओं की संख्या लगभग २० हो जाये। इसमें प्रमुख शर्त यह होती है कि पशुओं को दो साल तक न तो बेचा जा सकता है और न मारा जा सकता है, तब तक जब तक कि पशुओं की संख्या २० से बढ़कर अधिकतम ६०-७० न हो जाये। उसके बाद कोई नया व्यक्ति नया 'बदला' बनाने के लिए आगे आता है।

थोड़ी बहुत खेती जो होती है, वह खडीन में होती है। सभी खडीन सैकड़ों साल पुराने हैं। वे पारम्परिक रूप से जिप्सम की पट्टी के ऊपर स्थित हैं। जिप्सम नमी को रोक कर रखता है, वरना सारी नमी रेतीली ज़मीन के नीचे चली जाती। यह जिप्सम की पट्टी का ही कमाल है कि बिल्कुल कम बारिश के बाद भी खडीन में गेहूँ की फ़सल पैदा की जाती है। यहाँ कोई भी फ़सल उगायी जा सकती है। करोड़ों रुपये की लागत से बनी इन्दिरा गाँधी नहर इस खडीन का मुक़ाबला नहीं कर सकती।

खडीन की खेती एक कम्यून के सिद्धान्त पर होती है। खडीन पर यहाँ सभी परिवारों का मालिकाना हक़ होता है और वे सभी इसमें काम करते हैं और

फसल आपस में बराबर-बराबर बाँट लेंते हैं। यदि कोई बीमार है और वह काम कर पाने में अक्षम है, फिर भी उसे फसल में हिस्सा दिया जायेगा। यहाँ कोई जात-पाँत का भेदभाव नहीं है। मान लीजिये कोई गाँव छोड़कर शहर चला गया और कुछ वर्षों बाद लौटता है तो खडीन में उसे उसकी हिस्सेदारी वापस मिल जाती है।

यहाँ सामान्य लोगों ने जल-संरचनाओं का निर्माण किया है। उदाहरण के लिए, एक नाड़ी का नाम है गूँगा की नाड़ी। यानी इस नाड़ी का निर्माण किसी गूँगे-बहरे व्यक्ति ने किया है। इस इलाक़े में नाड़ी मीठे जल का एक मात्र स्रोत हैं। ये लगभग २०० साल पुरानी हो सकती हैं और इसने कई पीढ़ियों की सेवा की है। किसी अपाहिज़ व्यक्ति द्वारा इस तरह की संरचना का निर्माण यहाँ की सामाजिक सहभागिता का सबूत है।

इसी तरह यहाँ एक बड़ा तालाब है, जिसका निर्माण एक चरवाहे ने कराया है। समाज द्वारा इस तरह की संरचनाओं का निर्माण हमेशा चलने वाली एक प्रक्रिया है। और इनका निर्माण स्थानीय संसाधनों से किया जाता है और ख़ास इस्तेमाल के लिए। यदि सरकार और योजना आयोग इस प्रक्रिया में शामिल होना चाहते हैं तो उन्हें पहले यहाँ के भूगोल, पर्यावरण और स्थानीय रीतियों के बारे में अध्ययन करना होगा, क्योंकि यह प्रक्रिया स्थानीयता के साथ आत्मीय तरीक़े से बुनी और गुँथी हुई है। यदि हम हमारे 'पुरा' के परिणाम के लिए ईमानदार हैं, तो पहले इन सभी सवालों को समझना और सुलझाना ज़रूरी है।

सिविल सोसायटी, सितम्बर-अक्टूबर, २००७। अनुवाद : सरोज मिश्र

वन्दे जलमग्न मातरम्

मुम्बई, बाड़मेर और सूरत में एक मामले में समानता है। वह समानता यह कि पारम्परिक जल प्रणालियों के महत्त्व को भूल जाने का हमारे प्रशासन का स्वभाव एक जैसा ही है। मुम्बई में मीठी नदी में बाढ़ इसलिए आयी, क्योंकि इस पर मूर्खतापूर्ण तरीक़े से भारी अतिक्रमण किया गया था।

सरकार कहती है कि बाड़मेर में कोई बारहमासी नदी नहीं है। लेकिन वहाँ तीन नदियाँ हैं, और जब भी वहाँ औसत सालाना बारिश में पर्याप्त मात्रा में वृद्धि होती है, वे नदियाँ जिन्दा हो उठती हैं। इसलिए देश और हमारा प्रशासन रोहिली, निम्बाला और लीक को अब कम से कम नमस्ते तो कह ही सकता है। ये तीनों नदियाँ सूख जाने के बावजूद वहाँ हमेशा से मौजूद रही हैं और अब वे बह रही हैं। ये तीनों लूनी की तलहटी में बहती हैं।

आख़िर हमारी जल-प्रणाली के बारे में इस अज्ञानता का कारण क्या है। इसका उत्तर यह है कि सरकारी ज्ञान ज़्यादातर फ़ाइलों के अनुसार होता है। सरकारी अधिकारियों को निवेश, निविदा और ठेका देने के बारे में पढ़ाया जाता है। लेकिन पानी ? पानी फ़ाइलों में नहीं बहता। यह समाज से जुड़ा विषय है। हमारे संसाधनों के प्रबन्धन के लिए हमें एक ऐसे शासन की ज़रूरत है, जिसे समाज के महत्त्व की पहचान हो और वह उसके बारे में बेहतर समझ रखता हो।

पानी को लेकर हमारी स्मृति कमज़ोर हो सकती है, लेकिन पानी अपना रास्ता नहीं भूलता। इसका अपना चक्र होता है। बाड़मेर में जो तीन नदियाँ जिन्दा हो उठी हैं, उनका अस्तित्व हज़ारों वर्षों से है। बाड़मेर में ११ मौक़ों पर सामान्य से १२५ प्रतिशत अधिक बारिश हो चुकी है। सबसे अधिक

बारिश १९१७ में हुई थी, जब बारिश की मात्रा सामान्य से २८५ प्रतिशत अधिक थी।

प्राकृतिक तरीक़े से यह पानी इन्हीं तीन नदियों में गया। आप कह सकते हैं कि इन नदियों ने पानी निकासी के रास्ते के रूप में काम किया। लेकिन प्रकृति के संदेश को समझने का समय हमारे पास नहीं है। सरकार ने कवास में रेलवे स्टेशन बना दिया और वायुसेना ने उत्तरलाई में एक अड्डा बना लिया है। उत्तरलाई का अर्थ वास्तव में जल संरचना होता है। वहाँ अन्य शहरी संरचनाएँ भी हैं। इन सबके अलावा सामान्य लोगों ने वहाँ आकर अपने घर और अन्य ढाँचे बना लिए हैं। ऐसे में जब नदियों में पानी आता है तो ये सारी संरचनाएँ उसमें डूब जाती हैं।

सभी को लगता है कि रेगिस्तान में रेत होती है और वह एक समुद्र को सोख सकती है। लेकिन ये नदियाँ जिस रास्ते से गुज़रती हैं, उसके नीचे जिप्सम की पट्टी चलती है, और वह पानी को नीचे नहीं जाने देती। वह भी रेगिस्तान में। प्रकृति किस जटिल तरीक़े से काम करती है, शायद यह उसका एक नमूना है। जिप्सम की मौजूदगी अपने आप में इस बात का सबूत है कि किसी समय वहाँ बड़ी जल-संरचनाएँ रही होंगी। आश्चर्यजनक रूप से वहाँ पास में एक रेलवे स्टेशन भी है, जिसका नाम जिप्सम हाल्ट है।

अब आप गोधरा की रेलगाड़ी पकड़िये।

गोधरा हमारे स्मृति-पटल पर अलग कारणों से उभरता है, लेकिन वह एक बार फिर भुतहा शहर बन गया है। साबरमती नदी इस क़दर सूख गई थी कि आप उसमें क्रिकेट खेल सकते थे या ग्रेट इण्डियन सर्कस देख सकते थे। लेकिन हाल की बारिश में उसने अहमदाबाद को डुबो दिया।

गुजरात में बाढ़ से सबसे ज़्यादा प्रभावित सूरत रहा है, जिसे भारत की हीरे की राजधानी कहा जाता है। यह देश के उन केन्द्रों में से एक है, जहाँ शहरीकरण की रफ़्तार सबसे तेज़ है। यह कपड़ा उद्योग का भी केन्द्र था और हाल के वर्षों में यहाँ रिलायंस और ओएनजीसी जैसी बड़ी कम्पनियों ने भी अपनी इकाइयाँ लगायीं। लेकिन उकाई नामक एक छोटे से बाँध के अचानक उमड़ जाने से सूरत तबाह हो गया। जबकि इस बाँध का इसके पहले शायद ही किसी ने नाम सुना हो। बम्बई हाई में ओएनजीसी के

विशाल प्लेटफार्म हो सकते हैं, लेकिन वह सूरत में अपनी उत्पादन इकाई नहीं बचा सकी।

उकाई बाँध का निर्माण कोई ३० साल पहले सूरत के पास तापी नदी पर किया गया था, जिसका उद्घाटन इन्दिरा गाँधी ने किया था। यह बाँध तब से वहाँ मौजूद था, लेकिन लोग इसे भूल गये थे। जब इस बाँध की योजना बनायी जा रही थी, तब एक रमेश देसाई नामक व्यक्ति को छोड़ कर बाक़ी किसी ने भी इसका विरोध नहीं किया था। रमेश देसाई ने 'उकाई नव निर्माण समिति' के ज़रिये १० सालों तक इस बाँध के ख़िलाफ़ संघर्ष किया था। उन्होंने सूरत के लोगों और गुजरात के योजनाकारों को इस बाँध से भविष्य में होने वाली समस्याओं के बारे में समझाने की कोशिश की थी। उन्होंने बाद में इस बाँध के कारण विस्थापित हुए लोगों के मुक़दमे भी लड़े थे। उन्होंने विस्थापितों के समुचित पुनर्वास के लिए कोई सात करोड़ रुपये की माँग की थी। लेकिन सरकार ने अपने बटुए से मात्र एक करोड़ रुपये निकाले। और यह मामूली धनराशि भी विस्थापितों के पास तक कभी नहीं पहुँच पायी। इन सभी को अपने गाँव-घर मजबूरन छोड़ने पड़े और रमेश देसाई के मुताबिक, इनमें से अधिकांश ने सूरत के फुटपाथों को अपना नया घर बना लिया। रमेश देसाई अपनी बुलेट मोटरसाइकिल से इन विस्थपितों के लिए इधर से उधर दौड़ते, भटकते रहे और अन्त में एक त्रासदीपूर्ण सड़क दुर्घटना में उनकी मौत हो गई।

उस समय इन बाँध पीड़ितों और इनके सामने आ खड़ी हुई मुसीबतों के प्रति सूरत और गुजरात में किसी ने भी सहानुभूति नहीं दिखायी थी। अब अचानक पूरे सूरत शहर को पता चल गया कि अपनी जड़ों से उखड़ने और बेघर होने की पीड़ा क्या होती है।

गुजरात के अन्य शहरों में भी ऐसे गुमनाम छोटे बाँधों की यही कहानी देखी जा सकती है। इस तरह के कुछ बाँधों में कादना, वानाकोबरी, पानम और धरोई शामिल हैं। हाल में हुई बारिश में इन बाँधों से भारी मात्रा में पानी छोड़ा गया और अहमदाबाद, वड़ोदरा, पंचमहल, खेड़ा, आणद, दक्षिण गुजरात, मध्य गुजरात और उत्तर गुजरात के कई हिस्से जलमग्न हो गये। मध्य गुजरात और उत्तर गुजरात में घुटने भर पानी था।

अहमदाबाद-वड़ोदरा राजमार्ग पूरी तरह से डूब गया था। बताया जाता है

कि ९३ किलोमीटर लम्बा यह राजमार्ग भारतीय राष्ट्रीय राजमार्ग प्राधिकरण (एनएचएआई) द्वारा गहन भौगोलिक सर्वेक्षण के बाद बनाया गया था। क्या इस तरफ़ किसी ने ध्यान नहीं दिया कि राजमार्ग अपने आप में एक बहुत लम्बा बाँध बन जायेगा और खम्भात की खाड़ी की तरफ़ जाने वाले पानी के प्राकृतिक बहाव को रोक देगा?

बारिश के थोड़े ही समय पहले हमने देखा था कि नरेन्द्र मोदी ने नर्मदा बाँध को लेकर उपवास शुरू कर दिया था। उनका कहना था कि गुजरातियों को पानी देने के लिए नर्मदा बाँध ज़रूरी है। उसके बाद बारिश आयी और राज्य का पाँचवा हिस्सा पानी में जलमग्न हो गया। लेकिन आपको पीने के लिए एक ग्लास साफ़ पानी भी नहीं मिल सकता था।

सिविल सोसायटी, दिसम्बर २००६, जनवरी २००७। अनुवाद : सरोज मिश्र

बतकही

देश में पानी के लिए हाहाकार है। नीति आयोग ने रिपोर्ट दी है। संसद में पानी पर बात चल रही है। मैं अपने पुराने मेल खोल कर ०२ जून २०१५ को अनुपम मिश्र से हुई बतकही के नोट्स खोज रहा था। उनसे जब भी बात होती थी, उसे नोट करते रहता था, फिर तुरन्त लिख कर, उसे मेल में भी सेव करता था। उस रोज़ उनसे लम्बी बात हुई। मैंने गंगा की बात छेड़ी, उन्होंने बोलना शुरू किया। जो बातचीत उस दिन हुई थी, उसका संक्षिप्त अंश इस प्रकार से बनता है :

मैं गंगा पर बात नहीं करता। करना भी नहीं चाहता। बात करने से बचता हूँ। वैसे किसी भी नदी पर बातचीत करने से पहले हमें नदियों के कैलेण्डर, प्रकृति के कैलेण्डर के बारे में जानना चाहिये। उनका कैलेण्डर करोड़ों साल का है और हमारा कैलेण्डर कुछ हज़ार साल का। हम १२ पन्ने पलटते हैं, साल बदल जाता है। उनके १२ लाख पन्ने पलट लो, साल नहीं बदलता। उस कैलेण्डर को हम ध्यान में नहीं रखते लेकिन नदियों की व्याख्या अपने अनुसार करते हैं। करनी ही चाहिये। हमने ही गन्दा किया है। लेकिन तब यह तय कर लेना चाहिये कि हमें नदियों को बचाना है या ख़ुद को बचाना है?

ऐसा नहीं है कि राजनीति की ओर से नदियों पर आज बात हो रही है। लोहिया जी तो बहुत पहले से यह बात कर रहे थे। उनके पहले मालवीय जी कर रहे थे। लेकिन तब और अब बात करने में थोड़ा फ़र्क़ है। तब हम नदियों को गन्दा करने की उतनी ताक़त नहीं रखते थे। अब

तो नयी तकनीक, नयी बसावट, नयी आदतें सब हैं हमारे पास। अब भी जब हम नदियों की और उसमें भी विशेषकर गंगा की चिन्ता कर रहे हैं तो कुछ पुरानी बातों पर ध्यान देना होगा। पानी का जो पुराना इंतज़ाम था शहरों में, उसे नष्ट कर दिया हमने। अब शहर को दूसरी जगहों से पानी देते हैं। नदियों से लेते हैं। नदियों की बनावट देखिये। वे नीचे रहती हैं। ऊपर से आने वाले पानी को नदी लेती थी। नदी से ऊपर पानी पहुँचाने का कोई इंतज़ाम नहीं था हमारे पास। शहर में रहने वालों के लिए अपना इंतज़ाम था। तालाबों का, कुएँ का। उस व्यवस्था से भूजल का स्तर भी बना रहता था। जो पानी आता था बरसात का, सब ऊपर ही तालाबों में रह जाता था। थोड़ी-बहुत गन्दगी नीचे आती थी तो नदी में उतनी क्षमता होती थी कि वह साफ़ कर ले उसे।

लेकिन हमने पुरानी व्यवस्था को नष्ट कर दिया। उदाहरण के तौर पर दिल्ली को लीजिये। आज यहाँ २००-३०० किलोमीटर दूरी से पानी लाया जाता है। पहले यमुना से ले लिया, फिर गंगा से लिया। दोनों से काम नहीं चला तो भगीरथी से लिया। लेकिन अब वह भी कम पड़ रहा है। बात चल रही है कि हिमाचल से रेणुका नदी से पानी लाया जायेगा अब। दिल्ली की बात है इसलिए राजनीतिक इच्छाशक्ति भी है, तभी तो पानी चुराकर दिल्ली ला रहे हैं। किसी इलाक़े का हक़ मारकर ही तो ला रहे हैं। लेकिन इसके बाद क्या? इसके बाद दिल्ली को पानी कहाँ से? कोई ताक़तवर पी.एम. आये तो भी कुछ सालों बाद कहाँ से पानी आयेगा दिल्ली के लिए!

दिल्ली में आबादी बढ़ती रहे, इसकी ज़िम्मेवारी नदियों की थोड़ी ना है! यह बहुत साधारण आँकड़ा है कि १९११ में जब दिल्ली राजधानी बन रही थी, उस समय कोई ८०० तालाब दिल्ली में थे। अब दिखावे के लिए दो-तीन हैं। तालाब थे तो उनका मतलब था। ख़ैर!

दूसरी बात। नदी के एक दूसरे पक्ष पर बात कीजिये। विशेषकर गंगा पर ही बात कीजिये। बढ़ती हुई आबादी को पानी इससे ही चाहिये—शहरों में। उद्योग को भी पानी इससे ही चाहिये, तभी विकास होगा और खेती को तो पानी चाहिये ही। तीनों को पानी नदी से चाहिये, और तीनों नदी को देते क्या हैं? शहर नाले का कचरा देता है, उद्योग अपनी विषैली गन्दगी देता है और खेती भी तो अब पुरानी वाली नहीं रही, ज़हरीले

कीटनाशक व उर्वरक की वजह से खेतों से भी जो पानी आता है, वह ज़हर ही होता है। अब इन तीन बड़ी प्रक्रियाओं से गन्दगी और जहर देने के बाद दुनिया की कोई ताक़त नहीं, जो साफ़-सफ़ाई कर दे। राजनीति दिखाती रहेगी कि उसकी इच्छाशक्ति है लेकिन नदी की शक्ति, राजनीतिक शक्ति से बड़ी होती है। जिस दिन चाहेगी उद्योग-शहर को बर्बाद कर देगी। वह पिछले दिनों बता चुकी है कि यह काम कभी भी कर सकती है। इतने सालों से गंगा की सफ़ाई कैसे की जा रही है। यन्त्र-तन्त्र और मन्त्र से। सिर्फ़ सफ़ाई ही नहीं, पूजा भी। लेकिन पूजा किसकी हो रही है, नाले की। अविरल शब्द आया पहले, बाद में निर्मल आया और अब नमामि।

शब्द किसी भाषा से आयें, यन्त्र-तन्त्र-मन्त्र चाहे जितने लग जायें, गंगा बचने वाली नहीं है इस रास्ते। हाँ, घाट कुछ सुधर जायेंगे, संगमरमर लग जायेगा, खम्भे लग जायेंगे, लाउडस्पीकर लग जायेगा, फ़िल्मी धुनों पर भजन बजेंगे और यह सब भी कुछ दिनों तक ही देख सकते हैं। अब अगर कुछ दशकों से सोच-समझकर पैसा ख़र्च कर रहे हैं और आश्वासन दे रहे हैं कि साफ़ हो जायेगी गंगा तो इनके लिए कहा जा सकता है कि या तो बहुत भोले हैं या फिर बहुत मूर्ख हैं। शर्म आती है, ऐसे शब्दों के प्रयोग में। लेकिन टेण्डर, टेक्निक, बिजनेस यही सब तो हो रहा है गंगा के नाम पर सिर्फ़। आज कुछ न करे कोई, जितने नाले आते हैं, उतने को मिलाकर एक अलग से नदी बना लें और उसे बहा लें गंगा के समानान्तर, वह गंगा से बड़ी नदी हो जायेगी। और फिर उसका नाम गंगा-२ रख दें।

राजीव गाँधी ने अपने ज़माने में पैसे ख़र्च किये। विश्व बैंक का भी पैसा लगा गंगा के नाम पर। सारे पैसे बाज़ार में गये। लोग कहेंगे कि मैं तो सिर्फ़ निराशाजनक बातें ही कर रहा हूँ। स्थिति ही ऐसी है तो क्या कहा जाय। लेकिन ऐसा नहीं कि सारी सम्भावनाएँ ख़त्म हो गयी हैं। गंगा तो फिर साफ़ हो जायेगी। उद्योग, खेत और शहर के लिए पानी का इंतज़ाम पारम्परिक तरीक़े से, तालाब से कर दो पहले। इतना इंतज़ाम कर दो कि उन्हें नदी की ज़रूरत नहीं पड़े ज़्यादा। आख़िर धरती एक गुल्लक ही तो है, जो ऊपर से गिरने वाले पानी को जमा करता रहा है। लेकिन हमने वह गुल्लक भी तो ख़त्म कर दी है। ऊपर से जो पानी आयेगा, वह गुल्लक में रुक जायेगा तो उससे भूजल का स्तर भी ठीक होगा और उसे साफकर पानी का दूसरा इस्तेमाल भी हो सकता है। रही बात थोड़ी-बहुत गन्दगी

की तो गंगा में इतनी क्षमता है कि वह ख़ुद को फिर से साफ कर लेगी। गन्दगी फैलाने की योजनाएँ पहले बंद हों।

एक दूसरा पक्ष भी है याद रखना चाहिये। इन्द्र का एक दूसरा नाम पुरन्दर भी है। पुरों को तोड़ने वाला। पुर यानी बसावट को। एक कथा कृष्ण की भी याद रखनी चाहिये। तब तेज़ बारिश शुरू हुई तो कृष्ण ने गोवर्धन को उठा लिया। सबको बुलाया, सबने मिलकर गोवर्धन को थाम लिया। पानी के प्रलय से बच गये। लेकिन वही कृष्ण अपनी द्वारिका को नहीं बचा सके। द्वारिका तो डूब गयी। इतने उद्धरण तो भरे पड़े हैं। लेकिन दिक़्क़त यह है कि सब नदी को साफ करने की बात करते हैं, ज़रूरत अपने दिमाग़ को साफ करने की है।

तीसरी–चौथी कक्षा में पढ़ाया जाता रहा है जलचक्र कि कैसे तालाबों से पानी नदियों में जाता है, फिर नदी से समुद्र में, फिर समुद्र से वापस हमारे पास आता है। बस, इसी व्यवस्था को बनाये रखो ना! लेकिन नहीं, जानकार लोग कहते हैं कि भाई समुद्र में तो पानी बर्बाद हो रहा है। नदियों को जोड़ देंगे। जोड़ो। छोड़ो सभी नदियों को, एक नदी को रोककर देख लो। नहीं जाने दो समुद्र में, देख लो कि तटीय इलाक़े में कहीं पीने का पानी मीठा बचता भी है क्या? तीसरी–चौथी कक्षा की बातों को भी समझ नहीं पा रहे। तकनीक पर ज़ोर है। नर्मदा पर बाँध बनाकर रोका गया है न, जाकर पता कर लो, भरुच के इलाक़े में पेयजल खारे हो गये। एक और उदाहरण है। मध्यप्रदेश में नर्मदा और क्षिप्रा नदी में एक नया रिश्ता बनाया गया है। क्षिप्रा ऊपर में है, नर्मदा नीचे में। दोनों के बहाव की प्रक्रिया अलग, लेकिन आजकल क्षिप्रा में नर्मदा से रोज़ाना पानी पहुँचाया जा रहा है। मालूम हुआ है कि १६ लाख रुपये की बिजली रोज़ लग रही है नर्मदा से क्षिप्रा को जल देने में। क्षिप्रा का पानी कहाँ गया कोई बताये? और नर्मदा कब तक पानी देगी यह भी बताये।

कितनी बात की जाय गंगा पर, नदियों पर। नदी में गतिविधियाँ भी अवैज्ञानिक, अधार्मिक, असांस्कृतिक तरीक़े से चल रही हैं और उसे बचाने की योजना भी उसी तरह से बन रही है। हमें वापस मुड़कर देखना होगा। तालाब ही बचायेंगे गंगा को, दूसरी नदियों को भी। पटना में ३५ इंच तक पानी होता है, क्या हो रहा है उस पानी का। कहीं रखने का इंतज़ाम है? दिल्ली में ४० इंच तक होता है। कोई इंतज़ाम है क्या? नहीं

है। तो बस जैसे मुम्बई के लोगों को उनके यहाँ आयी बाढ़ के दिन याद हैं, तारीख़ के साथ। कश्मीर के लोगों को याद है, सूरत के लोगों को याद है। वैसे ही दिल्ली वालों को भी जल्द ही याद होने वाला है। पटना वाले को भी। चेन्नई, बेंगलूरू और दूसरे शहर वालों को भी। तब तक अभी कुछ दिन मौक़ा है, गंगाजी के किनारे और दूसरी नदियों के किनारे नारियल फ़ोड़ते रहिये और आरती करते रहिये।

अनुपम मिश्र से ०२ जून २०१५ को हुई बातचीत का अंश

पर्यावरण और साहित्य

श्री राव साहब ने गगरी में झाँककर नहीं देखा और मुझे बुला लिया।

यह गगरी आधी ही भरी है।

वह भी ज्ञान से नहीं, अज्ञान से

इसलिए आप सबके बीच थोड़ा-बहुत अज्ञान झलकेगा तो दोष राव साहब को।

मैंने पर्यावरण का कुछ काम किया है, वह भी उसके एक छोटे-से हिस्से पर—पानी पर, अकाल, बाढ़ पर।

पर साहित्य का ठीक अन्दाज़ नहीं, वह भी साहित्य की इस अकादेमी के साथियों के बीच तो बोलने लायक बिलकुल नहीं।

जो कुछ लिखा वह भी काफ़ी नहीं है मात्रा में। दो किताबों को ख़ूब प्यार मिला है बस यही एक गुण गिना सकता हूँ।

तो सबसे पहले एकदम संक्षेप में अपने इस काम का वर्णन। 'आज भी खरे हैं तालाब' पुस्तक सन् १९९३ में आयी। इस पर कोई कॉपीराइट नहीं रखा। उसके कारण में जाने की ज़रूरत नहीं।

हमारी संस्था गाँधी शान्ति प्रतिष्ठान ने इसके आज तक छह संस्करण छापे हैं। प्रिंट रन दो हज़ार, तीन हज़ार, चार हज़ार, दस हज़ार भी है। पर कॉपीराईट नहीं था तो जब इसे पाठक ख़रीदते थे तब अनेक प्रकाशक कुछ बताकर, पूछ कर—तो कुछ बिना बताकर, बिना पूछे भी छाप रहे थे—अपना ही मानकर। कुछ लोग इसे निःशुल्क वितरित भी कर रहे थे।

आज इस पुस्तक के छह हमारे और पैंतीस-चालीस संस्करण दूसरे प्रकाशक, सरकार, इंजीनियरिंग विभाग आदि छाप चुके हैं। दाम—नि:शुल्क से २५० रुपये तक जाते हैं। हमारे दाम से भी दुगुना, तिगुना।

मुख्य बात प्रिंट रन नहीं है। मुख्य है इसे पढ़कर पिछले बीस-इक्कीस बरस में छोटे-बड़े कोई तीस हज़ार तालाब भी बने हैं, सुधरे हैं। इसमें गाँव, शहर और सुदूर बसे दो-चार देश भी शामिल हैं। लिखा अक्षर इतना काम आ जाये, इतना काफ़ी है।

हिन्दी संसार में साहित्य की परिभाषा थोड़ी भिन्न है। यहाँ पर्यावरण का काम, उस पर कुछ लिखा उस हद तक साहित्य नहीं माना जाता जिस हद तक उपन्यास, कविता, आलोचना, नाटक आदि को माना जाता है। इसे एक अलग ठप्पा मिलता है। वह है—साहित्येतर। तो साहित्य से इतर शब्द हमें इतराकर देखता है शायद।

इसलिए साहित्य की इस परिभाषा के बांट से पर्यावरण पर लिखा गया काम तौलकर देखेंगे तो वह हल्का ही बैठेगा। आज जैसे उदार अवसरों पर उसे हम थोड़े भारी मन से स्वीकार भी कर लेंगे।

लेकिन एक समाज के सामने समय-समय पर, एक कालखण्ड के विशेष भाग में आने वाली समस्याओं, ख़तरों की चेतावनी, उनका वर्णन, उनका विश्लेषण यदि साहित्य का भाग न बन पाये तो इस स्थिति को क्या हम उस समाज का अभागापन नहीं मानेंगे? किसी भी समाज का सजग मन, उसकी सजग दृष्टि, उसकी सजग क़लम यदि समाज के इस आसन्न संकट पर नहीं लिख पाये तो हम क्या कहेंगे?

साहित्यकार का काम है सरकार या सत्ता और बाज़ार से अलग कर अपने समय को पढ़ना और पढ़े को ठीक-ठीक लिख देना।

सजग हिन्दी समाज इस भूमिका में कभी-कभी एकदम असफल-सा होता दिखता है—ऐसा कहने के लिए मैं क्षमा माँगता हूँ।

एक छोटा-सा उदाहरण

दुनिया के किसी नये बताये गये आर्थिक दौर के कारण सरकार-सत्ता अपने देश में अपनी आर्थिक नीतियाँ बदल दे तो उस दौर का नामकरण किनके हाथ में होगा। अँग्रेज़ी भाषा और उसी के बाज़ार से उधार लेकर

लिया गया नाम भला हमें कैसे पसन्द आ गया?

हमने हिन्दी के एक सबसे उदात्त शब्द को, उदार जैसे सुन्दर शब्द को इस नयी और बुरी व्यवस्था के नामकरण की भेंट चढ़ा दिया। इसका नाम रखा गया उदारीकरण। और हम सबने इसे रखने दिया। स्वीकार भी कर लिया। बिना यह सोचे-विचारे कि क्या इसके पहले की व्यवस्था का नाम कंजूसीकरण था? उदारीकरण के नतीजे, लाभ-हानि समाज के सन्दर्भ में, आम लोगों के सन्दर्भ में अच्छे होंगे, बुरे होंगे—यह आज का विषय नहीं है। पर भाषा की सजगता तो यही बताती है कि हमने अपना एक अच्छा शब्द निहायत घटिया काम पर बलि चढ़ा दिया। इस पर हिन्दी समाज में, साहित्य में कभी बात ही नहीं हो पायी।

यह एक छोटा-सा उदाहरण है और भी बहुत उदाहरण दिये जा सकते हैं। जैसे—आदिवासी शब्द। हिन्दी में आदि शब्द आदिगुरु, आदिकवि के रूप में अच्छे अर्थों में काम आता है लेकिन आदिवासी शब्द कैसे आया अपमान के रूप में और कैसे हम उसका बिना सोचे उपयोग करते आ रहे हैं इस पर भी कोई बात नहीं हो पाती।

पिछले पचास सालों का एक खण्ड उठाकर देखें। अकाल और बाढ़ जैसी विपत्तियाँ आती-जाती रहती हैं, ऐसा मान लें। लेकिन भाखड़ा, भोपाल गैस काण्ड और नर्मदा जैसे बाँधों से विस्थापित समाज के एक बड़े हिस्से के दुख-दर्द में हमारी कविता, हमारे उपन्यास, हमारे नाटक काफ़ी हद तक वह भूमिका नहीं निभा पाये जिसे हम अपनी सजग क़लम से देखना चाहते थे।

मैंने शुरू में ही अधजल गगरी की बात कही है इसलिए इसे कोई फ़ैसला नहीं मानें पर्यावरण और साहित्य पर। इस पर और अधिक ध्यान दें। और अधिक काम करें। तब यह कमी ठीक से पूरी हो पायेगी।

आज यह बैठक भी एक बड़े कार्यक्रम—सफ़ाई के कार्यक्रम के निमित्त बुलायी गयी है। हम अकादेमी के प्रति आभार प्रकट करते हैं पर एक प्रश्न भी मैं आपके सामने रखना चाहता हूँ।

बाहर की सफ़ाई के अभियान में हम सब सचमुच झाड़ू लेकर लग जायेंगे पर भीतर की सफ़ाई तो उदार साहित्य की झाड़ू से ही हो सकती है। पिछले दौर में हिन्दी समाज के मन का एक बड़ा भाग तरह-तरह के कचरे से

गन्दा होता भी देखा है हमने। उसके विस्तार में जाने का आज नहीं तो कल समय ज़रूर आना चाहिये।

रोज कमाकर खाने वाला एक संत आता है। एक पेड़ के नीचे अपनी कठौती में चमड़े के, नये नहीं, इस्तेमाल किये गये गन्दे टूटे टुकड़े डालकर भिगोता है और जूते-चप्पलों की मरम्मत करता है। फिर अपने अन्तर्मन की दृढ़ता से हमसे कह जाता है : 'मन चंगा तो कठौती में गंगा'।

यह एक पंक्ति भी साहित्य ही है—भीतर-बाहर के पर्यावरण की स्वच्छता की।

आज गंगा की सफ़ाई की ख़ूब चर्चा है। उसका बजट तो कुछ ऐसा है कि हमने जितना गणित पढ़ा है, उतने शून्य लगाकर हम उस राशि का ठीक आकलन भी नहीं कर पायेंगे। तो डर है कि गंगा साफ़ हो गयी और हमारा, हमारे समाज का मन चंगा नहीं बच पाया तो ? इसी प्रसंग में यह भी बता दूँ कि कभी दिल्ली में ऐसे ही चंगे मन वाले किसी मोची ने अपनी एक-एक पाई बचाकर दूसरों के लिए एक बहुत बड़ा और सुन्दर बाग़ लगाया था। उस समय के कृतज्ञ समाज ने उसे उसी नाम से याद रखा था। लेकिन फिर बाद में जिनका मन चंगा नहीं बच पाया उन्हें यह जगह इस नाम से ठीक नहीं लगी और कोई चालीस साल पहले इस बड़े बाग़ को काटकर दिल्ली के बड़े अधिकारियों के बड़े-बड़े घर यहाँ सरकार ने बनाये और यह जगह आज मोती बाग़ बन गयी है।

साहित्य अकादेमी का काम पूरे देश में फैला है। इतनी विविधता भरे देश में इतनी सारी भाषाओं के बीच अकादेमी की भूमिका बहुत महत्त्वपूर्ण है। इसलिए हिन्दी साहित्य की इस कमी को वह चाहे तो दूसरी भाषाओं के अच्छे अनुवादों से पूरा करने का एक बड़ा काम उठा सकती है। और फिर शायद हिन्दी में भी पर्यावरण का साहित्य लिखने वाली नयी क़लमें सामने आने लग सकती हैं।

थोड़े उदाहरण अन्य भाषाओं से देख लें।

महाराष्ट्र में किसानों की आत्महत्याओं के बाद किसी के मन में इस ज़हरीली खेती के ख़िलाफ़ कुछ लिखने की इच्छा बहुत दर्द के साथ उठी होगी। श्री दीपक सचदे नामक एक लेखक ने इस विष की खेती के विरुद्ध 'अमृत खेती' शीर्षक से एक पुस्तक मराठी में लिखी। महाराष्ट्र से पंजाब

यों काफ़ी दूर है। पर वहाँ भी पिछले पचास बरस से ज़मीन में इतना ज़हर मिलाया गया है कि वहाँ भी किसान आत्महत्यायें कर रहे हैं। यह भी सोचना चाहिये कि इसे आत्महत्या कहें या सीधे-सीधे हत्या। आज वहाँ कुछ जगहों पर कैंसर एक बड़ी बीमारी की तरह उठ आया है। पंजाब में ज़हर की खेती है पर इससे होने वाले रोग से अपने किसानों को बचाने, उनका इलाज करने वालों के लिए कोई अस्पताल नहीं है। अब बीकानेर में कैंसर का एक सस्ता सरकारी अस्पताल है।

पंजाब से कैंसर के ये रोगी भटिंडा से बीकानेर चलने वाली एक एक्सप्रेस गाड़ी पकड़ते हैं। हर रोज़ इसमें कैंसर के रोगी और उसका साथ देने वाले सहायक, परिचायक परिवार के सदस्य चढ़ते हैं। गाड़ी संख्या, गाड़ी का नाम आदि सब कुछ लोगों के मन से मिट गया है—कुछ पाँच-सात बरसों से अब उसे बस कैंसर एक्सप्रेस के नाम से ही लोग जानते हैं।

पर पंजाबी भाषा में पंजाब की इस दुखद हालत पर कहने लायक एक भी टुकड़ा नहीं मिलता। मराठी की अमृत खेती का वहाँ अभी-अभी पंजाबी अनुवाद छपा है।

मराठी में कुछ और भी अच्छे उदाहरण हैं। कुछ वार्षिक पत्रिकायें हैं, जो हर दीवाली पर छपती हैं—दो-तीन सौ पन्नों की। इनमें हर वर्ष देश के पर्यावरण पर कुछ न कुछ पठनीय सामग्री आ जाती है। इनमें सकाल, लोकमत, दीपभव आदि का ठीक योगदान है।

एक तरफ़ पर्यावरण की गिरावट और दूसरी तरफ़ लोगों का शोषण—इसके ढेर सारे उदाहरण प्रस्तुत करते रहे हैं श्री अनिल अवचट। नाम तो नहीं गिना सकूँगा पर एक उदाहरण निपाणी नामक जगह का दिया जा सकता है, यह कर्नाटक महाराष्ट्र की सीमा पर है। तम्बाकू का सम्बन्ध कैंसर से तो जोड़कर देखा ही जाता है पर श्री अनिल अवचट ने इसे समाज तक के कैंसर से जोड़कर एक बड़ा काम किया है। 'अन्धेर नगरी निपाणी' नामक उनकी पुस्तक बीड़ी मज़दूरों के घोर शोषण को वर्षों तक नज़दीक से देखकर लिखी गयी है। श्रमिक रक्षण, श्रमिक कल्याण के सारे क़ानून यहाँ बीड़ी के धुएँ में उड़ते देखे जा सकते हैं।

'निसर्गायन' पुस्तक श्री दिलीप कुलकर्णी ने लिखी है। इसे पूरा करते-करते उनके अपने जीवन के पन्ने भी पर्यावरण के दुख-सुख में ऐसे

सिमटते चले गये कि उन्होंने पहले तो महानगर मुम्बई छोड़ा, वहाँ से कुछ दूर डहाणु नामक एक छोटे-से क़स्बे में गये। फिर वहाँ उन्हें लगा कि यह भी जगह कुल मिलाकर मुम्बई के दमघोटू वातावरण से थोड़ी देर की छुट्टी पाने वाले लोगों का पर्यटन स्थल बन चला है तो उसे भी छोड़ डहाणु से बहुत दूर कादीवली डापोली नामक एक लगभग निर्जन जगह चले गये। आज उन तक बस एक पोस्टकार्ड ही पहुँच पाता है। और यहाँ वे ख़ूब मज़े में हैं।

गुजराती में पर्यावरण साहित्य अभी उतना नहीं दिखता जितनी समस्यायें वहाँ आ गयी हैं। विकास की एक ख़ास तरह की राजनीति ने नर्मदा को वहाँ 'जीवन रेखा' का दर्जा दे दिया है। यह रेखा बाँध से डूबने वाले हज़ारों लोगों के ऊपर से निकल गयी है। यहाँ के भरुच में काँदला, मुंद्रा बन्दरगाहों पर पर्यावरण के साथ, उन तटों पर रहने वालों के साथ जो खिलवाड़ हुआ है उसे अभी 'मरण रेखा' की तरह समझने और समझाने वाले साहित्य का घोर अभाव है। अपवाद हैं तो श्री ध्रुव भट्ट जिन्होंने 'तटीय युद्ध' नामक एक उपन्यास लिखकर इस बड़ी कमी को पूरा किया है।

बाङ्ला की स्थिति कहीं बेहतर कही जा सकेगी। इसमें प्रकारान्तर से महाश्वेता देवी के अरण्येरधिकार, प्रतिरोध आदि कृतियों को पर्यावरण के समृद्ध साहित्य की तरह ही देखा जाना चाहिये। साहित्य अकादेमी ने उनकी ऐसी पुस्तकों को अन्य भाषाओं के पाठकों तक उदारतापूर्वक पहुँचाया है।

बाङ्ला भाषा में अनगिनत छोटी पत्रिकाओं का सचमुच एक बड़ा आन्दोलन है। इस आन्दोलन ने अपने प्रदेश के पर्यावरण पर बहुत गहरायी से सुन्दर पठनीय साहित्य रचा है और असंख्य पाठकों तक पहुँचाया है।

इस सोनार प्रदेश में सुन्दरबन पर आपको अनेक उपन्यास, कहानियाँ और कवितायें मिल जायेंगी तो फरक्का बाँध के अभिशाप पर भी। पाथेर पांचाली के श्री बिभूतिभूषण बंद्योपाध्याय के 'आरण्यक' जैसे उपन्यास हमें यह भी बताते हैं कि जब सन् १९३५ में पर्यावरण जैसा शब्द भी नहीं निकला था तब भी ऐसा सुन्दर साहित्य रचा जा रहा था। और फिर बाङ्ला में गंगा या कहें पद्मा और तिस्ता पर उपन्यास भला कैसे नहीं

मिलेंगे? श्रीमाणिक बंद्योपाध्याय का 'पोद्मा नदीर माँझी' और श्री अद्वैतमल्ल बर्धन का 'तीतास एकटी नदीर नाम' का उल्लेख भी किया जाना चाहिये।

दक्षिण की भाषाओं के बारे में मैं कुछ विशेष नहीं कह पाऊँगा। फिर भी श्री शिवशंकर पिल्लै जी का 'चेम्मिन' झींगा मछली के उत्पादन, तटीय प्रदेशों में हुई बर्बादी और उसी के साथ समाज के रिश्तों को बड़े विशाल फलक पर सामने रखता है। साहित्य अकादेमी ने इसे भी अन्य भाषाओं के पाठकों तक पहुँचाने का सुन्दर काम किया है।

देश बड़ा है। कई भाषायें हैं और हर जगह पर्यावरण के संकट बढ़ते ही जा रहे हैं। इन सब पर जो कुछ भी लिखा जा रहा है वह आप सब उदार श्रोताओं की मदद से कभी एक जगह जुटाया जाना चाहिये। आप सब विद्वानों की सजग क़लम से बनी वैसी उत्तम सूची थोड़ी-सी भरी गयी गगरी को लबालब कर देगी।

आज तो पर्यावरण के इस संकट की चिन्ता की स्याही को साहित्य के कुछ कोरे पन्नों के ऊपर रख देने का छोटा-सा काम मैंने आदरणीय राव साहब का आदेश मानकर कुछ हद तक किया है।

पर्यावरण के साहित्य की, साहित्यकार की ज़िम्मेदारी और उसकी विनती गुरुदेव के शब्दों में आज के दिन हम सब दुहरा लें :

देश की माटी, देश का जल
हवा देश की, देश के फल
सरस बनें प्रभु सरस बनें
देश के घर और देश के घाट
देश के वन और देश के बाट
सरल बनें प्रभु सरल बनें
देश के तन और देश के मन
देश के घर के भाई-बहन
विमल बनें प्रभु विमल बनें

साहित्य अकादेमी, १ अक्तूबर, २०१४

जल-दर्शन

अक्सर मैं ऐसी सभाओं में राजस्थान से सम्बन्धित कुछ चित्र दिखाता हूँ—पानी के बारे में। इस बार विजयजी ने परीक्षा लेने के लिए कहा कि कुछ और बोलिये आप। मैंने कुछ और चीज़ें तय की थीं। जो चित्र मैं दिखाता हूँ वे भी कोई बहुत व्यवस्थित नहीं होते। आज उससे भी ज़्यादा अव्यवस्था आपके सामने रखूँगा मैं। शुरुआत में पहला चित्र देखेंगे। फिर प्रभात से कहेंगे कि इसको बन्द करके कुछ लाईट वग़ैरह जला दो। पन्द्रह-बीस मिनट, आधा घण्टा कुछ और बातचीत करेंगे फिर।

आपके सामने यह जो चित्र है। यह हमारे रेगिस्तान का सबसे बड़ा ज़िला है राजस्थान का, देश का—जैसलमेर। उसका एक कहीं का टुकड़ा है यह। इस चित्र में आपको विशाल रेगिस्तान फैला दिखेगा। अँग्रेज़ी में राजस्थान के लिए डेजर्ट शब्द है। यह संज्ञा भी है और क्रिया भी। क्रिया में जब उसका इस्तेमाल करते हैं तो उसका अर्थ बिलकुल बदल जाता है। उसमें भाव यह आता है कि ये बड़ा उजाड़ इलाक़ा है, छोड़ दिया गया इलाक़ा है—डेज़र्टेड। उसके बीच में एक छोटा-सा रास्ता भी आपको दिख रहा है।

आज पानी के मामले में हमारा समाज सचमुच डेज़र्टेड जैसी स्थिति में भी है और डेज़र्ट भी है। सब जगह पानी की कमी है। उसमें कोई रास्ता दिखता है कि नहीं। एक रास्ता बहुत प्रतीकात्मक है, सिम्बॉलिक है। यही रास्ता होगा ऐसा ज़रूरी नहीं है। आप सब लोग जहाँ-जहाँ हैं, वहाँ ऐसा रास्ता खोजने की कोशिश की जा सकती है।

अभी हम लोग जब यहाँ आने से पहले चाय वग़ैरह पी रहे थे तो उबेस ने मुझे अपने एक मित्र से मिलाया—नवेद आज़म। नवेद आज़मजी ने

अपने परिचय में कहा कि ये फ़िरोज़ाबाद से हैं और वहाँ पानी ख़त्म हो गया है। फ़िरोज़ाबाद की आबादी लगभग एक लाख होगी। एक लाख की आबादी के शहर का नीचे का पानी हमने सब ख़र्च कर दिया। फ़िरोज़ाबाद नवेदजी का ननिहाल है और पिताजी का घर भिंड। भिंड का पानी भी क़रीब एक हज़ार साल से संकट में है। जो इरोजन हुआ है, जिससे चम्बल के बीहड़ बने हैं, सब पानी का खेल न समझने के कारण हुए हैं, ऐसा लोग बताते हैं।

और अब वह दिल्ली में है। दिल्ली में पानी की क्या स्थिति है हम सब लोग अच्छी तरह से जानते हैं। सारे अख़बार इस समय किसकी सरकार बनेगी और कौन अगला प्रधानमन्त्री होगा इसमें लगे हैं। लेकिन आप ध्यान से देखेंगे तो आपको दिल्ली के पानी की ख़बरें भी लगातार मिल रही हैं उनसे टकराते हुए। द्वारका के लोग हाईकोर्ट जा रहे हैं, सुप्रीम कोर्ट जा रहे हैं और जलबोर्ड उनसे कह रहा है कि भई हम तुमको पानी नहीं दे पायेंगे। तो ऐसी स्थिति में आज की बैठक का यह विषय—'वाटर फ़िलासफ़ी' बहुत कठिन है। लोगों को जल-दर्शन नहीं चाहिये, पानी चाहिये। जल-दर्शन का वे कुछ नहीं करेंगे अब। उनको पानी चाहिये और कल नहीं, आज चाहिये। लेकिन हम उनको जिस ढंग से पानी देते चले जा रहे हैं उसमें कोई न कोई खोट होगी इसलिए उनको पानी नहीं मिल रहा है।

अगले आधे-पौन घण्टे में—थोड़ा अव्यवस्थित भले मैं बोलूँ आप लोग अपने मन में उसकी ठीक से पर्ची जमा लेना, उसका क्रम बना लेना— तो बहस आगे बढ़ाने लायक कुछ न कुछ बातें आपको मिल सकेंगी।

आज की यह ख़बर है जो भी नयी सरकार आयेगी वह नदी मन्त्रालय भी बना सकती है या बनायेगी यही कह दिया गया है। आप लोगों ने पढ़ी होगी यह ख़बर। नाला मन्त्रालय क्यों नहीं? समस्या किसकी है? नदी से ज़्यादा नाले की है। दिल्ली में एक नदी है। यमुना उसका नाम है। हमने उसका सब पानी निकाल लिया। उसमें १७ नाले मिलाये हैं। तो एक नदी का मन्त्रालय बनाने के बदले १७ नालों का मन्त्रालय बनाना शायद ज़्यादा व्यावहारिक होगा।

दिल्ली में पानी कम पड़ा तो—हिन्दी में एक मुहावरा है 'उलटी गंगा

बहाना'—उलटी गंगा बहाकर हम गंगा का पानी भी दिल्ली ले आये। भूगोल ने इसकी इज़ाज़त नहीं दी थी। भूगोल बनता है किसी जगह का, देश का नाम तो बाद में आता है। भारत या भारत माता का तो बहुत बाद में आता है। कुछ करोड़ साल लगते हैं भूगोल बनने में। इन नदियों को जब प्रकृति ने बहाया तो दिल्ली नहीं था गंगा के हिस्से में। उसका जलागम क्षेत्र रहा होगा कि यमुना को समेटेगी वह बाद में। लेकिन बहुत बाद में इलाहाबाद तक उसका इन्तज़ार करना पड़ता है। तो हम गंगा भी लाये। फिर हम टिहरी से भागीरथी भी लाये। और अभी हिमाचल से हम रेणुका भी लाने वाले हैं।

तो ये हमारे पानी के विकास की परिभाषा है कि किस शहर को कितनी दूर से पानी मिलता है। यह होगी डेवलपमेंट की एक परिभाषा! आप आधुनिक हैं तो आपके पास अपना पानी नहीं है। यह हमारी फिलॉसफ़ी का हिस्सा बन गया है जो कि अनीति है। यह जल नीति भी नहीं जल की अनीति है। आपका जो पानी है उसे आप भूल जायें और हम आपको कहीं और से पानी लाकर देंगे।

मैं थोड़ा-सा फ़िरोज़ाबाद पर बात करना चाहूँगा कि फ़िरोज़ाबाद का पानी गया? एक लाख लोग कितना पानी पी लेंगे? वह पानी क्यों गया होगा? कितनी इण्डस्ट्रीज होंगी फ़िरोज़ाबाद में? कोई टाटा स्टील प्लांट तो नहीं है? चूड़ियों का कारख़ाना है। काँच गरम होता होगा। उसे ठण्डा करने के लिए पानी में डुबोना होता होगा। कितने घड़े चाहिये उसके लिए। लेकिन हमने अपने ख़र्च और आमदनी में बिलकुल व्यवस्था तोड़ दी है। फ़िरोज़ाबाद में पानी भी कोई कम नहीं गिरता होगा। ३५-४० इंच तो गिरता ही होगा। छोटी आबादी, छोटा उद्योग लेकिन हम पानी नहीं बचा पाये।

इसमें अगर हमको देखना है तो एक दिल्ली का उदाहरण आपके सामने आ सकता है। सन् १९११ में जब दिल्ली को राजधानी बनाने की बातचीत हुई। कई तरह के आँकड़े चलते हैं लेकिन यहाँ पर कम से कम आठ सौ तालाब थे—सौ साल पहले। हमें उनको एक-एक करके मिटाना पड़ा होगा। अभी दिल्ली में कितने तालाब बचे हैं। पाँच या सात बड़े तालाब बचे होंगे—कहने लायक। हौजे शमसी है। हौस खास तो अब मुहल्ला है, तालाब नहीं। ये जो दो-चार तालाब बचे हैं, इनमें अपने दो-चार नये आने

वाले नेता और दो-चार पुराने नेता जिनके अभी तक फ़ोटो छपे और कल से नहीं छपने वाले उनको भी बुलाकर अपन उद्घाटन के बदले कोई और शब्द सोच सकते हैं। उद्घाटन यानी खोलना। लेकिन पुरोने का शब्द भी कोई ढूँढ़ लेंगे कि इनको भरने का काम कर दो। सोने या चाँदी की तगाड़ी लेकर मिट्टी खोदकर इनमें डाल दो। इनकी अब ज़रूरत नहीं बची। हमारा पीने का पानी तीन सौ किलोमीटर दूर से आता है, हमें एक भी तालाब नहीं चाहिये!

दिल्ली में हर जगह ज़मीन का दाम इतना ज़्यादा है कि तालाब रखकर करोगे क्या? हमारी फिलॉसफ़ी अगर यह है कि हमें तालाब नहीं चाहिये। फ़िरोज़ाबाद के तालाब भी नष्ट हुए होंगे। वहाँ भी कुछ तालाब होंगे। हमारे मन में तालाब यानी कोई पिछड़ी चीज़ है। यह तो पुराने ज़माने की बकवास है, जिसकी आज ज़रूरत नहीं है। पानी हमारा कहीं और से आ जायेगा। उसके कारण हमने इन सबको ज़मीन की क़ीमत के तराजू पर तौलकर नष्ट किया है। स्वागत योग्य काम है।

मैं तो कह रहा हूँ नये और पुराने नेता कल सरकार बनने के बाद जो दिल्ली में चार तालाब बचे हैं उन्हें भी ख़त्म करके देख लें। दिल्ली को तो पानी देंगे ही और द्वारका को भी मिल जायेगा। वैसे भी ये जो झगड़ा है दो-तीन महीने चलता है। फिर थोड़ा पानी वग़ैरह गिर जाता है। फिर बाढ़ आने लगती है। उसी शहर में जो पानी के लिए कल एक-एक बूँद तड़प रहा हो और छोटी अदालत से लेकर बड़ी अदालत तक के चक्कर काट रहा हो। वह फिर भागता है कि हमारी डीटीसी की बस डूब गयी है—मिंटो ब्रिज और तिलक ब्रिज के नीचे। १९७०-८० के तिलक ब्रिज के नीचे डीटीसी की बस के डूबे हुए चित्र भी आपको मिल जायेंगे—बस की खिड़कियाँ नहीं दिखतीं। और पिछले साल का चित्र भी दिख जायेगा—उसमें केवल बस का रंग बदल गया है। हरे रंग की लो-फ्लोर बस हो गयी है लेकिन डूबी वह भी। एक तरफ़ हमें पानी का भयंकर संकट भोगना पड़ता है और दूसरी तरफ़ ये होता है। इससे कौन-सी फिलॉसफ़ी, कौन-सा दर्शन, कौन-सी नीति हमें बचा सकती है।

उसकी तलाश हमें, जो छोटा रास्ता आपको रेगिस्तान में दिख रहा है वैसे रास्ते फिर से ढूँढ़कर करनी पड़ेगी। उसी में दिल्ली बचेगी, उसी में फ़िरोज़ाबाद बचेगा और बचेगा बुन्देलखण्ड। ये सब चीज़ें उसी में से बच

सकती हैं। पर क्या वह रास्ता हम लोग लेना पसन्द करेंगे? बड़े शहरों के लिए सरकार अपनी नाक का प्रश्न मानकर पानी कहीं न कहीं से जुटाये। बम्बई को एक भी तालाब नहीं चाहिये। लेकिन बम्बई को एक बड़ा तालाब चाहिये अपने से दूर। बम्बई में एक वर्गफुट ज़मीन की क़ीमत लगभग पचास हज़ार रुपये है। ऐसे में आप तालाब बचाकर करोगे क्या? तालाब में कितने वर्गफुट मिट जायेंगे? कई हज़ार? तो बिल्डर हैं, मुख्यमन्त्री हैं, लैण्ड डेवलपमेंट मन्त्रालय है—इन सबको उसमें मज़ा आता है, उस तालाब को भरने में। तालाब के भरने से आपका जो ग्राउण्ड वाटर है उसका रिचार्ज होना बन्द हो जाता है। फिर अगली बार आप साउथ एक्स में एक पाँच करोड़ का घर ख़रीदकर बोर वेल लगायेंगे तो वह बोर वेल जवाब दे जायेगा। आपको जल बोर्ड का पानी चाहिये।

जब साउथ एक्स या बम्बई में एक घण्टे भी पानी गिरेगा तो आपकी कार उसमें तैरती नज़र आयेगी। ये सिर्फ़ दिल्ली में ही नहीं हुआ है। दुनिया के किसी भी विकास वाले शहर का नमूना देख लीजिये। अब लन्दन की बाढ़ के चित्र छपते हैं साल में दो बार। अमेरिका की बाढ़ के चित्र छपते हैं। इसको ग्लोबल वार्मिंग से जोड़ना है तो ज़रूर जोड़िये, स्वागत है। कुछ तो जुड़ता भी होगा। लेकिन ये हमारी अपनी वार्मिंग भी है। हमने पिछले पचास से सौ साल में जो काम किया है पानी की प्रकृति को बिना समझे उसमें अपनी नीतियों को नष्ट किया है। थाईलैण्ड में बाढ़ आयी तो छह महीने उसका पानी खिसककर गया ही नहीं, डूबा ही पड़ा रहा। ऐसी स्थिति में हम लोगों को कुछ सोचना पड़ेगा।

हम लोगों को तीन-चार साल पहले एक चीज़ समझ में आयी। इन्द्र का एक बहुत पुराना नाम है, कभी आपने सुना भी होगा—पुरन्दर। भगवानों के जो कई विशेषण चलते हैं उनमें एक विशेषण है पुरन्दर। पुरन्दर मेरे ख़याल से बाङ्ला में भी चलता होगा। मराठी में ख़ूब चलता है। और एक तहसील का नाम भी पुरन्दर तहसील है—पूना के पास। पुरन्दर का शाब्दिक अर्थ है जो शहर को तोड़ता हो, क़िले को तोड़ता हो। पुर यानी शहर, बस्ती, आबादी। जैसे—जबलपुर, नरसिंहपुर आदि। इन्द्र को, अगर बस्ती की बसावट अच्छी नहीं है तो उसे तोड़ने में मज़ा आता है। इन्द्र किस चीज़ से तोड़ता है? उसके पास कोई जेसीबी मशीन नहीं है कि उसको लेकर आयेगा और गिरायेगा। उसके पास पानी है। पानी बरसाता है और

शहर को डुबोकर चला जाता है। बहुत समय से हमारी आदतें ऐसी रही होंगी, जिसमें हमने अच्छे शहरों को बिगाड़ा होगा और फिर पुरन्दर जैसा विशेषण निकलकर आया होगा। आज कोई नयी ग़लती हम कर रहे हों, ऐसा नहीं है। शायद बड़े स्केल पर कर रहे हैं, ऐसा लगता है।

कुछ मोटी-मोटी बातें और मैं आपके सामने रखना चाहूँगा। हमारे अध्यक्ष इसे आँकड़ों के साथ और बेहतर ढंग से रख सकते हैं। लेकिन इस धरती पर कुछ करोड़ साल पहले पानी के जितने घड़े भरे गये होंगे, उनमें एक घड़ा नया नहीं जुड़ सकता। उतना ही पानी है जितना प्रकृति ने हमें दिया है। कुल जितना पानी उपलब्ध है प्रकृति की तरफ़ से उसमें प्लस-माइनस नहीं होने वाला। हमारी आबादी बढ़ेगी या घटेगी इससे उसको कोई मतलब नहीं है। हमारी आदतें बदलेंगी या सुधरेंगी इससे उसको कोई मतलब नहीं है। हम उस पानी को साफ़ रखेंगे या बिगाड़ेंगे इससे भी उसको कोई मतलब नहीं है—पानी की मात्रा तय है इस धरती पर।

अब आपके ऊपर निर्भर है कि आप उसका कितना इस्तेमाल करेंगे। उसको कितने बड़े शहरों को देंगे तो आप गाँव का पानी छीन रहे होंगे। आप उद्योग को देंगे तो आप खेती का पानी छीन रहे होंगे। आप खेती को देंगे तो आप उद्योग का पानी छीन रहे होंगे। या केवल गाँव को देंगे तो आप शहर का पानी छीन रहे होंगे। अब आपको तय करना है कि इसका बँटवारा कैसे करना है? बँटवारे के लिए आपके पास बड़ी-बड़ी टेक्नोलॉजी हैं, पाइप लाइनें हैं, बहुत सारे पम्प हैं। शायद बहुत सारी बिजली भी है निकालने के लिए। नीचे का पानी भी एक सीमा तक है। उसको आप रोज़ हर बरसात में रिचार्ज करेंगे तो निकाल सकेंगे, नहीं तो फ़िरोज़ाबाद बनने में कोई देर नहीं लगेगी।

पानी फ़िरोज़ाबाद में हर साल गिरता है। पर अब हम उसको रोककर नीचे डालना बन्द कर चुके हैं। इसलिए वह चीं बोल गया। ऐसे एक के बाद एक हमारे शहरों की सूची जुड़ती जा सकती है। मोटे तौर पर हर चीज़ का उत्पादन हो सकता है, इस उद्योग के युग में। लेकिन पानी का उत्पादन नहीं हो सकता। पानी का फॉर्मूला ज़रूर है जो हम लोग चौथी-पाँचवीं से पढ़ना शुरू कर देते हैं। सबको याद होगा। उसमें कौन-सी गैस कितनी है, कम है कि ज़्यादा है, एक है कि दो है वग़ैरह-वग़ैरह। लेकिन आपने कहीं पानी बनते नहीं देखा होगा। पानी पैक करने वाले बहुत-से कारख़ाने हैं।

उसमें रंगीन भी हैं—पेप्सी, कोकाकोला के रूप में और बिसलरी के रूप में सफ़ेद पानी भी। लेकिन पानी कोई बनाता हो ऐसा टाटा, बिड़ला अभी आपके सामने कोई नहीं है और न कभी आने वाला। कुल जितना पानी है उसको कितनी सावधानी से हम इस्तेमाल करते हैं, कितनी सावधानी से फेंकते हैं और कितनी सावधानी से उससे हम अपने खाने के लायक चीज़ें बनाते हैं, अपने पहनने के लायक चीज़ें बनाते हैं, अपनी शान-शौकत की चीज़ें बनाते हैं—वह सब आपको देखना पड़ेगा। उन चीज़ों की साफ़-सफ़ाई कितने पानी से करते हैं।

चण्डीगढ़ के बारे में अब पता चलता है कि पीने के पानी का इस्तेमाल पीने के लिए कम होता है, वही पानी पीने से ज़्यादा कार की धुलाई में लगता है। एक शहर का आँकड़ा ऐसा है। शर्मनाक है कि पीने का पानी हम कार धोने में ज़्यादा लगा रहे हैं ! जो कार रखेगा उसे कार की सफ़ाई तो रखनी ही होगी उससे हम यह नहीं कह सकते कि आप कार नहीं धोइये। लेकिन कैसे धोयेंगे? किस पानी से धोयेंगे? पीने वाले पानी से धोयेंगे? तो इन सब चीज़ों को हम लोगों को एक बार आज की तारीख़ में देखना पड़ेगा।

इसमें बहुत सारी बातें, जो मैंने कहा कि नदी मन्त्रालय की ख़बर आयी है। कोई गंगा को माँ मानेगा, कोई मौसी मानेगा। वह सब अच्छा है, उस सबका स्वागत है। लेकिन गंगा को नदी मानोगे कि नहीं मानोगे? अभी पिछली सरकार ने जाते-जाते शायद छह से आठ महीने पहले या साल भर पहले गंगा को राष्ट्रीय दर्जा दिया। अच्छा है, ज़रूर दो। लेकिन अब नयी सरकार आ रही है। वह कोई और दर्जा देने वाली है। हाँ, अन्तरराष्ट्रीय दर्जा दे रही है—गंगा को। लेकिन हम नदी को नदी का दर्जा देने से बचना चाहते हैं। उसमें से हम सब पानी निकाल लेना चाहते हैं। अपने शहर के लिए, अपनी खेती के लिए, अपने उद्योग के लिए। नदी के लिए पानी नहीं छोड़ना चाहते! तो फिर नदी का तरीक़ा कुछ और है। वह ज़रूर अपना हक़ वापस ले लेती है। लेकिन उसके कैलेण्डर में और हमारे कैलेण्डर में बहुत फ़र्क़ है। हम तो बारह महीने में एक साल बिता देते हैं। शायद गंगा, नर्मदा इनकी उमर का भी हमें ठीक-ठीक पता नहीं है। यहाँ जो विद्वान बैठे हैं ये बतायेंगे कि इन नदियों की उमर कुछ करोड़ साल की है। एक करोड़ साल की नदी के साथ हमारा बर्ताव बदतमीज़ी से बदतमीज़ी का हो तब

भी वह याद नहीं रखने वाली। एक सेकेण्ड में वह इसको भूल जायेगी। उसके लिए यह एक क्षण भी नहीं है जो हमारा कुल व्यवहार है। वह किसी भी दिन इसको मिटाकर चली जायेगी।

अल्मोड़ा से हमारे मित्र आये हैं—शमशेर भाई। पहाड़ से और भी मित्र हैं, मसूरी से पवन भाई तो हैं ही। इन शहरों के ऊपर कितना पानी गिरता है। और उसे नीचे जाने में कितनी देर लगती है। अल्मोड़ा से कोसी कितनी देर में पहुँच जाता होगा पानी ? दस-पन्द्रह मिनट में पानी नीचे पहुँच जाता है। हम उसको ऊपर रोकने का कोई जल-दर्शन, जल-नीति या कोई भी चीज़ नहीं जानते या जानते होंगे तो अपनाते नहीं। हम क्या जानते हैं कि जो पानी नीचे गिर गया उसको बिजली के ज़रिये फिर से ऊपर उठाओ। ये विकास है कि बेवकूफ़ी ? ये हमें समझना पड़ेगा। पानी चाहिये अल्मोड़ा को, मसूरी को। ज़रूर मिलना चाहिये, शिमला को भी मिलना चाहिये। लेकिन ये तीन या पाँच शहर नहीं। हज़ारों, लाखों गाँव हैं हिमालय में। उनको कितने पाइप लगाकर पानी दोगे आप। अल्मोड़ा और मसूरी को दे दोगे बाक़ी का क्या करोगे। तो आपको अपना तरीक़ा सोचना पड़ेगा। हम इतने दिनों से ख़ुद अपने हाथ से एक बहुत ही अच्छी कुल्हाड़ी की धार चमका रहे हैं और अपना पैर काटने की तैयारी कर रहे हैं—ख़ुशी-ख़ुशी। ऐसी हर तैयारी का वीडियो बन रहा है जैसे अभी इस भाषण का वीडियो बन रहा है—और हम उसको विकास कहते हैं। वही सब हमारे चित्रों में मिलता है, वही सब हमारे घोषणा-पत्रों में मिलता है कि हम हर शहर को पानी देंगे। सौ नये शहर बना देंगे, अगले घोषणा-पत्रों में ये भी आयेगा। उनके लिए पानी कहाँ से लायेंगे ? इस बारे में सोचने की कोई ज़रूरत नहीं है। ये सारी चीज़ें हैं। इनके बाद मुझे नहीं लगता कि हमें कोई जल-दर्शन या जल-नीति की ज़रूरत है।

दिल्ली में जो द्वारका वाला प्रश्न उठ रहा है, इसमें आप देखेंगे कि जल बोर्ड अपने को असहाय घोषित करते हुए कह रहा है कि उसको हरियाणा सरकार से वह रॉ मटीरियल या कच्चा पानी नहीं मिल रहा है जिसको वह मुनक कैनाल से प्लांट में डालकर साफ़ करके दे दे। कम से कम आज की तारीख़ तक। कल का मुझे नहीं मालूम। हरियाणा में कांग्रेस की सरकार है या नहीं है ? आप लोग हाथ उठाकर बताइये। दिल्ली में केन्द्र में कल क्या होगा नहीं मालूम। दिल्ली में किसकी सरकार है ? कांग्रेस

की। और अभी कुछ ही क्षण पहले तक दिल्ली में राज्य की सरकार भी कांग्रेस थी। लेकिन हम पानी मुनक कैनाल से नहीं पा सके।

अब इस चित्र को बदलकर देखिये कि कल हरियाणा में बीजेपी की सरकार आ जाये, 'आप' की सरकार दिल्ली में आ जाये—आप की सरकार तो दिल्ली में ४९ दिन रही है—और केन्द्र में बीजेपी की आ जाये जैसे पोल बता रहे हैं। तो क्या फिर पानी का बँटवारा हो पायेगा? यदि तीन सरकारें कांग्रेस की नहीं बचीं! कांग्रेस की सरकारें रहते हुए पानी नहीं मिला! पानी बहुत क़ीमती चीज़ है। उसकी एक-एक बूँद के लिए लोग वैसा महाभारत करेंगे जैसे एक इंच ज़मीन देने के लिए महाभारत में दो भाई लड़े थे। दो अपोजीशन के लोग नहीं थे, दो पार्टियाँ अलग-अलग नहीं थीं। दोनों एक ख़ानदान के थे। ये चीज़ें हम लोगों को देखनी होंगी।

अलनीनो की बात होती है। कुल मिलाकर इसको कितना भी समझ लो यह समझ में नहीं आने वाला विषय है। पैसेफिक कहाँ है? यहाँ से कितने हज़ार किलोमीटर होगा? लेकिन ऐसा लगता है कि अलनीनो आ रहा है। लोग तो कहते हैं मोदी आ रहा है। अलनीनो आ रहा है आठ-नौ हज़ार किलोमीटर की दूरी से। वहाँ समुद्र कैसा तपा है। उससे पूरी दुनिया का या पैसेफिक के पास के देशों का जो होगा सो होगा। हमारे खेतों का क्या होगा, हमारे शहरों का क्या होगा, हमारे नल में पानी आयेगा कि नहीं आयेगा। ये बड़ा विचित्र संसार है। इसको समझना, इसके आगे नत-मस्तक होना ही एक बड़ा कारण है—जैसा वह पहला चित्र आपने देखा और अब फिर देखेंगे। इसमें से हमें बारीक़ रास्ता निकालना आना पड़ेगा। तब हम शायद इसमें से कुछ कर पायें।

अलनीनो भी जो शब्द पड़ा। ये विज्ञान का शब्द नहीं है। इसका अर्थ भी हमें नहीं पता। इसका शुद्ध हिन्दी अनुवाद करें तो ये है—भगवान का नटखट बच्चा। साइंस की कोई टर्म नहीं है—अलनीनो। भगवान के नटखट बच्चे का क्या मतलब? एक तो बच्चे का स्वभाव ही थोड़ा-सा अन-प्रीडेक्टेबिल होता है। तो अलनीनो यानी इस टेंडेंसी का प्रिडिक्शन हो ही नहीं सकता—संसार में किसी भी सेटेलाइट के ज़रिये। किसी भी मौसम के सबसे अच्छे यन्त्रों से अलनीनो का हम पता नहीं लगा पाते। जब वह आ जाता है तब पता चलता है। दूसरा, उसका हम मिटिगेशन नहीं

कर सकते, उसको हम सुधार नहीं सकते कि ठीक है, अलनीनो आयेगा तो हम उसे रोक लेंगे, ऐसा नहीं हो सकता। कोई नेता आयेगा या नहीं आयेगा, उसको रोकने या नहीं रोकने के लिए आपकी कर्मण्यता या अकर्मण्यता ज़िम्मेदार हो सकती है। आपने तैयारी नहीं की थी इसलिए आ गया या आपने तैयारी की थी इसलिए रोक लिया। तैयारी की थी तो इमरजेंसी हटा दी। अलनीनो के साथ ऐसा कुछ नहीं होने वाला। उसे आना है तो वह आयेगा।

अन-प्रीडेक्टेबिल बच्चे का स्वभाव। आपने गोद में उठाया उसने पेशाब कर दी। अब आप झाड़ते फिर रहे, कपड़े धोते फिर रहे। अलनीनो का हिन्दी अनुवाद नटखट बच्चे के अलावा यदि बहुत ही घरेलू नाम सुनना है तो—बाल-गोपाल है अलनीनो। वह ताड़का को भी मार सकता है और अच्छे लोगों को भी मार सकता है। कृष्ण भगवान या बाल-गोपाल तो केवल बुरे लोगों को ही मारता था, अलनीनो का तो यह स्वभाव है कि वह अच्छे लोगों को भी मारता है।

राजस्थान में कहीं-कहीं जीरे की खेती होती है। जीरा बो—जहाँ-जहाँ बो सकते हो। लेकिन अब जीरे की खेती बता रही है कि उस इलाक़े का ग्राउण्ड वाटर वह अब ख़त्म कर रही है। समाज को यदि इससे सीखना हो तो सीखे। पंजाब में कभी धान नहीं बोया जाता था। गेहूँ का इलाक़ा था, मक्की का इलाक़ा था। कहावत है : 'सरसों का साग और मक्की की रोटी'। अभी मक्का पैदा होता ही नहीं। पंजाब से जो मित्र आये हैं, वे बतायें। सारा धान पैदा होता है। और धान के बारे में एक पुरानी कहावत है कि जिस इलाक़े में गेहूँ पैदा हो वहाँ यदि धान पैदा किया जाये तो ख़तरे की घण्टी है। हमें ख़तरे की घण्टी सुनने की ज़रूरत ही नहीं। ये जो धान पैदा हो रहा है। उससे अगर पंजाब की ज़मीन अगले पचास साल में ख़राब होती दिखे तो कोई बात नहीं। प्रकृति को हर चीज़ का जवाब देने में बहुत समय लगता है।

ये प्रश्नोत्तर वाला, शून्यकाल जैसा संसद में होता है वैसा नहीं है कि अभी प्रश्न पूछा और अभी जवाब मिला। आज अपन ने उससे एक प्रश्न पूछा कि धान बोयें या नहीं? वह चुप है। सौ साल बाद जवाब देगी कि नहीं बोना भाई। तब तक आप कहेंगे कि पहले क्यों नहीं बताया, बड़ी दिक़्क़त हो गयी हमें तो। वह कहेगी कि तीन सौ साल पहले भी बताया था, तब

भी तुमने नहीं सुना। तो सुनना और पूछना ये सारी चीज़ें हैं।

अभी आपने राजस्थान के रायका समाज की बात की। मध्य प्रदेश में एक जगह है—दहीनाला। राजस्थान के भेड़पालक वहाँ तक जाते थे और वहाँ से वापस आते थे। दोनों का कैलेण्डर ऐसा तालमेल वाला था कि ये खेत ख़ाली पड़े रहते थे—परती। एक फ़सल कट गयी होती थी तब ये वहाँ से लेकर आते थे। दो फ़सली इलाक़ा था। अब वहाँ पर ट्यूबवेल आ गये, नहर आ गयी। तीन फ़सली इलाक़ा हो गया। आपको तय करना है कि तीन फ़सलें होंगी तो भेड़पालक नहीं जायेंगे। भेड़पालक आयेंगे तो उनसे परिवार का या समाज का झगड़ा होने ही वाला है। भेड़पालन बन्द कर दें उससे कोई दिक़्क़त नहीं है, फिर आपका ऊन जायेगा। ऑस्ट्रेलिया से आ जायेगा कोई दिक़्क़त नहीं है। ये सब चीज़ें तय करनी पड़ेंगी। अपन तय नहीं करेंगे तो धीरे-धीरे तय होती हैं कि क्या चाहिये, क्या नहीं चाहिये।

सेडिड द्वारा आयोजित सेमिनार 'वाटर फिलॉसफ़ी', १५ मई २०१४

कवि नहीं, आदमक़द पिता की तरह याद रखा

मुझे आयोजकों ने यह छूट दी है कि मैं उनके प्रसंगों के बारे में बोलूँ। और सचमुच मैं उनके कवि पक्ष और कविता के बारे में बोलने के लायक भी नहीं हूँ। हम लोग उनके बेटे, परिवार के सब साथी उनके पाठक नहीं थे, जितने आप लोग हैं। आपको उनकी बहुत सारी कवितायें याद होंगी। हमें किसी कारण नहीं हो पायीं। वे छोटे कवि थे कि बड़े थे। प्रगति वाले थे कि अगति वाले थे। इस दौर में उन्होंने हम लोगों को पड़ने भी नहीं दिया और हम लोग पड़े भी नहीं। कवि का मूल्यांकन तो होता ही है। लेकिन जिस तराजू पर होता है उस पर जो बाट रखने चाहिये वे बाट आलोचक के होंगे कि पाठक के होंगे कि श्रद्धा से उनको याद करने वाले छात्रों के होंगे। ये बाट सब अलग-अलग हो सकते हैं। और उसी के हिसाब से तराजू थोड़ा ऊपर-नीचे हो सकता है। लेकिन तराजू का अच्छा होना बहुत ज़रूरी है। बाट अपने-अपने रखें हम लोग। हमारे तराजू और हम लोग थोड़े-थोड़े कट गये हैं। बिजली की भी चीज़ें आ गयी हैं तौलने की। तराजू का पूरे ढाँचे, उसकी संरचना में एक शब्द और होता था—पासंग। तराजू में कोई चूक रह जाये बनाने में तो यह पासंग उसे पूरा करता था। पासंग में एक सिक्का डला रहता था ताँबे का। उसे लपेटकर बराबर करते थे। तो पासंग को बराबर रहना चाहिये। उसके बाद किसी भी तरह से उनको तौला जा सकता है।

कवि का निधन होते ही उनका मूल्यांकन हो; शायद ऐसी उतावली उनके मन में नहीं थी। ज़िन्दा रहते हुए मूल्यांकन हो वह तो और बाद की बात है। पर मरने के बाद तुरत मूल्यांकन हो यह उतावली उनके मन में थी या

नहीं थी यह भी मैं पक्का नहीं कह सकता। लेकिन हम लोगों के मन में उन्होंने कभी यह बात आने ही नहीं दी। कविता लिखना एक अलग काम है। पिता की तरह तुम लोगों को जो याद रखना हो उतना करो। हम लोग उस शताब्दी में कभी पड़े ही नहीं।

समाज की तरफ़ से देखें, आज की भाषा में कहें तो हमें लगता है कि समाज की एक मेमोरी होती है। जैसे आपके कम्प्यूटर की मेमोरी होती है। वह कितनी जीबी है। वह बहुत सारी जीबी इकट्ठी करता है। कुछ को याद रखता है, कुछ को भुला देता है। कुछ को हो सकता है १०० साल बाद याद रखे। हम लोग इस काम में पड़े नहीं। कभी-कभी उनसे ये भी सुनते थे कि समाज किसी को भूल भी जाये तो ये चीज़ याद रखने लायक नहीं होती कि हमारे पिता को भूल गये। इसमें ज़्यादा दूर नहीं जाना चाहिये। उनका बचपन में सुना हुआ एक वाक्य याद है। कभी उन्होंने ऐसी बातचीत में कहा था, जिनको इसका दर्द रहता है कि—लोग भूल गये हमारे किसी प्रिय समाज सेवक को या नेता को या कवि को—जो लोग इस बात को याद रखते हैं कि उनको भूल गये। वे भी कुछ दिनों के लिए होते हैं। अमर होकर नहीं आते। तो यह दुख भी क्यों रखना मन में। इसलिए हमने उनको एक पिता की तरह याद रखा।

एक छोटा-सा प्रसंग क्षमा माँगकर बताता हूँ। निधन हुआ उनका २० फ़रवरी को। जैसा अक्सर होता है। उसके तुरत बाद लोग कहते हैं, कोई ट्रस्ट बनाओ उनको याद रखना ज़रूरी है। उस सब में हम लोग नहीं पड़ पाये क्योंकि उन्होंने ऐसा सिखाया नहीं। लेकिन ऐसे मौक़ों पर जैसा समाज कृतज्ञता ज्ञापित करता है। चिट्ठियाँ वग़ैरह बहुत सारी आयीं। उसमें एक विशेष चिट्ठी थी—राज्यपाल महोदय, मध्य प्रदेश की। उन्होंने लिखा कि बहुत दुख हुआ यह जानकर कि उनका निधन हुआ। यह निजी क्षति है, राजकीय क्षति भी है। मुझे बहुत शोक है। हम लोगों ने बहुत हृदय से उस चिट्ठी को पढ़ा, लपेटकर रखा। फ़रवरी, समय तो रुकता नहीं किसी के लिए। मार्च, अप्रैल, मई, जून। थोड़ा रुकिये और दो-तीन महीने गिनिये जुलाई, अगस्त। १० अगस्त को चिट्ठी आयी कि राज्यपाल महोदय स्वतन्त्रता दिवस की पूर्व सन्ध्या पर भोजन के लिए आपको आमन्त्रित करते हैं। अब मुझे लगा कि क्या करना चाहिये ऐसे पत्र का। मन तो यह करेगा कि किसी अख़बार वाले को दे दो। ओम थानवी जी आज नहीं

आये, नहीं तो उन्हें दे देते। वे कल छाप देते। धैर्य रखा, जो उन्होंने हमें सिखाया। थोड़ा रुको, धीरज रखो। फिर हमने चिट्ठी राज्यपाल महोदय को भी नहीं लिखी। उनके पी.ए. के नाम एक बन्द लिफ़ाफ़ा भेजा। उनको हमने सिर्फ़ इतना लिखा कि 'जिन लोगों को राज्यपाल शोक सन्देश व्यक्त करते हैं उनको भोजन वाली सूची से कटवा दिया करें।'

ऐसे छोटे-छोटे कई प्रसंग हैं। एक बड़ी अच्छी कविता उन्होंने लिखी है। वह मैं पूरी सुनाने वाला नहीं आपको। उसकी एक लाइन है कि दूध किसी का धोबी नहीं है। उन्होंने यह भी कहा कि मेरी ज़िन्दगी कोई दूध की धुली नहीं है, ठीक आदमक़द कोई नहीं है। लेकिन सचमुच वे एक आदमक़द पिता की तरह हम लोगों को याद हैं। कवि की तरह नहीं, दूध की धुली ज़िन्दगी की तरह नहीं, एक सुन्दर आदमक़द पिता की तरह याद हैं। कुछ बातें उन्होंने हमें सिखायीं। अच्छा लिखना सिखाया। उनकी एक कविता है कवि नाम से। उसमें उन्होंने कहा है—'क़लम अपनी साध और मन की बात कह एकाध।' ज़्यादा बातें भी मत कहो। ढेर मत लगा दो। 'यह कि तेरी मत हो तो कह।' इसका भी हम लोगों ने ध्यान रखा। सिर्फ़ अपनी-अपनी बात नहीं कहनी है। दूसरों की हो तो कहना है। और जिस तरह हम बोलते हैं, उस तरह तू लिख और उसके बाद भी हमसे बड़ा तू दिख। ये जनता कह रही है। तो इसको हम लोग जितना समझ सके बाद में।

चलते-फिरते, खाते-पीते ऐसी छोटी-छोटी बातें, चीज़ें व और ब का अन्तर, श और स का अन्तर फ और फ़ का अन्तर। आज आप जितने बड़े-बड़े कार्यक्रम सुनते हैं। आप आज शाम को भी जाकर देखेंगे। इन तीनों चीज़ों में कोई न कोई चैनल पर आपकी पकड़ में आने वाला मित्र मिल जायेगा। कैसे समझाया। उन्होंने कहा, गुलाब का फूल होता है बेटा, फ़ूल नहीं होता। फ़ूल अँग्रेज़ी में होता है। अगर गुलाब का फूल कहना है तो फूल कहो। वक्ता और बक्ता। उन्होंने कहा होशंगाबाद का हरेक वक्ता बकता था। इसलिए व और ब का ध्यान रखो। वक्ता को वक्ता कहो। नहीं तो होगा यह कि अनुपम मिश्र बड़े अच्छे बक्ता हैं!

मुझे कहा है पारिवारिक प्रसंग पर बोलने। उन्होंने कभी बाहर बाल नहीं कटवाये। ख़ुद काटते थे। हमें बाल काटना भी सिखाया। मैं भी शायद ४० साल से अपने बाल ख़ुद ही काटता हूँ। बुरे तो नहीं हैं। आपके सामने खड़ा हूँ। उनके भी ठीक-ठाक थे। बहुत सारे चित्र खिंचते थे। सम्मेलनों में जाते

थे। हज़ार–दो हज़ार लोग बैठते थे।

बहुत सारी छोटी–छोटी चीज़ें उन्होंने हम लोगों को सिखायीं। उनमें एक यह फ़ोटो का प्रसंग भी है। यह फ़ोटो हमारे घर से आयी है। लेकिन यह हमारे घर की नहीं है। माँ ने पिता जी के निधन के बाद कहा कि ब्रह्मलीन हो गये। ऐसा कहते हैं अपने यहाँ। इसलिए कोई चित्र उनका नहीं लगना चाहिये। सब चीज़ें तो जला देते हैं। इसलिए चित्र भी नहीं होना चाहिये।

माँ के गुज़रने के बाद प्रभाषजी की इच्छा थी कि एक शोक सभा हो, भजन हों। कोई चित्र नहीं था माँ का। मैं अच्छा फ़ोटोग्राफ़र नहीं हूँ। आज ओम थानवी नहीं आये हैं उन्होंने चण्डीगढ़ में माँ का एक बहुत अच्छा चित्र खींचा था। वे फ्रेम कराकर दे गये। सभा में वह चित्र रखा गया। जब सभा समाप्त हो गयी तो माँ का चित्र घर में एक कील में टाँग दिया गया।

अब माँ का चित्र तो टँग गया पर पिता जी का चित्र तो है ही नहीं घर में। ओम थानवी के परिवार के श्री रमेश थानवीजी ने जयपुर में एक कार्यक्रम किया और उन्होंने पिताजी का एक चित्र माँगा। हमने कहा कि कोई चित्र नहीं है तो उन्होंने किताब में से स्कैन करके यह चित्र बनवाया। यह चित्र दो साल उनकी संस्था में पड़ा रहा फिर कोई मित्र हमारे घर दे गये। अब दोनों चित्र हमारे यहाँ उपलब्ध हैं थानवी परिवार के सौजन्य से।

श्री भवानीप्रसाद मिश्र जन्मशती समारोह, २०१३। यू ट्यूब, अंगुल से

पानी को लेकर झगड़े भी और प्रेम के क़िस्से भी

पानी को लेकर झगड़े भी और प्रेम के क़िस्से भी

सबसे पहले मैं आपको यह बताना चाहूँगा कि पानी को लेकर झगड़े नये नहीं हैं, बहुत पुराने हैं। दस साल पुराने, पन्द्रह साल पुराने भूल जाइये। जितना हमारा कैलेण्डर है, उससे भी पुराने झगड़े हैं। रिकॉर्डेड झगड़े। इसी तरह पानी को लेकर प्रेम बढ़ाने वाले क़िस्से भी नये हैं और ढाई हज़ार साल पुराने भी। इसके बीच में हमें अपने समाज का तराजू देखना है कि वह करता क्या है और उसका पैण्डुलम कैसे ऊपर-नीचे हो जाता है, किन कारणों से होता है। आजकल तो आप लोग सब एसएमएस करना और पढ़ना जानते हैं, इसलिए एसएमएस की तरह संक्षिप्त बातें आपके सामने रखूँगा। कुछ चित्र भी मैं लेकर आया हूँ दस-बारह, वह भी आपको दिखाना चाहूँगा।

पंजाब तो हम जानते ही हैं, जिनके राज्य का नाम पाँच नदियों पर था। बँटवारा होने से ढाई-ढाई नदी भी आ गयी, तो भी एक नदी से ज़्यादा नदी है पंजाब में। लेकिन पानी की प्यास हम नहीं बुझा पाये। भाखड़ा मिलने के बाद भी वहाँ पानी का संकट ख़त्म नहीं हुआ।

एक उदाहरण हमारे देश से तो एक उदाहरण बिलकुल चालू, आजकल न्यूज़ में आने वाला, आज भी आया होगा। वह है लीबिया का। लीबिया भयानक रेगिस्तान का इलाक़ा, नदी है ही नहीं, लेकिन ये कोलोनेल साहब भी बड़े मज़ेदार आदमी, इन्होंने एक नदी ख़ुद बना ली, तब ये थोड़े विनम्र

रहे होंगे इसलिए उसका नाम गद्दाफी नदी नहीं रखा, उसका नाम उन्होंने रखा था—ग्रेट मेन मेड रिवर। यह उसका नाम ही है, वहाँ की भाषा में कुछ और होगा, लेकिन जो अँग्रेज़ी में मिलता है वह यह है। ऐसा कहा जाता है यह फॉसिल वाटर की तरह उनको अपने देश के एक डेजर्ट के हिस्से में मिला, और उसकी उमर होगी कोई दस लाख साल। तो इतना पुराना पानी है। ऐसा बताया गया कि इसमें सात हज़ार साल से नया पानी नहीं जुड़ा है, क्योंकि सहारा बन गया, और उसमें पानी गिरना बन्द हो गया, पहले रिचार्ज होता था, बनता था, निकाला तो कभी था ही नहीं किसी ने। करीब-करीब आधा किलोमीटर नीचे है, शायद दुनिया की सबसे बड़ी मीठे पानी की भूगर्भ में छिपी हुई झील है वह। उसको उन्होंने दो हज़ार किलोमीटर बहाया, लेकिन यह नयी नदी इसमें प्रवाह नहीं है, फ्लो नहीं है, इसमें रिवर बैंक नहीं है, ये पाइपलाइन से बनी नदी है, इसके किनारे बैठकर आप पिकनिक नहीं मना सकते, मछली नहीं पकड़ सकते, कुछ नहीं कर सकते।

जहाँ पानी मिला वहाँ पर खेती हो, ऐसी उनकी इच्छा थी, लेकिन लोगों ने जाने से इनकार किया, इतना लोकप्रिय नेता था। उस समय क्रान्ति करके आया था, लेकिन लोगों का पानी के साथ कुछ और सम्बन्ध है, उन्होंने कहा, हम वहाँ खेती करने नहीं जायेंगे, तो उसको उन्होंने दो किलोमीटर दूर, दो हज़ार किलोमीटर के आड़े-तिरछे पाइपों से पहुँचाया, वह क़िस्सा आप लोग कहीं और भी देख सकते हैं, अभी हम उसको इस तरह से छोड़ेंगे, कि इतना पानी जो नेता अपने लोगों के स्नेह में लाया, क्रान्ति के बाद, उसके पीछे कई तरह के राजनीतिक क़िस्से भी हैं। जिन लोगों ने उस पर बम गिराया उन्हीं लोगों ने उस नदी को बनाने में सहयोग दिया था, उसमें एक अमेरिका की कम्पनी और एक यूके की सब्सिडिरी। और उन्होंने कहा कि यह सबसे अच्छा बिजनेस था हमारे लिए, इतना पैसा मिला हमें लेकिन पानी नहीं मिला। और नदियाँ सूख जायेंगी लेकिन इस नदी में रस्ट लगेगा, जंग लगेगी, क्योंकि ये नदी नहीं है, ये पाइपलाइन अरबों रुपये की और बाद में यह सूखकर ख़त्म होने वाली है। तो मैं आपसे निवेदन करना चाहता हूँ कि पानी की कमी या पानी का ज़्यादा होना शान्ति की गारण्टी नहीं है, झगड़े की गारण्टी नहीं है।

मन क्या है समाज का, रामास्वामी जी ने जो एक बहुत अच्छा शब्द कहा

'धर्म'। हमारा अधिकार नहीं, हमारा कर्तव्य, हमारी ज़िम्मेदारी क्या है, वह जो समाज का टुकड़ा तय करता है, उस मन को अगर हम समझेंगे और उस मन से हम जुड़ेंगे, तो पानी के सबसे कम इलाक़े में भी हमें पानी को लेकर झगड़ा नहीं दिखायी देगा। मैं अब आप लोगों को लीबिया से वापस ले जाऊँगा, २०११ से पाँचवीं शताब्दी बीसी, बुद्ध के समय में। ढाई हज़ार साल पुराना क़िस्सा।

हम लोग बचपन से पढ़ते हैं कि एक राजकुमार पहली बार रात में निकला और उसने सड़क पर सबसे पहले एक वृद्ध सज्जन को देखा। पूछा कि भाई ये ऐसे क्यों हो गये? उन्होंने कहा कि यह तो सबके साथ होता है। फिर एक रोगी को देखा, तो उन्होंने कहा कि सब स्वस्थ शरीर एक दिन बीमार पड़ सकते हैं। फिर उन्होंने एक मृत्यु देखी और उन्होंने कहा कि सबको एक दिन मरना है। इसमें से एक दिन एक नया व्यक्तित्व निकला और धर्म बना। यह हम सब जानते हैं, लेकिन यह क़िस्सा इतना सरल नहीं है।

बिहार के इस हिस्से में जहाँ बुद्ध का जन्म एक राजपरिवार में हुआ उस राज परिवार के दो टुकड़े पिछले पचास साल से पानी को लेकर झगड़ रहे थे, शाक्य वंश। और दूसरा उनका मायके वाला। ससुराल और मायका पक्ष था। फसल की तरह लोग काट दिये जाते थे। बिहार का इलाक़ा नदियों के लिए प्रसिद्ध है, हिमालय से निकलने वाली। लेकिन ये थोड़ा दक्षिण का क़िस्सा है, इसमें हिमालय से आने वाली नदियाँ गंगा में आकर रुक जाती थीं। और ये इस तरफ़ से आने वाली नदियाँ हैं।

लेकिन पानी की कोई कमी नहीं थी। और ढाई हज़ार साल पहले लोग काट दिये जाते थे। मुझे लगता है एकाध कभी ऐसा भी विश्लेषण हमारे सामने आयेगा कि बुद्ध के मन पर पानी को लेकर होने वाली हत्यायें, अपने ही लोग एक-दूसरे को मार रहे हैं, इसकी वजह से भी उनके मन में चिनगारी आयी होगी कि ऐसा जीवन किस काम का? तो मन बदलने के लिए उन्होंने पानी का काम भी किया ये हम बहुत कम लोग जानते हैं। संघ की शरण में आओ, धर्म की शरण में आओ, यह सब तो हम सुनते ही हैं, लेकिन उन्होंने ढाई हज़ार साल पहले आहर-पईन नाम की एक पद्धति निकाली, जिसमें उन्होंने वहाँ के बाढ़ के पानी का उपयोग किया, जिसको आजकल हम लोग अँग्रेज़ी में रेन वाटर हार्वेस्टिंग कहते हैं, वह

फ्लड रेन वाटर हार्वेस्टिंग थी। और इस पद्धति के पीछे सबसे बड़ा जो गुण था, वह बुद्ध जैसा ही कोई व्यक्तित्व वास्तव में उतार भी सका होगा। पचास-पचास गाँवों को आपस में मिलकर बैठना पड़ता था, क्योंकि ये बाढ़ के पानी की हार्वेस्टिंग इतनी लम्बी होती थी कि जब तक हम आपस के छोटे-छोटे झगड़े नहीं सुलझायेंगे, पानी इस कोने से उस कोने तक नहीं पहुँच पायेगा।

और यह पद्धति आप लोग देखेंगे, आज नेट पर नहीं है, कहीं पर इसके बारे में विस्तार से जानकारी नहीं है, पर यह आज भी कायम है। वहाँ पर सब नये लोकतान्त्रिक आये और वहाँ पर जो भी सिविल इंजीनियरिंग के काम हुए, वे सब ठप्प हो गये। लीबिया की नदी में अभी जंग लगने में कुछ समय है, पर हमारी इस तरह की कई योजनायें जंग खाकर ठप्प हो गयी हैं। लेकिन ढाई हज़ार साल पुरानी आहर-पईन पद्धति उपेक्षा के बाद अभी भी टूटी-फूटी स्थिति में आपको कई जगह मिल सकती है। तो इतनी चीज़ें मोटे तौर पर आपके सामने रखना चाहता था।

मुझे तो अन्दाज़ नहीं है। लेकिन हम लोग जिस इलाक़े में काम करते हैं, रेगिस्तान में, वहाँ अकाल तो जीवन का एक हिस्सा है। लेकिन अकाल के साथ उन लोगों ने जीना सीखा है। और हम लोग जिस तरह का अकाल इधर जानते हैं यह बिलकुल भिन्न क़िस्म का अकाल है। अभी हम लोग दोपहर को बात कर रहे थे, जयपुर के पास एक छोटा-सा गाँव है। वहाँ यह पद्धति है तो पता नहीं कितने गाँव में थी। उसमें हर अच्छी फ़सल में से, सब किसान एक-एक मुट्ठी अनाज सुरक्षित रख दिया करते थे। इसके सात टुकड़े किये जाते थे। इस अनाज को तीन साल तक सुरक्षित रखने का तरीक़ा ढूँढ़ लिया था। अगर इस बीच अकाल पड़े तो वह बिना कोई मीटिंग, बिना किसी परमीशन के, उसमें कोई ताला-चाबी नहीं होती थी, उसको खोलकर आपस में बाँटा जाता था।

तो ये एफसीआई के गोदाम में लाखों टन अनाज सड़ता है, कभी चूहा खाता है। यह न भी हो बहुत ही ईमानदार व्यवस्था हो जाय, तो भी आपको खेत से पहले गोदाम में लाना पड़ता है, कुछ पचास, पाँच सौ या हज़ार किलोमीटर। फिर उसको वापस अकाल के इलाक़ों में पहुँचाना पड़ता है। तो अकाल से लड़ने के लिए लोगों ने अपने तरीक़े बनाये थे, इसलिए वहाँ यह भी कहा जाता है, अच्छे कामों को करने का अकाल आता है। सो जो

अच्छी पद्धतियाँ हैं, उनको जब भूल जाते हैं, जो अच्छी चीज़ें हमें जोड़कर रखती हैं, जब हम उनको भूल जाते हैं तब अकाल आता है।

मेरा कहना है कि कुछ मोटी-मोटी बातें याद रखिये, एक तो तकनीक नयी-नयी आयी है, इससे अभी हम निपटना नहीं जानते, कितनी गहरायी से पानी निकाल सकती है। मैं तो मज़ाक़ में नहीं, बहुत गम्भीरता से कहता हूँ कि देश में अगर जल संरक्षण का सबसे बड़ा पुरस्कार हो, अभी तो वर्ल्ड कप जीता है तो हरेक खिलाड़ी को एक-एक करोड़ दे रहे हैं, तो कुछ एक अरब का इनाम बनाया जाये, और किसको दिया जाये अगर आप लोग अन्दाज़ लगा सकें। मैं उसमें अकेला जूरी बन बस एक विभाग को देना चाहता हूँ। वह है—बिजली विभाग। अगर उसने २४ घण्टे बिजली दी होती, तो हम अपना पानी अभी तक ख़त्म कर चुके होते। इसलिए तकनीक बहुत भयानक है, वह तो पन्द्रह मिनट में बिजली काट देता है तो सबसे बड़ा संरक्षण उसने सिखाया है। हम लोग बहुत आसानी से न सोचें कि टेक्नोलॉजी हमें बचा लेगी। कई बार लगता है कि वह अपने पैर पर कुल्हाड़ी मारने वाली जो कहावत है, हम कुल्हाड़ी की धार को भी तेज़ कर रहे हैं। काटे नहीं पर पक्का कटना चाहिये।

ये सब चीज़ें सोचिये। एक छोटा-सा उदाहरण देता हूँ मैं फिर इसको ख़त्म करूँगा। रेगिस्तान के बहुत सारे हिस्सों में पानी इतना कम है, दो या तीन सेंटीमीटर एक साल में, लेकिन वहाँ लोगों ने लालच नहीं किया। आज पंजाब में, इन्होंने बहुत अच्छा उदाहरण दिया, नयी तकनीक आयेगी तो कम पानी में धान पैदा करेंगे, लेकिन पंजाब में धान पैदा ही क्यों करेंगे। पंजाब में कहावत है गेहूँ के इलाक़े में धान आपको डुबोयेगा, आत्महत्या है। धान तो समुद्रतटीय इलाक़ों में होना चाहिये। लेकिन जिस दिन हम सोचेंगे कि टेक्नोलॉजी के कारण हम कहीं भी धान पैदा कर सकते हैं। मैं वापस रेगिस्तान के समाज पर आता हूँ, जहाँ दो-तीन सेंटीमीटर पानी गिरता है। हमें तो शायद दो साल पहले हुई मीटिंग के मिनट्स भी याद नहीं होंगे। हम कई संस्थाओं के सदस्य होंगे, हमें मिनट्स बुक देखनी पड़ती होगी। इस तरह के समाज में लोगों को पाँच सौ साल पुराने मिनट्स याद हैं कि हमारे पुरखों ने कहा था कि खेती मत करना यहाँ पर, नहीं तो यह जो मीठा कुआँ है यह सूख जायेगा। बकरी पालना, गाय पालना, सबसे अच्छी गाय की प्रजातियाँ रेगिस्तान में हैं। और कई बार तो मुस्लिम घरों

में हैं। हम जैसे हिन्दुओं को दिखाने से भी मना करेंगे वे कि तुम्हारी नज़र लग जायेगी, हम नहीं दिखाते अपनी गायें तुमको।

यह उन्होंने अपनी सन्तति के लिए, पानी की शेयरिंग के नाते सोचकर खेती तक बन्द कर दी, आज भी नहीं होती कई हिस्सों में खेती। हम लोगों को लगेगा कि क्या खाता है? हमसे बहुत ज़्यादा ख़ुश रहते हैं। उनमें से कुछ के घर में तो रोहिणी जी गयी हैं। यह बतायेंगी आपको कि वहाँ इन्होंने ग़रीबी और लाचारी नहीं देखी। जेब में पैसा है कि नहीं ये अलग बात है, लेकिन दो हज़ार, दस हज़ार भेड़ें हैं, कोई कम है क्या? एक मारुति की क़ीमत और दस हज़ार भेड़ों की क़ीमत कोई कम है क्या? लेकिन कुछ भी तौल सकते हो आप उनके तराजू में।

पीस टाक २०११

क्या आज भी महात्मा गाँधी प्रासंगिक हैं?

क्या आज भी महात्मा गाँधी प्रासंगिक हैं?

हम सब लोग दो मिनट में मैगी बहुत दिनों से सुन रहे हैं। नौ मिनट में महात्मा गाँधी, नौ मिनट में महात्मा गाँधी की रिलेवेंस ये दो मिनट में मैगी जैसा ही काम होना चाहिये। तब तो स्वाद आयेगा लोगों को और कुछ अच्छा लगेगा। पर मैं आपसे पहले यह पूछना चाहता हूँ कि क्या सचमुच हमको गाँधी की रिलेवेंस जानने की ज़रूरत है आज? कौन-सी चीज़ की कमी है आज आपके पास? बड़ा घर होगा, छोटा घर होगा, छोटी गाड़ी होगी कल बड़ी हो जायेगी। एक अच्छी नौकरी होगी जिसमें ये स्लिम ट्रिम वाली कोई टैबलेट्स की ज़रूरत नहीं पड़ती और वह कैसे बड़ी से बड़ी हो और मोटी से मोटी हो। कुछ चीज़ें नहीं होंगी तो कल आ जायेंगी आपके पास। फिर ये मोहनदास करमचंद गाँधी तो काफ़ी पहले गुज़र गये आकर।

आज हमें सचमुच उनकी कोई ज़रूरत लगती है? फिर अगर ज़रूरत भी हो तो समय किसके पास है गाँधी जी को समझने का? आप अपने जीवन को देखिये, बच्चों के जीवन को देखिये। नर्सरी में इण्टरव्यू शुरू हो जाते हैं। पाँच साल की उमर तक आते-आते पाँच किलो का बस्ता उसके पीछे चला जाता है। थोड़ा और ऊपर जाता है हमारा बच्चा, हमारी बिटिया तो हमें उसके स्कूल से लौटने के बाद कोचिंग में भेजना ज़रूरी लगता है। पूरे पाँच घण्टे, आठ घण्टे कम पड़ते हैं हमको। उसके दिमाग़ में ज्ञान ठूँसना पड़ता है तो हम कोचिंग में भेजते हैं। इसके बीच में उसको कहीं आनन्द भी चाहिये, ख़ुशी भी चाहिये तो हम उसको खेल की एकेडमी में भेजते हैं। खेल खेलना बन्द हो गया। खेल सीखना शुरू हो गया। और खेल भी तीन ही चार हैं, जिनको सिखाना है। इस सबके बाद जब परीक्षा होती है तो हमें ९७ प्रतिशत से कम कोई गुंजाइश नहीं दिखती, इस ज़िन्दगी में आगे जाने के लिए।

ये जो ९७ प्रतिशत से नीचे के बच्चे होंगे उनको हम किस गलीचे के नीचे छिपाने वाले हैं। कौन–सा कॉर्पेट इतना बड़ा होगा, कौन–सा जुलाहा हमको इतना बड़ा गलीचा बनाकर देगा, जिसमें हम समाज की इतनी बड़ी आबादी को छिपाना चाहेंगे। अब ये जो ४ प्रतिशत हमारे पास हैं जो बहुत सफल हो गये और वे ज़रूर जायेंगे आगे जहाँ–जहाँ जाना है। वहाँ जाकर क्या उन्हें सुख मिल जायेगा उसमें से ? सबसे अच्छे लोगों ने वह रास्ता छोड़ा है। इस बात का सबूत दिखा रहे हैं तो ये जो हमारा संसार खड़ा हुआ है, जिसमें २० साल की बेमन की पढ़ाई और उसके बाद २० साल की बेमन की नौकरी। न उस पढ़ाई में मज़ा आया और न उस नौकरी में मज़ा आया।

अँग्रेज़ी में दो शब्द चलते हैं—वीक और वीकएण्ड। वीक है सोमवार से शुक्रवार। इन पाँच दिनों में काम करो उसके बिना काम नहीं चलेगा। शुक्रवार की शाम से मज़ा आने लगता है। शनिवार ख़ूब मज़ा लेते हैं। लेकिन शनिवार की शाम से तेज़ी से ढलान शुरू होता है कि इतवार आने वाला है। फिर भी मन बहुत मज़बूत है वह कहता है कि अभी भी छुट्टी का दिन है। लेकिन इतवार की दोपहर के बाद इतनी तेज़ गति में चलने लगता है, वह क्या आपके इण्टरनेट में स्पीड कहलाती है उससे भी तेज़ गति से चलने लगता है—सारा काम। और सोमवार की सुबह दिखने लगती है कि हमको सुबह ९ बजे फिर से उसी दफ़्तर में जाना है, जिसे हम पसन्द नहीं करते। सोमवार सुबह ९ बजे तक। अँग्रेज़ी में याद करें 'मण्डे मॉर्निंग ९ ए.एम.।' इस समय के एक रोग के लक्षण का नाम है। इसको 'मण्डे मॉर्निंग ९ ए.एम.सिंड्रोम' भी कहने लगे हैं डॉक्टर्स। बहुत सारे हार्ट अटैक को अमेरिका के एक एम.डी. डॉक्टर ने (यह एक लम्बा क़िस्सा है, अभी इतना समय नहीं है।) कोई २–३ लाख हार्ट अटैक के मामले कम्प्यूटर में डाले। जैसे कोई फॉर्म वग़ैरह हम लोगों से भरवाते हैं कि जेण्डर क्या, उम्र क्या आदि के साथ उसमें एक लाइन बहुत अच्छी थी, आपके काम की थी कि कितने बजे और कौन से दिन अटैक आया। ज़्यादातर अटैक मण्डे मॉर्निंग ९ ए.एम.। तो ये तो हमारा अपना संसार है।

जिस संसार में हम रहते हैं उसमें ए टू जेड देश देखिये। हिन्दुस्तान तो आई से शुरू होता है और आई कैपिटल भी होता है अँग्रेज़ी में और स्मॉल भी। हम लोगों का समाज शायद थोड़ा विनम्र था, थोड़ा कम गति पर चलने वाला तो उसने आई कैपिटल के बदले आई स्मॉल रखा, घमण्ड नहीं

किया। लेकिन ए टू जेड नहीं तो ए टू वाय देखिये आज। आज का अख़बार देखिये। आपके कमरे में सुबह आया होगा। अफ़गानिस्तान से लेकर यमन तक क्या चल रहा है। कई बार हमको लगता है कि हम इसको सँभाल लेंगे। कैसे सँभालेंगे? हथियार बनायेंगे? बड़े से बड़ा हथियार हमारे दुश्मन को हरा देगा। हमारा दुश्मन भी बहुत होशियार है। वह हमसे बड़ा हथियार बना लेता है। ऐसे हथियारों की होड़ में कोई लड़ाई हम जीत नहीं पाये हैं, कोई देश जीत नहीं पाया है किसी लड़ाई को।

इसमें दूसरे महायुद्ध को याद कीजिये। जब एक दुबला-पतला बूढ़ा आया और उसने उस समय आज़ादी की लड़ाई बिना हथियार के लड़ने की कोशिश करके दिखायी। उसका दुश्मन भी कोई मामूली नहीं था। हम लोग सब सुनते हैं, बचपन में प्राइमरी में पढ़ते हैं कि उसका दुश्मन ऐसा था जिसके साम्राज्य में सूरज भी नहीं डूबता था। सूरज को भी ग़ुलाम बनाकर रखा था उसने। गाँधी जी आये तो उन्होंने बिना किसी हथियार के सूरज को भी मुक्ति दिलायी कि तुम डूबो बाबा कभी-कभी। मुक्त किया उनको, हम सबको भी मुक्ति दिलायी प्यार के साथ।

आजकल आप ये एफडीआई की बात सुन रहे हैं। गाँधी शब्द गुजराती में परचून की दुकान चलाने वालों का होता है। तो ये परचून की दुकान, रिटेलर आया और थोक में प्यार का व्यापार करके गया दुनिया में। एक रिटेलर आकर होलसेल बिजनेस करके गया प्यार का, सत्य का, अहिंसा का। सब बड़े-बड़े हमने तमंचे बनाये, न्यूक्लियर तमंचे भी बना लिये और अभी-अभी, री-सेंटली तमाचा बनाकर भी देख लिया। तमाचे मारे गये हैं। लेकिन इससे हम कुछ जीत नहीं पा रहे हैं। इसलिए मुझे लगता है कि जो छोटी-सी छाँव की जो कल बात हुई। ठण्डी छाँव प्यार की छाँव। यहाँ पर हमसे पहले जो बोल गये। कितना सुन्दर यह सब बना है। आप लोग चार दिन से इसे देख रहे हैं। ध्यान से देखिये। इसमें कहीं एक, दो, तीन, चार चाबियाँ टँगी हैं। हर ताले की चाबी हमारे आसपास रहती है। हम ताले देखते हैं लेकिन चाबियाँ ढूँढ़ना बन्द कर दिया है। चाबियाँ देख सकें तो हम सबके ताले भी खुलेंगे, दूसरे लोगों के भी खुलेंगे।

इंक टॉक २०११, जयपुर (inktalk.com से)

चन्द्रशेखर आज़ाद : एक ही छबि

मुझे कहना नहीं चाहिये लेकिन दिन-रात रंगीन चित्र उगल रहे जो हमारे इस समय के माध्यम हैं, उन्होंने आदर्श पुरुष की परिभाषा बतायी है—भारत का आदर्श पुरुष इण्डियन पार्टी कहलाती है। आप लोगों ने उसको देखा भी होगा।

ऐसे में मध्य प्रदेश शासन ने जो ये सब काम शुरू किया है वह सचमुच अभिनन्दनीय है। आज अपने जीवन में—आयोजन में भी उतारना और व्यवहार में भी उतारना। हम यह दोनों काम कर सकें तो सचमुच वे आदर्श अगली पीढ़ी तक जा पायेंगे, जिनकी स्मृति में आज हम इकट्ठे हुए हैं। उनके गुण और आदर्श क्या थे? सादगी, सचाई, निडरता। इतने बड़े आदमी की स्मृति को हम लोग बस एक ही छबि से याद रखे हैं। चौथी की पुस्तक में भी वही छपी है आज़ाद जी की और शायद संसद में भी वही। ज़रा तुलना कीजिये कि आज जिनको हम शीर्ष पुरुष मानते हैं हम लोग उनके कितने चित्र चौराहे-चौराहे पर टाँग देते हैं, कितनी मुद्राओं में टाँग देते हैं और कितने अवसरों पर टाँग देते हैं। और जिन लोगों ने हमारे समाज को उठाने का काम किया है उनका हमारे पास एक ही चित्र, एक ही छबि बची रह जाती है। मुझे लगता है कि आज जो हमारी हज़ारों छबियाँ हैं शहर-गाँव में वे मन पर टिक नहीं पायेंगी। और ऐसी एक छबि भी टिक पायेगी। इस लायक काम करने की हम लोगों को उनसे प्रेरणा लेनी चाहिये।

एक बहुत छोटे-से परिवार में उनका जन्म हुआ। उनकी ठीक से कोई जीवनी भी नहीं मिलती। उन पर ढंग की कोई ठीक किताब भी नहीं

मिलती। संख्या भी कम है, जानकारी भी कम है। उनके पिता जी एक छोटे-से बग़ीचे के रखवाले थे। बेटे ने उस काम को आगे बढ़ाया। उसने पूरे देश को अपना बग़ीचा माना। उसका रखवाला बना।

१९२० का उनका एक छोटा-सा संवाद है। अदालत ने उनसे पूछा, तुम्हारा नाम? उन्होंने कहा—आज़ाद। पिता का नाम? उन्होंने कहा—स्वतन्त्र। पता? उन्होंने कहा—जेल। तीन शब्द मजिस्ट्रेट से कहे। इसके बाद उन्हें सज़ा मिलनी चाहिये। आप जानते ही हैं। क्या सज़ा मिली होगी? कुछ कोड़ों की सज़ा मिली—१०० कोड़ों की। तीन शब्दों के बदले। ऐसा कहा जाता है कि हरेक कोड़ा खाया उन्होंने उस अँग्रेज का और हर कोड़े के साथ 'आह' के बदले उनके मुँह से 'महात्मा गाँधी की जय' निकला।

इसके बाद उन्होंने जो बग़ीचे की रखवाली का काम किया उसमें कुछ लोग कह सकते हैं कि कुछ हिंसा-अहिंसा की बात है। मुझे लगता है कि वीरता और कायरता वाला मामला है। उन्होंने वीरता का चुनाव किया। अपने माध्यम बदले, अपने हथियार बदले। एक समय में उन्होंने 'हिन्दुस्तान सोशलिस्ट रिपब्लिकन आर्मी' भी बनायी। लेकिन बाद में ख़ुद ही उन्होंने एक जगह कहा कि नागरिक हथियार उठायें। उससे जो परिणाम निकलने चाहिये थे वह अभी हम नहीं निकाल पाये। और कुछ ही समय बाद उनको इलाहाबाद के अल्फ्रेड पार्क में लोगों ने, अँग्रेज़ सिपाहियों ने घेरा। उनके साथ उन्होंने बहुत वीरता के साथ मुक़ाबला किया। और उनके हाथ में ज़िन्दा जाने के बदले उन्होंने आख़िरी गोली से मृत्यु के हाथ में जाना पसन्द किया।

मुझे लगता है कि उस पीढ़ी के ये जो गुण हैं आज हर क्षेत्र में, राजनीति में, समाज में जो दिखावा, तड़क-भड़क बढ़ रही है उसको रोकने का काम कर सकते हैं।

चन्द्रशेखर सम्मान के अवसर पर दिया गया भाषण, २००८

लोक बुद्धि का सम्मान करना सीखें

आप में से अधिकांश लोग ऐसे प्रदेशों से हैं, जिनको हिन्दी के कारण थोड़ी दिक़्क़त आयेगी, उनसे मैं क्षमा माँगता हूँ हाथ जोड़ कर। लेकिन ये चित्र हैं आपको बातचीत जरूर समझ में आयेगी। नहीं तो आप अपने ऐसे किसी साथी के साथ बैठ सकते हैं जो हिन्दी का थोड़ा अँग्रेज़ी कर सकें।

रेगिस्तान की एक छोटी-सी आपकी ट्रिप ४० मिनट में लगाने की मेरी इच्छा है। जब मुझे आपके यहाँ आने का निमन्त्रण मिला तो जिस तरह से आपके स्कूल का नाम है, मुझे लगा कि गवर्नेंस में रुचि लेने वाले आप जैसे विलक्षण छात्र-छात्राओं को थोड़ा अपने समाज के बारे में ढूँढ़ने का रास्ता ज़रूर बताया गया होगा—मैं पहली बार बता रहा हूँ ऐसा नहीं है।

यहाँ पर किसी कारण से उस तरह के नाम अख़बारों के नहीं दिख रहे हैं। लेकिन अख़बारों के नामों का सर्वे करेंगे तो सबसे ज़्यादा उनके आगे 'जन' या 'लोक' लगा हुआ मिलेगा—लोकसत्ता, जनसत्ता। पार्टियों के नामों का विश्लेषण करेंगे तो उनमें सबमें जन, जनता, ए,बी,सी,डी से लेकर एक्स,वाय,जेड तक जा सकता है, लेकिन जनता नाम जरूर चाहिये। इसी तरह आप देखेंगे कि पीपुल्स पावर की सब बात करते हैं। बीजेपी भी करेगी, नक्सलवाद भी करेगा, आरएसएस भी करेगा। लोगों को सत्ता की ज़रूरत है, लेकिन पावर का कन्सेप्ट ये है कि आप मुझे पावर दें मैं मुख्यमन्त्री बनूँ और फिर आपका कल्याण करूँ। तो ऐसे कितने अच्छे मुख्यमन्त्री, कितने अच्छे आई,ए,एस अधिकारी, हमारे एन.जी.ओ. परिवार में कितने अच्छे सोशल वर्कर हैं। मेरा कहना है कि ये सब लोग पाँच लाख गाँवों के देश में सचमुच अपना कोई नम्बर रखते हैं क्या? जिन

आई.ए.एस. अधिकारियों का नाम हम सुनते हैं कि कितना अच्छा काम किया या जिन पुलिस वालों का नाम सुनते हैं जो नायक बनते हैं। कई बार एक-दो साल बाद पता चलता है कि ठप्प हो गया मामला, किसी घोटाले में चला गया, आय से अधिक सम्पत्ति में चला गया। ऐसा ही सामाजिक कार्यकर्ता के साथ हो सकता है।

तो पाँच लाख गाँवों में काम करना होगा आपको इस देश के पुनर्निर्माण के लिए। पुनर्निर्माण हो जाय तो चलाने के लिए लोक सत्ता के साथ लोक बुद्धि जैसे शब्द की मन में जगह बनानी पड़ेगी। अगर उनकी विज़डम नहीं है वो केवल वोट बैंक हैं तो ये बैंक लुट जायेगा, डिफंड हो जायेगा, दिवालिया हो जायेगा। इसमें से आप कुछ कर नहीं पायेंगे। और आप देखेंगे कि जो लोग गवर्नेंस में आते हैं, वो बाद में निराश हो जाते हैं थक जाते हैं कि कुछ काम बना नहीं।

आज मैं आपको अगले ४०-४५ मिनट में एक ऐसे इलाक़े की यात्रा कराना चाहता हूँ जहाँ पर १६ सेंटीमीटर वर्षा होती है साल भर में। महाराष्ट्र का, पूना का कितना है मुझे अंदाज़ नहीं—शायद १०० सेंटीमीटर।

आप देखियेगा कि कितना कम बजट प्रकृति ने उन्हें दिया है। यहाँ पर १५ से २५ फुट पर ग्राउण्ड वाटर मिल जाता है, वहाँ ३०० से नीचे मिलेगा और ज़्यादातर पानी खारा है, ९० प्रतिशत तक डेजर्ट का पानी नीचे खारा है। डेजर्ट के ज़िले हैं—बाड़मेर, जैसलमेर, बीकानेर, नागौर, चुरू, और भी कुछ हैं लेकिन आठ प्रमुख ज़िले हैं। तो आपको पानी का बजट प्रकृति ने सीमित करके दिया है। लेकिन फ्लरिशिंग सिविलाइजेशन यहाँ पर रही है।

दूसरा, क्योंकि आपकी गवर्नेंस में रुचि है तो बस मैं एक-दो चीज़ और कहूँगा कि डेजर्ट के इन इलाक़ों में जो आज के मापदण्ड हैं, जो नमूने हैं विकास के कि सड़कें कितने गाँव में गयीं तो पता चलेगा कि १० प्रतिशत गाँव में सड़कें गयीं। इस बीच में १२ हो गया होगा, जब हमने यह काम किया था तब १० था। अस्पताल कितने में हैं तो कोई कहेगा ६-७ प्रतिशत, बिजली कितने गाँव में है तो ३ प्रतिशत गाँव में बिजली है। ये सब हमारे देश का जो डेवलपमेंट में पिछड़ा इलाक़ा कहलाता है वो है। कोई ३० साल पहले हमने ये सब आँकड़े इकट्ठे करने शुरू किये तो उसमें

जिसे हिन्दी में कहते हैं कि पैर के नीचे से ज़मीन खिसक गई जब हमने एक आँकड़ा देखा।

कोई भी आँकड़ा डाक विभाग का भी ३० से ऊपर नहीं था। आपको अपने रिश्तेदार को पोस्टकार्ड लिखकर डालना हो तो वह लाल डिब्बा भी सब गाँवों में नहीं था रेगिस्तान के। स्कूल का आँकड़ा ४५ प्रतिशत था। लेकिन उसमें टीचर नहीं होगा, ब्लेक बोर्ड नहीं होगा, छत नहीं होगी स्कूल में। लेकिन हमने आगे जाकर एक आँकड़ा पढ़ा सरकारी गजेटियर में कि ९९.७४ गाँवों में पीने का पानी है। जहाँ १६ सेंटीमीटर पानी गिरता हो, फिर दोहरायें ३०० मीटर पर ग्राउण्ड वाटर हो और वह भी खारा। यह पानी आप पी नहीं सकते। हैण्डपम्प, ट्यूबवैल आधुनिकतम टैक्नालॉजी से निकालने के बाद भी आप उसको पी नहीं सकते अपने गिलास में भरकर। वहाँ ९९.७४ का क्या मतलब? सीधे १०० प्रतिशत कहना चाहिये। लेकिन ये स्टेटिसटिक्स वाले बड़ा हिसाब-किताब रखते हैं तो उन्होंने जो आँकड़े निकाले कुल योग ये आया तो यही लिखा।

इतने गाँवों में पीने का पानी! तो क्या सरकार ने दे दिया। सरकार लाल डिब्बा भी सब जगह लगा देती। पोस्ट ऑफ़िस का डिब्बा लगाना तो सबसे सरल काम है—पीने के पानी के बदले। सड़क बनाना कठिन हो सकता है। स्कूल बनाना शायद सरल होता। एक डॉक्टर, एक नर्स बिठाना सरल होता। इसलिए हमें यह समझ में आया कि मरुस्थल के समाज ने पानी का काम अपने हाथ में रखा, नहीं तो वह प्यासा मर जाता। स्कूल मत दो हमारे बच्चे नहीं पढ़ेंगे। डाकखाना मत दो हम चिट्ठी नहीं लिखेंगे। लेकिन पीने का पानी नहीं दोगे तो हम क्या करेंगे? इसलिए पानी का काम उसने अपने हाथ में रखा।

तो ये ४०-४५ मिनट की यात्रा है ऐसे लोगों की लोक-बुद्धि के साथ-साथ लोक-शक्ति की। आपको कोई भी पार्टी लोक-बुद्धि के नाम पर नहीं मिलेंगी, लोक-शक्ति के नाम पर ख़ूब मिलेंगी। हम सोचते हैं कि हमारे कन्धों पर सारा बोझ है देश का तो ऐसी बात नहीं है।

एमआईटी स्कूल ऑफ़ गवर्नमेंट, पुणे में दिये गये भाषण के अंश, २००६

वैकल्पिक मीडिया

अच्छी बातों से भी बहुत देर तक मन थकता है, शरीर थकता है। मैं आप लोगों की स्थिति समझ सकता हूँ। इसलिए इसमें और कितनी अच्छी बातें जुड़नी चाहिये। बहुत अच्छी बातें करना भी ज़्यादा ज़रूरी नहीं होता। दूसरा, आप लोगों को घर में बहुत अच्छी सुविधा मिलती है। आपके हाथ में रिमोट कंट्रोल होता है। आप लोग चाहे जब चैनल बदल सकते हैं। मीनू सर्च कर सकते हैं। हाँ, उसकी गुंजाइश मैंने छोड़ी नहीं है। इसलिए आप लोग समय बतायें। मैं ५-७ मिनट में जल्दी-जल्दी कुछ चटपटी बातें कर दूँ।

मुझे लगता है साईंनाथ जी ने जो बाद में छोड़ा, अख़बार के बाद उससे कुछ जुड़ सकता है। कोई दूसरे दृष्टिकोण से। ये आप लोगों की तरफ़ है कि कितनी आज़ादी आप देते हो। आप रिमोट कंट्रोल या म्यूट कर देना तो मैं रुक भी सकता हूँ। पहले तो दो-तीन चीज़ें जल्दी-जल्दी साईंनाथ जी के भाषण के बाद।

आपने अख़बारों की ख़बरें सुन लीं साईंनाथ जी से। वे अच्छी नहीं हैं। उसके बाद तो कम से कम आप लोग, ज़्यादातर तो पत्रकार हैं लेकिन हम जैसे कुछ अन्य मित्र हैं जो छुटपुट अख़बार वग़ैरह निकालते हैं उनके विशेषणों को लेना बन्द कर दें। उसको मेनस्ट्रीम मीडिया न कहें। और छोटा कोई भी अख़बार निकलता है सामयिक वार्ता वग़ैरह उसको वैकल्पिक पत्रिका या पत्रकारिता न कहें।

हम लोगों को भी बहुत सँभलना पड़ेगा। मेनस्ट्रीम मीडिया जो अख़बार के बदले व्यापार बन गया है। हमारी छोटी पत्रिकायें भी एक छोटा घटिया

व्यापार बन सकती हैं उससे भी हम सबको बचना चाहिये। हमारा साहित्य, हमारा अख़बार पठनीय नहीं होता। हम भी उपदेश देने में लग जाते हैं। अगर वे विज्ञापन करते हैं तो कई बार हम भी अपने ही एक छोटे संकीर्ण विचार का बहुत व्यापार करते हैं। हमें लगता ज़रूर है कि हम एक सिद्धान्त की बात कर रहे हैं और उसको सबको सुनना चाहिये। उसकी कसौटी होगी आप जो छापते हैं। आप जो छोटे अख़बार में दे रहे हैं वह आपके बड़े अख़बार में जाने लायक जगह बनाता हो। जिसको हम व्यापारी अख़बार कहते हैं उसमें भी साईंनाथ जी ने कहा कि कुछ जगह है उसका इस्तेमाल करो।

तो हमारे समाज में काम करने वालों की भी ऐसी स्थिति बननी चाहिये कि हम सिर्फ़ आपको कोसें कि आप एक रद्दी अख़बार में काम करते हैं, समाज का ध्यान नहीं रखते, हमारे सातवें कोर्स में आइये या संवाद में आइये। कुछ सीखकर जाइये। ऐसा मैं आपसे बिलकुल नहीं कहने वाला। हमें भी सात संवाद में आकर यह सीखना चाहिये कि हम अपनी चीज़ों को कितने साफ़-सुथरे ढंग से रख सकते हैं। पैसे की कमी होगी, साधन की कमी होगी। ब्लैक एण्ड व्हाइट पत्रिका क्यों नहीं निकल सकती—फोर कलर के इस ज़माने में। आप देखें कि इण्डिया टुडे के आकार और प्रकार की घटिया नक़ल रामदेव जी के आश्रम से निकलने वाली पत्रिका भी करती है, सामाजिक संस्थाओं से निकलने वाली पत्रिका भी करती है। घटिया से घटिया होती जाती हैं हमारी पत्रिकायें। वो तो घटिया नम्बर एक है। लेकिन हम भी उससे साफ़-सुथरी नहीं निकालते। पैसा आया तो हम भी रंगीन होना चाहते हैं। पैसा आयेगा तो हम भी दस विज्ञापन आते हैं तो दस लेना चाहते हैं। हममें से किसी के भी मन में यह नहीं आता कि तीन पेज विज्ञापन लें बाक़ी पाठकों के लिए या फोर्थ कवर हमारे पाठकों के लिए है उसमें हम जूते का विज्ञापन नहीं देंगे। जो हमें देता है हम भी कोशिश करते हैं कि हम वही सभ्यता की सीढ़ी चढ़ें। धीरे-धीरे हम अपने पाठकों का ध्यान रखना बन्द कर देते हैं।

तो ये दोनों तरफ़ से होने वाली चीज़ें हैं। बहुत सारी ऐसी चीज़ें हैं जिनकी तरफ़ हम लोगों को ध्यान देना होगा। बहुत उतावली की ज़रूरत नहीं है। सात ही तो संवाद हुए हैं। इतना बिगड़ा है, दस और हो जाने दीजिये, सत्रह के बाद देखेंगे। तब तक हम लोग थोड़ा-थोड़ा अभ्यास करें। अभ्यास क्या

करेंगे हम। रजनीश जी का बाज़ार तो दूसरी परिभाषा का है। लेकिन एक बहुत बड़ा संसार है जो अभी भी सरकार और बाज़ार से दूर है। हमें लगता है कि ये सरकार और बाज़ार बहुत भीतर तक चले गये हैं। लेकिन भोपाल, दिल्ली में भी कुछ हिस्से होंगे हमारे समाज के जो इन दोनों से अलग होकर कुछ काम करते होंगे। उनकी चोट उन पर पड़ती होगी। तब भी वे उनका ज़्यादा रोना नहीं रोते और अपना काम करते हैं।

तो एक अच्छे पत्रकार साथी के नाते एक-एक विषय को उठाकर आप अपने ऊपर एक अभ्यास करें यथासम्भव उसमें हम सरकारी रद्दी योजनाओं का पक्ष या विपक्ष देखने के बदले कोई और क्या अच्छा हो सकता है यह देखने की कोशिश करें। उसके मैं दो-तीन उदाहरण रखता हूँ।

विदर्भ की आत्महत्यायें एक ऐसा विषय है जो पता नहीं कब से चल रहा है, अख़बारों में चल रहा है, वैकल्पिक बताये गये हमारे मीडिया में चल रहा है, उस पर फ़िल्में बनायी हैं। विदर्भ एक बड़ा क्षेत्र है। उसमें कई ज़िले आते हैं। उसमें से एक ज़िले का नाम है—भण्डारा। सबने सुना है। भण्डारा में अभी तक की हत्याओं के आँकड़े अलग करके देख लीजिये। विदर्भ की हर ज़िले की आत्महत्या के आँकड़े के हिसाब से भण्डारा शायद दसवाँ हिस्सा भी नहीं छूता। मेरे हिसाब से तो तीसवाँ, चालीसवाँ अंश होगा उसका। एक ही क्षेत्र के हिस्से हैं। एक-सा रेनफॉल, एक-सी ज़मीन, एक-सी किसान कम्यूनिटी। वहाँ आत्महत्या नहीं होती हो और बाक़ी ज़िलों में होती हो तो न सिर्फ़ मेनस्ट्रीम मीडिया की, हमारी पत्रकारिता, जो दूसरी है, उसकी ज़िम्मेदारी भी बनती है कि वह भण्डारा के इस रहस्य को समझने के लिए ख़ुद न जा सके तो क्या उपलब्ध साहित्य को खँगाल सकता है। आपको कम-से-कम चार-पाँच अच्छे लेख मिलेंगे। भण्डारा में आत्महत्यायें क्यों नहीं होतीं, होती हैं तो बहुत कम क्यों होती हैं।

पहला एक बड़ा कारण है जो विदर्भ का सबसे बड़ा दोष है वह एक हद तक भण्डारा ने अपने यहाँ नहीं आने दिया। अधिक कपास नहीं बोता। धान की फसल लेता है। बड़ा फ़ायदा है। कपास की फ़सल तुरत भेजनी पड़ती है। उधार लेकर बोनी पड़ती है। उसमें जो कीड़े लगते हैं उसके लिए इन्हीं सब कम्पनियों के पास जाकर कीटनाशक वग़ैरह लेने पड़ते हैं। और तब लाभ न मिले तो यही कीटनाशक खाने के काम आता है। लेकिन धान

में इनमें से बहुत सारी चीज़ें नहीं होतीं। धान को पानी चाहिये, कपास को पानी चाहिये। विदर्भ में पानी की कमी होती जा रही है। लेकिन भण्डारा ने, कोई ग्यारह सौ साल का इतिहास है, पानी की कमी नहीं होने दी। पिछले सौ साल के उपेक्षा के दौर में भी उसने अपने पानी को बहुत हद तक बचाया है। उसके पीछे कारण है वहाँ राज करने वालों की, नियोजन करने वालों की दृष्टि।

अभी तो ये बीजेपी, कांग्रेस वग़ैरह आयीं, लेकिन उससे पहले अँग्रेज़, अँग्रेज़ों से पहले ये इलाक़ा जिसको हम प्राय: आदिवासी कहते हैं वैसे राजाओं के हाथ में था—गोंड राजा। उनको हम कब तक आदिवासी कहेंगे? कितने दिनों से कह रहे हैं? हम सबको सुनने की ज़रूरत है। इसमें मेनस्ट्रीम अकेला दोषी नहीं है। सारी सामाजिक संस्थायें समाज के एक बड़े सम्पन्न हिस्से को आदिवासी कहती चली आ रही हैं। आदिवासी का हिन्दी अर्थ क्या हुआ भाई। जो पहले से रहता हो। आप लोग कहाँ से आये? बाद में यूरोप से आये? नहीं न, साथ ही साथ रहे होंगे। इतने घमण्ड से हम लोग सूर्यवंशी, चन्द्रवंशी राजाओं के क़िस्से सुनते हैं, जो ब्रह्मा तक चले जाते हैं। तो आदिवासी उससे भी पहले आ गया। तो सलाम ठोंको उसको। हमारे रामचन्द्र जी वग़ैरह तो सब उसके बाद आये। तो ये सब छोटी-छोटी चीज़ें हैं। धन्यवाद।

सुखतवा (म. प्र.) में आयोजित सातवें मीडिया संवाद में दिया गया भाषण।
यूट्यूब से।

पर्यावरण, जागरूकता

ऐसा कहना बहुत ग़लत नहीं होगा कि जब हमारी भाषाओं में, हमारे समाजों में 'पर्यावरण' जैसा शब्द ही नहीं था, तब शायद पर्यावरण की जागरूकता ज़्यादा थी। पर्यावरण संरक्षण और उसके संवर्धन के आन्दोलन नहीं थे, मन्त्रालय भी नहीं थे पर ऐसे काम, ऐसी गतिविधियाँ भी बहुत कम थीं जिनके कारण पर्यावरण पर चोट पहुँचती हो। यह विचित्र संयोग है कि जब से यह शब्द आया, पर्यावरण का संकट बढ़ा ही है।

यह कोई नया शब्द नहीं है। पर्यावरण, आवरण, वातावरण सब हमारी धरती को जीवनदायी तत्त्वों से घेरे रखने के अर्थ में थोड़े-बहुत प्रचलित रहे ही हैं। लेकिन इन शब्दों से जिन तत्त्वों का संकेत मिलता है, उन पर कहने लायक संकट तो औद्योगिक क्रान्ति के बाद आना शुरू हुआ। खेती में लगा समाज अपने क़िस्म से इन तत्त्वों पर उतना बोझ नहीं डालता था, उन्हें उस हद तक निचोड़ता नहीं था कि वे दुबारा सम्भल नहीं पायें। दो-चार अपवाद कोई गिना भी दे सकता है, उस दौर में पर्यावरण के संकट का, पर कुल मिलाकर उस दौर में हमारी गति, हमारी प्रगति, हमारी शक्ति, हमारी तकनीक ऐसी आसुरी नहीं बन पायी थी कि वह हमें ही भस्म कर दे।

लेकिन फिर ऐसा दौर भी आ ही गया। खेती न सिर्फ़ उद्योग में बदली, वह स्वयं भी एक बड़ा उद्योग बन गयी। हाथ का काम छिना, मशीनों ने रफ़्तार पकड़ी और फिर इन सब ने विकास का एक ऐसा रूप धारण किया, ऐसा नया अवतार लिया कि दुनिया की कोई भी विचारधारा उससे अछूती नहीं बच पायी।

पर यह विकास स्वयंसिद्ध नहीं था। इसके लिए भारी मात्रा में प्राकृतिक साधनों का दोहन करना ज़रूरी था। दुनिया भर में सभी जगह होड़ मच गयी प्रकृति को तहस-नहस करने की। जिसने जितनी तेज़ी से प्रकृति को बर्बाद किया, उसका पर्यावरण उतना ज़्यादा ख़राब हुआ। यूरोप, अमेरिका जैसे सम्पन्न इलाक़ों में संसाधन कुछ ज़्यादा थे, क्योंकि इनमें अधिकांश देशों ने पिछली सदी के दौर में दुनिया के एक बड़े हिस्से को सचमुच अपना ग़ुलाम बना लिया था। उपनिवेशों की लूट से आयी अमीरी ने कुछ ज़्यादा ही विकास किया। बड़े-बड़े कल-कारखाने लगाये, घने वन काटकर बड़े-बड़े शहर बसाये, बड़े-बड़े खेत बनाये, चौड़ी-चौड़ी सड़कों का जाल बिछाया, लाखों मोटर गाड़ियाँ दौड़ायीं—नतीजा बुरा ही आया। इन्हीं अमीर माने गये देशों में एक दौर ऐसा भी आया कि वातावरण में इतना धुआँ घुल गया कि जब वर्षा आती तो अपने साथ धुएँ के तेजाबी कण नीचे ले आती। इस तेजाबी वर्षा से यूरोप के घने वनों में पत्ते जल कर झरने लगे थे। उनकी अब तक स्वच्छ बहती नदियाँ भी गन्दी हो चली थीं।

यही वह दौड़ है जब इस अमीर माने गये समाज ने अपने इन कामों की ग़रीबी देखी और उसे लगा कि इस तरह के विकास पर फिर विचार करना चाहिये। इसी दौर में ऐसे देशों के कुछ चुने हुए वैज्ञानिकों ने, प्रतिष्ठित व्यक्तियों ने इटली की राजधानी रोम में मिल कर इस सारे विकास पर, उसके कारण हो रहे दुष्परिणामों पर विस्तार से चर्चा की और फिर बड़ी बारीक़ी से एक साझा-बयान दिया। नाम रखा इसका—लिमिट्स टू ग्रोथ। प्रगति की सीमायें!

यह बयान जल्दी ही एक ऐसा दस्तावेज़ बन गया, जिसे पर्यावरण जागरण का पहला क़दम माना जाने लगा। इसी बीच संयुक्त राष्ट्र संघ के कुछ सदस्य देशों ने भी इसी तरह के विचार वहाँ के मंच पर रखे और संघ से आग्रह किया कि उसे इस विषय पर कुछ करना चाहिये।

सन् १९७२ में संयुक्त राष्ट्र संघ ने स्टाकहोम शहर में अपने सदस्य देशों का एक सम्मेलन रखा। सम्मेलन का नाम था : स्टाकहोम कॉन्फ्रेस ऑन ह्यूमन हैबिटेट। यानी हमारी बसावट (को लेकर उभरने वाली समस्याओं) पर सम्मेलन! पर्यावरण तब भी उस अर्थ में सामने नहीं आ पाया था पर पर्यावरण बचाने का प्रयत्न शुरू हो चला था। सम्मेलन भले ही 'बसावट' नाम से हो रहा था पर उभर कर तो विकास की समस्यायें ही सामने आ रही

थीं। इस विशिष्ट सम्मेलन में सदस्य देश के अध्यक्ष, राष्ट्रपति, प्रधानमन्त्री आदि ने बड़ी संख्या में भाग लिया था।

स्टाकहोम सम्मेलन में प्रतिनिधि दो भागों में बँट से गये थे : अमीर देश और ग़रीब देश; विकसित देश और अविकसित देश। इस दूसरे भाग की राय थी कि पहला भाग ख़ुद तो विकसित हो गया है और अब हमारे विकास पर रोक लगाना चाहता है—पर्यावरण संवर्धन का बहाना बता कर।

इस विश्व सम्मेलन में अपनी विशिष्ट भूमिका के कारण तीन देश विशेष रूप से सामने आये थे—ब्राज़ील, चीन और भारत।

ब्राज़ील ने पर्यावरण के नाम पर रुकावट डालने वाले देशों को लगभग ललकारते हुए कहा था कि हमें तो चिमनियों से निकलता धुआँ विकास की पताका की तरह दिखता है। हमारे यहाँ बहुत साफ़ आकाश है, बहुत साफ़-सुथरी नीली नदियाँ हैं। आइये! आप यहाँ उद्योग लगायें।

चीन के प्रतिनिधि ने नीला आकाश, साफ़ नदियाँ, घने जंगल, वन्य प्राणियों की सारी चिन्ता किनारे रख कर बड़े ज़ोर से कहा था कि इस पृथ्वी पर मनुष्य से सुन्दर और कुछ नहीं है। यानी मनुष्य के विकास के लिए कुछ भी गँवाया जा सकता है। मनुष्य का मंगल सब कुछ है। हवा, पानी, पेड़-पौधे, शेर, तितली, फूल, जंगल कुछ नहीं। तीसरा देश था—भारत। तब की प्रधानमन्त्री श्रीमती इन्दिरा गाँधी ने प्रदूषण आदि की चिन्ता को समेटते हुए कहा था कि ग़रीबी से बढ़कर और कोई प्रदूषण नहीं है।

इस तरह पर्यावरण की जागरूकता कुल मिलाकर दो हिस्सों में बँट गयी थी। एक हिस्से को साफ़ हवा, पानी, पेड़-पौधे, वन्य प्राणी आदि सब कुछ चाहिये था और दूसरे को बस केवल विकास। ये दोनों भाग कितने अभागे थे—इसका अन्दाज़ दोनों को नहीं था। एक भाग ने अपना सब कुछ बचाये रखने, अपने सारे ज़हरीले कारखाने, धुआँ उगलने वाले उद्योग उन अन्य देशों के आँगन में पटक दिये जहाँ पैसा खिलाकर सरकारों से कुछ भी कराया जा सकता था। ज़रूरत पड़ने पर सरकार तक ख़रीदी जा सकती थी। दूसरे भाग ने विकास के नाम पर, ग़रीबी हटाने के वायदे पर जीवन-मरण के इन प्रश्नों को, पर्यावरण संवर्धन की चिन्ता को एक तरफ़ रख दिया।

लेकिन इस सम्मेलन में राष्ट्राध्यक्षों, प्रधानमन्त्रियों के अलावा बड़ी संख्या

में अनेक देशों के ऐसे लोग भी एकत्र हुए थे जो अपने-अपने देशों में इन प्रश्नों को टुकड़ों में न देख, एक समग्र दृष्टि का आग्रह रखने लगे थे। ये समूह संयुक्त राष्ट्र संघ के सम्मेलन में भले ही भीतर न जा पाये हों, इनने सम्मेलन स्थल के बाहर अपनी उपस्थिति इस तरह से दर्ज करवायी कि भीतर बैठे सरकारी प्रतिनिधियों को अनेक ऐसे निर्णय लेने पड़े जिनसे आने वाले दौर में पर्यावरण-जागरण की उपस्थिति बढ़ती चली गयी।

इस सम्मेलन का एक बड़ा निर्णय तो यही था कि संयुक्त राष्ट्र संघ ने अपने ढाँचे में पर्यावरण का एक नया विभाग खोला था। इस विभाग ने सन् १९७२ के बाद से हर दस वर्षों में विश्व में किसी एक देश में पर्यावरण की प्रगति आँकने के लिए अपने सदस्य देशों का वृहत् सम्मेलन करने का सिलसिला प्रारम्भ किया था। यह आज भी जारी है।

आज भारत में भी और अन्य देशों में भी पर्यावरण के बड़े-बड़े जन-आन्दोलन खड़े हुए हैं। इन सबने अपनी-अपनी जगहों पर कई बार बेमिसाल संघर्ष कर पर्यावरण की रक्षा में अनेक सुन्दर काम किये हैं। इनमें से कुछ विकास की आँधी में सूखे पत्तों की तरह बिखर भी गये हैं। दूसरी तरफ़ अब प्रायः सभी सरकारें पर्यावरण मन्त्रालय जैसे ढाँचों के माध्यम से अपनी विकास की योजनाओं को छानने-बीनने का काम करती तो दिखती हैं, पर कुल मिलाकर लगता तो यही है कि यह शासकीय पर्यावरण चेतना सरकारी दरवाज़े पर टँगा तोरण भर है।

पर्यावरण के नये मन्त्रालय, विभाग खोल देने भर से पर्यावरण बचेगा नहीं। ठीक उसी तरह जैसे नये थाने खोल देने से अपराध कम नहीं हो जाते।

यह प्रश्न अभी भी अनुत्तरित ही है कि पर्यावरण को बचाये बिना हम अपना कैसा विकास कर पायेंगे। सन् १९७२ के बाद पूरी दुनिया में भोपाल गैस काण्ड, चेर्नोविल आणविक बिजली घर दुर्घटना, बैंकाक, मुम्बई, बेंगलुरु, उत्तर बिहार की बाढ़, जापान में आयी सुनामी से फैला आणविक प्रदूषण—जैसी अनेक घटनायें हैं, जिनके माध्यम से प्रकृति हमें बार-बार स्मरण-पत्र भेजती जा रही है। हम इन स्मरण-पत्रों को कब पढ़ेंगे, कब इसका उत्तर भेजेंगे—यह निर्भर करेगा हमारी पर्यावरण जागरूकता पर।

२७ मई, २०१५

पर्यावरण : एक समग्र दृष्टिकोण

किशोर पँवार जी की इस पुस्तक में कुछ अच्छी बातें हैं तो कुछ बुरी बातें भी, कुछ बड़ी बातें हैं तो कुछ छोटी-छोटी बातें भी, पहेली-सी बन चुकी समस्यायें हैं, कुछ बीते हुए कल की हैं, कुछ समस्यायें पसरे हुए आज की हैं तो कुछ ऐसी भी समस्यायें हैं जो आने वाले कल को कई तरह के ख़तरों से ढँक लेंगी—बिना विराम लगाये एक ही साँस में इतना सब पढ़ जाने के बाद इस पुस्तक में यह भरोसा है कि इस सबसे बचने का एक रास्ता भी है, एक हल भी है—जो आज और कल को सँभाल सकेगा।

मूलतः विज्ञान की पृष्ठभूमि के लेखक, पत्रकार और अच्छे सामाजिक कामों में लगे किशोर पँवार चार खण्डों में बँटे चालीस छोटे-छोटे लेखों के माध्यम से पाठकों को तरह-तरह की जानकारियाँ, कुछ डरावनी तो कुछ आश्वस्त कर जाने वाली, देते चलते हैं। एक तरफ़ सचमुच खाई है तो एक तरफ़ पहाड़ है पर किशोर पँवार जी पाठक को रास्ते पर सँभल कर चलवाते जाते हैं—उस छोर तक पहुँचाते हैं जहाँ न खाई बचे न पहाड़।

कहीं से भी पलटें, कहीं से भी पढ़ें—इस पुस्तक में आपको कुछ न कुछ नयी, पुरानी जानकारी मिलती जायेगी। किसी एक जगह आपकी दोस्ती ही नहीं, आपका सौदा भी सूरज जैसी विशाल भट्टी से हो जायेगा तो न जाने कहाँ आपको चींटी की भाषा भी सीखने मिल जायेगी। हर क्षण अनगिनत भाषाओं, लिपियों, छवियों, ध्वनियों से जुड़ा मानव समाज आज ख़ुश है कि उसने स्मार्टफ़ोनों की मदद से पूरी दुनिया को मुट्ठी में कर लिया है। हम अपने इन नये आविष्कारों पर इठला सकते हैं, घमण्ड कर सकते हैं। पर हमें एक पुस्तक को पलटते हुए जब पता चलता है कि

चींटियों की भाषा, शब्द, ध्वनि, लिपि से परे है और उसमें गन्ध का आधार है तो सचमुच इस सृष्टि की, इस पृथ्वी की विविधता, जैव विविधता पर आश्चर्य होता है। यही आश्चर्य हमें इतनी विनम्रता भी सिखा सके कि हम अपनी सृष्टि की, प्रकृति की और साथ ही अपने देश की, अपने समाज की जैव विविधता का महत्त्व भी समझें, उसे संरक्षित ही नहीं संवर्धित करने में भी अपना भाग अदा करें।

११ मई, २०१५

दर-दर गंगे

हमारे समाज की आधुनिकता और विकास का गंगा पर क्या असर पड़ा है? आज इस समाज में गंगा की जगह कहाँ है और कितनी है?

गंगा के किनारे चलते-चलते ये कहानियाँ हमें उस दुनिया में ले जाती हैं, जहाँ गंगा एक अहम किरदार है। लेकिन वह जितनी पूज्य है उतनी ही उपेक्षित भी, इसका जितना सम्मान है उतनी ही यह बेबस और तबाह भी है।

अभय मिश्र और पंकज रामेन्दु ने गंगोत्री से लेकर गंगा सागर तक की यात्रा की ताकि वे उस समाज की थाह ले सकें, जिससे होकर अथाह गंगा बहती रही है।

दर-दर गंगे सचमुच पूरी गंगा दिखा देती है, पूरी गंगा घुमा देती है। यह गंगा की गहरायी भी बताती है और हमारे विकास का उथलापन भी। गंगोत्री से गंगा सागर तक की ऐसी विचार-यात्रा अद्‌भुत आनन्द देती है। साथ ही एक अजीब-सी उदासी भी। उदासी इसलिए कि पाठक इस यात्रा की समाप्ति को मन से स्वीकार नहीं कर पाता।

सन् २०१३

पर्यावरण संरक्षण : ज़रूरत है 'साकव' वाली निगाह की

ये जो घने वृक्षों के नीचे एक हमारा सुन्दर सभागृह आयोजकों ने बनाया है यहाँ जिन लाल कुर्सियों पर अभी आप सवा नौ बजे आकर बैठे उससे पहले आठ बजे बन्दर आकर बैठ चुके हैं। हमसे पहले बन्दर आये, सृष्टि में भी हमसे पहले आये। अभी हम लोग आपस में बात कर रहे थे कि ये बड़ा उत्पात मचा रहे हैं—हमारी सभा में आकर। ये लोग भी अपने घरों में जाकर बात कर रहे होंगे कि ये बाहर वाले बड़ा उत्पात मचा रहे हैं। तो टाइम फ्रेम हमें याद रखना चाहिये कि हम बहुत बाद में आये हैं।

सह्याद्रि बनने की घटना १५ करोड़ वर्ष पहले शुरू हुई, ५-६ करोड़ साल उस लीला को बनने में लगे। हमारे घरों में और दफ़्तरों में जो रंग-बिरंगे कैलेण्डर या कालनिर्णय टँगे रहते हैं उनमें सन् याद कीजिये। कौन-सी संख्या लिखी रहती है। सबसे बड़ी संख्या जो आज चल रही है वह २०१२ है। उसमें विक्रम संवत् और हिजरी भी कहीं-कहीं लिखा होता है तो प्लस-माइनस ५० साल से ज़्यादा नहीं है। तो दो-ढाई हज़ार साल का हमारा कैलेण्डर और १५ करोड़ साल का सह्याद्रि। ये हमारी हैसियत है सामने खड़े होकर बोलने की आज। कहाँ १५ करोड़ साल, कहाँ ढाई हज़ार साल में भी हमारा तो २०-२५ साल का इतिहास है। तो पहला प्रणाम सह्याद्रि को जो १५ करोड़ वर्ष से हमारे सामने है। अभी कार्यक्रम की शुरुआत में हमारे तीन साथी जो भीमाशंकर से आये हैं उन्होंने भीमाशंकर का आह्वान किया—जागर कहते हैं यहाँ पर। उन्होंने देवताओं

को इस सभा में विनयपूर्वक बुलाया। अभी भी मैं मानता हूँ कि वो देवता हमारे बीच में बैठे हैं और उनको भी प्रणाम करते हुए उनसे मैं विनती करूँगा कि वो हमको इतनी सद्बुद्धि दें कि हम लोग जो बन्दरों के बहुत बाद आये, अभी हम सृष्टि में सबसे बाद में आये हैं, इसलिए जो भी चीज़ हमें मिली है उसको बिगाड़ने का काम न करें, थोड़ी-बहुत रखवाली भी करें।

सामने जो साथी बैठे हैं और मंच पर जो साथी बैठे हैं ये सब विशेषज्ञ हैं—इस विषय के। किसी ने ३० साल काम किया है, किसी ने २० साल काम किया है। ये तपस्या है आप लोगों की। एक तरह की साधना। कुछ ने अध्ययन किया है, शोध किया है, कुछ ने श्रद्धा से इसमें काम किया है। कुछ ने इसमें आन्दोलन किया है, अभियान चलाया है, पैदल चले हैं। इन सबके बीच में मेरी स्थिति कोई विशेष महत्त्व की नहीं है। सिवाय इसके कि मैं आपका एक दूर का मित्र हूँ और इस काम में मुझे जगदीश जी का प्रेम मिला। उन्होंने मुझे शामिल किया तो उनकी स्मृति को भी आज दूसरा प्रणाम करता हूँ। उम्मीद करता हूँ कि उनके कारण जो हम सब लोग इकट्ठे हुए हैं। वे जो काम छोड़ गये हैं हम सब लोग उसको ठीक ढंग से आगे बढ़ायें।

आप लोगों के काम ने पश्चिम घाट की तरफ़ देश का ध्यान भी खींचा और दुनिया का ध्यान भी खींचा। अभी कुछ ही महीने पहले शायद जुलाई में इसको वर्ल्ड हैरिटेज के नक़्शे पर भी लिया गया है। पर धरोहर को रखने के बारे में हमारा कोई बहुत अच्छा अनुभव नहीं है। जितने पुराने दुर्ग हैं, इमारतें हैं, मन्दिर हैं, क़िले हैं, उनमें जब आप पर्यटक की तरह जाते हैं तो अक्सर दीवारों पर कई तरह के चित्र देखते हैं। लोग पेंसिल से, बॉल पेन से कोई दिल बनाता है, कोई तीर बनाता है। कोई उसमें कौन किसको प्यार करता है वह सब लिखकर आ जाता है। धरोहर की रक्षा करने का हमारा स्वभाव किसी कारण से बन नहीं पाया। ये स्वभाव जब बहुत एन्लार्ज होता है तो ये हमारी प्राकृतिक धरोहरों पर भी दिखता है। फिर उस पर जाकर लोग दिल वग़ैरह नहीं बनाते। बड़े डैम बनाते हैं। जो आप क़िलों में देखते हैं वही धरोहरों में भी देखते हैं। बड़े डैम बनाते हैं, बिजलीघर बनाते हैं, परमाणु बिजलीघर बनाते हैं। उनको कोई जगह ऐसी लगती है कि इसका तो विकास करना बहुत ज़रूरी है। पर्यटक के पीछे

तो थोड़ा-बहुत अपना नाम अमर करने की लालसा रहती है। पर ये जो विकास का दर्शन चलाने वाले लोग हैं इनमें कोई कमी नहीं है प्रतिष्ठित पदों की। उसमें एम.पी. हैं, एम.एल.ए. हैं, मन्त्री हैं, मुख्यमन्त्री हैं। ये सब हमारी प्राकृतिक धरोहरों पर, अरावली पर, सह्याद्रि पर कैसे बड़े-बड़े निशान लगाकर जा सकें इसकी चिन्ता में बहुत लगे रहते हैं और उनको लगता है कि इसके बिना इस इलाक़े का विकास नहीं होगा। हमको अपनी उपस्थिति बतानी है इसलिए शिलालेख लगाते हैं कि फलाँ-फलाँ के कर-कमलों से उद्घाटन हो फिर हाथ ही नहीं बचता वह कमल हो जाता है। कर-कमल कहलाता है वह। उसके हाथ से इसका शिलान्यास हुआ। इस तरह की चीज़ें चल निकलती हैं।

तो विकास की ये सूची, धरोहरों को बिगाड़ने के ये जो चिह्न हैं इनकी सूची भी बहुत लम्बी है और इसके दुष्परिणामों की सूची भी बहुत लम्बी है। किस जगह क्या बनाने से क्या बिगड़ गया ये हम पिछले ५०-१०० सालों में धीरे-धीरे थोड़ा-थोड़ा डॉक्यूमेण्ट कर रहे हैं और दुनिया में ऐसे भी कुछ देश हैं जिन्होंने हमसे पहले अपनी धरोहरों को बिगाड़ने का काम किया। और फिर कभी उनको सद्बुद्धि आयी तो उन्होंने बाँधों को वापस लेना भी शुरू किया है कि भाई इनको 'अन डू' करो। यहाँ पर ये नियम लागू करो वहाँ पर ये नियम लागू करो। इस तरह से थोड़ा-बहुत कुछ काम होता है।

लेकिन मैं आपके सामने एक और चीज़ रखना चाहता हूँ कि सरकार ये जो सब निशान लगाती है धरोहरों पर। और हम जैसे सिविल सोसायटी के जो आन्दोलन, संस्थायें कहलाते हैं, हममें किसी कारण से विकास को लेकर अभी भी ये जो गुत्थी है, रहस्य है वह खुला नहीं है। हम सब कुछ न कुछ विकास तो करना चाहते ही हैं। बहुत होगा तो थोड़े मतभेद होंगे कि जो एक विशेष सरकार विकास करना चाह रही है वह हमारी राय में ख़राब है। उससे यह नुक़सान होगा लेकिन मैं 'ऑल्टरनेट डेवलपमेण्ट' का प्लान तो बता ही दूँ। बिना डेवलपमेण्ट के हम ख़ुश नहीं हो पाते।

तो ये जो पाँच राज्य हैं जिनमें १५ करोड़ वर्ष का सह्याद्रि अपनी भौगोलिक बाँहें पसारकर बैठा है। इसमें आप देखेंगे कि पिछले ६०-७० सालों में आज़ादी के बाद, उससे पहले अँग्रेज़, कोई ८-१० विचारों की सरकारें तो आ ही चुकी हैं। इसमें कोई ऐसा नहीं है जिसको प्रयोग करना बाक़ी है।

कांग्रेस की विचारधारा आयी, बीजेपी की आयी, केरल में मार्क्स का भी झण्डा लहराया, बीच में थोड़े कॉम्बिनेशन भी जिनको गठबन्धन कहते हैं— एन.डी.ए., यू.पी.ए.—इन सब लोगों ने इसका विकास करके देखा है। और फिर भी आप लोगों की चिन्ता है ये विकास नहीं विनाश है। इसलिए हमें जो विकास की गुत्थी है उसे समझने की कोशिश करनी चाहिये कि हमारा सारा राजनैतिक संगठन, हमारा आर्थिक विचार कुल मिलाकर सर्वनाश में एकमत दिखता है। उसको अलग-अलग झण्डा लहराकर भी उसी तरफ़ जाने की इच्छा है। ऐसे में पश्चिम घाट जैसा खुला ख़ज़ाना— ये ख़ज़ाना ही है।... आप लोग इस विषय को बहुत जानते हैं बायोडायवर्सिटी के नाते। इतना जैव-विविधता का अरबों-खरबों रुपये का ख़ज़ाना लूट के लिए खुला है। इसमें कहीं ताला नहीं लगाते, कोई सिक्यूरिटी नहीं है इसमें। क्योंकि इतनी बड़ी जगह में कोई दीवार बनाकर, ताला लगाकर सिक्यूरिटी बना नहीं सकते। संस्कारों से बना सकते हैं, विचारों से बना सकते हैं। वो दोनों ही आज शून्य हैं। उनकी अनुपस्थिति इस पूरे इलाक़े को तहस-नहस करने के लिए खुला छोड़ती है।

एक निवेदन मैं बहुत डरते-डरते आप लोगों के सामने रखना चाहता हूँ कि हम लोग जब पश्चिम घाट की बात करते हैं तो जैव-विविधता की बात करते हैं। इसमें हमें कितनी प्रसन्नता होती है कि जब हम १०० तरह की तितली, १०० तरह के मेंढक, १०० तरह के सरीसर्प वग़ैरह देखते हैं। कृपया याद कीजिये कि इनमें से किसी भी प्रजाति को आपने पिछड़ा कहा क्या? विविध प्रजातियों को देखकर आप ख़ुश होते हैं। उसके अलग-अलग गुण आप देखते हैं। उस पर एक-एक पीएच.डी. हो जाती है। हम उनको 'उन्नत' और 'पिछड़े' शब्दों में क्लासिफाइड नहीं करते—न फूल को, न पौधे को, न कीट-पतंग को। जहाँ हम लोग भोजन करते हैं वहाँ बहुत सुन्दर चित्र लगे हैं। कहीं भी आप देखेंगे तो वहाँ आपको उनके क्लासिफिकेशन में आनन्द दिखेगा, कौतूहल दिखेगा। पिछड़ापन नहीं दिखेगा—हमारी तरफ़ से।

लेकिन जब ये दृष्टि हम अपने समाज पर लाते हैं तो पिछले १०० बरस से कुछ थोड़ी-सी नयी पढ़ाई, थोड़ी-सी अँग्रेज़ी पढ़-लिख गये समाज ने मनुष्य-जाति को बहुत वर्गीकृत करने का काम किया है। और उसी में से एक शब्द निकलता है—मेनस्ट्रीम, मुख्यधारा। अब ये मुख्यधारा क्या है?

मैं हूँ मुख्यधारा आप मेरे जैसे बनो। मैं इसमें डॉमिनेंट। जो भी मुखर समाज है, वोकल समाज है, डेवलप्ड समाज—ख़ुद को कहता है, वह चाहता है कि सारा का सारा संसार, भारत—पश्चिम घाट जैसा बन जाये। और अगर वह नहीं बनता तो उसको वह पिछड़ा कह देता है। एक-एक बूँद पश्चिम घाट से निकलती है कुछ पूरब की तरफ़ जाती है, कुछ पश्चिम की तरफ़ जाती है। धीरे-धीरे एक-एक बूँद से दूसरी बूँद मिलती है, तीसरी मिलती है, धारा बनती है। पश्चिम की तरफ़ से बहने वाली छोटी नदियाँ बनती हैं। पूरब की तरफ़ की दो बड़ी नदियाँ बनती हैं। लेकिन कोई बूँद मेनस्ट्रीम नहीं है, ऐसा नहीं माना जाता। लेकिन जब हम मुख्य समाज को देखते हैं तो हम लोग कहते हैं कि नहीं, मेनस्ट्रीम तो दिल्ली, पुणे, मुम्बई है बाक़ी को उसमें जोड़ना है। बाक़ी धारा गौण हैं, महत्त्वहीन हैं। उनको सब एक जैसा बन जाना है।

इसी में से एक शब्द और निकला है, जिसके लिए मैं और आपसे क्षमा माँगकर कहना चाहूँगा। इसमें मेरे मन में कोई कटुता नहीं, लेकिन हम लोगों को थोड़ा-बहुत ख़ुद भी सुधरना चाहिये—दुनिया को सुधारने के प्रयास में लगे हुए हम मित्रों को। वह शब्द क्या है—आदिवासी। हिन्दी और मराठी में आदिवासी में जो 'आदि' है उसका दो स्थानों में और प्रयोग हुआ है। एक है—आदिशंकराचार्य। सबने सुना होगा। और दूसरा है—आदिकवि। इन दोनों स्थानों पर 'आदि' शब्द का उपयोग बहुत आदर के साथ है। लेकिन जब वो 'वास' के अर्थ में आता है 'आदिवासी' तो निरादर के अर्थ में आता है। हम उसको अपने से घटिया मानते हैं। हम अपने को अगर उसके बाद का आया हुआ मानते हैं तो चन्द्रवंश, रघुवंश, सूर्यवंश वग़ैरह ये सब क्या हैं? इन सब चीज़ों से भी बचना चाहिये फिर। शायद मुझे लगता है कि हमारी किसी असावधानी में हमने एक भिन्न समाज से आया हुआ एबोर्जिन शब्द का अनुवाद कर लिया। दुनिया में कुछ ऐसे देश थे, जिनके यहाँ से लोग किसी और देश में जाकर उतरे। ऑस्ट्रेलिया, न्यूजीलैण्ड, अमेरिका। चूँकि वो अपने एक भिन्न समाज से जाकर उतरे तो वहाँ जो लोग रहते थे उन्होंने उनसे कहा कि ये पहले से बसे हुए लोग हैं। वह आदिवासी शब्द हमने उनसे ज्यों का त्यों नक़ल में चुरा लिया। और अपने देश के एक बड़े समाज का हमने एक तरह से निरादर ही किया है। प्रेम होगा मन में। मैं यह नहीं कह रहा कि जो संस्थायें

आदिवासियों के बीच में काम करती हैं वे उनकी चिन्ता नहीं करतीं। लेकिन मन की शुद्धि इसमें ज़रूरी है कि वो पिछड़े हुए लोग नहीं हैं। बहुत हुआ तो बिछुड़े हुए लोग। हम उनसे बिछुड़ गये या वे हमसे बिछुड़े, यह भी तय नहीं। शायद हम उनसे बिछुड़ गये। वो हमसे नहीं बिछुड़े। यहाँ अगर ये पिछड़े और बिछुड़े का फ़र्क़ हम नहीं समझेंगे तो पश्चिम घाट बचाने के आन्दोलन में कुछ कसर रह जायेगी, ऐसा मानकर हमें चलना चाहिये। यह अन्देशा रहेगा। क्योंकि हम एक उन्नत जाति हैं और यह कोई पिछड़ी जाति के इलाक़े को बचाने के लिए निकली है। इसमें जो दृश्य, अदृश्य घमण्ड होगा मन में वह हमारे काम को कहीं न कहीं चोट पहुँचायेगा। इसलिए हम लोगों की अपने मन की सफ़ाई के लिए मैं कुछ बातें आपके सामने रखना चाहता हूँ।

दुर्लभ प्रजातियों की हम यहाँ इतनी बात करते हैं। हमारे ये आदिवासी कहे जाने वाले साथी इस इलाक़े में हज़ारों साल से रहते हुए इस दुर्लभ संसार को हमसे अच्छी तरह से जानते हैं। दुर्लभ शब्द उनकी भाषा में नहीं था। क्योंकि उन्होंने इन प्रजातियों को दुर्लभ नहीं सुलभ बनाया था। जब तक वो इसके इंचार्ज रहे इन फूल-पत्ती, कीड़े-मकोड़े, साँप, मेंढक, पेड़-पौधे के आगे दुर्लभ शब्द नहीं लगता था। वह उनके लिए सुलभ संसार था। जिन वनों को हम संवेदनशील मानते हैं उनको उन्होंने रोज़मर्रा में इस्तेमाल करते हुए—अपनी ज़रूरतों को कभी बढ़ने नहीं दिया और उस पर चोट नहीं पहुँचायी। वनों को बर्बाद नहीं करने के बाद भी 'देवरायी' भी बनायी उसने कि कुछ विशिष्ट प्रजातियों का वहाँ अच्छी तरह से संरक्षण हो सके। तो वे हमसे अच्छे फॉरेस्टर रहे, हमसे अच्छे बॉटनी वाले रहे, हमसे अच्छे जीवन दर्शन को उन्होंने अपनाया और हमसे अच्छे क़ानून बनाये। हम लोग क़ानून की किताब बनाते हैं, प्रिंट करते हैं फिर उसकी धज्जियाँ उड़ाते हैं। क़ानून का पालन करते ही नहीं हैं। और इन आदिवासी कहलाये गये हमारे मित्रों ने क़ानून की किताब नहीं छापी। उन्होंने सह्याद्रि के संरक्षण की जीवन-शैली छापी। किताब और जीवन-शैली छापने में अन्तर है। वह जीवन-शैली उन्होंने न सिर्फ़ मन में लिखी उसको पीढ़ी दर पीढ़ी कैसे ट्रांसफर करना उसका प्रिंटरन, कैसे उसका ठीक संस्करण निकालना—अभी आप लोगों ने मेरी मामूली-सी किताब की प्रशंसा सुनी—इन लोगों ने जो काम किया उसके आगे तो हम लोगों का काम

टिकता ही नहीं। कितने हज़ार साल तक वह ज्ञान दूसरी पीढ़ी को मिलता रहे और उसमें से एक भी व्यक्ति उस परम्परा को न तोड़े, ऐसी परम्परा उन्होंने डाली। और उसको श्रद्धा का घेरा दिया शोध के अलावा। श्रद्धा का घेरा भी बहुत बड़ी चीज़ होती है। तब उन्होंने जो काम किया, उन्होंने इन सब दुर्लभ कही जाने वाली चीज़ों को सुलभ बनाकर रखने का काम किया। लेकिन जब हम जैसा सुलभ प्राणी पहुँचा यहाँ पर। अब जो सब जगह उपलब्ध होता है ये पढ़ा-लिखा प्राणी, ये जहाँ क़दम रखता है वहाँ चीज़ों को दुर्लभ बनाने का काम करता है। फिर हमें शोध भी करना पड़ता है कि ये क्या चीज़ है। हम इतना ढोल बजाना जानते हैं अपनी चीज़ों का, अपनी उपस्थिति का, उससे हर तरह के प्रदूषण के अलावा नॉयस प्रदूषण भी पिछले १५-२० साल से सुनने में आ रहा है। यह केवल संगीत का नहीं है। हमारी अपनी प्रसिद्धि का भी ढोल बजाने का है, अपने सब कामों का ढोल बजाने का है। ये जितना कम बजे उतना शान्त वातावरण रहता है। तो ये विकास की नयी-नयी अवधारणायें सुलभ होती जा रही हैं। हर पार्टी को उसका चस्का लग रहा है। इनको दुर्लभ बनाने की कोशिश हम सब लोग कैसे करें? वह भी हम लोगों को इन तीन दिनों में सोचना चाहिये।

सह्याद्रि तो बहुत बड़ा इलाक़ा है। हमारे देश का ४० प्रतिशत पानी का बहाव, ड्रेनेज उसके अन्तर्गत आता है। केरल से जब यह निकलता है तो इसके एक बड़े घने वन क्षेत्र का बहुत सुन्दर नाम है—सैरंद्री। आप लोगों ने ज़रूर सुना होगा। बाद में ये कम सुना गया। मलयालम में तो सैरंद्री है, हिन्दी में सैरंद्री है। लेकिन अँग्रेज़ों ने इस जगह का नाम 'सायलेंट वैली' रखा। वो नाम हम पढ़े-लिखे समाज में ज़्यादा सुलभ हो गया। हज़ार साल से चलने वाला सैरंद्री थोड़ा डूब गया। सैरंद्री का इतिहास बड़ा रोचक है। और वह हमारे आज के काम की तरफ़ थोड़ा संकेत भी करता है।

महाभारत का एक प्रसिद्ध पात्र है—महिला पात्र द्रौपदी। तो सैरंद्री, द्रौपदी का ही नाम है। उनकी एक विशेष भूमिका में उनका नाम बदलकर सैरंद्री किया गया। कौन-सी भूमिका? जब परिवार के निजी झगड़ों में पाण्डवों को अज्ञातवास के लिए जाना पड़ा कि तुम क्या काम करते हो, कहाँ करते हो? यह सब किसी को पता ही न चले। तो सैरंद्री, द्रौपदी घरेलू नौकरानी बनकर केरल में काम करने के लिए गयी। महारानी थी वो इन्द्रप्रस्थ की,

दिल्ली की। लेकिन केरल में घरेलू सेविका बनकर गयी और गुमनाम। किसी को उनकी यह उपस्थिति पता न चले। बर्तन माँजना, झाड़ू लगाना यह सब द्रौपदी ने गुमनाम होकर किया। इस तपस्या के कारण उनको सैरंद्री नाम उनके जीवन में मिला। और उनकी उस तपस्या को लोगों ने बाद में याद रखने के लिए इतना बड़ा जंगल सैरंद्री के नाम पर कर दिया। तो हम लोगों को इससे यह भी सीख लेनी चाहिये कि अपने जीवन में जब हम काम करें तो थोड़ा सैरंद्री का भाव रखकर करें। पता नहीं चले कि कौन अनुपम मिश्र, कौन क्या? बाद में हो सकता है शायद आपके नाम पर बहुत बड़ा जंगल रखा जाये। इस तरह सुलभ होने के बदले गुमनाम होकर काम करने की आदत हमारे परिवार में आनी चाहिये। और मैं ये सोचता हूँ कि ये आदत हमारे मित्र जगदीशजी में थी। वे कितना बड़ा काम करते थे चुपचाप करते थे। बहुत कम लोगों को पता चलता था। लेकिन उन्होंने यह सब किया। अभी तो इसको हम लोग छोड़ें।

और देखें कि किस तरह से हमने पूरे पश्चिम घाट की अपनी धरोहर में तरह-तरह के चिह्न लगा दिये हैं—दिल और तीर बना-बना कर। उसमें भी एक कैटेगरी और है कि कभी हमको लगता है कि बड़े बाँध नुक़सान देंगे तो छोटे बाँध बनायें। आप पिछले दो साल से अख़बारों में पढ़ रहे होंगे पश्चिम घाट में मिनी हाइडल प्रोजेक्ट्स भी कितने अधिक आ गये कि वो भी अब इसके संरक्षण के बदले विनाश की तरफ़ जा सकते हैं। हमारे कोई भी काम ऐसे निरापद नहीं बचे, बिना ख़तरे के नहीं बचे। हम छोटा काम भी करना चाहें तो उसका परिणाम ख़तरनाक ही होता है। 'रन ऑफ़ दि रिवर' की बात अभी मैंने सबेरे किसी डॉक्यूमेंट में पढ़ी कि बाँध नदी को रोककर नहीं बनाइये, उसका पानी नीचे टनल में ले जाइये। उससे टरबाइन चलाइये। बिजली पैदा कीजिये। लोग तालियाँ बजायेंगे कि ये तो बड़ी अच्छी चीज़ है। बाँध तो बहुत बुरा था अब रन ऑफ दि रिवर।... कृपया हिमालय जाइये और रन ऑफ दि रिवर की योजनायें देखिये, जो २० साल में बनी हैं। लोग माथा पकड़े बैठे हैं कि नुक़सान का यह नया रूप क्या हो गया? तो ये नुक़सान के अवतार हैं—नये-नये। हम किसी नुक़सान को कम करने के लिए जो हल बताते हैं उसे भी देखना होगा। बिजलीघर से धुआँ निकलता है नुक़सान होता है, अच्छा चलो न्यूक्लियर ले आते हैं कुछ नहीं होगा। ये हमारे सोचने का तरीक़ा है। एक ख़तरे को टालने के लिए

हम दूसरा बड़ा ख़तरा पकड़कर ले आते हैं।

दो–तीन और छोटी–छोटी बातों की तरफ़ आपका ध्यान खींचूँगा। मराठी में एक शब्द मैंने अर्चना जी से सीखा—'साकव'। बहुत सुन्दर शब्द है। मुझे नहीं मालूम कि मराठी में यह कितना सुलभ शब्द है या दुर्लभ। 'साकव' यानी छोटी–छोटी धाराओं या नदियों पर गाँव के लोग मिलकर अपने आप जो पुल बना लेते हैं। तो आज हमारे आन्दोलन में 'साकव' वाली प्रवृत्ति की बहुत ज़रूरत है। बिना कोई बड़ी बाहरी मदद के हम कैसे आपस में, एक–दूसरे के साथ अपनी बातचीत, अपने विचार, अपने अच्छे काम बहुत धैर्यपूर्वक यहाँ से वहाँ कैसे ट्रांसफर कर सकते हैं, एक–दूसरे को पहुँचा सकते हैं। पाँच भाषाओं के इलाक़े में फैला यह सह्याद्रि हमारी बहुत बड़ी कठिन परीक्षा भी लेता है। मराठी का कन्नड़ होगा, कन्नड़ का मलयाली होगा लेकिन इस सबके बीच में जैसे सह्याद्रि खड़ा है, ऐसे हमारे काम भी पाँच राज्यों के मन को, भाषाओं के बीच में से, प्रेम से एक माला के धागे की तरह पिरो सकें, ऐसी हम लोगों को कोशिश करनी चाहिये।

मैं अन्त में २–३ छोटी–छोटी चीज़ें कहूँगा कि पश्चिम घाट बचाने का आन्दोलन यदि २५ साल पहले चला है तो ऐसा कोई कारण नहीं है कि हम निराशा में मानें कि ये तो बचेगा नहीं। २५ साल बहुत कम समय है कुल टाइमफ्रेम में जो हम लोगों ने शुरू की बातचीत में १५ करोड़ साल की बात कही। इसलिए हम अकेले नहीं—हमारी दो पीढ़ी, तीन पीढ़ी, चार पीढ़ी इसमें सातत्य निभाकर काम करेंगी तो ये विनाश बच सकेगा। विनाश के और भी रूप सामने आ सकते हैं तो उससे हमको निराश होने की ज़रूरत नहीं है। और कुल मिलाकर हमें अपने हाथ से अपने प्रभाव के हिस्से में ऐसे कोई काम नहीं करने चाहिये जो इसमें किसी तरह से चोट पहुँचाये—जो अभियान हम लोगों ने शुरू किया है।

हमें यह मानना चाहिये कि जो दुर्लभ चीज़ें हैं केवल उनके संरक्षण की बात नहीं है। समाज में रहने वाले वे लोग जिन्हें हम आदिवासी कहते हैं वे हमसे बिछुड़ें या हम उनसे बिछुड़ें—उनके संरक्षण का, संवर्धन का, उनसे प्रेम–सम्बन्ध बढ़ाने का और उनको अपना हिस्सा मानने का—हम उन्हें कैसे अपनायें और वे हमें कैसे अपनायें—इस सबमें 'साकव' वाली निगाह से काम करना पड़ेगा।

और अन्त में फिर मैं आपके सामने मराठी कहावत रखूँगा। ये मुझे आप ही जैसे मित्रों से सुनने को मिली है—रावण तोंडी रामायण। कहीं ऐसा न हो कि हम लोगों को वो रामायण सुननी पड़े। रावण अपनी बर्बादी का क़िस्सा ख़ुद सुनाये, उससे हम बचें। ऐसी रामायण का समय न आये। इस आशा के साथ आप सबको मैं प्रणाम करता हूँ। धन्यवाद।

फ़रवरी, २०१२

अनोखा रामरतन

अनोखा रामरतन

आज हम सब पुण्यश्लोक जमनालाल जी की स्मृति में यहाँ एकत्र हुए हैं। उन्हें प्रणाम। उन्हीं के साथ आदरणीय जानकी देवी जी को भी नमन।

आज की नयी पीढ़ी तो बाद की बात है, हमारी पीढ़ी भी उस युग की ऐसी विभूतियों के बारे में कुछ ज़्यादा जानती नहीं है। यह बात शायद बहुत ही कम लोगों को पता होगी कि आदरणीय जानकी देवी जी ने अपने जीवन के एक पड़ाव पर यह संकल्प ले लिया था कि वे अपनी वाणी से 'ना' या 'नहीं' जैसे नकारात्मक शब्दों का प्रयोग नहीं करेंगी। रोज़मर्रा के जीवन में नकारात्मक विचार तो आगे की बात है, आपसी बातचीत तक में नकारात्मक शब्दों तक का उपयोग नहीं करना—एक बहुत ही कठिन काम है। और इस कठिन साधना को अच्छी तरह से निभाकर गयी हैं आदरणीय जानकी देवी जी।

आज तो देश में सब तरफ़ नकारात्मक बातें, तरह-तरह के नकारात्मक काम, नकारात्मक विचार, शब्द फैले पड़े हैं। अविश्वास, घृणा, दूसरे को सहना नहीं, अपनों तक को नहीं सहना—इनकी बाढ़-सी आ गयी है। दूसरी तरफ़ भयानक अकाल है, अच्छी बातों का, अच्छे विचारों का, सकारात्मक कामों का।

यह हमारा सौभाग्य रहा कि हमें इन विभूतियों से जुड़े एक बड़े व्यापक संसार से थोड़ा-बहुत जुड़ सकने का मौक़ा लगा। हमारे यहाँ एक कहावत है कि बेस्वाद फीका धागा भी मिश्री से जुड़ जाये तो कुछ मीठा हो जाता है। कहावत यहीं नहीं रुक जाती। आगे चलकर दूसरी पंक्ति में वह कहती है कि मिश्री से जुड़कर इस मामूली से धागे का दाम भी मिश्री जितना

क़ीमती हो जाता है! वह भी उसी दाम तुलता है।

तो हम जैसे मामूली, फीके, बेस्वाद और कच्चे धागे भी अच्छे विचारों से जुड़कर, मिश्री जैसे लोगों के सम्पर्क में आकर आज आप सबके दर्शन कर पाये हैं।

आज पूरे देश में पानी का संकट बना रहता है। सिर्फ़ गर्मी के मौसम में ही नहीं, अब तो सर्दी के दिनों में भी जल संकट सब जगह छा जाता है। सारे जहाँ से अच्छे जिस हिन्दुस्तान का बखान करते हुए कवि इक़बाल ने कहा कि गोदी में खेलती हैं जिसकी हज़ारों नदियाँ—वो सारी नदियाँ इस बीच एकदम गन्दी हो गयी हैं, प्रदूषित हो गयी हैं या फिर सुखाकर मार दी गयी हैं। भूजल का हाल तो पूछिये ही नहीं।

ऐसी कठिन परिस्थिति में हमने इस सरल-तरल पानी का छोर पकड़कर पिछले ३० बरसों में कुछ छोटे-छोटे काम किये हैं। हमने कोई नया काम नहीं किया। नया शोध नहीं किया। शोध के बदले श्रद्धा से देखा अपने समाज को, जिसने अँग्रेज़ों के आने से पहले हर गाँव में छोटे-बड़े दो-चार तालाब बनाये थे, बिना किसी इंजीनियर के। पानी कम गिरता हो या ज़्यादा—सबकी ज़रूरत देखकर पानी को उतनी मात्रा में रोकने का पुख़्ता इन्तज़ाम किया था। उस समाज ने बाज़ार देखकर बदलने वाली पंचवर्षीय जलनीति, जल योजना नहीं बनायी थी, उसने तो अपने क्षेत्र का मौसम, भूगोल देख-समझ कर कुछ हज़ार बरस चल सके—ऐसा विराट जल दर्शन बनाया था।

अपने समाज को शोध के बदले श्रद्धा से देखने पर हमें पानी के सन्दर्भ में सचमुच एक अनोखा, अमौलिक रामरतन मिल गया। इसे कितना भी वापरो—वह खुटता नहीं, बल्कि यह काम तो दिन-दिन सवाया बढ़ता चला जा रहा है।

कई बरसों तक हमारे गाँवों ने, शहरों ने इस अनोखे रामरतन को बड़े जतन से सँभालकर रखा था। पर ग़ुलामी के लम्बे दौर में और फिर आज़ादी के इस दौर में हमारे समाज से यह पानी की उत्तम तकनीक, उत्तम रामरतन गुम गया था। हमने उसे थोड़ा-सा पाया और जहाँ से मिला, उसी समाज को प्यार से इसे फिर से बताने का काम किया है। देखते-देखते आज ३० बरसों से न जाने कितनी जगहों पर इस सुन्दर तकनीक से समाज ने बिना

किसी का मुँह ताके, बहुत थोड़े से साधनों को जुटाकर, अपनी साधना से पानी की अपनी समस्या को ख़ुद हल करके दिखाया है।

जन-गण के मन में जो तकनीक बरसों तक रची-बसी रही, उसकी थोड़ी-सी धूल हमने साफ़ की है, उसे थोड़ा-सा चमका दिया है और लो आज वह फिर से काम आने लगी है।

हमारे इन छोटे-छोटे काम का कुल जोड़ भी छोटा-सा ही रहा है। पर आप सबकी उदारता ने इन छोटे-छोटे कामों को जोड़ने के बदले अपने स्नेह से गुणा करके इसे कई गुना बढ़ा दिया है। मैं इस उदारता के लिए जमनालाल बजाज प्रतिष्ठान के प्रति अपनी कृतज्ञता ज्ञापित करता हूँ और प्रभु से इतनी ही प्रार्थना करता हूँ कि वह हमें इस प्रतिष्ठित सम्मान के योग्य बनाये।

नवम्बर, २०११

कमला

बिहार में, विशेषकर उत्तर बिहार में प्रकृति के बारीक़ खेल को दिनेश भाई ने वर्षों से देखा और समझा है। अपनी इसी परख के आधार पर वे समाज के सामने, नीति निर्धारकों के सामने बार-बार पानी और बाढ़ पर लिखते हैं, चेतावनी देते हैं।

दिनेश कुमार मिश्र अपने इसी कर्तव्य को फिर से पूरा कर रहे हैं। इस बार मिथिला की कमला नदी के इस वर्णन से हमेशा की तरह वे हमें फिर बता रहे हैं कि नदियों के प्रति नीति निर्धारकों का दृष्टिकोण यहाँ समाज की भावनाओं से बिलकुल अलग है। ये दोनों दृष्टिकोण नदी के दो किनारों की तरह बढ़ते जा रहे हैं। इसकी दूरी बढ़ रही है, इसकी गहरायी बढ़ रही है। और इसलिए दिनेश भाई इन दोनों दूरियों को सामने रख कर अपने साफ़ विचारों से एक पुल बना रहे हैं।

वे याद दिलाते हैं कि यहाँ लोग कमला माई की कृपा पर जीते थे। आज यही कमला नदी क्यों इतने ग़ुस्से में है? इनका मानना है कि परिस्थितियाँ समाज और नदी में इतना विभेद कर रही हैं कि यह नदी उसे सह नहीं पायेगी। हमें आशा करनी चाहिये कि नीति निर्धारक श्री दिनेश कुमार मिश्र की इस चेतावनी को गम्भीरता से लेंगे और कमला नदी को बग़ावत के रास्ते से हटाकर फिर से उसके सरल, सीधे और मातृत्व वाले स्वभाव पर लौटा लायेंगे।

४ अगस्त, २००६

चेम्बर म्यूज़िक

लिखना एक काम है, एक क्रिया है। इसे करने वाले लेखक। जीवन की कई क्रियाओं में से एक क्रिया है यह हमारा लिखना। इसलिए सबसे स्वाभाविक तो यही है कि जो लिखे वह लेखक कहलाये बस उतनी ही देर तक, जब तक वह लिखता है। फिर इस तरह लिखने वाला जीवन की शेष अनगिनत क्रियाओं में ऐसा रम जाये, ऐसा खो जाये कि उसे लेखक की तरह पहचानना कठिन हो जाये।

श्री जयशंकर ऐसे ही लेखक हैं। जितनी देर वे लिखते हैं, उतनी देर ही वे लेखक हैं। बाक़ी समय में वे बस जयशंकर हैं। एक छोटी-सी जगह में रहते हैं, साधारण से बैंक में काम करते हैं। उनकी इन कहानियों के पात्र, घटनायें ठीक उन्हीं की तरह हमारे भी चारों ओर बिखरी पड़ी हैं। पर हम इन पात्रों और घटनाओं के आर-पार नहीं देख पाते। जयशंकर इनके आर-पार देख सकते हैं और फिर वे इनको अपनी क़लम से उठा कर हमारे सामने कुछ इस तरह से रख देते हैं कि लो हम भी इनके आर-पार देखने लग जाते हैं।

मराठी में एक शब्द है 'साकव'—एक ऐसा छोटा-सा पुल जिसे गाँव बिना किसी बाहरी मदद के ख़ुद बना लेता है, अपनी छोटी-सी नदी को पार कर बाक़ी दुनिया से जुड़े रहने के लिए। जयशंकर उस साकव की तरह हैं जो हमें अपने आसपास की, तेजी से कटती और दूर होती जा रही दुनिया से फिर से जोड़ देते हैं। साकव के अलावा वे चाहे जब एक ऐसी सीढ़ी भी बन जाते हैं जो दो पीढ़ियों को जोड़ देती है।

जैसे लिखना है एक क्रिया वैसे ही पढ़ना भी एक क्रिया है—जीवन की

अनेक क्रियाओं के बीच। जयशंकर की कहानियाँ पढ़ते हुए हम उतनी देरी के लिए पाठक बनते हैं और फिर सचमुच बाक़ी समय उनके पात्रों की तरह ही अपनी और उनकी दुनिया में खो जाते हैं।

चेम्बर म्यूज़िक, २०१२

छोटे-छोटे प्रयासों से खुलता है रास्ता

श्री पद्रे की ये १२ छोटी-छोटी कहानियाँ एक ऐसी मज़बूत सेना की तरह हैं, जिसके ज़रिये अपने देश में कहीं भी सूखे से सामना किया जा सकता है। यह सेना एक उचित प्रश्न पूछती है : आख़िर हमारे सामने बार-बार खड़े हो रहे पानी के संकट से निपटने के लिए हम बड़ी और महँगी परियोजनायें कब तक बनाते और चलाते रहेंगे? इन कहानियों से बिलकुल साफ़ है कि समस्या का असली समाधान समाज के अपने छोटे-छोटे स्थानीय प्रयासों से ही निकलेगा।

पानी की समस्या पर इन दिनों ख़ूब चर्चा होती है। कश्मीर से लेकर कन्याकुमारी तक में पानी के गहराते संकट से जुड़ी ख़बरें हर रोज़ आती हैं। पहले पानी की समस्या किसी एक मौसम में, ख़ासतौर से गर्मी के दिनों में होती थी। अब यह समस्या बारहमासी हो गयी है। क्या जाड़ा, क्या वसन्त, अब तो बारिश के मौसम में भी हम प्यासे हैं!

पानी की कमी के मामले में अब हर इलाक़ा एक कतार में है। पानी का संकट उन इलाक़ों में तो है ही, जहाँ सालाना औसत बारिश सबसे कम होती है, लेकिन यह संकट अब उन इलाक़ों में भी पहुँच चुका है, जो दुनिया के मानचित्र में सर्वाधिक बारिश वाले इलाक़े कहे जाते हैं। उदाहरण के लिए, मेघालय के चेरापूँजी को लीजिये। बचपन से हम पढ़ते आये हैं कि यहाँ दुनिया में सबसे अधिक बारिश होती है। अब ख़बरें आ रही हैं कि ११ मीटर सालाना बारिश वाला यह इलाक़ा भी पानी के संकट में फँस गया है।

श्री पद्रे हमें दक्षिण भारत के छोटे गाँवों और शहरों से लेकर महाराष्ट्र में

सतारा और राजस्थान में लापोड़िया के अनमोल उदाहरणों से परिचय कराते हैं। वे हमें खेतों, मन्दिरों की सैर कराते हैं और एक चर्च के दर्शन भी। हम घास-फूस की झोपड़ी से निकल कर कोझिकोड के भारतीय प्रबन्धन संस्थान के शानदार परिसर में पहुँचते हैं। वे हमें बताते हैं कि बचायी गयी पानी की हरेक बूँद हमें किस तरह सूखे से बचाती है और मिट्टी में नमी को बनाये रखती है।

यह किताब कोई मन्तर नहीं है कि हाथ लगते ही समस्या छूमन्तर हो जायेगी। किताबें अक्सर पाठक के मन पर बोझ ही बनती हैं। हम सभी के पास किसी न किसी विषय पर किताबें हैं। ये किताबें फ़ुर्सत के समय में ज्ञानरंजन के लिए होती हैं। हमें अपनी-अपनी किताबों को इस उद्देश्य के लिए अभी किनारे रख देना चाहिये। कोई एक किताब पानी के जटिल संकट को समझने में मददगार हो सकती है, ऐसा मुझे नहीं लगता। किताबें हमें अपनी समस्याओं के समाधान ढूँढ़ने की प्रेरणा भी भला दे सकती हैं क्या! समाधान के लिए तो हमें ख़ुद अपने-अपने प्रयास करने होते हैं, तरह-तरह के प्रयोग की ज़रूरत पड़ती है। जल संकट का प्रभावी समाधान इन्हीं रास्तों से निकल सकता है।

यह छोटी पुस्तिका इस मामले में थोड़ी अलग है। श्री पद्रे हमारी उँगली पकड़कर हमें १२ ऐसी जगहों पर ले जाते हैं, जहाँ हमारी मुलाक़ात ऐसे विशेषज्ञों से होती है, जो समाज की पाठशाला से पढ़कर निकले बिल्कुल आम लोग हैं। उनके पास विश्वविद्यालयों की बड़ी-बड़ी डिग्रियाँ नहीं हैं। वे साधारण लोग हैं, लेकिन उनकी उपलब्धियाँ असाधारण हैं।

श्री पद्रे इस किताब के ज़रिये कोई क्रान्ति करने नहीं निकले हैं। वे कोई उपदेश नहीं देते और उनकी कहानियाँ हमें कमतर भी नहीं बतातीं। वे हमें सिर्फ़ यह बताते हैं कि समाज ने किस तरह बारिश के पानी को रोककर और अपने पास उपलब्ध पानी के अनुरूप अपनी ज़रूरतों को छोटा-बड़ा कर अपने जीवन को ऊँचा बनाना सीखा है।

इसलिए हम सभी इस शानदार यात्रा में उनके साथ शामिल होने के लिए आमन्त्रित हैं कि पानी रोकने और बचाने की समयसिद्ध पद्धति किस तरह समाज के जीवन को बदल कर रख देती है। इसकी हरेक चुनौती, इसका हरेक समाधान और हरेक अनुभव बिल्कुल अलग-अलग होते हैं।

श्री पद्रे ऐसे आम जन के दैनिक प्रयासों को हमारे सामने रखते हैं, जिनके संसाधन बहुत सामान्य हैं, मगर वे स्थानीय ज़रूरतें पूरी करने में पर्याप्त हैं। ये प्रयास उन विशाल परियोजनाओं को आईना दिखाते हैं, जिनका शोर तो बहुत होता है, लेकिन उनसे निकलने वाला परिणाम शून्य ही होता है।

इन कहानियों से यह बात भी साफ़ होती है कि प्रकृति कितनी उदार हो सकती है। मात्र सालभर की सच्ची साधना से वह ३० सालों की हमारी भूलों को माफ़ कर सकती है।

यह किताब अब आप सब के हाथों में है। अच्छा होगा कि आप ख़ुद इसे पढ़ें और समझें, और इस सागर से अपने-अपने हिस्से के मोती निकालें।

डूबकर नहीं डूबा हरसूद

कहने को एक कविता है। पर हमारे लिए यह कहानी है, एक सच्ची कहानी है अपने ही आँगन में पराये बना दिये गये लोगों की। श्री प्रेमशंकर 'रघुवंशी जी' की यह कविता बहुत लम्बी है, बड़ी है। उसी तरह अपने ही आँगन में पराये बना दिये गये लोगों की सच्ची कहानी भी बहुत लम्बी है। न यह कविता ख़त्म होती है न वह कहानी। वह सच्ची कहानी ही इतनी लम्बी है इसीलिए यह कविता भी लम्बी है उतनी ही। कवि की भावनायें, उसकी पीड़ा उस लम्बी कहानी से जुड़ती जाती हैं और कविता उसी अनुपात में लम्बी हो चलती है। कवि उस कहानी से जुड़ता चलता है और डूबता जाता है। ठीक उस हरसूद की तरह, जो सरकारों के एक अनिर्णय के सागर में न जाने कब से डूबते-डूबते भी डूब नहीं पा रहा था, पर उस अनिर्णय में हरसूद के लोग तो न जाने कितने ही पहले डूब चुके थे। फिर एक दिन तो हरसूद भी डूब ही गया था उनके साथ।

बड़े बाँधों को बहुत-से लोग एक षड्यन्त्र मानते हैं। पर षड्यन्त्र की परिभाषा कुछ और ही होती है। बहुसंख्या के नुक़सान के लिए अल्पसंख्या कुछ करे तो षड्यन्त्र। पर यदि बहुसंख्या के 'लाभ' के नाम पर बहुसंख्या ही कोई योजना बनाये और उससे नुक़सान हो जाये तो वह षड्यन्त्र नहीं कहलाता। आज तो विकास के नाम पर हो रहे विनाश में सर्वसम्मति दिखती है।

हमारा सत्ता पक्ष, विरोधी पक्ष, हमारे अख़बार, हमारी बड़ी अदालत और विश्व बैंक जैसे वित्तीय संगठन—सभी तो नर्मदा के बाँधों के समर्थक रहे हैं। विरोध भी सिर्फ़ उन्होंने किया है जो इन बाँधों की डूब में आने वाले हैं।

तो समर्थन की यह बड़ी संख्या, बड़ी ताक़त षड्यन्त्र की किसी परिभाषा का हिस्सा नहीं बनती। ये सब लोग बाँध के विचार से ऐसे बँध से गये हैं कि उससे इन्हें मुक्ति दिलाने वाला लगता है कोई नहीं बचा—वह मतदाता भी नहीं जो चाहे जब बड़े से बड़े नेता को, सत्तारूढ़ दल को लोकतन्त्र की धूल चखा देता है। देश भर में बाँध बन रहे हैं; छोटे, मध्यम और बड़े तथा सरदार सरोवर और इन्दिरा सागर जैसे बाँध बनते रहे हैं और यहीं से हर तरफ़ की पार्टियाँ जीतती रही हैं। इसलिए विनाश में सबकी सहमति-सी दिखती है।

तो विनाश के लिए बन चुकी इस सर्वसम्मति में हरसूद जैसा क़स्बा, कुछ हज़ार गाँव, कुछ लाख लोग, कुछ लाख एकड़ उपजाऊ भूमि, सघन वन आज कोई अर्थ नहीं रखते। 'हम जानते हैं देश का भला किसमें है' कहने वाला घमण्ड इतनी बड़ी डूब में भी तैर जायेगा, वह डूबेगा नहीं—ऐसा उसका भरोसा अभी झूठा नहीं साबित हो पाया है।

सच पाँव-पाँव चलता है। झूठ रथ पर दौड़ता है। रावण रथी बिरथ रघुबीरा। पर्यावरण का झूठ भी रथ पर दौड़ता है और यहाँ भी पर्यावरण का सच बिरथ रघुबीरा जैसा होता है। अन्तर एक ज़रूर है इस सच-झूठ की लड़ाई में। वहाँ राम-रावण युद्ध जल्दी हो जाता है इसलिए सच की विजय भी बहुत जल्दी सामने आ जाती है। पर्यावरण के सच और झूठ की लड़ाई में विजयदशमी, दशहरा इतने जल्दी नहीं आता।

पर्यावरण के, प्रकृति के कैलेण्डर में बहुत अन्तर है। हमारे कालनिर्णय लाला रामस्वरूप वाले पंचांग एक वर्ष में बारह पन्ने पलटते हैं पर प्रकृति का कैलेण्डर कुछ लाख बरस में एकाध पन्ना पलटता है। नर्मदा नदी की आयु कुछ करोड़ बरस आँकी गयी है। इसके किनारे पर जबलपुर के पास लम्हेटा घाट नामक एक जगह है, लम्हेटा गाँव भी है। भूगोल, भूगर्भ जानने वाले वैज्ञानिक बताते हैं कि यह स्थान पृथ्वी के जन्म के समय का है। जैसे हमारे-आपके जन्म के समय शरीर में कोई तिल, कोई मस्सा, कोई दाग़ होता है वैसा है यह स्थान।

तो नर्मदा गंगा से भी पुरानी नदी है। उस पर आज हमारे नये योजनाकारों ने कुछ किया है तो यह सब उसके लिए कोई अर्थ नहीं रखता। हमारे बाँध, हमारे पुल, हमारी न जाने क्या-क्या करतूतें वह चुपचाप सह लेती है। पर

ठीक कहा नहीं जा सकता कब तक। हाँ, उसका, नर्मदा का कैलेण्डर हमारे कैलेण्डर से मेल नहीं खाता। पर कई पन्ने पलट जायेंगे और तब उसकी एक साँस भीतर गयी हो, बाहर आयी हो और उसे लगे कि यह क्या है उसके ऊपर तो कहा नहीं जा सकता कि वह क्या कर बैठे। भगवान न करे ऐसा हो। नहीं तो हरसूद के डूबने से भी बड़ी घटना भी नहीं मानी गयी पर वैसी कोई घटना यदि कभी घट गयी तो!

इस कविता के अन्त में ऐसी किसी आशंका की कल्पना की भी गयी है। प्रागैतिहासिक विज्ञान समझने वाले बताते हैं कि कभी खम्बात की खाड़ी से मण्डला तक समुद्र का प्रवेश था। उसकी उपस्थिति बताने वाले जीवाश्म नर्मदा घाटी में जगह-जगह मिलते हैं। शायद उसी को याद कर कवि लिखते हैं इस कविता के अन्त में कि डूब गया हरसूद स्वयं ऊपर आ जायेगा।

'डूबकर नहीं डूबा हरसूद' जैसी कवितायें इस धरती के भाग्य को मुँदने नहीं देंगी।

जल और समाज

श्रद्धा के बिना शोध का काम कितने ही परिश्रम से किया जाये, वह आँकड़ों का एक ढेर बन जाता है। वह कुतूहल को शान्त कर सकता है, अपने सुनहरे अतीत का गौरवगान बन सकता है, पर प्राय: वह भविष्य की कोई दिशा नहीं दे पाता।

ब्रजरतन जोशी ने बड़े ही जतन से 'जल और समाज' में ढेर-सारी बातें एकत्र की हैं और उन्हें उस श्रद्धा से भी देखने का, दिखाने का प्रयत्न किया है, जिस श्रद्धा से समाज ने पानी का यह जीवनदायी खेल खेला था।

प्रसंग है रेगिस्तान के बीच बसा शहर बीकानेर। देश में सबसे कम वर्षा के हिस्से में बसा है यह सुन्दर शहर। नीचे खारा पानी। वर्षा जल की नपी-तुली, गिनी-गिनायी बूँदें। आज की दुनिया जिस वर्षा को मिलीमीटर/सेंटीमीटर से जानती है उस वर्षा की बूँदों को यहाँ का समाज रजत बूँदों में गिनता रहा है। ब्रजरतन जी उसी समाज और राज के स्वभाव से यहाँ बने तालाबों का वर्णन करते हैं इन ८०-८५ पन्नों में। और पाठकों को ले जाते हैं एक ऐसी दुनिया, कालखण्ड में जो यों बहुत पुराना नहीं है पर आज हमारा थोड़ा-सा पढ़ गया समाज उससे बिलकुल कट गया है।

ब्रजरतन इस नये समाज को उस कालखण्ड में ले जाते हैं जहाँ पानी को एक अधिकार की तरह नहीं, एक कर्तव्य की तरह देखा जाता था। उस दौर में बीकानेर में कोई १०० छोटे-बड़े तालाब बने हैं। उनमें से दस भी ऐसे नहीं थे, जिन पर राज ने अपना पूरा पैसा लगाया हो। नरेगा, मनरेगा के इस दौर में आज कल्पना भी नहीं कर सकते कि आर्थिक रूप से वंचित, कमज़ोर माने गये, बताये गये समाज के लोगों ने भी अपनी मेहनत से

तालाब बनाये थे। ये तालाब उस समाज की उसी समय प्यास तो बुझाते ही थे, भूजल का संवर्धन भी करते थे। यह भूजल एक पीढ़ी, एक मोहल्ले, एक समाज तक सीमित नहीं रहता था। ऐसी असीमित योजना बनाने वाले आज भुला दिये गये हैं।

ब्रजरतन इन्हीं लोगों से हमें दुबारा जोड़ते हैं। वे हमें इस रेगिस्तानी रियासत में संवत् १५७२ में बने संसोलाव से यात्रा कराना शुरू करते हैं और ले आते हैं सन् १९३७ में बने कुखसागर तक। इस यात्रा में वे हमें बताते चलते हैं कि इसमें बनाना भी शामिल है और बड़े जतन से इनका रखरखाव भी। उसके बड़े कठोर नियम थे और पूरी श्रद्धा से उनके पालन का वातावरण था जो संस्कारों के रूप में एक पीढ़ी से दूसरी पीढ़ी चलता जाता था।

लेकिन फिर समय बदला। बाहर से पानी आया, आसानी से मिलने लगा तो फिर कौन करता उतना परिश्रम उन तालाबों को रखने का। फिर ज़मीन की क़ीमत आसमान छूने लगी। देखते ही देखते शहर के और गाँवों तक के तालाब नयी सभ्यता के कचरे से पाट दिये गये हैं। पर आसानी से मिलने वाला यह पानी आसानी से छूट भी सकता है। उसके विस्तार में यहाँ जाना ज़रूरी नहीं।

इसलिए ब्रजरतन जोशी का यह काम एक बीज की तरह सुरक्षित रखने लायक है। यह शहर का इतिहास नहीं है। यह उसका भविष्य भी बन सकता है।

महासागरीय व्रत

एक ऐसे दौर में जब चारों तरफ़ हिंसा की, और लगभग उसी अनुपात में दुराग्रह की संस्कृति का बोलबाला बढ़ता ही जा रहा हो, सत्याग्रह की संस्कृति पर क़लम उठाना अपने आप में एक सौम्य सत्याग्रह है। नन्दकिशोर आचार्य के २९ लेख 'महासागरीय वृत्त' की तरह दिमाग़ पर फैलते जाते हैं और वे मन की गहरायी में भी कहीं गहरे उतर जाते हैं। आज हमारे समय के सामने जो प्रश्न हैं, उनके बने बनाये उत्तर इन लेखों में नहीं मिलेंगे— यह उनकी सबसे अच्छी बात है। हम इन्हें पढ़कर अपने उत्तर स्वयं बना सकें—हम में ऐसी क्षमता बनाने की ताक़त ये रखते हैं। आचार्य जी के ये विचार आज के रोगों का उपचार नहीं करते, उन रोगों का कारण मिटाने का रास्ता बताते हैं। इनमें व्यक्तिगत समाधि के बजाय 'सामाजिक समाधि' जैसे शब्द खुलते जाते हैं और हमें, आज जहाँ हम खड़े हैं, उससे थोड़ा आगे ले जाते हैं। आगे बढ़ने, थोड़ा ऊँचा उठने की यह क्रिया बहुत ही सहज, अनायास होती जाती है। गाँधी सत्याग्रह की संस्कृति पढ़ते-पढ़ते अपना अहम् कुछ घटता है और अन्य की प्रधानता कुछ बढ़ती है। नन्दकिशोर आचार्य जी के शब्दों में ही कहें तो 'गाँधी के प्रभाव की तलाश तो बहुत स्थूल बात है।' वे इससे कहीं गहरे उतर कर एक बहुत ही सरल लेखक अब तक अलक्षित बात कहते हैं : 'सच्चा साहित्य कभी किसी दर्शन का मतवाद का अनुयायी नहीं होता—वह तो स्वयं सत्य की तलाश की एक स्वायत्त है।' यह संग्रह सचमुच इस तलाश में आपको साथ लेकर बढ़ता है।

गुजरात, सहकारिता, समोजसेवा और संसाधन

नीलम कुलश्रेष्ठ ने इस विषय पर सचमुच कुछ श्रेष्ठ जानकारियाँ बड़ी मेहनत से इकट्ठी की हैं। उनकी कोई पच्चीस साल की यह मेहनत सीधी सरल भाषा में हमें बिना किसी परिश्रम के गुजरात की एक उम्दा यात्रा कराती है।

सहकारिता शब्द नया है। लेकिन समाज के मन का यह भाव, स्वभाव बहुत पुराना है। एक हद तक नया शब्द सहकारिता तो थोड़ा सरकारी और थोड़ा ईमानदारी की लीक से हटा हुआ भी बना दिया गया है। लेकिन नीलम जी के ये आलेख, सर्वे, रिपोर्ताज और साक्षात्कार हमें बहुत उत्तम क़िस्म के सहकारी कामों का दर्शन कराते हैं।

नयी पीढ़ी के पाठकों के लिए लगभग १३० साल का इतिहास सामने रखती हुई यह किताब ऐसे कामों, बड़े नामों और बड़े विचारों से परिचित कराती है जिन्हें हमारे आस-पास की तेजी से बदलती दुनिया ने पीछे छोड़ दिया है।

यहाँ हमें सहकारिता की बड़ी व्यापक झलक मिलती है। इसमें केवल दुग्ध-उत्पादक सहकारी संघ नहीं बल्कि अमृत जैसे विचारों को बाँटने वाले पुस्तकालयों के सहकारी संघों का भी विवरण मिलेगा। इसके शेयर होल्डर्स भी हैं तो दूसरी तरफ़ निस्सन्तान दम्पतियों की गोद में किलकारी जुटाने वाले ऐसे डाक्टरों का सहकारी संगठन भी दिख जायेगा जो इस काम को बिना फीस लिए करता मिलेगा। ऐसी संस्थाओं का भी विवरण मिलेगा जो आज की विज्ञापन की दुनिया और आत्म-प्रचार के बीच ऐसे चुपचाप ढंग से काम करता है कि उसके किसी भी सदस्य या प्रमुख का नाम और फ़ोटो भी नहीं आने देता। नीलम कुलश्रेष्ठ जी को और साथ ही किताब महल को इस सुन्दर पुस्तक के लिए बधाई।

पर्यावरण की राजनीति

सुनीता नारायण की क़लम में बिलकुल अलग क़िस्म की स्याही है। यह स्याही आम तौर पर बिकने वाली, लिखी जाने वाली बातें नहीं लिखती। सुनीता नारायण की यह क़लम हमारे भूतकाल, वर्तमान और भविष्य को एक धागे में बाँधती है। हमें यह क़लम कभी प्यार से, बड़े जतन से तो कभी थोड़ा डाँटकर भी बताती है, चेतावनी भी देती है कि यदि हमने अपने आसपास की दुनिया समझी नहीं, सुधारी नहीं तो आने वाले कल की पीढ़ी के पास इसे सुधारने के मौक़े और भी कम हो चुके होंगे और शायद तब हमारे बाद की पीढ़ियाँ कम से कम पर्यावरण के मामले में तो एक हारी हुई लड़ाई लड़ने के लिए मजबूर होंगी।

इसलिए यह पुस्तक हमें बताती है कि आज जो जहाँ है, वहाँ से वह एक क़दम उठा सकता है, एक आवाज़ लगा सकता है। बिना निराश हुए हम सब अपने समय के प्रश्नों से जूझ सकते हैं। हम यह काम नहीं कर पाये तो तेजी से फैलता जा रहा निराशावाद परिवर्तन की हमारी इच्छा को ही नष्ट कर देगा।

इच्छा, लगन बनती है चीज़ों को, प्रश्नों को सही ढंग से समझने से। और इस मामले में यह पुस्तक न जाने कितनी नयी खिड़कियाँ खोलती जाती है ताकि हम अपने आसपास की दुनिया को पहले से ज़्यादा बेहतर ढंग से समझें। और यह सब कोरा पर्यावरण नहीं है, यह तो बेहद रंगीन राजनीति है, जिसने हमें इन प्रश्नों को कभी ठीक से समझने ही नहीं दिया।

प्रागैतिहासिक युग के डायनासोर के बदले हमें हमारे ही आसपास बिखर रहे भीमकाय डायनासोर मिल जायेंगे। जब हम इस राजनीति को समझने

लगेंगे तब हमें पता चलेगा कि नैनो की क़ीमत वास्तव में किसकी जेब से रुपया खींचकर सस्ती हो पायी है। हमारी सड़कों का हाल अमेरिका के राष्ट्रपति के चुनाव से तय होगा—यह भी हमें बड़े ही विचित्र ढंग से समझ में आने लगेगा।

सुनीता नारायण की यह विचित्र क़लम सचमुच हमें भीमकाय डायनासोर से लेकर सबसे सूक्ष्म जीव वायरस तक, स्वाइन फ्लू तक की एक ऐसी अनोखी यात्रा करवाती है जिसका फिर अन्त नहीं होता, इस यात्रा में हम सुनीता नारायण के ही शब्दों में 'सहज चलना सीख लेते हैं' और फिर तो यात्रा की थकान, निराशा—सब कुछ दूर हो जाती है और हम एक विश्वास, एक नयी आशा के साथ एक सार्थक दिशा में बढ़ने लगते हैं।

यह स्याही मिटने नहीं वाली।

२०१२

नर्मदा बचाओ आन्दोलन

नर्मदा यानी नर्म, सुख, आनन्द देने वाली। भूगोल, विज्ञान और पुराणों में, गंगा से भी ज़्यादा पुरानी मानी गयी यह नदी पिछले सत्तर वर्षों से बहुत विवादों में बही है।

आज के छत्तीसगढ़ में अमरकंटक पर्वत से निकल कर पश्चिम की ओर बहकर नर्मदा मध्य प्रदेश का एक बड़ा भाग पार कर गुजरात में प्रवेश कर भरूच में खम्बात की खाड़ी में जा मिलती है। कोई १३१२ किलोमीटर लम्बी नर्मदा को सन् १९४६ में एक विशाल परियोजना से बाँधकर विकास का एक बड़ा सपना देखा गया था। इस प्राचीनतम नदी की मुख्यधारा पर दो विशाल बाँध बाँधे जा चुके हैं—पहला गुजरात में सरदार सरोवर और दूसरा मध्य प्रदेश में इन्दिरा सागर। इन दो बाँधों के अलावा मुख्य धारा पर अन्य आठ बड़े बाँध और बाँधे जा रहे हैं। फिर २० बड़े बाँध और कोई ३०० मँझोले बाँध नर्मदा की सहायक नदियों पर बनेंगे। कहने को तो ३००० छोटे बाँधों को भी इस परियोजना में दिखाया जाता रहा है पर व्यवहार में तो सारा ज़ोर केवल मुख्य धारा के बड़े बाँधों पर ही रहा है।

बहुत-सी बिजली और बहुत-सी सिंचाई—आँकड़े इतने मोहक थे कि नदी की मुख्य धारा के दो प्रमुख राज्य गुजरात और मध्य प्रदेश इस लाभ के बँटवारे को लेकर लड़ते रहे। बाँध बनना था गुजरात में, नुक़सान था मध्य प्रदेश में। कोई डेढ़ लाख लोग इस बाँध में डूबने वाले थे। घने वनों का एक बड़ा भाग, लगभग ४४,००० हेक्टेयर और उम्दा कृषि भूमि का एक विशाल भाग भी बाँध की भेंट चढ़ने वाला था। गुजरात और मध्य

प्रदेश के अलावा नर्मदा कछार का कुछ अंश महाराष्ट्र और राजस्थान को भी स्पर्श करता है। इसलिए लाभ के बँटवारे में इन दोनों राज्यों का भी कुछ दावा जुड़ जाना स्वाभाविक ही था।

नर्मदा नदी पर बाँधों का विचार सबसे पहले सन् १९४६ में आया था। नेताओं और जल विशेषज्ञों की ३-४ पीढ़ियाँ बीत गयी थीं पर तय नहीं हो पा रहा था कि कौन कितना ख़र्च करेगा और किसे कितना लाभ मिलेगा। विवादग्रस्त राज्यों में से किसी के पास भी इतना पैसा नहीं था कि केन्द्र सरकार की मदद लिए बिना वे इन बाँधों को बना लें। आज बहुत ही कम लोगों को यह याद होगा कि सन् १९६७ में मध्य प्रदेश के ३१ संसद सदस्यों ने श्रीमती इन्दिरा गाँधी से आग्रह किया था कि वे नर्मदा घाटी योजना को भारत-सोवियत व्यापार में शामिल करवा लें।

सबसे विवादास्पद बाँध सरदार सरोवर को लेकर सन् १९६७ से १९७३ तक मध्य प्रदेश और गुजरात के बीच चली ऊलजलूल बयानबाज़ी और झगड़े छोटे-मोटे महाभारत से कम नहीं थे। लेकिन इन राज्यों के मुख्यमन्त्री, उनके अधिकारी, इंजीनियर आख़िर कब तक झगड़ते रहते? सन् १९७३ में नर्मदा विवाद श्रीमती इन्दिरा गाँधी को सौंपा गया। वे स्वयं इसका सन्तोषजनक हल नहीं खोज पा रही थीं तो उन्होंने हार कर इसे एक पंचाट को सौंप दिया। एक वर्ष बाद ही देश में आपात्काल लग गया। सारे विवाद दब गये। चुप्पी छा गयी। पंचाट अपना काम करता रहा। पंचाट का फ़ैसला आया सन् १९७९ में।

और यहीं से शुरू हुआ इस बाँध में डूबने वालों, विस्थापित होने वालों का दुखद प्रसंग।

मध्य प्रदेश में डूबने वाले गाँवों ने सबसे पहले नर्मदा नवनिर्माण समिति नामक एक संगठन बनाया। डूब में आने वाले क्षेत्रों में इसकी बैठकें होती रहीं। पर इसे आन्दोलन का रूप मिला जब इसमें मेधा पाटकर आ जुड़ीं। नाम बदल कर हो गया 'नर्मदा बचाओ आन्दोलन' पूरे डूब क्षेत्र में, प्रदेश में, फिर देश में और फिर तो विदेशों में भी नर्मदा बाँधों से डूबने वालों का पक्ष रखा गया। विदेशों में इसलिए कि विश्व बैंक ने भी इस योजना में अपना पैसा लगा दिया था।

मुख्य बाँध भी बनता रहा और फिर साथ-साथ अन्य बड़े बाँधों पर, इन्दिरा

सागर, ओंकारेश्वर, महेश्वर बाँधों से विस्थापित होने वाले कोई एक लाख तीस हज़ार लोगों के पुनर्वास की योजनायें लगातार पिछड़ती गयीं। कुछ की प्रगति तो कुछ की अवनति समानान्तर चलती गयी। नर्मदा बचाओ आन्दोलन सघन और व्यापक होता चला गया। सैकड़ों, हज़ारों समर्थकों के अलावा आन्दोलन के बाद के दिनों में बाबा आमटे जैसे तपस्वी, अरुंधति रॉय जैसी लेखिका तो आमिर खान और नाना पाटेकर जैसे लोकप्रिय अभिनेताओं का भी साथ मिला।

आन्दोलन का विश्व बैंक जैसी भीमकाय संस्था पर भी प्रभाव पड़ा। नर्मदा बचाओ द्वारा उठाये गये मुद्दों को लेकर बाद में विश्व बैंक ने बड़े बाँधों के प्रभावों को लेकर एक विश्वव्यापी पड़ताल की योजना भी बनायी। इस आयोग के सदस्यों में भारत के अर्थशास्त्री श्री लक्ष्मीचंद जैन और नर्मदा आन्दोलन की प्रमुख मेधा पाटकर को भी सदस्य बनाया गया था। आयोग ने पूरी दुनिया में बन चुके और बन रहे बड़े बाँधों की समीक्षा की, अनेक देशों में हज़ारों विस्थापितों और लाभ पाने वालों से मिल कर बातचीत की। आयोग की रिपोर्ट बाँध विरोधी तो नहीं कही जा सकती पर बाँध समर्थक तो नहीं ही थी।

'कोई नहीं हटेगा, बाँध नहीं बनेगा'—यह था नर्मदा बचाओ आन्दोलन का नारा। इसे विडम्बना ही कहा जायेगा कि सबको हटाना पड़ा और बाँध भी बन ही गया। पर यह आन्दोलन की हार नहीं मानी जा सकती। आन्दोलन ने पूरी दुनिया में बड़े बाँधों की उपयोगिता पर एक प्रश्नचिह्न तो लगाया ही है।

प्रदूषण धनी राजधानी?

पाण्डवों ने इन्द्रप्रस्थ को अपनी राजधानी बनाने का निर्णय लिया। वहाँ छाया घना जंगल काटा गया और ऐतिहासिक इन्द्रप्रस्थ साकार हुई पर्यावरण की एक ऐतिहासिक भूल की नींव पर। फिर पाण्डवों के बाद न जाने कितने वंशों के कितने राज्य और राजाओं ने दिल्ली पर राज किया, हर बार दिल्ली का पर्यावरण चरित्र कुछ बदला-बिगड़ा पर फिर भी आज जो दिल्ली हमारे पास है, उस पर इतिहास के घाव नहीं दिखते।

दिल्ली के पर्यावरण पर प्राचीन इतिहास के घाव नहीं हैं, यह बात सन्तोषजनक है पर यहाँ के पर्यावरण पर वर्तमान के घाव ज़रूर उभरने लगे हैं। वर्तमान के घावों का इतिहास कोई ज़्यादा पुराना नहीं है। पिछले पन्द्रह-बीस वर्ष में आये परिवर्तनों ने, प्रगति ने दिल्ली के पर्यावरण पर हवा, पानी ज़मीन—सभी पर अपने निशान छोड़ने शुरू किये हैं। मैं यहाँ दिल्ली के प्रदूषण पर आँकड़े देने के बदले कुछ और बातें कहना चाहता हूँ।

दिल्ली की सीमा को छू लेने के बाद यमुना का पानी बिना साफ़ किये पीने लायक नहीं रह जाता। यह हालत ओखला तक बनी रहती है, क्योंकि इस बीच यमुना में छोटे-बड़े ११ नाले इसमें लगातार गन्दा पानी उँडेलते रहते हैं। प्रायः नदियों के प्रदूषण के अपराधी बड़े उद्योग हुआ करते हैं पर दिल्ली में यमुना के प्रदूषण की लगभग पूरी ज़िम्मेदारी इस नगर को पालने वाली संस्थाओं पर जाती है। यमुनोत्री से अपनी यात्रा आरम्भ कर यमुना पहाड़ों में लगभग साफ़ बहते हुए मैदान में 'डाक पत्थर' नामक जगह से प्रवेश करती है। डाक पत्थर से दिल्ली तक यमुना का पानी सभी तरह के उपयोगों के लिए 'बहुत अच्छा' या 'अच्छा' पाया जाता है। पर

दिल्ली के बाद आगरा तक उस पर शहरी प्रदूषण का असर बना रहता है। इस दौरान यह पानी सभी तरह के उपयोगों के लिए 'बुरा' या 'साधारण' बन गया है। आगरा से इलाहाबाद तक अन्य सहायक नदियों के मिलने से कुछ हद तक यमुना का उद्धार हो पाता है और एक बार यमुना का पानी 'बहुत अच्छा', 'अच्छा' या 'साधारण' बन जाता है। याने जल प्रदूषण के मामले में दिल्ली स्वावलम्बी भी है और साथ ही पड़ोसी शहरों को अपने जल प्रदूषण का 'निर्यात' भी करती है!

हमारे यहाँ नदी केवल नदी नहीं एक संस्कृति भी हुआ करती है। नदी का इतिहास शहर के इतिहास से पुराना होता है। उसके किनारे जो भी शहर बसा हो उसका पूरा जीवन उस नदी के इर्द-गिर्द घूमता है। दिल्ली का जीवन भी कभी यमुना से जुड़ा था पर फिर धीरे-धीरे दिल्ली फैलती-पसरती गयी और उसकी आबादी का एक बहुत बड़ा भाग यमुना से कट गया, प्रशासनिक संस्थायें और उसके ज़िम्मेदार नेता और अधिकारी भी यमुना से कटते गये। यमुना महज़ एक नदी रह गयी और उसमें उँडेली जाने वाली गन्दगी आँकड़ों में बदलती गयी पर गन्दगी का यमुना पर क्या असर पड़ रहा है इसकी संवेदना हमारे मन में रह नहीं पायी। बीच-बीच में कभी किसी सर्वेक्षण के कारण कुछ ख़बरें बन जाती हैं—'दिल्ली की यमुना ३० वर्ष में एक खुला नाला बन जायेगी', 'दिल्ली में यमुना के घाटों पर नहाना स्वास्थ्य के लिए हानिकारक' वग़ैरह। और हम इन ख़बरों को सुबह अख़बार में पढ़ लेते हैं, शाम तक भूल जाते हैं।

वायु प्रदूषण के मामले में दिल्ली स्वावलम्बी भी है और साथ ही कुछ समस्यायें वह 'आयात' भी करती है। विशेषज्ञों का कहना है कि गरमी के मौसम में दिल्ली की हवा में संसार के अन्य देशों की राजधानियों के मुक़ाबले सबसे अधिक धूल मँडराती है। और यह धूल इसे पड़ोसी राजस्थान से मिलती है। दिल्ली की सड़कों पर सुबह से देर रात तक दौड़ने वाली मोटर गाड़ियाँ कुल मिला कर हर रोज २९० टन हाइड्रोकार्बन, कार्बन मोनोऑक्साइड, सल्फर डाइऑक्साइड और नाइट्रोज़न हवा में मिला देती हैं। आपको रफ़्तार चाहिये, एक जगह से दूसरी जगह जाने की सुविधा चाहिये तो वायु प्रदूषण की इस भारी क़ीमत को भी चुकाना ही पड़ेगा।

इसी तरह हमें बिजली भी चाहिये। इन्द्रप्रस्थ और बदरपुर के बिजलीघर

आपकी सेवा में दिन-रात बिजली पैदा करने में लगे हैं पर इस सेवा की क़ीमत है इन बिजलीघरों से निकलने वाला धुआँ। ये दोनों मिल कर हर रोज़ यहाँ की हवा में १२० टन सल्फर ऑक्साइड झोंक रहे हैं। फिर नम्बर आता है छोटे-बड़े उद्योगों की चिमनियों का। रोज़ दिल्ली आने-जाने वाली सैकड़ों रेलगाड़ियों के इंजिनों से निकलने वाले धुएँ का। रही-सही कसर घर-घर से निकले वाले धुएँ से पूरी हो जाती है। बिजलीघर और उद्योग की ऊँची चिमनियाँ ऊपर की वायु को प्रदूषित करने की ज़िम्मेदारी पूरी करती हैं और घरों का धुआँ निचली हवा को ख़राब करने की। वायु प्रदूषण चित्र पूरा हो जाता है।

जब पानी और हवा जैसी प्राणदायी चीज़ों को भी हम साफ़ नहीं रख पा रहे तो कचरे जैसी कचरा-चीज़ पर ध्यान भला कैसे जायेगा। हम निश्चिन्त हैं अपने घर की कचरे की टोकरी को नगर-निगम के कचरा ड्रम में ख़ाली कर। पर आख़िर यह कचरा कितना है, कहाँ जाता है? एक मोटे हिसाब से हर रोज़ दिल्ली, नयी दिल्ली और देहात दिल्ली कोई १,४०० टन कचरा पैदा करती है। इसका बहुत थोड़ा-सा अंश 'सेनेट्री लैण्ड फिलिंग' याने गड्ढों में कचरे को भर कर समतल ज़मीन बनाने के काम आता था। शेष यहाँ-वहाँ ढेर लगा कर आज भी जला दिया जाता है।

इस कचरे में सबसे ज़्यादा भाग वनस्पति चरित्र का है, फिर काग़ज़, रबर, चमड़ा, प्लास्टिक, पुराने कपड़े, लकड़ी और धातुओं का नम्बर आता है। पर वनस्पति कचरे का प्रतिशत ६० से भी ऊपर जाता है। याने इस कचरे को ठीक से ठिकाने लगाने की यदि कोई योजना बने तो उससे खेती के लिए कुछ उपयोगी चीज़ें हासिल करने की पूरी सम्भावना है। पर सवाल है इन सम्भावनाओं को साकार कौन करेगा?

सभी बड़े शहरों का चरित्र होता है अपने आसपास की उपजाऊ ज़मीन को हजम करने का, हरियाली उजाड़ने का। दिल्ली भी इसमें पीछे नहीं है। जहाँ अभी कुछ ही बरस पहले तक खेती होती थी वहाँ अब नयी-नयी आवासीय बस्तियाँ खड़ी होती जा रही हैं। जनकपुरी, साकेत, अशोक विहार, पंजाबी बाग, नारायणा वग़ैरह के अलावा यह आक्रमण यमुना पार भी हुआ है। और आज यहाँ अनेक 'विहारों' की फसल खड़ी हो गयी है।

शोर एक नयी बीमारी का नाम है दिल्ली के लिए। इसमें फ़ैक्टरी, उद्योग,

रेल, मोटर-गाड़ियाँ, हवाई जहाज़ों के अलावा अब धर्म और मनोरंजन भी अपना योगदान दे रहे हैं। इस योगदान में साम्प्रदायिक एकता है : मन्दिर, मस्जिद, गुरुद्वारे और फिर छोटे-बड़े सम्प्रदाय अपने-अपने धर्म पर लाउडस्पीकर लगाकर, दिल्ली में बारह माह यहाँ-वहाँ होने वाले 'विशाल भगवती जागरण' यहाँ के हर नागरिक के कानों में गूँजते रहते हैं। तेज़ आवाज़ में बजने वाले विविध भारती के गाने शोर को विविधता प्रदान करते हैं। इसलिए दिल्ली के विभिन्न इलाक़ों में शोर का कारण केवल यातायात नहीं रह गया है। सबसे अधिक शोर शाम को शीशगंज गुरुद्वारे के आसपास पाया जाता है। फिर दरीबा, दरियागंज, पुल बंगश और सदर बाज़ार का नम्बर आता है। इसमें सदर बाज़ार और बाराटूटी जैसे इलाक़ों में तो देर रात तक शोर का काफ़ी ऊँचा स्तर बना रहता है।

जब सभी राजनैतिक दलों के लोग लाउडस्पीकर से चिल्ला-चिल्ला कर भाषण देने में ख़ुश रहते हों तो ऐसे नेतृत्व से शोर में उल्लेखनीय कमी की उम्मीद करना बेमतलब-सा लगेगा। दिल्ली में शोर के प्रदूषण पर प्रभावकारी नियन्त्रण की तरफ़ प्राय: किसी का भी ध्यान नहीं जा पाता। बस, एक बहुत पुराना 'टाउन न्यूसेंस एक्ट १८८९ यहाँ लागू है।' यह संसद, कुछ अस्पतालों और कुछ पुस्तकालयों के आसपास 'हॉर्न न बजायें' की तख़्ती टाँग कर निश्चिन्त है। अब तो दिल्लीवासियों को इस क़ानून की शताब्दी मनाने की तैयारियाँ शुरू कर देनी चाहिये। देश के पर्यावरण की निगरानी रखने वाली सभी ज़िम्मेदार संस्थायें दिल्ली के पर्यावरण की इन सब समस्याओं के बीच में ही जन्मी हैं। राष्ट्रीय पर्यावरण आयोजन व समन्वय समिति, जल प्रदूषण नियन्त्रण व निरोधक मण्डल और अभी हाल में ही पिछले वर्ष बना पर्यावरण विभाग। क़ानून पुराने हों या नये—सवाल उनके कारबार अमल का सदा सामने रहता है। अन्य कुछ शहरों में या गाँवों में भी जब आम लोगों में अपने पर्यावरण को बचाने की चेतना जागी है तब हमने पाया है कि वहाँ पर्यावरण की समस्याओं में कुछ कहने लायक सुधार आया है, ख़ुद सरकारी पहल को सक्रिय होने का अवसर भी मिला है। दिल्ली में इतनी बड़ी सरकारी संस्थायें हैं तो दूसरी तरफ़ पर्यावरण की चिन्ता करने वाली अनेक ग़ैर-सरकारी संस्थायें भी हैं। समय-समय पर ये सब संस्थायें दिल्ली की चिन्ता में सभा-सेमिनार भी करती हैं और ऐसे आयोजनों के माध्यम से अनेक नये तथ्य प्रकट भी होते हैं। ऐसी संस्थाओं

की इस भूमिका का एक अपना महत्त्व भी है पर यह सब सेमीनार पेपरों से दिल्ली की ज़मीन पर नहीं आ पाता।

जब दूसरे शहरों में नागरिक पहल है तो दिल्ली में क्यों नहीं? एक बड़ा कारण तो यही लगता है कि दिल्ली वास्तव में किसी का अपना शहर नहीं है। ज़्यादातर आबादी की इस पुराने शहर में कोई अपनी जड़ें नहीं हैं। बहुत-से लोगों के लिए दिल्ली एक 'पारगमन शिविर' है। वे एक शहर से तबादले पर यहाँ आते हैं, दूसरे शहर में तबादले पर जाने के लिए। चूँकि दिल्ली किसी की नहीं बन पाती इसलिए इसकी समस्यायें भी किसी को इतना नहीं छूतीं कि वे उनके हल के लिए आगे आयें।

इस अपरिचय के घने सीमेंटी जंगल में अब पिछले दो वर्षों से कुछ नये अंकुर उगे हैं। दिल्ली के स्कूल, कॉलेजों के कुछ छात्रों का एक संगठन 'कल्पवृक्ष' बना है और इस संगठन ने दिल्ली की विभिन्न पर्यावरण समस्याओं पर अपनी चिन्ता प्रकट करना और सबके साथ मिल कर उनके हल ढूँढ़ने की तीव्रता दिखायी। नतीजे अभी बहुत सामने भले ही न आये हों पर इस संगठन ने दिल्ली की रिज, यमुना का प्रदूषण और नये विस्तार में बलि चढ़ने वाले पेड़ों को बचाने की एक कोशिश की है। आशा की ऐसी अन्य किरणें जितनी अधिक फैलेंगी, प्रदूषण का अँधेरा उतना ही अधिक छँटेगा।

त्योहारों के लिए घातक है बाज़ारवाद

भारत में जितने भी त्योहार हैं या दुनिया के किसी भी देश में जो त्योहार प्रचलन में हैं, वे वहाँ के समाज के स्वभाव से बनते हैं, बाज़ार के स्वभाव से नहीं बनते। बाज़ार समाज के स्वभाव का हिस्सा होता है। अगर बाज़ार समाज के स्वभाव का हिस्सा हो और समाज के स्वभाव को समझकर अपना आचरण तय करता है तो किसी क़िस्म की दुविधा नहीं पैदा होती है। लेकिन जब बाज़ार समाज के स्वभाव से उन्मुक्त हो जाता है और ख़ुद को एक स्वतन्त्र इकाई समझने लगता है तो इस तरह की दुविधा पैदा होती है, जो आज हमें देखने को मिल रही है। आज हमारे देश की परिस्थितियाँ बदल गयी हैं। हमारे देश में अभी जो बाज़ार है, वह ख़ुद को समाज से स्वतन्त्र मान चुका है। वह ख़ुद को समाज के स्वभाव से भी स्वतन्त्र महसूस कर रहा है। ऐसा इसलिए हुआ है क्योंकि बाज़ार अब इतना सक्षम हो गया है कि वह किसी भी त्योहार पर अपना असर डाल सकता है और उसका अपने हित में इस्तेमाल कर सकता है। ऐसा इसलिए भी हुआ है क्योंकि यह बाज़ार हमारा अपना बाज़ार नहीं है, यह एक साम्राज्यवादी बाज़ार है, जिसका मक़सद मुनाफ़ा कमाना है। त्योहारों, पर्वों, मेले आदि की भावना और उनसे जुड़े मूल्यों को ज़िन्दा रखना नहीं, बल्कि उनका इस्तेमाल करके अपना मुनाफ़ा बढ़ाना आज बाज़ार का तर्क है इसलिए बाज़ार का हमारे त्योहारों व हमारी संस्कृति पर इतना भीषण असर दिख रहा है।

आज बाज़ार इतना शक्तिशाली हो गया है कि वह हमारे त्योहारों और हमारी संस्कृति को गिरवी रख लेगा और हमारी हैसियत नहीं होगी कि हम उन्हें छुड़ा लें। इसकी एक वजह जो हमारी समझ में आ रही है वह यह है

कि आज के त्योहार बाबुओं के त्योहार बन गये हैं। यह भारतीय संस्कृति के भीतर आया एक बड़ा बदलाव है। भारत के तमाम पारम्परिक त्योहार किसानी संस्कृति से उपजे हैं। भारत के किसान अपनी सुविधा और अपनी ज़रूरत के हिसाब से त्योहार मनाते थे। जब फसल कट जाती थी और दूसरी फसल की बुवाई के बीच समय होता था पसीना पोंछने और ख़ुशी मनाने का तो हमारे किसान त्योहार मनाते थे, मेले लगाते थे। ये मेले उनके अपने होते थे और त्योहार भी उनका अपना होता था। मेरी स्मृति में आज भी हमारे त्योहारों के अवसर पर लगने वाले मेले ज़िन्दा हैं, जहाँ उतना ही अपनापा महसूस किया जा सकता था, जितना कि घर में होता है। लेकिन अब वह सब कुछ बदल गया। बाबुओं और शहरों में रहने वाले लोगों की भीड़ को त्योहारों में अपनापन देखने की प्रवृत्ति ख़त्म हो गयी है। अब त्योहारों का आकलन इस बात से होता है कि कौन आर्थिक रूप से कितना सक्षम है और त्योहारों के लिए बाज़ार में उपलब्ध चीज़ों पर कितना रुपया ख़र्च कर सकता है। बाज़ार ने दरअसल तमाम त्योहारों से जुड़ी भावनाओं को उनसे निकाल दिया है और उनकी जगह अपना मुनाफ़ा रख दिया है। अब इस मुनाफ़े को बढ़ाने के लिए बाज़ार तरह-तरह के उपाय करता है।

सबने देखा है कि इस बार करवा चौथ का व्रत किस तरह से मनाया गया है। मुझे लगता है कि २०-३० साल पहले दिल्ली के उच्च वर्ग की महिलायें इस तरह के व्रत को हेय दृष्टि से देखती होंगी और ऐसा करना उन्हें गँवारों का काम जान पड़ता होगा। लेकिन अब बाज़ार ने इन त्योहारों में इतना 'ग्लैमर' डाल दिया है कि उच्च वर्ग के लोग भी इसे पूरे उत्साह से मना रहे हैं। फाइव स्टार होटलों में भी करवा चौथ की धूम मची थी। बाज़ार और धन के असर का एक अनिवार्य नतीजा यह होता है कि आम आदमी इससे कुछ ज़्यादा कटा हुआ दिखने लगता है। यह सहज ही मान लिया जाता है कि असली त्योहार तो वह है जो पैसे वाले मना रहे हैं। अभी पिछले दिनों नवरात्र का पर्व ख़त्म हुआ है। मैंने देखा उस समय बड़े होटलों में भी नवरात्र की अलग थाली बनायी गयी थी। मैकडोनाल्ड जैसी अमेरिकी कम्पनियों ने भी नवरात्र की थाली बनायी थी। बाज़ार ने यह काम इतनी चतुराई से किया है कि अब इस देश के पैसे वाले लोग ख़ुद को उसी से 'आइडेंटिफाई' करने लगे हैं। उन्हें लगने लगा है कि यह कम्पनी भले विदेशी हो, लेकिन हम लोगों की भावनाओं को समझती है

और उसके हिसाब से काम करती है। अब नवरात्र की थाली जो आदमी मैकडोनाल्ड में नहीं खायेगा वह क्या खाक नवरात्र मनायेगा! ऐसा ही अभी दिवाली में होने वाला है। दिवाली के पारम्परिक रूप और महत्त्व को समझे बिना बाज़ार अपनी तरह से इसे मना रहा है और हमारे देश में नव-धनाढ्य वर्ग को अपनी चाल के अनुरूप दिवाली मनाने के लिए प्रेरित और बाध्य कर रहा है। दरअसल, दिवाली पूरी तरह से धन के दिखावे का त्योहार बन कर रह गयी है। इस प्रक्रिया में कम पैसे वाला या ग़रीब आदमी धीरे-धीरे इस तरह की परम्पराओं से अलग होने लगेगा और एक समय आयेगा, जब वे ख़ुद को इस तरह के त्योहारों से जोड़ कर देख ही नहीं पायेंगे। दिवाली के मौक़े पर किसी को इस बात की सुध नहीं है कि भारत में दारिद्रय की देवी की भी पूजा होती थी। भारत जैसे मज़ेदार समाज में ही यह माना जा सकता है कि अगर लक्ष्मी की देवी हैं तो दारिद्रय की भी देवी हैं। परम्परा के मुताबिक दारिद्रय की देवी को लक्ष्मी की बड़ी बहन माना जाता है और उनकी भी भारत में पूजा होती थी, लेकिन अब हमारे देश में बाज़ार ऐसी व्यवस्था बना रहा है, जिसमें ग़रीब की ही कोई पूछ नहीं है तो ग़रीबों की देवी को कौन पूछेगा!

अब हक़ीक़त यह है कि हम अपने त्योहार और उन्हें मनाने का तरीक़ा ख़ुद नहीं तय कर रहे हैं। इसे इस बात से समझा जा सकता है कि कुछ पारम्परिक त्योहारों के अलावा भारत में बड़ी संख्या में आयातित त्योहार मनाये जा रहे हैं जिन्हें निश्चित रूप से बाज़ार ने अपने मुनाफ़े के लिए खड़ा किया है। आज बाज़ार त्योहारों की तारीख़ और अवधि तक तय करता है। पहले हमारा समाज करता था और किसान तय करते थे। भारत में त्योहारों को तय करने की प्रक्रिया कितनी मज़ेदार है, इसे इस बात में देखा जा सकता है कि हमारे यहाँ यदि कुछ क्षण के त्योहार हैं तो कई दिनों तक चलने वाले त्योहार भी हैं। त्योहारों की तारीख़ और अवधि समाज ख़ुद तय करता था। हमारे ही समाज में यह व्यवस्था है कि चार महीने तक देवताओं को सुला दिया जाये और दिवाली के बाद देवउठनी एकादशी को उन्हें फिर जगाया जाये। हमारे समाज में देवता को सुलाने की परम्परा है तो जागरण की भी परम्परा है। जो समाज अपने स्वभाव के अनुरूप त्योहार मनायेगा वही ऐसा कर सकता है। हमारे तमाम त्योहारों से जुड़े क़िस्से समाज में प्रचलित थे, अब वे क़िस्से मर रहे हैं क्योंकि बाज़ार ने ऐसी

व्यवस्था कर दी है कि अब त्योहारों को परम्परा से जोड़ कर नहीं, बल्कि बाज़ार से जोड़ कर देखा जाये। लोग अब तात्कालिकता में देखते हैं और बाज़ार की नज़र से देखते हैं। इसलिए तमाम त्योहारों में बाज़ार नज़र आता है। बाज़ार ने पहले अपना स्वभाव विकसित किया और अब समाज का स्वभाव अपने जैसा बना रहा है। यह स्थिति किसी भी समाज के लिए घातक होती है। एक मायने में यह भी कहा जा सकता है कि जिस तरह से पूँजीवादी व्यवस्था हमारी अर्थव्यवस्था पर असर डाल रही है वैसे ही हमारे त्योहारों, उत्सवों और भावनाओं पर भी असर डाल रही है। और इसका नतीजा यह है कि हम इस सबसे कटते जा रहे हैं।

सिविल सोसायटी का भविष्य

हमारी भाषा में सोसायटी के लिए समाज शब्द चलता है। समाज का अर्थ अपने आप में इतना पूरा है कि उसके आगे किसी और विशेषण को लगाने की ज़रूरत नहीं पड़ती इसलिए समाज के आगे सिविल लगाना ज़रूरी नहीं होगा। इसी कारण समाज ने भी अपने आपको इस तरह से संगठित किया था कि वह बिना सिविल शब्द का इस्तेमाल किये सिविल काम को, अपने सिविल कर्त्तव्य को निभा सके।

मैं बाक़ी दुनिया के समाजों को ज़्यादा जानता नहीं हूँ लेकिन जहाँ से सिविल सोसायटी नाम का शब्द निकला है उसके बारे में इतना कह सकता हूँ कि वहाँ का समाज अपने आप में सिविल शब्द से दूर होता गया था। ऐसे देशों में सत्ता, पावर राजा के हाथ में पूरी तरह से आ जाती थी और इसलिए सैन्य, मिलिट्री का वज़न समाज पर बढ़ता जाता था। ऐसी हालत में समाज को सिविल गतिविधियाँ खोजने के लिए अवसर खोजने पड़ते थे। लेकिन हमारे यहाँ की परिस्थिति बिलकुल अलग रही है। सिविल गतिविधियों और ड्यूटीज के मामले में हमारा भूतकाल पास्ट परफैक्ट रहा है इसलिए मुझे हमारे यहाँ की सिविल सोसायटी के भविष्य की ज़्यादा चिन्ता नहीं है।

हमारा पिछले दो सौ साल का इतिहास इस सुनहरे भूतकाल पर थोड़ा अँधेरा करता है लेकिन आज भी ऐसे उदाहरण हम खोज सकते हैं जो हमें भरोसा दिलायेंगे कि हमारा भविष्य सुनहरा ही रहना चाहिये। यहाँ हम समाज के बाक़ी अंगों को छोड़ दें और यदि केवल पर्यावरण के काम को देखें तो बहुत सारी चीज़ें आज भी इसी भरोसे को पक्का करती हैं।

अँग्रेज़ जब हमारे देश में आये तो उन्हें यहाँ एक व्यवस्थित ढाँचा तैयार

मिला था। पाँच लाख गाँवों के इस देश में कोई पचास लाख तालाब कश्मीर से कन्याकुमारी तक बने-बनाये मिले थे। रेनफॉल जहाँ सबसे कम है ऐसे जैसलमेर में भी तालाब थे और कोंकण जैसे भारी वर्षा जैसे क्षेत्र में भी तालाबों की कोई कमी नहीं थी। समाज हर जगह अपनी पानी की ज़रूरत को पूरा करने का व्यवस्थित ढाँचा चला रहा था। यह ढाँचा अँग्रेजों को समझ में नहीं आया इसलिए उन्होंने जो नये काम किये उससे यह ढाँचा टूट गया।

अँग्रेज़ों के आने से पहले हमारे देश में इस कोने से उस कोने तक इंजीनियरिंग के सब काम हो चुके थे। नयी ज़रूरत के मुताबिक उनमें नये ढाँचे जोड़े जा रहे थे। और ये सब काम यहाँ के राजा नहीं कर रहे थे, समाज कर रहा था। यह बात अलग है कि इस काम में राजा मदद की तरह ख़ुद भी शामिल होता था। एक तरह से राज और समाज के बीच में एक सुन्दर तालमेल था। इंजीनियरिंग कॉलेज नहीं था, लेकिन सब जगह इंजीनियर थे जो पानी का काम समाज को आधार बना कर करते थे।

इसी तरह जंगल का काम भी समाज की संस्थायें ही करती थीं। हमारे यहाँ अँग्रेज़ों के आने से पहले वन विभाग जैसी कोई संस्था नहीं थी लेकिन देश में सब जगह वनों का काम समाज की देखरेख में चलता था इसमें पुराने वनों का संवर्धन और नये वनों को लगाना—दोनों काम शामिल थे। आज बहुत कम लोगों को यह याद होगा कि वन का काम बहुत व्यवस्थित ढंग से खड़ा किया गया था। राजस्थान में एक गाँव में तीन-चार तरह के जंगल मिलते थे। एक जंगल से रोज़मर्रा की ज़रूरतें पूरी होती थीं, जलाऊ लकड़ी, ईंधन-चारा निकाला जाता था तो दूसरे तरह के जंगल से साल-दो-साल में घर, इमारत, मन्दिर, मस्जिद, पंचायत आदि बनाने के लिए इमारती लकड़ी निकाली जाती थी। इसके अलावा एक जंगल ऐसा छोड़ा जाता था जिसमें कोई भी हाथ नहीं लगाता था। यह जंगल 'ओरण' नाम से जाना जाता था। ओरण शब्द संस्कृत के अरण्य से बना है, जिसका अर्थ होता है वन। सारी सावधानी के बाद कब अकाल पड़ जाये कौन जानता है? इसलिए संकट के समय में, अकाल पड़ने पर ओरण को उपयोग के लिए खोला जाता था। अच्छे दिनों में इसके साथ कोई छेड़छाड़ नहीं होती थी इसलिए संकट के समय तक इसमें भरपूर स्टॉक सुरक्षित हो जाता था और तब पूरा गाँव इसकी शरण, शैल्टर ले सकता था। बिहार के हिस्सों में

इसलिए ऐसे जंगलों का नाम सरना (शरण, शैल्टर) ही रखा गया था। आज भी झारखण्ड के अनेक गाँव में हमें सरना मिल जायेंगे लेकिन यह विचित्र बात है कि हमारी हर तरह की सरकार, स्वदेशी का नारा लगा कर जीत कर आने वाली सरकार भी सरना या ओरण को मान्यता नहीं देती है।

पानी का काम हो, जंगल का काम हो सब जगह समाज ने इन्हें एक व्यवस्थित ढाँचा बनाकर वर्षों तक चलाने का काम किया है। ये योजनायें हमारे नये योजना आयोग की तरह पाँच साल की नहीं बनायी जाती थीं। इनके पीछे पाँच सौ साल की प्लानिंग होती थी। इसलिए आज भी आपको चार सौ–पाँच सौ साल पुराने तालाब और इतने ही पुराने ओरण और सरना देखने को मिल जायेंगे। इन दो उदाहरणों की तरह ही खेती का काम समाज में न्याय का काम, स्वास्थ्य का काम सिविल सोसायटी के ही हाथों हुआ करता था। बहुत कम लोगों को यह आज मालूम होगा कि राज्य की सुरक्षा का काम भी यानि सेना या मिलिट्री का काम भी राजा समाज के साथ मिल कर करता था। हमारे देश में परमानेंट आर्मी का चलन नहीं था। शान्ति काल में पूरा समाज अपनी सिविल ड्यूटी पूरी करता था और अचानक आये संकट का मुक़ाबला करने के लिए राजा को स्थायी सेना भेंट करता था। हर जगह से लोगों की संख्या तय होती थी। और संकट के समय में अलग-अलग इलाक़ों से उतनी-उतनी गिनती के लोग रक्षा करने के लिए सामने आ जाते थे। ऐसे अचानक हुए हमले के समय गिनती कौन करेगा इसलिए आप पायेंगे कि कई शहरों में ऐसे मैदान होते थे जिनका नाम उसमें आ सकने वाली गिनती के हिसाब से तय होता था। जैसे : दिल्ली का तीस हज़ारी क्षेत्र। इसमें संकट के समय में तीस हज़ार लोग आ जाते थे। इसी तरह देश के अनेक हिस्सों में ऐसे सरनेम मिलेंगे, नाम मिलेंगे जिनका सम्बन्ध सेना की इसी गिनती से था। जैसे : हज़ारे और हजारिका। आज ये नाम क्रिकेट के प्रसिद्ध खिलाड़ी, प्रसिद्ध समाज सेवक और प्रसिद्ध संगीतकार के साथ जुड़े दिखते हैं और हमें इनका इतिहास जानने की भी ज़रूरत नहीं बची है।

अँग्रेज़ों के आने से पहले हमारे समाज में एन.जी.ओ. नहीं हुआ करते थे लेकिन एन.जी.ओ. का काम पूरा हुआ करता था। और इसलिए हम कह सकते हैं कि हमारी सिविल सोसायटी का पास्ट परफेक्ट था और उसका भविष्य भी परफेक्ट ही होना चाहिये। लेकिन इस भरोसे में हमें अपना कर्त्तव्य या ड्यूटी नहीं भूलनी चाहिये।

नदियाँ शोक की, नदियाँ अशोक की

कविता इसमें थोड़ी देर बाद आयेगी। पहले कुछ ऐसी बातें आयेंगी जो शायद हमें कविता तक न सही, कविता के किनारे तक ज़रूर ले जायेंगी। यों किनारे पर बैठना, तटस्थ होना अच्छा नहीं माना जाता पर कविता की नदी में तैरना तो क्या, ठीक से उतरना भी न आया हो, ऐसे में उसके किनारे बैठने से कविता में पैठने जैसा मज़ा लिया जा सकता है।

ओना मासी धम।
बाप पढ़े न हम।।

यह 'ओम नमो सिद्धं' का घिसा हुआ और इसीलिए चमका हुआ रूप है। आज से दो-चार पीढ़ी पहले पाठशाला में भरती होने की उमर वाले बच्चे इसे अक्सर ज़ोर-ज़ोर से गाते थे और धम, हम के उच्चारण पर उतनी ही ज़ोर से पैर पटकते थे कि ये शब्द धम्म-हम्म बन जाते थे। 'ओम नमो सिद्धं' का पाठ पाटीपूजा के समय किया जाता था। पाटी यानी लकड़ी की वह तख़्ती जिस पर गाचिनी, मुलतानी पीली मिट्टी का सुन्दर लेप किया जाता था और उस पर सुन्दर रोशनाई, काली गाढ़ी स्याही से अक्षर और अंक लिखे जाते थे। पाठशाला के पहले दिन घर में इसी पाटी की पूजा की जाती थी और सन्तान को पाठशाला भेजा जाता था।

ओम नमो सिद्धं का यह बिगड़ा रूप इतना तो बताता ही था कि न बाप ने पढ़ा न हमने और इसे बताने में शरम नहीं गर्व झलकता था। मुझे गर्व तो नहीं पर यह बताना ही होगा कि मैंने ज़्यादा कुछ पढ़ा नहीं। पढ़ने की उमर, मौक़ा मिला भी था पर पढ़ नहीं पाया ज़्यादा। गाँधीवादी परिवार था पर गाँधी भी नहीं पढ़ा और जैसा अक्सर ऐसे परिवारों में होता है, प्रतिक्रिया

में मार्क्स आदि भी नहीं पलट पाया। छोटे-छोटे मज़ेदार कामों में धीरे-धीरे ऐसा मन रमता चला गया कि मानस, गीता, सूर, कबीर, मीरा भी बस उतना ही पढ़ा जितना स्कूल की किताबों में जबरन पढ़ना था। लेकिन इस सबसे संगीत, साहित्य, कलाविहीन वाला ठप्पा भी नहीं लगा।

पिता कवि थे। फिर भी कविता घर में उतनी बिखरी हुई भी नहीं थी। हम बच्चे कविताओं से टकराये बिना बड़े हो गये थे। उन्हें भी ऐसा कहने लायक पढ़ा नहीं। और शायद इसी में से यह बात पकड़ में आयी कि कविता पढ़ी भी जा सकती है और कविता देखी भी जा सकती है। कविता लिखी भी जा सकती है और कभी पूरा न सही उसका एक टुकड़ा उतारा भी जा सकता है जीवन में। दूसरों को न सही अपने को यह बात जँच गयी और फिर कविता न पढ़ने के अपराध से ख़ुद को निर्दोष घोषित कर लिया।

कविता पढ़ने की खिड़की बन्द रही पर कविता देखने की खिड़की खुलती गयी। उसी खिड़की में से न जाने कब अशोक जी को देखा होगा—अब ठीक से याद भी नहीं। जब देखा तो उन्हें कवि की तरह नहीं देखा बल्कि एक कविता की तरह देखा। उनका लिखा गद्य पढ़ा। उन्हें सुना और भी ज़्यादा। लिखे अक्षर से ज़्यादा सुने शब्द मन में ख़ूब रमे। राम जाने कविता का क्या असर होता होगा ? हमें तो ये सब बातें भी कविता ही लगीं। तुक, छन्द, लय तो बोलने में भी गद्य में भी होना चाहिये—इन्हें केवल कविता के गुणों की तरह क्यों गाया जाये।

सम्प्रदाय का भी कुछ अर्थ होता ही होगा। पर्यावरण के सम्प्रदाय से जुड़ा, फिर जीविका भी उसी से, फिर बाद में जीवन भी उसी में लगा। शायद इसी सम्प्रदाय की वजह से, संयोग से अशोक जी की एक पुस्तक 'कहीं कोई दरवाज़ा' मिल गयी थी। कविता न पढ़ पाने की आदत। आदत कोई ऐसे ही तो छूट नहीं जाती। पर पन्ने पलटते-पलटते शीर्षक दिखा 'नदियों का मेला'। कुल सोलह पंक्तियाँ। और उसी के थोड़े बाद एक कविता—नदी कुछ कहती रहती है। सुन्दर, सजल, तरल, विरल सम्भावना।

न जाने कब से नदी किनारे मेले होते चले आये हैं। पर यहाँ कवि अपने भूगोल की सारी क्षमताओं को तोल लेने के बाद उसको अपनी एक विचित्र कल्पना पूरी न कर पाने के लिए नितान्त अयोग्य जान कर भी

‘किसी और भूगोल’ की सम्भावना खोजकर अपने मन की एक बात सामने रख ही देता है—“संसार की सभी नदियाँ एक मेले में आयें। नदियों का यह मेला समुद्र के किनारे हो।” वह समुद्र भी भला कैसा ?

“समुद्र सभी को अपने में विलय करने की शक्ति को स्थगित करे जब तक मेला चले !” लोभ संवरण न करना हिन्दी में ख़ूब चलता है। यहाँ इन सोलह पंक्तियों में सजल वर्णन ऐसा कि यह शब्द बह ही जायेगा। इसलिए इन्हें एक बार दुहरा ही लें। शुरू की तीन-चार पंक्तियाँ ऊपर आ ही गयी हैं। शेष अंश ये हैं :

> छोटी-बड़ी नदियाँ आपस में गलबहियाँ डाले आयें : अमेज़ान, गंगा, नील, यांग्त्से आदि। पहले कभी न आपस में मिली नदियाँ। अपने उद्‌गम और अन्त को साथ लिए हुए नदियाँ। जिन गिरिमालाओं के बीच बहती हैं उनके प्रतिबिम्ब अपने साथ लायी नदियाँ। अपने कछारों, किनारों और वनस्पतियों की सम्पदा बटोरकर लायी नदियाँ। अमेज़न से उधार माँगे गंगा कुछ असूर्यम्पश्य वन, गंगा से माँगकर ले जाये अमेज़ान कुछ तीर्थ, कुछ घिस गये देवता।
>
> मेला बढ़ने से पहले नदियाँ मिलकर रचें एक वाद्यवृन्द : एक स्वर उठे धसान से, दूसरा उसे लोके नर्मदा के स्वर से, तीसरे की बढ़त करे अफ्रीका की नदी और चौथा अनुगुंजित हो लोआर के धीर स्वर से। चुपके से लालची समुद्र भी शामिल कर दे अपना रौरव स्वर। नदियों के संगीत से जागे नदियों की देखभाल करने के लिए सदियों से सो रहा देवता, जिसे पता ही नहीं चले कि नदियाँ मेले से लौट रही हैं।

हमारा भूगोल कभी-कभी, कहीं-कहीं नदियों को आपस में मिलाता है। पर इनकी संख्या प्रायः दो, बहुत हुआ तो तीन हो जाती है। यही अपने आप में इतना कठिन काम होता है, इतना समयसाध्य, श्रमसाध्य काम होता है कि कृतज्ञ समाज ऐसे स्थानों को तीर्थ बना देता है। वह जगह संगम कहलाती है। पर यहाँ कवि एक भिन्न भूगोल की बड़ी कल्पना सामने रख देता है—‘पहले कभी न आपस में मिली नदियाँ। अपने उद्‌गम और अन्त को साथ लिए हुए नदियाँ।’ फिर कुछ प्यार भरे लेन-देन की भी बातें हैं जैसे अमेज़न के कुछ ‘असूर्यम्पश्य’ वन गंगा उधार माँग ले और अमेज़ान गंगा से कुछ तीर्थ माँग कर ले जाये। इसमें एक जगह पर वे ‘घिस गये देवता’ का भी उपयोग करते हैं। इन पंक्तियों को जितना पढ़ो, उतने अर्थ।

पुराने अर्थ, नये अर्थ। घिसे अर्थ, घिस कर चमक उठे अर्थ। कैनवास इतना बड़ा, रंग, माध्यम, ब्रश इतने तरह-तरह के कि कवि के कई कलाकार मित्र भी उसे सँवारने में व्यस्त हो जायें।

इसमें नदियों का एक 'वाद्यवृन्द' भी हो—ऐसी इच्छा है। दुनिया भर की इन नदियों के किनारे न जाने कितना श्रेष्ठ संगीत बजा होगा, गाया गया होगा और कैसी स्वर लहरी इनकी लहरों में बही होगी। उतना बोझा न सही, उसका लाखवाँ अंश भी यदि ये नदियाँ अपने-अपने साथ ले आयें, इस मेले में तो वह भला कैसा होगा संगीत। उत्सव, महोत्सव जैसे शब्द तो अणु जैसे छोटे पड़ जायेंगे। क्या पता नाद से ही कुछ नप सके।

पर यहाँ कवि इस विस्तार को नापने की एक बड़ी कसौटी रख देते हैं। यह वाद्यवृन्द ऐसा हो जो सदियों से सो रहे उस देवता को जगा दे, जिस पर नदियों की देखभाल करने की ज़िम्मेदारी डाली गयी थी! ये नदियाँ न जाने कब से, न जाने कितनी सभ्यताओं का कचरा, बोझा ढो रही हैं, और यह देवता भी न जाने कब से सोता ही रहा है। यह जाग सके तो इन नदियों का कष्ट कुछ कम हो सकेगा, उनका अपार शोक कुछ पार लगेगा, किनारे लगेगा, वे अ-शोक बन सकेंगी।

अशोक वाजपेयी के लेखन पर एकाग्र आलोचनात्मक पुस्तक 'जगह'
(सम्पादक : पीयूष दईया) में शामिल लेख।

ट्रेड यूनियन : समाज के योगक्षेम की भी चिन्ता

ट्रेड यूनियन : समाज के योगक्षेम की भी चिन्ता

सबसे पहले मैं सर्विस सेक्टर एम्प्लाइज़ ट्रेड यूनियन्स कोऑर्डिनेशन कमेटी के अध्यक्ष, मन्त्री और उन सभी सदस्यों के प्रति आभार प्रकट करना चाहता हूँ कि आप सबने पानी जैसे महत्त्वपूर्ण प्रश्न पर अपना ध्यान केन्द्रित किया है। ट्रेड यूनियन का अभी तक का स्वभाव अपने सदस्यों की नौकरी से सम्बन्धित कठिनाइयों, प्रश्नों और उनके हल तक ही सीमित रहा है। देश में काम करने वालों, श्रमिकों का योगक्षेम निःसन्देह महत्त्वपूर्ण है। लेकिन समाज का योगक्षेम भी हमें भूलना नहीं चाहिये। इस नाते देखें तो इस समिति ने श्रमिक आन्दोलन के अब तक के स्वभाव को मज़बूती से निभाते हुए उसे समाज और प्रकृति के साथ जोड़कर बिलकुल एक नया आयाम दिया है।

आज पानी का प्रश्न बहुत गम्भीर बन गया है। सरस, सरल और तरल इस पानी में आज बहुत पेचीदा सवाल जुड़ गये हैं। पिछले पाँच वर्षों के अकाल ने यह बता दिया है कि हमारी आधुनिक प्रगति भी इसी पर टिकी है। उस दौर में पड़े अकाल ने जिन १८-१९ राज्यों को छुआ था उनमें सभी तरह के राज्य शामिल थे—छोटे और बड़े, प्रगतिशील और पिछड़े, पढ़े-लिखे और अनपढ़ सब पर यह संकट आया था। और बार-बार बता रहा था कि यदि हम प्रकृति का ध्यान नहीं रखेंगे तो वह हमारा भी ध्यान नहीं रख पायेगी।

वर्षा औसत से कम हो ज़्यादा, अच्छे और स्वस्थ समाज उसमें अपना सन्तुलन बनाये रखना जानते हैं। अच्छे कामों और विचारों का अकाल समाज के निकम्मेपन के कारण नहीं आता, यह तो उसके घमण्ड के

कारण आता है। उसे लगता है कि ज़मीन के भीतर अथाह पानी है, चाहे जितने ट्यूबवेल लगा लो और पानी बाहर फेंकते रहो। ज़मीन से पानी निकालने की यह लालच यहीं ख़त्म नहीं हो जाती। इससे पहले जो ऐसे इन्तज़ाम समाज ने किये थे, जिनसे वर्षा का पानी रिचार्ज होता हो, जैसे तालाब आदि, वे भी नष्ट होते जाते हैं। न हम सतह पर पानी रोक पाते हैं और न भूजल के भण्डार का संयम के साथ उपयोग कर पाते हैं। ऐसे में थोड़ी-सी कम वर्षा हमें अकाल की तरफ़ फेंक देती है।

हमारे देश की गिनती कई मामलों में ग़रीब देश की तरह होती है, लेकिन पानी के मामले में हम लोग अमीर देशों में गिने जाते हैं। हमारे देश में जहाँ सबसे कम वर्षा होती है, उस मरुप्रदेश में भी पानी की समझ बहुत ऊँची रही है। वहाँ वर्षा की एक-एक बूँद को समेटने और सँजोकर सुरक्षित रखने की गौरवशाली परम्परा सैकड़ों वर्षों से चली आ रही है। इस मरुप्रदेश में अधिकांश भूजल खारा है और वर्षा से मिलने वाले जल की मात्रा बहुत कम है। एक वर्ष में उतनी भी नहीं, जितनी शायद बम्बई को एक दिन में मिलती हो। फिर भी यहाँ हर गाँव में, शहरों में वर्षा के मीठे जल को रोक लेने के अनेक स्वयंसिद्ध और समयसिद्ध तरीके बनाये गये थे। आधुनिक विकास के बाद भी इन तरीक़ों की प्रासंगिकता बनी हुई है।

आज देश में एक तरफ़ बाढ़ और एक तरफ़ अकाल के नाम पर सरकार नदी जोड़ो जैसी अव्यावहारिक और ख़तरनाक योजना सामने लेकर आ रही है। जिस योजना से देश का इतिहास और भूगोल बदल सकता है, उस पर आज वैसी चिन्ता नहीं हो रही, जैसी होनी चाहिये थी। इस देश में भूगोल ने, प्रकृति ने बहुत सोच-समझकर सैकड़ों, हज़ारों नदियाँ बनायी हैं। उनमें से कुछ पूर्व की तरफ़ बहती हैं और कुछ इनी-गिनी पश्चिम की तरफ़ भी।

लेकिन कोई भी नदी उत्तर से दक्षिण नहीं जाती। प्रकृति अपने हिसाब से नदियों को जोड़ती भी है। जहाँ भूगोल सुविधा देता है वहाँ नदियाँ जुड़ती हैं। और ऐसे स्थान को हमारा समाज संगम, तीर्थ की तरह अपनाता है। उस घटना को श्रद्धा से देखता है। जो प्रकृति नदियाँ जोड़ती है वह ज़रूरत पड़ने पर नदियों को तोड़ती भी है। डेल्टा में जाने से पहले नदी की एक धारा सैकड़ों धारा में बँट जाती है। इस तरह हम देख सकते हैं कि नदी जोड़ने और तोड़ने का काम भूगोल की स्वीकृति से होता है। हमारी

मनमर्ज़ी से ऐसा करना नये ख़तरों को निमन्त्रण देना होगा।

इसीलिए आने वाले दौर में पानी के प्रश्न को उसके विभिन्न आयामों को ठीक से समझने का प्रयत्न किया जाना चाहिये। इस प्रश्न को पूरी ईमानदारी से समझेंगे तो अकाल भी सुलझा सकेंगे और बाढ़ भी। क्योंकि ये दोनों एक ही सिक्के के दो पहलू हैं।

राजस्थान के अलवर क्षेत्र में श्री राजेन्द्र सिंह ने इसे सिद्ध करके दिखा दिया है। यहाँ कोई ज़्यादा पानी नहीं गिरता। लेकिन जगह-जगह तालाब, ऐनीकट आदि बनाकर यहाँ अकाल को दूर किया गया है। पाँच साल के अकाल के दौर में यहाँ किसी भी गाँव में अनाज, चारा, पानी की कमी नहीं थी। कहीं से भी लोगों को पलायन करके शहरों की तरफ़ नहीं भागना पड़ा। ऐसे प्रयोग समाज में से ही निकले हैं। इनके लिए बाहर की बुद्धि, बाहर की तकनीक नहीं लानी पड़ी। थोड़े साधन ज़रूर बाहर से जुटाने पड़े क्योंकि आज गाँव में ऐसी क्षमता नहीं बचने दी गयी थी। वह क्षमता और सामर्थ्य जैसे-जैसे वापस आती जायेगी, इन कामों को देश के अन्य हिस्सों में फैलाना सरल बनता जायेगा।

आज पानी का प्रश्न सबका ध्यान खींच रहा है। इसीलिए हमें आशा करनी चाहिये कि इसका ठीक हल भी सबके सहयोग से सामने आ सकेगा।

हमें यह नहीं भूलना चाहिये कि प्रकृति द्वारा दिये गये वरदानों में पानी सबसे सहज, सरल और तरल वरदान है। जल को लेकर आज जो भयानक परिस्थिति बन रही है, उसका परिणाम पिछली भूलों से भी भयंकर होगा। जल का अभाव गाँव, शहर, खेती, उद्योग सभी को एक-सी चोट पहुँचायेगा।

हमारे समाज में जो जीवनदायी प्राकृतिक संसाधन थे, उनका नियन्त्रण समाज के ही हाथ में सौंपा जाता था। इसमें वन, भूमि और जल तीनों विशेष रूप से समाज के द्वारा नियन्त्रित और सुरक्षित रखे जाते थे। इन तीनों पर ही समाज का जीवन टिका था। इसीलिए समाज इनका संरक्षण एवं संवर्धन अपना सामाजिक कर्तव्य मानकर करता था। इसमें राष्ट्रीयकरण या निजीकरण के बदले सामाजिककरण पर ज़ोर था।

आज के विचित्र और भयानक परिदृश्य में हम सब क्या करें? पानी का

प्रश्न आज अनेक जन-संगठनों और जन-आन्दोलनों के सामने एक बड़ी चुनौती की तरह खड़ा है। इसका उत्तर क्या होगा ? मोटे तौर पर कहा जा सकता है कि जल का प्रश्न संघर्ष और रचना से हल हो सकेगा। एक तरफ़ हमें क्रूर निजीकरण के हाथों जाने वाली एक-एक बूँद को बचाना होगा तो दूसरी तरफ़ प्रकृति से मिलने वाली एक-एक बूँद को वापस समाज के हाथ में सौंपने का काम करना होगा। इस प्रयास में जब सर्विस सेक्टर एम्प्लाइज ट्रेड यूनियन कोऑर्डिनेशन कमेटी जैसे महत्त्वपूर्ण संगठन जुड़ रहे हैं तो हमें एक आशा की किरण दिखती है।

पर्यावरण समस्या : एक भिन्न संस्कृति की

मुझे शायद आप सबसे भारत के पर्यावरण पर बातचीत करने को कहा गया है। सबसे पहले मैं यही कहना चाहूँगा कि हमारे यहाँ पर्यावरण की कोई समस्या नहीं है। यह समस्या संस्कृति की है। एक भिन्न संस्कृति के विकास को ही अपने लिये आदर्श मानने की है। यह समस्या ग़रीबी की नहीं है, जनसंख्या की नहीं है, अशिक्षा की नहीं है। साधनों की कमी की नहीं है, बल्कि इन सबको पश्चिम के स्केल पर तौलकर अपमानित करने, इन्हें पिछड़ा बताने की है।

कल ही हमारे योजना मन्त्री ने इनर्जी की किसी बैठक में कहा है कि ऊर्जा के मामले में हम बहुत पिछड़े हैं। कैसे ? उन्होंने कहा कि अमेरिका में प्रति व्यक्ति, प्रति घण्टे जितने किलोवाट बिजली की खपत होती है हमारे यहाँ उससे बहुत कम है। खपत का यही तर्क रासायनिक खाद, कीटनाशक, मोटर गाड़ी, प्रोटीन, कैलोरी न जाने कहाँ-कहाँ तक जाता है। अगर यही आदर्श है कि इन सब चीज़ों की ख़ूब-ख़ूब खपत हो तो सोचिये दुनिया कहाँ जायेगी। पश्चिम खपत की इस जीवन शैली को अपनाने में दुनिया के कितने हिस्सों को ग़ुलाम बनाना पड़ा, उपनिवेश बनाना पड़ा और पिछले दौर में इन देशों की आज़ादी के बाद नव उपनिवेश फैलाना पड़ा। अगर हम ७०-८० करोड़ लोग इसे अपना लेंगे तो ?

पर आज इतनी ताक़त नहीं है इसलिए हम किसी और को तो ग़ुलाम नहीं बना पाये हैं, अपने ही देश में अपने ही समाज के एक बड़े भाग का हक़ छीनकर पश्चिम की नक़ल करना चाह रहे हैं। पश्चिम बनने के लिए पैसा चाहिये। पैसा ही नहीं डॉलर चाहिये। इसलिए जो भी बिक सके, डॉलर

ला सके हम बेचने को तैयार हैं। वन, खनिज, लोग, मेढक की टाँग भी। यह सब चला जाये पर पश्चिम के उद्योग यहाँ आ जायें।

फिर वे लगते हैं तो और जंगल कटते हैं, और नदियाँ गन्दी होती हैं। उनके लिए और अधिक बिजली चाहिये तो और अधिक बाँध, थरमल बिजलीघर, परमाणु बिजलीघर आते हैं। फिर इन्हीं के साथ पर्यावरण की समस्यायें आती हैं और उन्हीं के साथ पर्यावरण का आन्दोलन भी हमने पश्चिम से उधार लिया है। क़ानून बने हैं पर वे लागू नहीं होते, हो नहीं सकते। पर्यावरण क़ानून लागू हो गये तो विकास नहीं होगा। आपके यहाँ कहावत है केक वाली। केक खा भी ली और रख भी ली—यह तो होगा नहीं। विकास भी कर लो और पर्यावरण भी बचा लो अपना, यह होता नहीं है। आपके यहाँ भी यह केक खा भी ली है और बच भी गयी है ऐसा नहीं है। फ़र्क़ ये है कि आपके जंगल बच गये हैं तो हेमबर्गर के लिए ब्राज़ील के जंगल कट गये हैं। आपके यहाँ ऐसे कितने कीटनाशक हैं जो बैन हो गये पर उन्हें बनाने वाली कम्पनियों का कारोबार ठप्प नहीं हुआ। वे उसे कहीं और बेचकर वहाँ का पर्यावरण बर्बाद कर रही हैं।

मैं, भारत में कितनी ज़मीन, वन, नदियाँ, हवा और कितने शरीर पर्यावरण के प्रदूषण के शिकार हुए हैं इसके आँकड़े नहीं देना चाहता। वह सब तो आपको कई रिपोर्टों में मिल जायेगा। सीएसई ने दो रिपोर्ट निकाली हैं। उन्हें कह सकते हैं अगर इसमें ज़्यादा जानना चाहते हैं।

पर मैं तो अन्त में यही कहना चाहूँगा कि ये सब समस्यायें पर्यावरण की नहीं एक भिन्न विकास को ही आदर्श मानने की हैं। संस्कृति की हैं। इतना और कहना चाहूँगा कि अमेरिका में भी यही सवाल उठेगा। उठ भी रहा है तेज़ी से कि उसकी अपनी ये समस्यायें पर्यावरण की ही एक बाज़ारू संस्कृति को अपनाने से उठी हैं। वहाँ भी यह यानी हमारी तरह एक सांस्कृतिक सवाल बन गया है।

जैसे जीवन के ही क्षेत्र में रसायनों का इतना अधिक उपयोग बढ़ेगा तो उनको बनाने वाली कम्पनियों का ज़हरीला कचरा भी बढ़ेगा। बाहर के देशों में भी कितना भेजेंगे ? उसकी कोई सीमा होगी, वहाँ रोज़-रोज़ महँगा होता जायेगा ईंधन के बढ़ते दाम के कारण। इसलिए फिर उसे अपने ही यहाँ गाड़ना होगा। अपने पिछवाड़े में नहीं तो पड़ोसी के पिछवाड़े में। इस

सबके बारे में आप ज़्यादा बेहतर जानते हैं मुझसे। तब कुछ तो लोग पूछेंगे कि जीवन के ऐसे रास्ते पर जाने की तैयारी क्या है।

तब खेती उत्पादन सबके बारे में आपको भी सोचना पड़ेगा। रूस को गेहूँ बेचने के लिए आप अपनी क़ीमती मिट्टी में ढेर-सा ज़हर, खाद मिलाकर उसे कब तक नष्ट करेंगे। फिर इतना अनाज जानवर को खिलाकर थोड़ा-सा मांस पाने के बारे में सोचेंगे तो शाकाहार की बात आयेगी यह सब तो आने भी लगा है। फिर डिब्बाबन्द फल, दूध, भोजन से हटकर आप नेस्ले के स्वाद के बदले अपने पति, अपनी पत्नी, अपने बेटे-बेटी, माँ के हाथ के अलग-अलग स्वाद की तरफ़ भी सोचने लगे हैं। आप जिन चीज़ों को नये आन्दोलन से पाना चाहते हैं वे नये नहीं हैं। ये चीज़ें आपके यहाँ भी थीं हमारे यहाँ अभी भी बाक़ी हैं। पर हमारी आपकी इस संस्कृति पर मल्टीनेशनल संस्कृति ने क़ब्ज़ा किया है। और यह मल्टीनेशनल संस्कृति हमारी आपकी एकाध पीढ़ी को नहीं पूरी धरती के भविष्य को गिरवी रख रही है।

एक छोटा-सा उदाहरण लें—सुगन्ध का। हमारे यहाँ सब लोग, सारे समय ख़ुशबू नहीं लगाते। कुछ ख़ास मौक़ों पर ही इत्र रुई का फाहा कान में या उँगली से कपड़े में लगाते हैं। एरोसेल स्प्रे को लें। हर रोज़ इतने क्लोरोफ्लोर/कार्बन्स उपयोग में लाये गये कि पता चला कि लगाने वाले, या उसके पास खड़े होने वाले को ही नहीं दूर ओजोन लेयर पर भी उनका असर पड़ा है। सब मालूम हो गया है कि हम अपनी नक़ली सुगन्ध के कारण पूरी धरती के जीवन से खेल रहे हैं। उनका उत्पादन, बिक्री बन्द नहीं हो पायी है। क्यों ? इसमें कुछ बिलियन डॉलर का बिजनेस है।

इसलिए हमारी आपकी समस्यायें अलग-अलग दिखती हों पर है नहीं। मैं नहीं मानता। हम दोनों को अपनी-अपनी, अपने-अपने समाज की छिपी गन्ध को पहचानने की कोशिश करनी है। एरोसेल स्प्रे पर आप भी निर्भर रहे हम भी निर्भर हो चले तो धरती का ही नहीं हमारे आपके समाज का ओजोन भी नष्ट होगा। उसे बचाने के लिए जितना भी हम कर सकें वह कम ही होगा।

एक गीत फरोश की याद

वे गीत फरोश ज़रा दूसरे क़िस्म के थे। उन्होंने अपने गीत बेचे नहीं, गीत बाँटे। उन्होंने प्यार बाँटा। इस कार्यक्रम से पहले हम कुछ जो साथी आये हैं परिवार के, उनका जब परिचय हो रहा था तो मैं आप सबकी तरफ़ देख रहा था। कई बार तो हम परिवार के लोग उनके व्यापक परिवार के लोगों से छोटे पड़ जाते हैं—इतना बड़ा उनका परिवार था। उसके साथ जो उनके आत्मीय सम्बन्ध थे वे उन्होंने हम लोगों को दिये। कोई पैसा नहीं छोड़ गये, कोई ज़मीन-जायदाद नहीं छोड़ गये, बहुत बड़ा संसार छोड़ गये। वे सब आप लोग हैं। इसलिए उनका बड़ा परिवार हम भूलें नहीं।

जिस प्रसिद्ध कविता को आदरणीय विजय बहादुर जी ने कोट किया—जिस 'तरह हम बोलते हैं।' उसमें एक पंक्ति है—'हो विशद विस्तार चाहे एक घेरा हो'। ये दो बिलकुल उलटी बातें कह रहे हैं। विस्तार भी और घेरा भी। घेरा इतना बड़ा बनाओ कि उसमें सब आ जायें। उन्होंने घेरा बनाया। दीवार बनायी। लेकिन उसके कितने सारे दरवाज़े और कितना बड़ा घेरा बनाया कि आज हम लोग जहाँ जाते हैं उनके परिवार के लोग मिल ही जाते हैं। आप सब परिवार के लोग हैं। आप सबको प्रणाम करके मैं दो-तीन छोटी-छोटी चीज़ें कहना चाहूँगा।

मुझे काम तो सौंपा है—संस्मरण बताने का। लेकिन पहले मैं यह बताऊँ कि हम सब परिवार के लोगों का ऐसा कोई संस्मरण नहीं है जो विलक्षण हो। क्योंकि मन्ना ने, मौक़ा मिला तो बताऊँगा कि उनका यह नाम कैसे पड़ा ? नहीं तो पिता, बाबू, बाबूजी ऐसे नाम उस दौर में होते थे। भाषा को बिगाड़ने का पाप जिन शब्दों पर लगता है पापा वग़ैरह वैसे नाम तब चले

ही नहीं थे—उस दौर में। लेकिन बाक़ी सब कई नाम चले थे। उन सबसे भी कैसे परे होते गये, बाद में मौक़ा लगा तो देखेंगे।

जब शताब्दी वर्ष आने लगा २९ मार्च, २०१२। तब शायद १२ या १५ मार्च को हमारे किसी पत्रकार मित्र ने फ़ोन करके कहा कि अगले साल कई कवियों की शताब्दी आने वाली है। और उसमें शायद तुम्हारे पिता जी की भी होगी। मैंने उनसे कहा कि हम लोगों ने कोई संगठन नहीं बनाया है। लेकिन सिर्फ़ तारीख़ सही कर देना हमारी ज़िम्मेदारी है। अगले हफ़्ते जो २९ मार्च आयेगी उससे उनका शताब्दी वर्ष शुरू होगा। अरे, 'तुमने पहले नहीं बताया। तुमने कुछ किया नहीं। अब तो हम लोगों को कुछ करना पड़ेगा।' मैंने कहा, करना पड़ेगा! कोई मजबूरी है, मत करो, उसमें भी कोई दिक़्क़त नहीं है।

लेकिन ठीक २९ मार्च, २०१२ से जो काम शुरू हुआ वह २९ मार्च, २०१३ को रायपुर में ख़त्म हुआ। उस कार्यक्रम का नाम रायपुर वालों ने रखा—'भवानीप्रसाद मिश्र शताब्दी अनन्त'। अन्त नहीं रखा। वहाँ भी मुझे कुछ बोलने का मौक़ा मिला तो मैंने ज़्यादातर उस अनन्त के बारे में ही बातचीत की। मार्च के बाद अप्रैल में पटना में बहुत बड़ा कार्यक्रम रखा गया। फिर अण्डमान-निकोबार में हुआ। लोगों ने इसको एक वर्ष तक सीमित नहीं किया उसको इतने आगे बढ़ा दिया।

ये जो विशद विस्तार है वह एक अलग प्रसंग है। जो मेरा काम नहीं है वह भी कभी-कभी तो कर सकता हूँ। पहला कार्यक्रम रेडियो स्टेशन ने किया। वे पहले रेडियो स्टेशन में भी नौकर थे। पहले बम्बई, फिर दिल्ली और उसके बाद सम्पूर्ण गाँधी वाङ्मय में आये। आकाशवाणी द्वारा आयोजित कार्यक्रम में बाक़ायदा माइक से अनाउंस हुआ कि अब भवानीप्रसाद मिश्र के स्वर में उनका एक कविता पाठ। जैसे ही उन्होंने बटन दबाया तो जो आवाज़ आयी, हॉल में बैठे सभी श्रोताओं ने कहा ये उनकी आवाज़ नहीं है। यानी इतने सब लोग उनकी आवाज़ पहचानते थे। और उन्होंने उनको निजी तौर पर सुना होगा। रेडियो स्टेशन अपने आर्काइव्ज़ में से...। यह कोई मैं उनकी आलोचना के लिए नहीं कह रहा। लोगों का प्यार कितना कि सबने कहा कि 'ये उनकी आवाज़ नहीं है'। मैंने ही अनुरोध करके कहा कि किसी की भी आवाज़ में हो, कविता तो उनकी है।

पूरे शताब्दी वर्ष के दौरान कोई ४७-४८ कार्यक्रम हुए होंगे। अलग-अलग लोगों ने किये। कुछ ने हमें ख़बर की, कुछ ने नहीं की। यह भी बहुत अच्छी बात है कि तुम कौन होते हो कि तुमको ख़बर करें। इस तरह बहुत जगह कार्यक्रम हुए। अभी शायद अगले हफ़्ते कोचीन में कार्यक्रम हो रहा है। और वह भी वहाँ के विश्वविद्यालय में नहीं कोई टेक्निकल एजुकेशन की यूनिवर्सिटी है कोचीन में। वहाँ कौन उनकी कविता के भक्त और प्रशंसक हैं।

पिछले महीने पटना में कार्यक्रम हुआ। उन्होंने पूरा ४१ मिनट का वीडियो कहीं से इकट्ठा करके रिलीज़ किया। इससे पहले पूरे शताब्दी वर्ष के कार्यक्रमों में न तो उनकी आवाज़ सुनी गयी और न उनकी छबि देखी गयी। हमारे पास भी घर में, संग्रह में उनकी एक मिनट की भी रिकॉर्डिंग नहीं है और कोई वीडियो भी नहीं है। मैंने आपसे जैसा कहा कि कहने लायक कोई संस्मरण नहीं है। क्योंकि एक साधारण परिवार में जिस तरह से माता-पिता अपने बच्चों को पालते हैं और जिस तरह से उनको बताते हैं कि ये दुनिया बहुत असाधारण है। हम लोग उसमें साधारण बनकर कैसे ज़िन्दा रह सकते हैं। हमें कोई बहुत असाधारण काम करने की ज़रूरत नहीं है। हम लोग उसी दौर में से निकले हैं। इसलिए उन्होंने हमें इस तरह से कोई काम नहीं सौंपा कि आज मैं कविता पढ़ रहा हूँ तो ज़रा रिकॉर्ड कर लो। मेरे कुछ चित्र खींच लो। मैं छोटा-मोटा फ़ोटोग्राफ़र था। चित्र वग़ैरह खींचता था। श्रवण भाई बैठे हैं। हम लोग पड़ोसी भी थे। हम दोनों ने ही शायद एक साथ क़ैमरा लिया और काम शुरू किया। कुल मिलाकर साधारण ठीक क़ैमरा था।

आजकल तो डिजिटल का ज़माना है। आप में से बहुत सारे लोगों को तो पुराने क़ैमरों का अन्दाज़ होगा, नयी पीढ़ी को तो बिलकुल नहीं होगा। जब कभी यात्रा से लौटते थे, एक-दो फ्रेम बच जाते थे। तब मैं उनसे कहता था कि एक चित्र खींच लूँ क्योंकि मुझे फ़िल्म धुलने भेजना है। तब वे बहुत ही बे-मन से उसकी इज़ाज़त देते थे। और मैं इस बहाने उनकी फ़ोटो खींचता था। बहाने भी नहीं मेरे मन में भी कोई मोह नहीं था कि पिता जी के चार चित्र अपने संग्रह में होना चाहिये।

अब तो २४ घण्टे के चैनल चलते हैं। और शायद ये चैनल भी अनगिनत हैं। उस समय टेलीविज़न हमारे देश में आने वाला था। उसका एक दिन

भी तय हो गया था। विजयबहादुर जी हैं, वे कभी पूरी कविता ढूँढ़कर आपके सामने रखेंगे। उनकी एक कविता है—'शब्दों को मिला रूप।' उस कविता से टेलीविज़न का प्रारम्भ हुआ था। बहुत कम लोगों को अन्दाज़ होगा कि ये जो टेलीविज़न आज हमारे घर में लगा है पहली बार जब ऑन हुआ तो पिताजी की यह कविता थी—मन्ना की। ये जो शब्द हैं इनको एक रूप मिला। उसके पहले आकाशवाणी में हम शब्द केवल सुन सकते थे। रूप नहीं देख सकते थे। उनकी यह छोटी-सी कविता किसी सरकारी अधिकारी के ध्यान में आयी होगी और थोड़े उदार लोग रहे होंगे कि उन्होंने सोचा कवि से भी क्यों नहीं टेलीविज़न की शुरुआत हो! बाद में तो कोई न कोई नेतृत्व का बड़ा नाम आया होगा। लेकिन पहले ये कविता पढ़ी गयी और फिर बाद में उसका विधिवत् उद्‌घाटन हुआ।

जो निराकार शब्द थे उनको किस तरह से रूप मिल सकता है। वह हमने उनके पूरे शताब्दी वर्ष के समारोह में देखा। न तो उनकी आवाज़ है, न तो उनके चित्र हैं लेकिन सब लोग कुछ न कुछ करने में लगे हैं। इसलिए आज का ये आयोजन बाक़ी सब आयोजनों से बिलकुल अलग है। इसमें हम लोग थोड़ी ही देर में उनके चित्र भी देखने वाले हैं। उनकी आवाज़ में एक कविता सुन ही चुके हैं।

एक छोटा-सा प्रसंग अपनी सीमा तोड़कर मैं कहना चाहूँगा। आदरणीय विजयबहादुर जी ने तो उनकी तुलना, आलोचना सब की है। और उनका यह सब काम बहुत ज़रूरी भी है। लेकिन शायद पिता जी के ही कारण हम लोगों का स्वभाव थोड़ा-सा अलग हुआ। हमें लगता है कि कवि के जाने के तुरन्त बाद उनका मूल्यांकन नहीं भी करें तो चलता है। थोड़ा धीरज रखें। बीस, पचास, सौ साल बीत जाने दें। जिन्होंने उनको देखा और सुना वह पीढ़ी निकल भी जाने दें। विजयबहादुर जी ने बहुत अच्छे-से उनकी एक कविता सुनायी, 'जिस तरह हम बोलते हैं, उस तरह तू लिख' में ये हम और तू कौन हैं? उसी को मैं थोड़ा और आगे बढ़ाकर कहना चाहूँगा कि वह हम पर छोड़ दीजिये। तुमने ठीक लिखा कि नहीं लिखा और तू हमसे बड़ा दिखा कि नहीं दिखा। क्योंकि अगर हम इसकी ज़िम्मेदारी अभी लेंगे तो अक्सर इसके दो भाग होते हैं। एक होता है उस व्यक्ति से, उस कवि से, उस चित्रकार से, उस समाजसेवक से प्रेम करने वाला। प्रेम के बारे में तो यह कहा ही है कि वह अन्धा होता है। उससे तो

आप यह उम्मीद नहीं कर सकते कि उसको कोई तोड़-ताड़ के बराबर करेगा। मोह है, प्रेम है, स्नेह भी है, श्रद्धा भी है। इन सबसे कवि और चित्रकार और बाक़ी चीज़ों को तौलना कठिन है। दूसरा पक्ष है—विरोध। सीधे-सीधे मत का अन्तर है। आप प्रगतिशील हैं कि नहीं हैं, कविता को नहीं देखना। विरोध में घृणा भी आ जाती है, ईर्ष्या भी आ जाती है, होड़ भी आ जाती है। आदरणीय विजयबहादुर जी ने गाँधी वाले प्रसंग में कहा भी कि आगे बढ़ना है और किसी के पीछे नहीं चलना है। तो होड़ में भी मूल्यांकन वग़ैरह बहुत दब जाते हैं। इसलिए फ़िलहाल हम कवि को छोटा या बड़ा, अच्छा या बुरा कहने के बदले समाज के ऊपर छोड़ दें। हमारे ऊपर छोड़ दें। वह हमको फ़ैसला कब सुनाता है। कई बार पूरी जिरह हो जाती है मगर फ़ैसला रिजर्व कर लिया जाता है कि १५ दिन बाद सुनायेंगे। हो सकता है ३० साल बाद कोई फ़ैसला सुनाये। यह जो समय की तराजू है वह कवि को जिन बांटों से तौलती है वे फिर विचारधारा के बांट नहीं होते। वे 'संघ' के नहीं 'संग' के होते हैं। संग यानी इस कवि ने हमारा साथ दिया कि नहीं, दुख में साथ दिया कि सुख में साथ दिया, हम परेशान थे तो इसकी कविता पर कन्धा रखकर हम कुछ आराम पा सके कि नहीं। ये सब उसके बाट हैं। और ये बहुत धीरे-धीरे तौलता है। इसलिए समय की इस झाड़ू पर या तराजू पर हमें यह सब चुपचाप कुछ समय के लिए छोड़ना चाहिये। शायद यह मोह भी नहीं रखना चाहिये कि समाज हरेक को याद रखे। इस समय की तो ये सबसे बड़ी होड़ है। हरेक को याद रखने लायक समाज की, आज की भाषा में कहें तो जीबी है ही नहीं, मेमोरी नहीं है। और वह इसे अपग्रेड भी नहीं करना चाहता। वह बार-बार जाकर नयी चीज़ें नहीं ख़रीदता। वह कहता है इतना बहुत है।

आप आज देखियेगा किसी भी सेक्टर में, किसी भी क्षेत्र में पिछले पचास साल के बड़े नेताओं में से उसने कितनों के नाम याद रखे होंगे। कितने राष्ट्रपतियों के नाम याद रखे होंगे, कितने मुख्यमन्त्रियों के प्रदेशों में नाम याद होंगे। बच्चों को बेचारों को जबरन रटना पड़े वह बात अलग है। मन से कोई याद नहीं रखता चीज़ों को। इसलिए वह जो मन है 'हम' बोलने वाला मन है। उस पर इसको छोड़ना चाहिये। संघ पर तो बिलकुल नहीं छोड़ना चाहिये, 'संग' भी मर जाते हैं। बड़े से बड़े विचार को लेकर बने संघ भी अगर समाज का साथ और उसका 'संग' नहीं बनते तो उनको

जाने में कोई देर नहीं लगती।

यह एक प्रसंग, विजयबहादुर जी से अलग जाने पर भी उनको अच्छा लगेगा। कवि गाँधीवादी थे या नहीं। हमें नहीं मालूम। पर मन्ना एक गाँधीवादी पिता ज़रूर थे। हमने सब ग़लतियाँ की होंगी। लेकिन हममें से कभी किसी को डाँटा नहीं। कभी किसी को मारा नहीं। एक थप्पड़ भी नहीं मारा। शायद कोई हमसे ग़लती हुई तो थोड़े मौन हो गये। उससे हमें पता चला कि हमसे कोई ग़लती हुई है। डाँटा नहीं, ऊँचा स्वर नहीं किया।

मैंने शुरू में कहा कि साधारण परिवार, साधारण जीवन कैसे जियें। उसमें जब कभी उनको लगा कि कोई क़दम थोड़ा ऊँचा जा सकता है तो उन्होंने तुरन्त खींचकर उसको नीचे कर दिया। बच्चों के लिए भी।

एक छोटा-सा क़िस्सा सुनाता हूँ। आज के माता-पिता के लिए वह ज़रा चौंकाने वाला होगा। आज हम देखते हैं कि बच्चे अच्छा पढ़-लिख कर कितनी अच्छी नौकरियों पर चले जायें। उनको बड़ा पैकेज मिले। पर पिताजी का वह दौर उस समय के सब माता-पिताओं की तरह ही रहा होगा। उनका कुछ और भी ज़्यादा था। हम लोग बम्बई में शायद तीसरी कक्षा में पढ़ते थे। साधारण स्कूल था, ठीक था। अचानक, एक दिन स्कूल से आये तो उन्होंने कहा कि कल हम सब लोग बेमेतरा चलेंगे। बेमेतरा कहाँ है? यह हमें मालूम था। क्योंकि पिता जी के बड़े भाई बेमेतरा में एस.डी.एम. थे। अच्छा ही लगा। बेमेतरा जायेंगे तो स्कूल से छुट्टी मिली। दो-चार कपड़े थे। ज़्यादा कपड़े भी नहीं होते थे हम लोगों के पास। थोड़ा-सा सामान। माता-पिता के साथ बेमेतरा गये।

दो-चार दिन रहे फिर अचानक पता चला माँ और मन्ना बम्बई लौट रहे हैं। हम और जीजी वहीं रुकेंगे बेमेतरा में। क्यों? तब तक हमें पता भी नहीं था। उन्होंने कहा कि एक दिन बड़े भैया ने यानी हमारे ताऊजी ने बम्बई में एक पोस्टकार्ड लिखा पिताजी को। मेरे सब बच्चे बड़े होकर हॉस्टल चले गये हैं। घर बिलकुल सूना हो गया है। पिताजी ने कहा कि ये दोनों तुम्हारे हैं। इनको मैं बम्बई से तुम्हारे पास भेज देता हूँ। बेमेतरा उस समय शायद १०-२० हज़ार की आबादी का एक क़स्बा था। पूरे क़स्बे में कुल एक स्कूल। उन्होंने कहा कि बड़े पिता जी का सूनापन दूर हो जाना चाहिये। इसलिए तुम लोग किलकारी मारो उनके घर में। बम्बई

के स्कूल से हटाकर हमें एक छोटे-से गाँव के स्कूल में डाल दिया। जिसको कहते हैं न कि भविष्य देखना और उसे सँवारना। उन्होंने कहा कि ऐसी-तैसी। बड़े भाई का मन सँवारना। हम भी एकाध दिन तो रोये होंगे। उसके बाद हमें बेमेतरा बहुत पसन्द आया। अगले दिन क्या परिवर्तन हुआ। बम्बई में हम जो जूता पहनकर जाते थे, उनको चमकाकर जाना सिखाया था हमें। वहाँ हमने देखा हमारी क्लास में किसी भी बच्चे के पैर में जूता-चप्पल नहीं था। दूसरे दिन से हम भी बग़ैर जूता-चप्पल के स्कूल जाने लगे।

हम लोग कोई डेढ़ वर्ष वहाँ रहे होंगे। बड़े पिताजी को भी लगा कि ख़ूब किलकारी हो गयी और मन्ना भी बम्बई से दिल्ली आ गये। पोस्टकार्ड का आदान-प्रदान हुआ होगा। बड़े भैया ने कहा, सामान बाँधो कल तुम लोगों को दिल्ली जाना है। तब हमने पहली बार फ़र्स्ट क्लास देखा। बड़े पिताजी के कोई मित्र एम.पी. थे। उन्होंने उनके साथ हम लोगों को रवाना कर दिया था।

यह एक घटना आपको बतायेगी कि कैसा पिता होता है। उसका व्यापक परिवार क्या होता है। उसको कितना भरोसा होता है कि केवल स्कूल और शिक्षा बच्चे को नहीं बनाती या बिगाड़ती। उसके अलावा पचासों और चीज़ें होती हैं। हम सब बने हैं तो आप सबके कारण बने हैं। किसी स्कूल और शिक्षा के कारण नहीं बने आज।

मैंने कहा कि कभी उनको क्रोध करते नहीं देखा। उनकी एक छोटी-सी कविता है। वह मुझे पूरी याद नहीं है। लेकिन उसका अर्थ है, ऐसा कोई पतन या गड्ढा इतना गहरा नहीं होता, जिसमें ये तीन अंगुल की स्नेह की उँगली गड्ढे में गिरे हुए को उठा न सके। हमने उनको कभी किसी को डाँटते हुए, किसी पर नाराज़ होते हुए नहीं देखा। पर बाद-बाद के दिनों में, जिसमें आपको विजयबहादुर जी ने बहुत विस्तार से बताया है। उनको भी कवि की कैटेगरी में डालना, उनकी आलोचना करना वग़ैरह शुरू हो गया था। उनको कहा गया कि ये बनिये का कवि है। गाँधीवादी कवि भी नहीं कहा। वणिक कवि। वे थोड़ा उस दिन विचलित हुए और जब आपसे कहा तो अगला वाक्य भी आपको याद होगा। उन्होंने कहा कि ये सब बातें अलग हैं। 'समाज में मूर्ति तो कवि की ही लगती है, आलोचक की नहीं।'

अन्त में बस मैं यह कहूँगा कि उनकी एक कविता है। इस कविता में एक लाइन है, 'ज़िन्दगी दूध की धोयी नहीं है, दूध किसी का धोबी नहीं है, आदमक़द कोई नहीं है।' पिताजी ने हम लोगों को ये बार-बार याद दिलाया। आदमक़द एक शब्द है, जिसको पाने की कोशिश करो। अपनी ग़लतियाँ ठीक करो, अपने को सँवारो। लेकिन आदमक़द कोई नहीं है। धन्यवाद।

अर्घ्यम : समर्पण का भाव

सुबह से इतनी अच्छी बातें हुई हैं कि मुझे तो उसका समापन करना है नहीं। कुछ बातें ज़रूर आपके सामने रखूँगा। अर्घ्यम संस्कृत का शब्द है। रोहिणी जी ने इसको अपनाकर अपने जीवन का बड़ा काम किया है। इसका थोड़ा-सा हम लोग अर्थ जानें। हिन्दी में तो इसको केवल अर्घ्य कहते हैं। इसमें जो पहला तत्त्व है, वह जल है, दूध है, दही है, कुषाग्र है, चावल है, यव है। कुछ जगह धन-धान्य में यव भी शामिल है। इस सबका मिला-जुला रूप है वह हम देवता के लिए अर्पण करते हैं, उसको अर्घ्यम कहते हैं। अर्घ्यम में अर्पण का भाव है। अर्पण यदि ठीक समझ में नहीं आये तो उसमें एक और थोड़ा-सा शब्द जोड़िये—समर्पण। ये समर्पण का काम है।

आज हमारे सामने मन्त्रीजी ने उद्‌घाटन किया। उससे पहले रोहिणी जी ने अपने मन की बात रखी बहुत ही आत्मीय ढंग से। मन्त्रीजी ने उसमें थोड़ी शासन की बात रखी। सरकार की भी उदारता का संकेत दिया। उन्होंने बताया कि चारों तरफ़ कैसे सब नष्ट हुआ है। कुछ उसके कारण भी उन्होंने बताये। इस सबको यदि ठीक करना होगा तो ये केवल क़ानून से ठीक नहीं होगा, केवल पैसे से नहीं होगा। इसमें अर्घ्यम की बहुत ज़रूरत है। अर्घ्यम संस्था की भी ज़रूरत है और अर्घ्यम स्वभाव की भी ज़रूरत है। संस्था हमारे बीच में है। वह इसलिए है कि हमारा स्वभाव धीरे-धीरे उसके अनुकूल बने, उसमें समर्पण आये। समर्पण का और भी मतलब अगर आप आगे चलायें तो इसमें ख़रीद-फ़रोख्त नहीं, बाज़ार नहीं है। पैसा प्रधान नहीं है। समर्पण और अर्घ्यम का जब आप काम करें तो पैसा

चाहिये, उदारतापूर्वक उसके लिए प्रबन्ध है। लेकिन कहीं हम इस काम को उसके लिए न करें इसका संकेत है। वेतन मिले, पगार मिले, सब सुविधाएँ मिलें बहुत अच्छी बात है, नहीं भी मिले तब भी हम समर्पण भाव से इस काम को कर सकें।

इसलिए इस स्वभाव से जो अर्घ्यम का वाटर पोर्टल पिछले तीन साल से चला आ रहा है। बीच में कन्नड़ भी जुड़ा और अब आपके सामने हिन्दी भी आया है। पहले कुछ चीज़ें सोची थीं कि जब हिन्दी में ऐसी चीज़ें आती हैं तो कुछ ख़तरे भी आते हैं। ऐसे ख़तरे मैं आपके सामने रखूँगा। लेकिन मुझे लगता है कि मेननजी ने जो अँग्रेज़ी पोर्टल का रूप हमारे सामने रखा और जो हिन्दी का शिराजजी ने रखा उसमें बहुत सारा मेरे मन का डर था, ख़तरे थे, जो मैं आपके सामने रखना चाहता था वे उन्होंने हटा भी दिये हैं। फिर भी दोहराता हूँ कि हिन्दी का मन कई बार हिन्दी के कुछ प्रदेशों में अटककर रह जाता है। मध्य प्रदेश, राजस्थान, उत्तर प्रदेश, बिहार बहुत हुआ तो इसमें हरियाणा जुड़ जाता है। लेकिन ये देश बहुत बड़ा है। इसे केवल अँग्रेज़ी भी कवर नहीं कर सकती और हिन्दी भी। इसलिए हिन्दी में जब हम ये काम करें तो मेरे मन में ये विनम्र सुझाव है कि हम हिन्दी का घमण्ड अपने मन से अलग करें। सब भाषाओं में हिन्दी में जो अच्छी से अच्छी चीज़ें उपलब्ध करा सकते हैं, दूसरी भाषाओं से पूरी उदारता के साथ उधार लेकर उसको ब्याज़ समेत हिन्दी के पाठकों को, हिन्दी का पोर्टल इस्तेमाल करने वालों को उपलब्ध कराना चाहिये।

अभी केवल अँग्रेज़ी से अनुवाद हो रहा हो तो वह हमारी एक सीमा है। कल हमारी टीम में ऐसे लोग जुड़ें जो इनको दूसरी भाषाओं की सामग्री भी अनुवाद करके दे सकें। इससे हम हिन्दी के एक बड़े दोष से बच सकेंगे। एक ख़तरा होता है, हमारी टीम की सीमा का। अभी तो हिन्दी में दो लोग ही काम कर रहे हैं और अँग्रेज़ी में चार। कुल छह लोग ही हैं। ये छह लोग कितना बड़ा काम कर रहे हैं, जो आपने अभी हिन्दी और अँग्रेज़ी में देखा। छह के साठ भी हो सकते हैं। जो हमारे सामने लोग बैठे हैं, हम सब हैं। इनमें बहुत सारे लोग काम करने वाले लोग हैं। जो पानी के प्रश्न को लेकर जगह-जगह काम कर रहे हैं। इसमें बहुत सारे ऐसे लोग हमारे सामने बैठे हैं जिनका कोई चालीस-पचास साल का अनुभव होगा पानी को लेकर। दीवान साहब अभी यहाँ नहीं हैं। एफएओ का उनका

लम्बा इतिहास है। वहाँ से आने के बाद हिन्दुस्तान में उन्होंने अपने समय का, पैसे का छोटे से छोटे गाँव में जाकर उसका उपयोग किया है। हम सब नये लोग शायद इस बारे में ज़्यादा नहीं जानते थे। दीवान साहब अपने आप में एक हैसियत रखते हैं, एक व्यक्तित्व हैं। तो ऐसे लोग हैं। हमारे सामने सुमन सहाय जी बैठी हैं। बीज का प्रश्न इन्होंने उठाया है। बीज इतनी छोटी चीज़ है। लेकिन हमारी पूरी सृष्टि, पूरी दुनिया उसमें छिपी हुई है, उस पर टिकी है। उस पर क्या संकट आया है। उसका इन्होंने बारीक़ी से अध्ययन किया है। अँग्रेज़ी में किया है। उसका हम लोग हिन्दी में कैसे उपयोग कर सकते हैं।

फिर इन सबके अलावा हमारे बीच में बहुत से ऐसे लोग बैठे हैं जो इन चीज़ों को सरस ढंग से लिखना जानते हैं। लोगों तक पहुँचाना जानते हैं। मैंने जो सीमा की बात कही कि दो लोग हिन्दी में चार लोग अँग्रेज़ी में। इस छह का साठ कैसे बनाया जाये, उसमें ये बहुत सारे नाम हैं। शुक्ला जी सामने बैठे हैं। इन्दौर से आये हैं। इसी काम के लिए अपना समय निकालकर। सबका समय बहुत क़ीमती है। मन्त्रीजी का भी क़ीमती है और आप सबका भी। रवीन्द्र भाई से भी हम सीख सकते हैं कि हिन्दी में कैसे चीज़ों को अच्छे से अच्छे ढंग से रखा जाये। लगभग तीस-पैंतीस साल ये अख़बार में रहे। तो आगे पाँच साल दे सकें, ऐसी हम इनसे भीख माँग सकते हैं। भाई, पोर्टल की थोड़ी-बहुत सेवा करना, ध्यान रखना।

तो हमारी जो ये सीमायें हैं उनको हम अर्घ्यम के स्वभाव से असीमित कर सकते हैं। इस लिमिट को हम अनलिमिटेड कैसे बनायें यह काम हमारी टीम को चुस्ती-दुरुस्ती से सीखना चाहिये। मैंने शुरू में बताया कि अर्घ्य में जल, दूध, दही, घी सब मिलता है। लगभग वही सब चीज़ें हमने यहाँ पर देखीं। मेरे मन में एक बात यह भी थी कि इन चीज़ों को जो चीज़ें बिगाड़ रही हैं उस तरफ़ भी ध्यान हो। अक्सर अच्छी बातों की तरफ़ हमारा ध्यान नहीं जाता, ख़राब बातों पर अख़बार का ध्यान जल्दी जाता है। कोई भी चीज़ बर्बाद हो रही हो तो संवाददाता जल्दी पहुँच जाता है। और उसकी रिपोर्ट करके बता देता है कि ये नदी काली हो गयी। लेकिन किसी ने नदी सफ़ेद की हो उसकी तरफ़ ध्यान कम जाता है। पोर्टल इसमें अच्छी और बुरी दोनों तरह की ख़बरों का, समाचारों का, व्यवहारों का पूरा ध्यान रखे और उसको सबके सामने लाये। मुझे लगता है कि इसका

एक पूरक रोल बन सकेगा। ये सब कौन करेगा? मैंने कहा कि सीमा है हम सबकी तो उसे असीमित आप बनायेंगे और जो लोग सामने बैठे हैं वे सब उसे जितना व्यापक बना सकते हैं उसकी कोशिश करें।

मैं तो कम्प्यूटर के मामले में बहुत ही कमज़ोर हूँ, मूर्ख हूँ। मुझे उसका इस्तेमाल करना नहीं आता। लेकिन रोहिणीजी ने बहुत अच्छे से इसके बारे में बताया कि आज पोर्टल की सीमा होगी कल शायद नहीं होगी। उन्होंने कहा कि दस साल पहले कौन सोच सकता था कि मोबाइल इतने हाथों में होगा। यहाँ बहुत सारे लोग पत्रकार हैं। एक बड़े पत्रकार का ज़िक्र करूँगा। उन्हें इण्डियन एक्सप्रेस का एडिटर इन चीफ़ का पद मिलने वाला था। उन्होंने जो कई तरह की माँगें रखीं, उसमें एक मोबाइल फ़ोन की भी माँग रखी थी। अभी तो हमारे पास जो रद्दी वाले आते हैं, वे मोबाइल फ़ोन रखते हैं उनको माँग नहीं करनी पड़ती। तो ये चीज़ें कैसे बदलती हैं? इनके लाभ भी हैं, कुछ नुक़सान भी। लेकिन जब समाज में कोई चीज़ आ गयी तो उसका विवेक के साथ क्या अच्छा उपयोग हो सकता है इसका ध्यान रखना चाहिये। इसलिए रोहिणी जी ने उसके बारे में बहुत अच्छे से बताया है कि इन चीज़ों की अपनी सीमाएँ होती हैं।

पोर्टल सब लोग नहीं देखते, हो सकता है अख़बार भी सब लोग नहीं पढ़ते हों। हम सोचें कि नहीं किताब पढ़ी जाती है आज। टीवी नहीं देखा जाता, पोर्टल नहीं देखा जाता। तो ये हम छोटे-छोटे तीर न चलायें कि आप जो काम कर रहे हैं उसको हम कैसे पंचर कर दें कि पोर्टल की ज़रूरत नहीं है। किताब की अपनी सीमा है, पोर्टल की अपनी सीमा है। दोनों की सीमाओं को जोड़कर कैसे हम इसको असीमित बना सकते हैं। ये जो छोटा-सा समाज रोहिणीजी ने कर्नाटक से शुरू किया है वह पूरे हिन्दुस्तान में कैसे फैले? उसमें केवल हिन्दी के प्रदेश नहीं, हिन्दी की ख़बरें नहीं, उसमें हम अहिन्दी इलाक़े कैसे जोड़ें, उसमें अरुणाचल तक कैसे जायें— एक ऐसा प्रदेश जिसकी सीमा ही अभी तक तय नहीं है। चीन वाला हमारा विदेश मन्त्री यदि अरुणाचल का नाम ले ले तो वहाँ से प्रतिरोध, खण्डन आ जाता है कि आपने कैसे इसका नाम ले लिया। तो ऐसे इलाक़ों की ख़बरों को हम अपना बनायें, जिनको अभी तक लोग पराया मानते हैं। ये सारी चीज़ें धीरे-धीरे जुड़ती जायें।

मन्त्रीजी ने एक जगह ज़िक्र किया कि अनपढ़ लोग हैं। उनसे मैं यह भी

कहूँगा कि सम्मान के साथ, दाग़ के साथ नहीं उसमें धब्बा न लगे। इस देश को अनपढ़ लोगों ने बहुत अच्छे से चलाया। आज के बहुत सारे मन्त्री भी अनपढ़ ही हैं जो देश चला रहे हैं। राजनीति के कारण ऊपर आये हैं। डिग्री के कारण नहीं आये। आईआईएम से निकले लोग नहीं हैं लेकिन अच्छा राज चलाना जानते हैं। तो पढ़ना-लिखना एक गेज है। एक तरह का नाप का पैमाना है। उसके अलावा भी नाप के कई पैमाने हो सकते हैं। उन्होंने बिहार की बाढ़ का भी ज़िक्र किया। बिहार का, उत्तर का, ये जो हिस्सा है वह अपनी नदियों से खेलना जानता था, उसका भूगोल जानता था, मार्फोलॉज़ी जानता था। अँग्रेज़ी के जो-जो कठिन शब्द हैं वो सब आप याद कर लीजिये। वहाँ का अनपढ़ से अनपढ़ किसान जानता था। उन नदियों से खेलना जानता था, जहाँ प्रति वर्ग किलोमीटर सबसे ज़्यादा नदियाँ हैं हमारे देश की। इतनी अधिक नदियाँ हैं उत्तर बिहार में फटाफट से उतरती हैं। स्कूल में जैसे फिसलपट्टी होती है उसी तरह हिमालय से सर्र से नदियाँ नीचे आती हैं। और अपने साथ इतनी मिट्टी, इतना सिल्ट का पानी साथ लाती हैं और मैदान में लाकर जब उसको पटकती हैं तो उनको समझ में नहीं आता। इससे पहले तो वे बहुत तेज़ी से बहती हैं यहाँ आकर अटक जाती हैं तो वे रास्ता बदलती हैं।

नदियों के रास्ता बदलने की हम कल्पना भी नहीं कर सकते। आज वो कॉन्स्टीट्यूशन क्लब से बह रही है, कल वह राष्ट्रपति भवन से बहेगी, परसों वह कुतुबमीनार से बहेगी। उसके बाद वह दिल्ली छोड़कर गुड़गाँव चली जायेगी और हो सकता है दो साल बाद वह जयपुर से बहती हो। इन नदियों का २०० किलोमीटर तक शिफ्ट करने का इतिहास है—एक ही नदी का। इसलिए कोसी को सप्तकोसी भी कहा है। उसकी सात धाराएँ हैं।

इतने सुन्दर-सुन्दर नाम रखे हैं—लोगों ने। नाम किनने रखे। कोई मन्त्रालयों ने थोड़े ही रखे, एनजीओ ने थोड़ी रखे। एक नदी का नाम है दस्यु नदी। कभी हम सोच भी सकते हैं नदी का नाम दस्यु। अभी तो हम सोमालिया वग़ैरह के दस्युओं के बारे में सुनते हैं कि वे कैसे जहाज़ों का अपहरण करते हैं। नदी, नदी के पानी का अपहरण करके ले जाती है। एक अच्छी-ख़ासी नदी आपके नक़्शे पर है। कल तक उसमें पानी था आज आप देखेंगे नदी सूखी है। कहाँ गया उसका पानी? बाढ़ के दिनों में,

अकाल में नहीं। गाँव के लोग बतायेंगे कि उसका पानी दस्यु नदी ले गयी। नदियों के भी दस्यु हैं और वे नदियाँ ही हैं। इसका मतलब नदियाँ कोर्स बदलती हैं। एक नदी के ऊपर से वह इतनी तेज़ी से निकलेगी कि उसका सारा पानी अपने साथ ले जायेगी। तो ऐसी नदियों को लोगों ने ढूँढ़कर, पाँच सौ साल उसको देखकर उसका नाम दस्यु रखा। वैभवहरण भी नाम है—एक नदी का। नदी का वैभव क्या है? एफडी थोड़े ही है बैंक में पड़ी। शेयर बाज़ार में ख़रीदे हुए शेयर नहीं हैं उसके। उसमें कितना पानी बहता है, वह है उसका वैभव। उसका हरण हो गया। पूरा चोरी चला गया उसका ख़ज़ाना। सूख गयी आज वह। एक नदी का नाम मिलेगा आपको अमरबेल। उसकी जड़ नहीं और उसका मुहाना नहीं। कुछ पता नहीं उसका शुरू और अन्त, आदि और अन्त। बीच में कहीं भी बहेगी, कुछ लोगों का पानी चुरायेगी और उसके बाद ग़ायब हो जायेगी। नहीं तो नदी का उद्गम मिलता है वहाँ पर गीत बनाता है समाज, उसकी पूजा करता है। चाहे तुंग हो, तुंगभद्रा हो, गंगा हो, गोमुख हो और जहाँ जाकर वह गंगासागर में मिलती है। इन सब जगहों पर पूजा होती है।

ये सब बातें हम अपने समाज से सीख सकें, पोर्टल में ला सकें। पोर्टल एक अनन्त सम्भावनायें खोलता है। यदि समय हो और आप सबकी अनुमति हो तो मैं एक छोटा-सा क़िस्सा और सुनाना चाहता हूँ उत्तर बिहार का। क्योंकि उसका जो स्वभाव है आज जो हम लोग बात कर रहे हैं वैसा है, जो रोहिणीजी ने किया कि अपने घर का पैसा उन्होंने समाज के काम में लगाया। ऐसे लोग दुर्लभ होते हैं।

मैं आपको दो सौ से पाँच सौ साल पहले ले जाना चाहता हूँ। उत्तर बिहार का दरभंगा एक इलाक़ा है, ज़िला है। बहुत सुन्दर राज था एक समय में। कहते हैं इस राज में इतने हाथी हुआ करते थे जितने सार्वजनिक समारोह में शायद बंगलुरू, मैसूर वग़ैरह में देखने को मिलते हैं। उससे ज़्यादा आपको इधर भी मिल जाते थे। राजा का जो सलाहकार था वह झोपड़ी में रहता था। महल में नहीं रहता था, सरकारी मकान में नहीं रहता था। उनका नाम अभी छोड़ दीजिये। वे उनके सलाहकार थे और राजघराने से एक भी पैसा पगार नहीं लेते थे। अर्घ्यम वाला काम। राजा को निःशुल्क सलाह देते थे। इसलिए लोगों ने उनका नाम 'अयाचि' रख दिया। याचना नहीं करता, कुछ माँगता नहीं राज से, समाज से। अपना घर किसी तरह

चलाता है। अकेले हो तो ऐसा पैसा मत कमाओ। विवाह हो गया उनका। तब सोचा अब तो पैसा माँगेगा राजा से। तब भी अयाचि पण्डित ने पैसा नहीं माँगा। विवाह हो गया सादे ढंग से। झोपड़ी में रहते रहे। तब भी उन्होंने बड़ा घर, गाड़ी नहीं माँगी। पैदल जाते थे महल में सलाह देकर पैदल वापस आते थे। राजा के रथ वग़ैरह का इस्तेमाल नहीं करते थे। फिर उनकी पहली सन्तान की तैयारी हुई। जिस दिन सन्तान हुई, दाई आयी। उनको पुत्र रत्न की प्राप्ति हुई। अच्छी ख़बर मानी जाती है हमारे समाज में सन्तान होना। दाई को उन्होंने पास बुलाया, जेब में हाथ डाला और फिर उसके कान में कुछ कहा। जेब से हाथ बाहर निकाला। दाई भी चली गयी, कान में जो कुछ कहा सुनकर। धीरे-धीरे बालक बड़ा हुआ। कोई भी चीज़ प्रारम्भ होती है तो बढ़ती जाती है, बढ़ती जाती है।

बालक पाँच वर्ष से थोड़ा कम था आयु में तब अयाचि मिश्र कहीं दौरे पर चले गये—गाँव से बाहर। राजा को सख़्त ज़रूरत पड़ी किसी संकट में उनकी सलाह की। राजा को बिना बताये गये थे। पैसा वग़ैरह तो लेते नहीं थे तो ऐसी क्या ज़रूरत थी राजा की अनुमति लेने की। मस्तमौला थे, स्वाभिमानी थे। राजा ने दूत भेजा इनके दरवाज़े। बेटे ने दरवाज़ा खोला। दूत ने पूछा तुम्हारे पिता जी कहाँ हैं? जवाब मिला वे तो बाहर गये हैं। बताइये क्या काम है? नहीं, तुमसे नहीं पिता जी से काम है। राजा को लौटकर दूत ने बताया कि अयाचि पण्डित तो घर पर नहीं हैं। किसने खोला था दरवाज़ा? बेटे ने खोला था। पूछा नहीं कब आयेंगे? फिर से जाओ। राजा का आदेश था। फिर आ गये। बेटे ने फिर दरवाज़े खोलकर कहा कि भई, उनका पता नहीं है। कहाँ गये हैं? कब आयेंगे? लेकिन आपको क्या काम है? मैंने पूछा था। दरबान ने कहा, बेटा तुम बहुत छोटे हो। राजा को कोई काम है। अच्छा ऐसा करना, राजा से कहना कि अयाचि मिश्र तो घर में नहीं हैं उनके बेटे ने पूछा है कि क्या काम है। दूत ने सोचा कि बताऊँगा तो डाँट पड़ेगी, नहीं बताऊँगा तो कल डाँट पड़ेगी। इसलिए आज ही डरते-डरते उन्होंने बताया कि उनके बेटे ने पूछा है कि आपको क्या काम है? कितना बड़ा है। ऐसे ही कोई पाँच-छह साल का। ज़्यादा बड़ा नहीं है। राजा ने कहा कि अच्छा उसे ले आओ। दरबार में उसे प्रस्तुत किया। छोटी धोती पहनकर वह आ गया। आजकल जैसे अँग्रेज़ी बोलकर डराया जा सकता है। उस समय कौन-सी भाषा बोलकर डराया जा सकता

था। आप ज़रा सोचिये। संस्कृत। बेटे ने राजा से संस्कृत में बात की। अपना परिचय दिया। उसने कहा कि 'हम नच मेव बालः सरस्वती'। मैं बच्चा दिखता हूँ लेकिन मेरी बुद्धि बच्चे की नहीं है, बड़ी है। अपूर्णेय पंचमे वर्षे वर्णनायाति जगत त्रयम। मेरी उम्र अभी पाँच वर्ष की पूरी नहीं हुई है, लेकिन मैं तीन लोकों की जानकारी रखता हूँ। तीन लोक! ये तो तुम्हारा लोक है, छोटा-सा राज है। इसके अलावा शायद आजकल के लोक यूरोप की भी जानकारी रखता हो, अमेरिका की भी रखता हो। उस समय तो तीन लोक में पाताल, स्वर्ग ये सब होगा—पूरी दुनिया की जानकारी। यानी मैं पोर्टल जानता हूँ पूरा का पूरा—हिन्दी, अँग्रेज़ी, कन्नड़ सब। पोर्टल की जानकारी मेरे पास है। क्या पूछना है, बताओ प्रश्न। अभी फटाफट जल टाइप करूँगा सब निकाल दूँगा। राजा ने उससे कहा कि बड़ा ग़ज़ब है। सबके सामने पूछ लूँ। शायद ये जवाब दे दे तो मेरी भी स्थिति ख़राब होगी। उसको भीतर ले गये। जो भी शंका थी वह उसके सामने रखी। उसने उसका जवाब भी दे दिया। जो अर्घ्य देने की परम्परा है। वह कुछ हज़ार साल की है। वह आज भी ताज़ा होती है। नये-नये रूपों में, नये-नये नामों से, नये-नये प्रदेशों से। इसलिए हमारा पोर्टल इन सबको प्रणाम कर सके, इनको सलाम कर सके और समाज की सेवा इसी समर्पण भाव से कर सके। सबको धन्यवाद।

आभार

संचयन के लिए सामग्री जुटाने में गाँधी शान्ति प्रतिष्ठान की सुमन भण्डारी, अमृता शर्मा; राष्ट्रीय गाँधी संग्रहालय से अजय और दीपाली; माधवराव सप्रे संग्रहालय से अमर श्री नायक और उनके साथी राजेश पटेल एवं एन.डी. शुक्ला और जवाहरलाल नेहरू संग्रहालय से अलका त्यागी से मदद मिली। इसके अलावा एप्लाईड एन्वायर्नमेंटल रिसर्च फ़ाउण्डेशन, पुणे से अर्चना गोडबोले, और एम.आई.टी. स्कूल ऑफ़ गवर्नमेंट, पुणे से चित्रसेन गायकवाड, ने पुरानी रिकार्डिंग भेजने में सहयोग दिया।

इन सबके सहयोग के लिए आभार।